新文科·传播学创新教材

胡正荣　主编

传播学总论

第三版

Introduction to Communication Studies

(Third Edition)

胡正荣　编著

清华大学出版社

北京

图书在版编目 (CIP) 数据

传播学总论 / 胡正荣编著 . —3 版 . —北京：清华大学出版社，2024.7（2025.2 重印）
新文科·传播学创新教材
ISBN 978-7-302-63804-9

Ⅰ . ①传… Ⅱ . ①胡… Ⅲ . ①传播学—教材 Ⅳ . ① G206

中国国家版本馆 CIP 数据核字 (2023) 第 105791 号

责任编辑：纪海虹
封面设计：崔浩源
版式设计：方加青
责任校对：王凤芝
责任印制：杨 艳

出版发行：清华大学出版社
　　　网　　　址：https://www.tup.com.cn，https://www.wqxuetang.com
　　　地　　　址：北京清华大学学研大厦 A 座　　　　　邮　　编：100084
　　　社 总 机：010-83470000　　　　　　　　　　　邮　　购：010-62786544
　　　投稿与读者服务：010-62776969，c-service@tup.tsinghua.edu.cn
　　　质 量 反 馈：010-62772015，zhiliang@tup.tsinghua.edu.cn
印 装 者：三河市东方印刷有限公司
经　　销：全国新华书店
开　　本：188mm×260mm　　　印　　张：21.75　　　字　　数：450 千字
版　　次：2008 年 10 月第 1 版　　2024 年 7 月第 3 版　　印　　次：2025 年 2 月第 2 次印刷
定　　价：72.00 元

产品编号：091724-01

中国传播学，面向未来再出发

对于中国的传播学来说，2022 年是具有重要意义的一年。这不仅体现在历时性意义上，也体现在共时性意义上。特别是当我们不忘本来，吸收外来，面向未来，迎来后疫情时代、后全球化时代的同时，也需要开启中国传播学再出发的新时代。

20 世纪五六十年代，复旦大学等高校的学者就曾介绍和翻译过海外新闻学与传播学的新思潮、新研究，但当时的活动多是自发的、零星的，而中国新闻学界跟西方传播学者进行的第一次正式交流和直接对话是在 1982 年 4 月至 5 月。在这期间，美国传播学代表人物之一威尔伯·施拉姆在他学生的陪同下访问中国，并在人民日报社主楼顶层的大礼堂做了一次与传播学相关的学术报告，参加报告会的主要是中国社会科学院新闻与传播研究所（时称新闻研究所）的研究人员和部分高校教师，还有媒体从业人员等数百人。报告结束后，施拉姆等学者与现场听众进行了交流与讨论。这次西方传播学者的正式报告和交流被认为是中国新闻学界第一次正式而直接地与西方传播学者进行学术对话。

1982 年 11 月，中国社会科学院新闻研究所在北京召开了第一次西方传播学座谈会，这次会议后来被学界称为"第一次全国传播学研讨会"。与会者讨论并确立了中国传播学发展的"十六字方针"，即"系统了解，分析研究，批判吸收，自主创造"，既体现出中国传播学建设所亟须具备的改革开放、兼容并包的胸怀，更表现出中国传播学领域的专家、学者对学科本土化的强烈学术自觉和学术自主。1983年 9 月，中国社会科学院新闻研究所世界新闻研究室组织研究人员撰写了 13 篇研究文章并结集出版《传播学简介》一书，这是第一本在中国大陆出版的比较正式的传播学著作。1984 年，施拉姆与波特合著的《传播学概论》由新华出版社出版。随后，一批由我国学者撰写的传播学著作相继出现，传播学研究团队逐渐形成，研究领域不断拓宽，与国际传播学界的交往也逐步增强，这一系列的学术制度化建设在 20 世纪 80 年代基本建立成形。1997 年，国务院学位委员会在《授予博士、硕士学位和培养研究生的学科、专业目录》（1997 年颁布）中将新闻传播学列为一级学科，将新闻学、传播学列为下设的二级学科。

回望 40 年的发展历程，中国传播学界做了大量卓有成效的工作，体现在以下三个方面：首先是不忘本来。中国学者在吸收、引介海外传播学成果的同时，也对中国悠久而优秀的文化传统中的传播问题、传播现象、传播规律、传播实践等内容给予密切关注，并做了大量研究。其次是吸收外来。在中国传播学的发展建设中，我们没有闭门造车，也没有自话自说和自娱自乐。40 年来，中国传播学者的研究越来越多地从一种内向的或是自在的研究范式，转向外向的或是开放性的研究范式，中国学者成为参与传播学国际学术平台交流的主力军之一。最后是面向未来。改革开放 40 多年来，中国新闻传播界取得了巨大成绩，如此丰富而具有开拓性的实践，为中国新闻传播学创新提供了丰富的滋养。

面向未来，如何构建中国特色传播学学科体系、学术体系、话语体系，必将成为传播学界面临的紧迫任务。当下，中国传播学处在转型、升级、迭代时期，之所以得出这样的结论，主要有两个方面的考量：

一个是历史考量，即历史范式在转型。我们习以为常的工业化带来的全球化体系，以及被人们普遍接受的工业社会全球化框架之内的理论、法则、定律都正在被改变着。2016 年 5 月 17 日，习近平总书记在哲学社会科学工作座谈会上指出，"要按照立足中国、借鉴国外，挖掘历史、把握当代，关怀人类、面向未来的思路，着力构建中国特色哲学社会科学，在指导思想、学科体系、学术体系、话语体系等方面充分体现中国特色、中国风格、中国气派"。对于中国的传播学来说，更亟须打造融通中外的新概念、新范畴、新表述。这是我们构建中国特色传播学三大体系，即"学科体系、学术体系和话语体系"需要坚持的思路。

另一个是历史背后的逻辑考量，即理论与实践范式转型。透过上面说的历史范式在转型，可以清晰地看到支撑这种历史重构的逻辑、理念、方式、方法以及制度安排与操作，都已经或者正在发生着根本性的变化。这是历史的必然，也是支撑这个历史范式转型的必然。随着互联网 3.0 时代的到来，网络与平台社会的去中心化与中心化，或者再中心化是并存的；扁平化与再层级化也可能是共生的；共同体与族群或者圈层分化也是同在的。与诸多力量关系、价值逻辑变化相伴随的是政治秩序、经济模式、社会建构与文化形态的重塑与重建。因此，理论和实践范式的转型也必然在全球范围内广泛发生。

习近平总书记在 2021 年 5 月 31 日中共中央政治局第三十次集体学习时，在我国国际传播能力建设方面，指出要看到"西强我弱"中"东升西降"。这种认识放在中国传播学发展中也是适用的。上述理论和实践范式的转型升级原因就在于我们现在这个社会从底层逻辑来讲已经不是工业时代，亟须学界将我们丰富的新闻传播现象、经验与实践进行概念化、范畴化，然后把它架构化，最终普遍化，这样传播学可能就既具有中国特色，也具有全球普遍性。虽然西强我弱的大格局还没有根本改变，当前的概念体系、范畴体系和研究方法，包括表述的方式仍然不少是"西强我弱"的，但是要看到东升西降趋势非常明显，学术界、业界都要避免自话自说、自娱自乐。

基于过去 40 年的引进、吸收、消化以及自主研究的开发、深入与拓展，我们的传播学研究需要突破模仿的、复制的、对已有理论的中国实践的重新证明，以及自发的、零散的、表象的、经验的、先验的研究，需要立足我们的实践，放在全球传播生态的格局变化中，基于迭代升级的基础逻辑转化，进行我们的研究。立足当下，面向未来，植根中国实践，中国传播学也需要关注真现象、研究真问题、解释真原理、发现真规律、提出真方案、厘清真方向、构建真格局、创新真体系。目的是构建中国特色传播学的学科体系、学术体系、话语体系，作出具有当代价值和世界意义的学术贡献。

党的二十大已经胜利闭幕，如何以党的二十大精神为指引，尽快推动中国传播学的高质量发展，历经 40 年发展的中国传播学在新时代肩负重要职责和使命。在此背景下，清华大学出版社策划出版这套"新文科·传播学创新教材"，选题定位着眼于当前传播学学科的建设重点和人才培养的现实需求，内容设计兼顾了系统性与前沿性的平衡、全球视野与中国特色结合，作者团队集合了全国范围内长期从事传播学教学科研工作的优秀学者和教师力量。由衷敬佩海鸿老师团队为中国传播学发展思虑之深远、用心之良苦。

历经 40 年发展的中国传播学在新时代肩负重要职责使命，基于学界对未来的期待，需要提出中国传播学发展的新"十六字方针"——"守正创新、融通中外、根植实践、引领时代"。期待新"十六字方针"成为面向未来的中国传播学发展指向，或者是一种价值取向。期待中国传播学面向下一个 40 年再出发，以中国传播学的创新发展迎接全新面貌和全新时代。

胡正荣　教授

中国社会科学院新闻与传播研究所所长

中国社会科学院大学新闻传播学院院长

2022 年 11 月 29 日

目 录 *Contents*

第一章 传播学史

第一节 古代的传播智慧

一、希腊和中国古代的传播思想

二、走向近代的传播学学科体系

第二节 传播学学科在美国的诞生

一、传播学在美国诞生的背景

二、两次世界大战的助推

三、美国传播学的早期代表人物

第三节 传播研究的多元路径

一、传播效果研究范式

二、传播的元理论

三、文化研究

四、传播政治经济学

五、媒介社会学

六、媒介技术研究

本章要点:

1. 在人类早期就有关于传播的智慧,但还没有形成一门学科。

2. 作为一门学科,传播学萌芽于 20 世纪中叶。

3. 传播研究异彩纷呈,形成了传播效果研究范式、传播的元理论、文化研究、传播政治经济学、媒介社会学、媒介技术研究等各种研究路径。

CHAPTER 1
第一章

传 播 学 史

传播学是一门"有着漫长过去，却只有短暂历史"的学科。

心理学家艾宾浩斯（Hermann Ebbinghaus）有一句名言：心理学有着漫长的过去，却只有短暂的历史。这句话，也可以被借用来讲述传播学的发展史。

人类对于传播现象的思考古已有之，但这些思考的点滴汇集成学术潮流，从而形成一门学问，却是近代才发生的。作为一门学科，传播学于 19 世纪末至 20 世纪初在美国开始萌芽，经过半个世纪的孕育与成长，在 20 世纪中期正式进入美国的现代高等教育体系。但这不是传播学科历史的唯一起点，有关传播与媒介的研究形成了多元化道路。

第一节　古代的传播智慧

人类的传播活动与人类的历史一样古老。人类社会便是建立在人们利用符号进行互动的基础之上的，实际上，自从人类的传播活动出现以来，人们对传播现象的关注和思考便从未停止。

一、希腊和中国古代的传播思想

作为西方思想的发源地，古希腊奠定了西方文明的基础。三位最知名的古希腊哲学家——苏格拉底、柏拉图、亚里士多德——都曾论及人类的传播问题。

苏格拉底自称是人类精神的"助产士"，以一连串的诘问，使对方知其所知，也知其不知，这种方法成为后世"启发式教育"的起点。柏拉图曾经提出过著名的"洞穴比喻"。他描述了一个场景：一群囚徒被锁链固定在山洞中，面向石壁，而在他们的身后升起一堆火，将他们自己的影子以及身后的事物投影在石壁上，这群囚徒通过观察这些影子，来了解发生在自己身边与身后的事情。他提出了一个意味深长的思考："你真的看到了吗？"柏拉图的洞穴比喻讲的主要是人类认知世界的哲学原理，但也提供了关于人类传播问题的基本思考。亚里士多德著有《修辞学》一书，研究了政治生活中人与人之间的辩论问题。亚里士多德提出了一个非常朴素而原始的观点，即真正具有说服力的传播过程包括三个要素：说服的人、说服的话和被说服的人。这就涵盖了传播原理的五个基本要素中的三个要素。

中国古代也从不缺少对于传播问题的思考。春秋战国时期的文献有很多这方面的记载。

孔子的《论语》中的教育思想，与今天的传播学理论颇有共通之处。孔子在向弟子讲解"仁"的时候，采取"因材施教"的方式，如果延伸为现代传播学的表述，那就是"传播要考虑传播对象"。孔子强调"知之者不如好之者，好之者不如乐之者"，延伸出"寓教于乐"的思想，就是传播内容借助适当的娱乐化与兴趣化能更好地使人接受。诸子百家中所孕育的传播思想比比皆是。为人熟知的荀子《劝学篇》中有言："登高而招，臂非加长也，而见者远。顺风而呼，声非加疾也，而闻者彰。"荀子在这里阐发的是教育的重要性，但这短短两句话也讲述了一个朴素的传播原理，即借助媒介，可以大大提高人的传播范围、传播效率乃至传播效果。一部经常被传播学者所提及的中国古代著作是《孙子兵法》。孙子的军事和战争思想融合了儒家和其他中国古代思想，强调思想、政术和谋略的重要性，其中就涉及对传播问题的思考。

不过，《孙子兵法》中蕴含的这种原初的传播思想与现代学术并非一回事。美国学者塞弗林（Werner J. Sevenin）和坦卡德（James W. Tankard, Jr.）曾提道："战时宣传可以追溯到早在耶稣诞生之前的孙子所著的《孙子兵法》。但人们对宣传的真正认识来自于第一次世界大战，当时它被大量使用，它的功效更是前所未见。"[①] 换言之，虽然人类早期就有关于传播原理的基本思考，但当代的传播学问却更多是在近代之后才形成和发展起来的。

二、走向近代的传播学学科体系

为何人类早期没有形成一门关于传播的学问呢？有两个原因。

第一个原因，古代的教育和研究体系与现代有很大差异。当我们讨论"传播学"时，指的是现代高等教育和研究体系中的一个特定领域，这种现代教育体系都是近代才发展起来的，更何况传播学这门学科呢？实际上，大部分当代学科的建制化历史都不算久——前面谈及的心理学就是一例。当然，现代高等教育体系中，也有一些学科之开创可以追溯到比较久远的年代，例如文学、历史学、哲学、教育学等，相比于这些历史悠久的学科，传播学的确是一个新兴事物。

第二个原因，古代的传播实践并不拥有自己独立的领地。在古代，人类的传播活

---

① [美]沃纳·塞弗林，小詹姆斯·坦卡德.传播理论：起源，方法与应用（第五版）[M].郭镇之等译.北京：中国传媒大学出版社，2006：96.

动不是独立的，而是与其他活动紧密结合在一起的（如认知活动、教育活动、战争与政治活动、文学与审美活动等），这也使得早期思想家们并没有单独对传播展开系统思考，而是将之与教育、战争、文学等结合起来分析，因此虽不乏有关传播的思想火花，却并未形成较独立的知识体系。

直到 19 世纪，随着报业及新闻业逐渐成为社会中的重要领域以及经济中的重要门类，"传播活动"或多或少具有了它的独立性，这才奠定了传播研究成为一个学术专门领域的可能性。

西方通过文艺复兴和启蒙运动而进入现代性思想的历史进程之中。近代的政治学家、哲学家、文学家和语言学家都对传播研究有所涉猎。然而，他们只是针对自己感兴趣的某些特定问题提出了一些真知灼见，也没有使得传播学成为一门独立的学问。要使得早期朴素的概念和论述最终发展成为一门学科，必须具备如下五个要素。

第一，研究对象的独立性。人和人之间的信息交流活动，不仅日益普遍广泛，而且催生了一系列行业与独立活动，引发思想关注，并成为学术研究者的研究对象。

第二，学术范畴的完整性。关于传播的学科要有自己的一整套概念，形成完整的体系。古代的传播思想中没有完整的概念体系，孔子没有，亚里士多德也没有。现代传播学经过多方借鉴与自身探索，逐渐拥有和完善了自己的概念与范畴体系、理论体系、方法体系，形成了完备的学术范式。

第三，研究方法的科学性。古代对传播现象的认识还比较朴素，多基于直觉和思辨。近代科学兴起以后，给传播研究带来了大量的方法工具，其中量化研究的普及是典型表现。随后，各种各样的质化与量化方法均得到普遍采用。

第四，研究成果的系统性。从"5W"的传播框架演化出各种层面的讨论，传播现象与各社会系统的关系得到全面研究，传播学的研究成果逐渐构成了一个丰富而复杂的体系。成果的系统性，还体现在需要有成果发表的阵地，如专门的学术期刊，或学术组织的年度会议。

第五，人才培养的可行性。学科需要建制化，进入高等教育体系中。学科所培养的人才具有独特的专长，甚至有专属的学位，一系列教科书、课程设置是保障。这也奠定了设立学院、系、所的基础。一般来说，在高等教育体系中设立了专门的教学单位和研究机构，也就意味着一门学科初步得到了承认。

总而言之，具备了这五个要素，我们就可以认为，传播学这个学科初步形成了。

第二节　传播学学科在美国的诞生

如果以正式进入高等教育体系作为学科形成的标志，那么，作为一门独立的学科，传播学首先是在美国诞生的。它正式诞生的时期是 20 世纪中叶，但是诞生之前它已经历了半个世纪的孕育和发展。

一、传播学在美国诞生的背景

美国不仅是传播学，也是很多其他新兴学科的发源地。进入 20 世纪后，美国逐渐成为富裕和强大的资本主义国家，其本土远离战乱，为学术研究和高等教育提供了可靠的避风港。随着一系列政治、经济、社会和文化实践的发展，现代社会诸学科也获得了充分的推动。就传播学而言，它正是这一历史脉络下的特定产物。具体而言，传播学之所以在 20 世纪上半叶的美国得以诞生，得益于四个方面的条件。

（一）政治条件

在美国的政治体系中，报纸等新闻媒体从一开始便发挥着非常重要的作用。美国第三任总统杰斐逊（Thomas Jefferson）曾经有一句名言："如果让我选择，不要报纸还是不要政府，我会毫不犹豫地选择后者。"他认为对美国民主来说，报纸比政府更重要。但实际上，最需要报纸等新闻媒体的，就是美国的政府、政党和政客们。美国的政治家无论是在日常的政治活动中，还是在四年一次的竞选中，都比较重视利用传播媒介宣传自己的政治主张、树立形象、争取支持。从小罗斯福（Franklin D. Roosevelt）与广播，到肯尼迪（John F. Kennedy）与电视，再到奥巴马（Barack Hussein Obama）与脸书（Facebook）、特朗普（Donald Trump）与推特（Twitter），都是政治家与媒介依存关系的典型例子。另外在战争时期，政治家对传播媒介的依赖更加凸显。

（二）经济条件

两次世界大战使整个资本主义世界生产能力的三分之二都集中到了美国，经济的发展使得美国的自由市场竞争更加激烈，而大众传播在经济活动中的地位和作用日益重要。

一方面，在美国的自由市场经济条件下，垄断资本家不断扩大国内与国际市场，随之而来的市场拓展和营销行为前所未有地增加。因此，在 20 世纪 20 年代，大量的广告公司、公关公司、调查公司等机构应运而生，形成一类新兴的行业。到了 20 世纪 40 年代，这类行业更获得了空前发展。1945—1950 年的 5 年间，美国广告营业额从 29 亿美元增长到 357 亿美元。[1] 为了判断传播媒介对消费者购买行为、购买需要和心理的影响，广告商、公关专家、民意调查人员、新闻工作者和学者等在垄断财团和企业的资助下进行了大量研究。其研究成果对于企业来说价值巨大，同时也给传播研究提供了支持。

另一方面，美国的报社、出版社、电影公司、广播电台等日益发展，形成一类相

---

① Fox, Stephen. The Mirror Makers: A History of American Advertising and Its Creators [M]. New York: William Morrow and Company, Inc.1984: 172.

对独立而完善的产业——大众传播业。美国大众传播业以私营为主，将市场视为生存和发展的根本。媒介是产业，也是时间空间交织的商品，各个媒体之间的竞争日趋激烈，因而，能得到受众的青睐，获取更高的发行量、收听率、收视率，成为所有媒体企业追求的目标。这种竞争压力变成了动力，促使大众传播业者关心和思考传播技巧、传播效果、受众反应等问题，也推动了对传播规律的研究，从而可以为业者提供专业知识，以改进传播行为、提升传播效果。

美国自由市场经济及生存于其中的大众传播业为传播学的兴起提供了丰厚的经济土壤，从而使美国的传播学研究从第一天起便带有较为浓厚的商业色彩和实用气息。

（三）社会条件

美国的大众传播与社会生活的关系日益密切，媒体既给社会带来福祉，也产生了值得关注的负面效应。

第二次世界大战后的美国在科技上获得了空前的发展，新的传播技术推动了传播业的大发展，原有的报纸、书籍、杂志等印刷媒介持续发展，而广播、电影、电视业的发展更引人注目。新媒介出现带来了一系列新问题。一方面，受众可以从更多的渠道获取信息，促进社会繁荣；另一方面，媒介中的暴力、色情等内容则令人担心，人们担心它们会给社会大众特别是少年儿童带来不良影响。因此，美国的社会学家、心理学家、教育学家等纷纷关注和研究传播带来的新问题，产出了大量的研究成果。

（四）文化条件

美国本土远离战火，成为很多新学科的诞生地，也成为新兴思想和思潮的聚合地。

传播学作为一门研究人类信息传播活动及其规律的科学，是在借鉴、吸收其他学科研究成果的基础上形成的。因此，传播学具有多学科交叉性的特点。它既被视为社会科学，又被视为人文科学，而且带有自然科学的痕迹；它既借用了其他学科的理论范畴，也孕育了独特的理论范畴和学术话语。不同学科的学者均从各自的角度出发研究传播问题，从而使传播学的研究成果异彩纷呈。

具体而言，传播学的学科基础主要是新闻学、社会学、心理学、政治学、"SCI"三论（系统论、控制论、信息论）、语言学、文化人类学、统计学、符号学等。随着传播学的兴起及传播研究的深化，许多学科都与传播学建立了联系，产生了交叉，出现了更多新兴的研究子领域。文化繁荣和人才汇聚带来了思想的兴盛，思想的兴盛催生了学科的丛生，而传播学就在各个学科的交叉和边缘地带生长起来。

总之，20世纪上半叶的美国，其政治条件、经济条件、社会条件和文化条件，为传播学这一研究领域的诞生提供了丰厚的土壤。

二、两次世界大战的助推

在 20 世纪上半叶，接踵而至的两次世界大战促使美国和欧洲的政府、新闻媒体和公关人员对宣传活动进行精心的设计和组织，也催生了有关宣传的研究。可以说，宣传研究成为早期传播学诞生的重要来源。

（一）"一战"期间的宣传战

第一次世界大战（1914—1918）是一次范围广泛、影响深远的世界性战争。战争从酝酿、爆发到结束，离不开宣传所发挥的影响。在"一战"前夕，欧洲各国的极端民族主义情绪被煽动到了极点，使得战争的爆发几乎成为必然。美国在一开始并没有加入战争的明显迹象，但随着有关欧洲战场的报道越来越多，关于德军洗劫欧洲许多城市的新闻使美国人越来越不安。迈克尔·埃默里（Michael Emery）等在《美国新闻史》中记述了美国人是如何受到外国宣传家和报纸的影响，从而在舆论上倾向于支持加入这场战争的。①

在近代战争史上，"一战"的宣传战格外引人注目。各国都成立了专门负责宣传的机构，并通过海报、传单、明信片和新闻报道来对己方、盟友和敌方开展宣传。1917 年，美国成立了"公共信息委员会"，委派新闻工作者乔治·克里尔（George Creel）担任主席。克里尔说："这是一个纯粹的宣传机构，一个做推销生意的大企业，也是世界上最大的广告业。"②公共信息委员会的宣传，其代表作是一幅美国征兵广告：一个戴着星条旗高帽的山姆大叔面向读者，伸出手指，广告语写着："我需要你——加入美国军队。"其他招贴画、印刷品和电影也为美国的作战作出了巨大贡献。

（二）"一战"之后的宣传研究

战后，无论是协约国还是德国，都有学者对宣传进行了深入研究分析，以致"宣传成了'一战'的替罪羊"。美国政治学家哈罗德·拉斯韦尔（Harold Lasswell）在《世界大战中的宣传技巧》中写道："国际战争宣传在上一次战争中扩大到了如此令人震惊的范围，是因为战争蔓延到了如此广阔的地区，它使得动员人民情绪成为必要。没有哪个政府奢望赢得战争，除非有团结一致的国家作后盾；没有哪个政府能够享有一个团结一致的后盾，除非它能控制国民的头脑。"③

"一战"之后，宣传研究在美国普遍开展了起来。20 世纪二三十年代是西方的动荡时期，经济大萧条席卷了整个资本主义世界，而一批重要的政治人物登上了历史舞

---

① [美]迈克尔·埃默里，埃德温·埃默里.美国新闻史：大众传播媒介解释史（第八版）[M].展江等译.北京：新华出版社，2001：291-296.

② [美]迈克尔·埃默里，埃德温·埃默里.美国新闻史：大众传播媒介解释史（第八版）[M].展江等译.北京：新华出版社，2001：294.

③ [美]哈罗德·D.拉斯韦尔.世界大战中的宣传技巧[M].张洁等译.北京：中国人民大学出版社，2003：22.

台，在美国是小罗斯福总统，在德国则是阿道夫·希特勒（Adolf Hitler）。这两位政治人物有一个共同的特点，就是非常善于利用传播活动来推广自己的政治主张。他们都是出色的演说家，擅长与新闻媒体打交道，而且积极利用新兴的广播和电影媒介来为自己的政治活动服务。

"一战"结束到"二战"爆发的这二十余年中，宣传分析与研究得到了大量开展，大大推进了人们对传播在战争中作用的认识。正如美国学者塞弗林和坦卡特所言：

在两次大战之间，出了不少以宣传为题的书。……我们最初对大众传播效果的理论思想来自对宣传所做的各种分析。现在，当我们回头去看时，其中很多理论已相当原始。然而，传播理论中的两个重要领域是根植于有关宣传的早期思想的。其中一个是态度改变，传统上它是传播研究主要领域之一。什么是改变人们态度的最有效的方法？宣传研究对这个问题提供了一些初步的解答。第二个领域是有关大众传播普遍效果的理论思维。大众传播对个人或社会产生了什么样的效果？这些效果是如何发生的？[①]

以宣传研究为主调的传播学术领域迅猛地发展起来，奠定了美国传播学的根基。当然，也有众多其他视角的传播研究，在各个学科领域生长起来。

（三）"二战"期间及之后的传播研究

新的世界战争爆发了。1941年，美国由于"珍珠港事件"也加入到第二次世界大战之中。在这一时期，不仅大量的美国军人和平民被动员起来，许多研究者也参与到政府的相关事务里，这在华盛顿特区形成了一个"学者网络"。罗杰斯（Everett Rogers）说："一个由传播学者构成的无形学院在华盛顿形成。他们相聚在正式的会议上，也非正式地相聚在合用的汽车上，相聚在军事基地和联邦政府的办公室中。"[②]

在这一时期，心理学家勒温（Kurt Lewin）进行了说服家庭主妇为了战争需要而采用内脏食品的实验，霍夫兰（Carl Hovland）对军事影片的效果进行了控制研究，拉斯韦尔从事着宣传品的内容分析，拉扎斯菲尔德（Paul Lazarsfeld）担任着美国陆军信息与教育部研究处和战时新闻局的顾问，而施拉姆（Wilbur Schramm）在统计局（战时新闻局的前身）为罗斯福总统起草广播讲话稿。学者们的交流使得关于传播的研究成果汇集起来，为一个新学科的诞生提供了可能。

威尔伯·施拉姆成为一个关键的人物。他在战争期间身处"学者网络"之中，收获了大量关于传播问题的跨越学科的知识与思想。在"二战"后期，施拉姆回到了他的母校艾奥瓦大学，开创了美国第一个传播学博士课程。后来，他撰写了第一本传播学的教科书，他也是第一个被称为"传播学教授"的学者。他在多所美国高校开设了相关的研究机构和课程，使得这个新兴学科正式进入美国的高等教育体系。而类似的

① ［美］沃纳·塞弗林，小詹姆斯·坦卡德.传播理论：起源，方法与应用（第五版）[M].郭镇之等译.北京：中国传媒大学出版社，2006：94.

② ［美］埃弗雷特·罗杰斯.传播学史——一种传记式的方法[M].殷晓蓉译.上海：上海译文出版社，2005：9-10.

课程也在美国各地的新闻学院、语言学系和其他机构开设，使得美国的传播学研究正式诞生。

总之，传播学在美国的诞生，与两次世界大战及其宣传活动有着密切的关系，这也使得它具有了自己的特色：关注传播效果，侧重定量方法，具有实用主义色彩。当然，这并不是美国传播学研究的全貌，更不代表传播研究的必然道路。

三、美国传播学的早期代表人物

在美国传播学历史的建构中，产生了"四大先驱"的"神话"。1980年，施拉姆在《美国传播研究的开端》一文中，高度评价了美国传播学的四位先行者，即美国政治学家哈罗德·拉斯韦尔、社会心理学家库尔特·勒温、社会学家保罗·拉扎斯菲尔德和实验心理学家卡尔·霍夫兰，称之为"四位奠基人"。

罗杰斯在《传播学史》一书中，则认为这四位学者是先驱者，真正的学科奠基工作是由威尔伯·施拉姆完成的。施拉姆因此被称为"传播学之父"。

除此之外，作家沃尔特·李普曼（Walter Lippmann）是更早的奠基者，他通过政论写作为理解舆论、新闻和宣传提供了学术思想的贡献。

（一）政论家沃尔特·李普曼

沃尔特·李普曼（Walter Lippmann）是著名的美国政论家、新闻人和作家，获得了两次普利策新闻奖，代表作是《舆论》（*Public Opinion*，1922）等。李普曼对传播学做出了重要的理论贡献。

第一，舆论研究。

李普曼引用柏拉图的"洞穴"比喻，提出了"拟态环境"（Pseudo-environment），还提出了"刻板印象"（Stereotype）等概念，在舆论研究中广泛使用。

第二，公众及公共性的理解。

20世纪20年代，李普曼与美国社会学家约翰·杜威（John Dewey）关于"公众"（public）展开了一场争论。在李普曼笔下，"公众"是原子式的、散漫的，因此容易被操控。而杜威则坚持从民主主义的角度出发，强调公众之间的联系及其有机体性质。无论是哪一种观点，都深化了当代社会思想对公众及公共性的认识。

（二）政治学家哈罗德·拉斯韦尔

哈罗德·拉斯韦尔（Harold Lasswell）是美国政治学家，他对传播学研究的贡献体现在理论和方法等方面。

1. 理论贡献

第一，宣传研究及政治传播。

拉斯韦尔是美国系统研究政治传播的第一人，是分析研究宣传的权威。1927年，他的博士论文《世界大战中的宣传技巧》刊行于世，成为宣传学的经典之作。1935年，他又与布卢门斯通合著出版了《世界革命的宣传》，进一步发展了对宣传进行分析的基本方法。1979年，在他去世后二年，拉斯韦尔、勒纳、史皮尔三人合作编写的三卷巨著《世界历史中的宣传与传播》，成为宣传学研究的又一里程碑。

第二，传播的"5W"模式。

1946年，拉斯韦尔与史密斯合著的《宣传、传播与舆论》出版，书中第一次提出了大众传播的基本传播过程，即"谁？说什么？通过什么渠道？向谁说？有什么效果？"他的这一模式成了传播学中经典的"5W"模式。后来，他又在1948年发表的《传播在社会中的结构与功能》一文中，对此传播过程、结构及功能作了一个较全面的论述，成为早期传播研究的经典成果之一。

第三，传播的社会功能说。

在其《传播在社会中的结构与功能》一文中，拉斯韦尔还从外部功能上分析了传播活动的作用。他指出传播的三大作用或三大功能，即监视环境、联系社会、传承文明。

2. 方法贡献

拉斯韦尔开创了内容分析法，发展了一种重要的传播研究工具。他的"一战"宣传研究就运用了内容分析的方法，虽然系统性和科学性程度不高，但为传播研究提供了方法论基础。

（三）心理学家库尔特·勒温

库尔特·勒温（Kurt Lewin）是美籍德国社会心理学家，从心理学的角度为传播学贡献了理论和方法。

1. 理论贡献

第一，群体动力论。

勒温从完形心理学出发，借用物理学"场论"来类比心理活动。场一旦形成便成为一种新的结构实体，而不再是形成场的那些个体元素的机械结合。场论应用于社会心理学的研究中，形成了群体动力论。群体动力论主要研究群体与个体之间的关系，特别关注群体规范对个体行为的制约和影响。"二战"期间，勒温等人运用这一理论对军队士气问题、劝说人们改变饮食习惯等进行了研究。

第二，"把关人"概念。

勒温在有关改变食品习惯的实验中发现，家庭主妇是家庭消费新食品的把关人。把关概念可以适用于范围广泛的各种传播环境。1947年，在勒温去世前的最后一篇文章《群体生活渠道》中，他对传播体系中的把关过程作了理论说明，这对于后来的研究来说，是一个有着广阔前景方向的贡献。

2. 方法贡献

心理学家最擅长的研究方法是实验法。勒温也将这一方法引入到传播研究之中，食品习惯实验就是典型的例子。勒温的群体动力论及"把关"概念对美国传播学的建立起了一定的推动作用，心理学也为传播学研究提供了重要的方法。

（四）社会学家保罗·拉扎斯菲尔德

保罗·拉扎斯菲尔德（Paul Lazarsfeld）是美籍奥地利社会学家。虽然传播研究只是拉扎斯菲尔德研究领域中的一个部分，但是他的研究对早期传播学的形成起了极大的推动作用。其主要贡献覆盖了理论、方法和学科建设等三个方面。

1. 理论贡献

第一，传播效果研究的主流范式。

按照罗杰斯的说法，拉扎斯菲尔德"开创了媒体效果研究的传统，这一传统成为美国大众传播研究的占有统治地位的范式"[①]。

20 世纪 30 年代，他参与并组织了一系列关于广播在社会中的影响力的研究，与此相关的成果包括《火星人入侵地球：恐慌心理研究》（坎特里尔等，1939）、"论借来的体验"（赫佐格，1941）等。1940 年，他与伯纳德·贝雷尔森（Bernard Berelson）等人在伊利县开展了总统选举期间的民意调查，主要研究大选期间影响选民投票意向的因素。1948 年，该项研究的成果汇集出版，名为《人民的选择》，提出了"舆论领袖"和"两级传播"等重要概念。1944 年他和同事伊莱休·卡茨（Elihu Katz）等人在迪凯特开展了后续研究，出版了《人际影响》一书，推进了关于舆论领袖的理解，开启了扩散研究的传统。两级传播论也逐步引出了关于大众媒介效果的"有限效果论"。这一系列研究及其成果奠定了传播效果研究的主流范式。

第二，大众传播的麻醉功能。

在拉扎斯菲尔德的学术风格中，实用主义、科学方法和经验研究是三个主要特征，但并不是全部。他曾经邀请德国法兰克福学派的西奥多·阿多诺（Theodor Adorno）参与广播研究项目，而阿多诺是批判理论的领军者。拉扎斯菲尔德还与理论家罗伯特·默顿（Robert Merton）开展合作，最有名的成果是一篇名为"大众传播、流行品味与有组织的社会活动"的文章，其中提出了大众传播的三个功能，即地位赋予、社会规范强制、麻醉，而这种"麻醉"的负功能也成为后续学者不断探寻的起点。

2. 方法贡献

拉扎斯菲尔德擅长使用定量的统计方法开展社会研究，问卷调查和统计分析在他

---

① ［美］埃弗雷特·罗杰斯. 传播学史——一种传记式的方法 [M]. 殷晓蓉译. 上海：上海译文出版社，2005：271.

的研究中得到了成熟运用。同时，他还试图将定性方法和定量方法、参与性观察和深度访谈、内容分析和个人传记、专题小组研究和焦点访谈结合起来。许多方法论的创新都是由拉扎斯菲尔德及其合作者所开创的，例如，异常情况（deviant case）分析、三角测量法、伊利调查采用的"固定样本重复访问法"等。

3. 学科建设贡献

拉扎斯菲尔德还创造了以大学为基础的研究机构的原型，位于哥伦比亚大学的应用社会学研究局成了一个模板。以哥伦比亚大学为基地，以拉扎斯菲尔德为连接点，他的同事、学生和后继者们形成了哥伦比亚学派，侧重社会学研究与传播问题的结合，具有重经验研究、重科学方法、重应用色彩等特色。

（五）心理学家卡尔·霍夫兰

卡尔·霍夫兰（Carl Hovland，1912—1961）是美国实验心理学家，对于美国传播研究的贡献主要集中于说服的实验研究。

1. 理论贡献

如果说服是一种传播，那么态度改变与否就是它的直接效果。霍夫兰将心理学的理论和方法应用于说服研究，也为传播效果理论开辟了道路。

"二战"期间，霍夫兰负责了美国军方的一系列研究，以了解战争信息、士气训练等计划实施的效果。例如，他们研究了《我们为何而战》系列纪录片在士兵们认知、态度和行为倾向上的效果，研究了德国投降后如何让士兵们对战争结束时间保持理性，等等。他们发现，说服效果确实存在，但效果有限，且存在各种变数。

"二战"结束后，霍夫兰继续进行态度与说服的研究，包括传播者的信誉、信息组织、群体适应效果、态度和观点变化的持续性等问题，提出了 SMCR 模式（信源—讯息—渠道—接收者）、"睡眠者效应"、社会判断理论等，并出版了《传播与说服》（1953）、《耶鲁大学关于态度和传播的研究丛书》（五卷本）等著作。

2. 方法贡献

作为心理学家，霍夫兰同样擅长使用实验法开展研究。他的实验设计更为严谨，为美式传播效果研究提供了具体的操作方案。

霍夫兰及其合作者没有研究现实社会生活中的媒介运动和大众传播。另外，他们使用实验法进行研究，研究对象多为学生和实验性对象，范围有限。虽然他在后期也发现了许多实验过程中没有发现的众多影响因素，但是"这项研究的结果对现实生活有无实用价值却不清楚"。[①]

---

① ［美］德弗勒，丹尼斯 . 大众传播通论 [M]. 颜建军等译 . 北京：华夏出版社，1987：308.

（六）传播学者威尔伯·施拉姆

威尔伯·施拉姆（Wilbur Schramm，1907—1987）可以说是"第一位传播学者"，因为在他之前，并没有这个学科，也就没有谁能称得上这个头衔。在美国，他先后在艾奥瓦大学、伊利诺伊大学、斯坦福大学、夏威夷东西方中心等工作，在高等教育体系里建立了传播学这样一门单独的学科，并使之系统化、正规化、完善化。

1. 理论贡献

施拉姆一生编著了近 30 部传播学论著，约有 500 多万字。部分代表性著作包括：

1）施拉姆（主编），《大众传播学》（1949）；

2）西伯特、彼得森、施拉姆，《传媒的四种理论》（1956）；

3）施拉姆，《儿童与电视：给父母的建议》（1959）；

4）施拉姆，《大众传播与社会发展》（1964）；

5）施拉姆、勒纳（主编），《传播与变迁：过去十年与未来》（1967）；

6）施拉姆，《大众传播的过程与效果》（1971）；

7）普尔、施拉姆（主编），《传播手册》（1973）；

8）施拉姆、波特，《男人、女人、讯息和媒介：人类传播概论》（1982）。

在这些著作中，施拉姆也不断贡献自己的传播学理论。他提出了"最后七分钟"的比喻，描述人类传播及文明加速演进的状况；他提出了"媒介选择的或然率公式"，有助于理解受众的选择性；他对儿童使用电视的状况做了细致调查；此外他还是发展传播学这一子领域的代表人物。

2. 学科建设贡献

施拉姆把美国的新闻学与社会学、心理学、政治学等其他学科综合起来，在前人传播研究的基础上加以归纳、总结、修正，使之系统化、结构化、专门化。1943 年，他在担任艾奥瓦大学新闻学院院长时，建立了第一个大众传播的博士学位点。[①]1949 年编纂了第一本权威性的传播学教科书《大众传播学》。至此，传播学作为一门学科得以创立起来。

施拉姆大力推进传播学教育，扩大传播学在教育及学术界的影响。他先后创建过四个传播研究机构：艾奥瓦民意调查中心（1934 年）、伊利诺伊大学传播学研究所（1948 年）、斯坦福大学传播学研究所（1955 年）、夏威夷东西方中心传播研究所（1973 年）。通过这些教育、科研机构，施拉姆培养了一大批传播学研究生，造就了许多学有成就的后起之秀，对美国传播学的发展意义深远。

---

① 虽然这是第一个"大众传播"的博士学位，但此前已有"演讲传播"的博士。据徐生权的考证，第一位以"传播"命名的博士应该是 1922 年威斯康星大学授予的。参见徐生权. 谁是第一位传播学博士？——被中国学术界所忽略的"口语传播系"及其变迁 [J]. 新闻界，2019（8）：35-44+87.

施拉姆曾周游世界，推广美国的传播学。1982 年，他到访中国，对中国传播学的发展也起到了重要作用。

虽然以以上六位学者为中心的传播学"创世"神话流传已久，但这并不意味着美国传播研究的全部。新闻学的发展、社会学中的芝加哥学派、批判社会思想的德国法兰克福学派、跨越学科的"三论"、心理学中的帕洛阿尔托小组等，都在不同时期为美国传播学贡献了理论养料。

第三节　传播研究的多元路径

传播研究是一个"十字路口"，是一个交叉地带。它的学术源流众多，也形成了丰富多彩的研究路径（approach）。

一、传播效果研究范式

美国传播学诞生之后，迅速生根发芽、开枝散叶。随着当代传媒对人类社会的影响日益广泛和深远，传播学也逐渐成长为"显学"，高校的传播学院林立，各个学会和期刊形成了学术交流的阵地。

以李普曼、"四大先驱"和施拉姆为起点，美国传播学的主流范式形成了。它沿着 5W 模式展开，其中，传播效果是最受关注的一个环节。功能主义、实用主义、实证主义的色彩非常突出，量化方法应用普及。纵览过去半个多世纪的美国主流传播学成果，会发现一些突出的主题。

第一，竞选研究。从拉扎斯菲尔德的伊利调查开始，四年一度的美国总统竞选都成为美国传播学提炼理论的富矿。议程设置理论就是一个典型的例子。近年来，关于社交媒体与竞选运动、青少年的关注度及投票意向、信息误导（misinformation）、"后真相"（post-truth）等主题引发普遍的关注。

第二，健康传播。霍夫兰及其合作者在"二战"后开展说服研究时的重点之一就是健康信息的传播，而卡茨等人的扩散研究也格外关注医疗领域。由于公共卫生的重要性，也由于规模庞大的医药行业的推动，健康传播成为主流课题。它涉及不同群体的健康信息使用、健康教育运动、媒介与复原力（resilience）等。

第三，媒介暴力的效果。在媒介内容中，最令人担忧的是暴力内容和色情内容；在媒介受众中，最令人担忧的是青少年与儿童；在具体效果中，最令人担忧的是青少年模仿媒介中的攻击行为乃至犯罪行为。早在 20 世纪 20 年代，佩恩基金会就赞助了有关电影对青少年犯罪之影响的研究。此后，这一主题一直绵延不绝。

第四，发展传播。"二战"之后，以勒纳的《传统社会的消逝》、施拉姆的《大众传播与国家发展》、罗杰斯的《创新的扩散》为代表，发展传播的道路形成了。它秉承现代化理论的原则，用美国的大众媒介模式观照发展中国家，促进其"发展"、现代化或者说美国化，成为美式国际传播研究的主导旨趣。进入 21 世纪后，这一道路逐渐式微，但其思维模式依然存在于全球化的研究之中。

一般来说，美国的主流范式偏向于关注效果，尤其是微观、社会个体的效果，常使用科学主义的思维和量化的经验研究方法。然而，正如李金铨指出的，它逐渐走向学术研究的"内卷化"（involution），一定程度上表现出理论的贫乏。[①]

二、传播的元理论

传播是人类最基础的社会过程。因此，许多学科和流派都曾对传播的元理论加以探讨，并为传播研究贡献了理论和概念。以下简要介绍社会学的芝加哥学派、"三论"、心理学的帕洛阿尔托小组所做的贡献。

（一）社会学的芝加哥学派

在社会学中，芝加哥学派指的是 20 世纪 10—30 年代的一个社会学家群体，他们以芝加哥大学社会学系为中心，使用田野调查等质化方法，致力于研究城市社会学、犯罪学和人类交往的问题，是美国社会学发展中的一组重要力量。代表人物包括欧内斯特·伯吉斯（Ernest Burgess）、乔治·赫伯特·米德（George Herbert Mead）、罗伯特·E.帕克（Robert E. Park）、W.I.托马斯（W. I. Thomas）、赫伯特·布鲁默（Herbert Blumer）等人，约翰·杜威（John Dewey）、查尔斯·霍顿·库利（Charles Horton Cooley）也常被与芝加哥学派联系起来。其中，帕克、米德和库利三个人经常被传播学者引用。

帕克是一位美国社会学家，是芝加哥学派的领军者。他曾长期担任新闻记者。他的代表作是《社会学导论》（1921，与伯吉斯合著）、《移民报刊及其控制》（1922）。他制订了美国社会学的主要方向与领域，并将大众传播引入社会学。他将城市比喻为一个生态系统，引导博士生们从中寻找问题并开展研究。

米德是一位社会学家、哲学家。他的代表作是《心灵、自我与社会》（1931），他创建了符号互动论，对人际传播、个人发展和社会关系做了理论阐明。

库利是一位美国社会学家，虽然主要工作是在密歇根大学，但与芝加哥学派联系紧密。他的代表作是《人类本性与社会秩序》（1902），提出了"首属群体""镜中我"等社会理论中的核心概念。

除了以上三位理论家，其他芝加哥学派学者也曾涉足传播研究。20 世纪 20 年代佩恩基金会资助"电影与青少年"项目时，芝加哥学派的赫伯特·布鲁默和其他学者参与其中，出版了《电影与行为》《电影、少年犯与犯罪》等著作。

---

① 李金铨.传播研究的典范与认同 [J].书城，2014（2）：51-63.

芝加哥学派不仅对美国社会学来说意义重大，而且对美国传播学也有深远的影响，其中既涉及对传播的基本认识，也涉及具体的传播与社会的课题。

第一，它贡献了符号互动论，以及首属群体、镜中我等概念，有助于深刻理解传播的基本原理。

第二，它贡献了大众传播与族裔群体的框架性理解，进一步拓展到对舆论和社会控制的讨论。

第三，它贡献了电影对青少年影响的经验研究和重要思考。

第四，它贡献了建立在田野调查、民族志基础上的质化研究思路。

（二）"SCI"三论

"SCI"三论指的是信息论、控制论和系统论，这三个跨学科的理论影响深远，从计算机科技到社会理论都受其影响。它们主要是在 20 世纪四五十年代成形的。

信息论（information theory，或 informatics），是有关信息的一般性原理的学问。它在 20 世纪初开始萌芽，在 20 世纪中叶逐渐成形，主要奠基者是美国数学家克劳德·香农（Claude Shannon，一译申农）。香农于 1948 年发表了《通信的数学原理》，于 1949 年发表了《噪音下的通信》。他阐明了信息及通信的基本原理，提出并绘制了通信过程的模型，确定了信息的数学测量，并讨论了关于信道、噪音、熵、编码 / 解码等一系列问题。随着信息化社会的到来，这套理论也远远超出通信的基本领域，成为理解当代社会的一把理论之钥。

控制论（cybernetics），研究的是在机器、生命体和社会中如何通过通信实现控制这一规律。它的核心是"反馈"，即通过循环的信息交换，把上一步行动的结果变为下一步行动的输入，从而实现对过程和目的的控制。它的最初思想出现在 19 世纪的物理学中，后由美国数学家诺伯特·维纳（Norbert Wiener）正式提出。1948 年维纳出版了《控制论：关于在动物或机器中通信或控制的科学》，为这一领域奠定基础。1950 年出版了《人有人的用处：控制论与社会》，将控制论延展到整个人类社会领域。无论是对于军事研发、计算机科学还是经济、社会，这一思想都提供了极大启发。

系统论（systems theory，或 systematics），尤其是一般系统论（general systems theory），指的是将有机体、机械、社会等事物的构成看作是一个由各部分组成的系统，其中，系统、构成要素和环境之间形成了复杂而有序的关系。一般系统论是由奥地利生物学家路德维希·冯·贝塔朗菲（Ludwig von Bertalanffy）提出的，强调系统的整体性、有机关联性、动态性、有序性和目的性。他在 20 世纪二三十年代就提出了这一概念，40 年代到美国后也进行了发表，但未引起广泛关注。1955 年《一般系统论》出版，使得这一理论逐渐受到重视，并从生物学理论拓展为系统科学这一哲学思想。

"SCI"三论为传播学提供了重要的概念和模式。

第一，它们贡献了信息、熵、反馈、噪音、编码、解码等核心概念以及理论阐释。

第二，它们贡献了模型与模式，使传播学借以建构自己的理论。

第三，它们对机器、生物体和社会的一般性理解，深刻影响了包括传播学在内的众多学科，有助于跨越学科疆界，应对从信息化社会到人工智能时代的种种问题。

（三）帕洛阿尔托小组

帕洛阿尔托市位于美国加利福尼亚州的旧金山湾区，是斯坦福大学所在地，如今也是美国硅谷的中心地带。在 20 世纪五六十年代，一群致力于研究传播与心理问题的学者和医生组成了一个小组，由格雷戈里·贝特森（Gregory Bateson）领导，被称为"交往传播小组"，其核心思想是，传播建立了关系，这是理解个体行为的关键。

贝特森（1904—1980）是英国人类学家。他将控制论、心理分析和传播问题结合起来，对关系传播进行了理论阐释。他提出了元传播、双重约束、传播语义学等概念。

帕洛阿尔托小组的代表作是《人类传播语用学：交往模式、病理学和悖论的研究》。这本书提出了一句名言："人们不能不传播。"即使是一个非传播性的或者拒绝传播的行为，都有可能在传播信息，例如一个飞机乘客闭着眼睛，也传播出他不想与邻座交谈的意图。这正是贝特森所说的"元传播"，即作为关系的传播。这直接挑战了单向的、以效果为目标的 SMCR 模式。

帕洛阿尔托小组虽然人数不多，但发表丰硕；它在美国传播学中没有形成直接的影响领域，但提供了一种替代式的思考。"在传播学学者中，交往的视野最终将得到更加广泛的理解和接受。那么帕洛阿尔托学派将肯定会得到它应有的尊敬。"①

三、文化研究

狭义的文化研究专指英国的伯明翰学派及其后继者，但广义的文化研究跨越了学科、国别和流派的界限，以大众文化为入手点，形成了开阔的学术视野。

（一）法兰克福学派

法兰克福学派指的是 20 世纪 20—60 年代以德国法兰克福大学社会研究所为核心形成的社会思想派别。1923 年，社会研究所成立，其主要人物包括马克斯·霍克海默（Max Horkheimer）、西奥多·阿多诺、赫伯特·马尔库塞（Herbert Marcuse、埃里希·弗洛姆（Erich Fromm）、弗雷德里希·波洛克（Friedrich Pollock）、里奥·洛文塔尔（Leo Löwenthal）、齐格弗里德·克拉考尔（Siegfried Kracauer）等人，沃尔

① [美]埃弗雷特·罗杰斯.传播学史——一种传记式的方法[M].殷晓蓉译.上海：上海译文出版社，2005：88.

特·本雅明（Walter Benjamin）与这一学派联系紧密，而尤尔根·哈贝马斯（Jürgen Habermas）则被视为法兰克福学派的第二代学者。

法兰克福学者们的思想范围广泛，但多数是在西方马克思主义的框架下来思考西方社会现象的问题，具有强烈的批判色彩。他们不仅对资本主义的文化生产进行了深刻反思，为传播研究贡献了批判理论，而且广泛影响了哲学、社会学、政治学、心理学等学科。

霍克海默自 1930 年起担任法兰克福大学社会研究所的所长，引领这个马克思主义的左翼研究机构成为具有声望的跨学科思想中心。1933 年该研究所被纳粹党关闭后，霍克海默和同事们离开德国。霍克海默在纽约哥伦比亚大学重建了这一机构，并于 1940 年加入美国国籍。"二战"结束后他回到了德国。他的代表作是《启蒙辩证法》（1944，与阿多诺合著）。

阿多诺在纳粹上台后迁往美国，并曾在哥伦比亚大学参与过拉扎斯菲尔德的广播研究项目。"二战"后回到德国。他是法兰克福学派最有影响力的思想家之一。代表作包括《启蒙辩证法》（1944，与霍克海默合作）、《权威人格》（1950）、《消极辩证法》（1966）、《美学理论》（1970）等。他和霍克海默提出了"文化工业"（culture industry）的概念，认为它使艺术商品化并且成为维持资本主义的力量。他还是一名造诣很深的音乐家和音乐理论家。他的一句名言"奥斯维辛之后写诗是野蛮的"广为人知。

本雅明并未正式加入社会研究所。1925 年，他试图以《德意志悲苦剧的起源》申请法兰克福大学的教职未获成功，但与阿多诺等人结下了深厚的友谊，并在经济和出版方面得到了社会研究所的支持。他以"拱廊计划"为名，对现代文学、艺术和文化进行了独树一帜的思考与批评。1933 年，他离开德国开始流亡。1940 年，在从法国向西班牙越境受挫后自杀。他的代表作包括《德意志悲苦剧的起源》（1928）、《单向街》（1928）、《机械复制时代的艺术作品》（1935），以及论及卡夫卡、波德莱尔、布莱希特等人的文章。他认为机械复制时代的到来消弭了艺术的"灵韵"。

哈贝马斯是法兰克福学派的第二代学者，他在法兰克福大学师从霍克海默和阿多诺学习政治学。1964 年，在阿多诺的支持下，他接替了霍克海默在法兰克福大学的教授职位。他的代表作是《公共领域的结构转型》（1962）、《交往行动理论》（1981）等，其中提出的公共领域、交往理性等概念经常为传播学者所引用。

（二）伯明翰学派

狭义的文化研究（Cultural Studies）专指 20 世纪五六十年代在英国兴起的，以西方马克思主义为思想指导，跨越学科界限对大众文化进行研究的学术潮流。因主要学者以伯明翰大学为研究基地，又称"伯明翰学派"。1964 年，在伯明翰大学成立了当代文化研究中心（Centre for Contemporary Cultural Studies，CCCS），理查德·霍加特（Richard Hoggart）担任第一任主任。在第二任主任斯图亚特·霍尔（Stuart Hall）的带领下，当代文化研究中心汲取了通俗文学研究、意识形态批评、人类学调查、结构主义/后结构主义和后现代思潮、美国媒介批评等方面的理论成果，对媒介文本的接受、媒介的家庭使用、种族与性别的媒介议题、青少年亚文化等开展深入研究。20 世纪 80 年代末，CCCS 改组为文化研究系，后与社会学系合并。2002 年，文化研究与社会学系被伯明翰大学校方关闭。但是，文化研究的思想成果却已经散播到了全球各地。正如这一思想一开始所倡导的，文化研究致力于"去中心化"，勇于跨越疆界，其思想成果在全球各个国家的各个相关领域产生了重要影响。

伯明翰学派的早期代表人物包括理查德·霍加特、斯图亚特·霍尔等，此外，雷蒙·威廉斯（Raymond Williams）和 E.P. 汤普森（E. P. Thompson）也被认为是早期思想的重要来源。它的第二代学者包括大卫·莫利（David Morley）、安吉拉·麦克罗比（Angela McRobbie）等。

霍加特于 1964 年在伯明翰大学创立 CCCS 并担任第一任主任，他的代表作是《识字的用途》（1957）。

霍尔来自牙买加的一个种族混血家庭。曾创办《新左派评论》并担任编辑。1964年应霍加特之邀加入 CCCS，并在四年后继任主任。他是伯明翰学派的主要领军人物。他提出了"编码/解码模式"，分别延伸为文本分析和受众民族志研究；他提出了嵌合（articulation）概念，挑战了线性的因果模式。他还对种族流散文化研究、新自由主义批判等贡献良多。1979 年转到开放大学，推动了面向工人阶级的成人文化素养教育。他的代表作是《电视话语中的编码与解码》（1973）、《通过仪式抵抗》（1976）等。

作为伯明翰学派的第二代学者，大卫·莫利的学术生涯折射了文化研究的焦点变迁。他于 20 世纪 70 年代末在 CCCS 就读博士期间，与夏洛特·布朗斯顿（Charlotte Brunsdon）合作，沿着霍尔的"编码/解码"模式开展《举国上下》电视节目的研究。此后，他以民族志的方法持续对家庭情境中的电视观看及电视媒介使用进行调查，并与罗杰·西尔弗斯通（Roger Silverstone）等人合作推进媒介的家庭驯化研究。进入21 世纪后，他以"空间"为关键词，对媒介与认同边界、媒介与移动性等问题展开思索，并将交通与传播结合起来重新界定"communication"的含义。

（三）美国的文化研究

作为全球大众文化产业最为兴盛的国家，美国的文化研究也发展起来。詹姆斯·凯利（James Carey）和约翰·费斯克（John Fiske）的研究都有较大的的影响。其中最具特色的莫过于以亨利·詹金斯（Henry Jenkins）为代表的粉丝文化研究。

詹金斯的代表作包括《文本盗猎者》（1992）等，他对同人创作、电脑游戏和动漫、粉丝文化进行了研究，提出了融合文化、参与式文化、跨媒介叙事等概念，认为当代的大众文化已经不仅是"编码/解码"的模式，而是有极高的参与性。

四、传播政治经济学

传播政治经济学是在马克思主义政治经济学的视角下考察传播与媒介的学术道路。它并不是一个固定不变的学派；20 世纪 60 年代开始兴起，并成为传播研究的重要一翼。其早期的代表人物包括达拉斯·斯迈思（Dallas Smythe）、赫伯特·席勒（Herbert Schiller）等，后续研究者遍布北美、欧洲、东亚各地。

在这种视角下，现代社会中的传媒首先表现为资本主义社会的组成部分，是其庞大的产业经济体系中的一个环节，而且是独一无二的坏节。因此，传播不是抽象而普遍的社会过程，而是社会关系生产和再生产的产物。用马克思的话来说：经济基础决定上层建筑。传媒业既服从于经济基础，也是这个经济基础的组成部分，从这一点出发才能完整理解人类传播。赵月枝、邢国欣总结说：传播政治经济学"着重分析传播体制的经济结构与市场经济体制的运行过程，从而揭示传播与文化工业的复杂性，以及通过资本实现的传播与文化活动对社会过程的影响。通过对传播的所有权、生产、流通和受众消费等层面的分析，传播政治经济学试图展现传播的社会权力关系"①。

斯迈思曾长期在美国政府部门工作，1943—1948 年间担任美国联邦传播委员会（Federal Communications Commission，FCC）的首席经济学家。他的代表作是《依附之路：传播、资本主义、意识和加拿大》（1981）。他指出"传播"乃是西方马克思主义乃至西方经济学的盲点，提出了"受众商品论"。

赫伯特·席勒不仅是一位传播政治经济学者，也是一位媒体评论家。他的代表作是《大众传播与美利坚帝国》（1969）、《头脑管理者》（1973）、《文化公司：占领公共表达的企业》（1989）等。他一方面批评美国文化企业的信息商品化是对公共领域的侵占和对头脑的控制，另一方面批评以好莱坞电影为代表的美国大众传播体系实际上成为美帝国主义的支柱。

五、媒介社会学

媒介社会学（media sociology）于 20 世纪 70 年代在北美兴起，侧重对传媒机构、媒介生产、新闻组织、新闻专业主义等中观层面的媒介现象开展研究。其代表人物和代表作包括：迈克尔·舒德森（Michael Schudson）《发掘新闻》（1978）、盖伊·塔奇曼（Gaye Tuchman）《做新闻》（1978）、赫伯特·甘斯（Herbert Gans）《什么在决定新闻》（1979）、托德·吉特林（Todd Gitlin）《新左派运动的媒介镜像》（1981）等。

舒德森将关于媒介生产的研究分为三个层次，即政治经济学视角、社会学视角、

---

① ［加］赵月枝.传播与社会：政治经济与文化分析 [M].北京：中国传媒大学出版社，2011：3.

文化视角。狭义的媒介社会学，多指基于社会学视角开展的媒介生产研究。

广义的媒介社会学又走向两个方向，一个方向是各种视角下的媒介生产研究，另一个方向是在社会学视角下开展的所有关于传播与媒介现象的研究。

六、媒介技术研究

在现代社会中，科学技术是传播媒介发展的核心驱动力之一。传播研究曾长期关注内容、文本、符号、文化及其效果；而媒介技术研究的方向，则聚焦于媒介本身的技术特征与物质性维度，观察媒介变革对社会文明变迁的影响。

（一）媒介技术学派

媒介技术学派是 20 世纪 60 年代后在北美形成的学术潮流。因主要成员分别来自加拿大的多伦多大学和美国的纽约大学，也被称为媒介研究的多伦多学派和纽约学派。它的部分成员自称研究的是媒介环境学（media ecology，一译媒介生态学）。有时候也被称为媒介领域的"技术决定论者"。其思想领袖是马歇尔·麦克卢汉（Marshall McLuhan）。这一学术潮流的核心是强调媒介本身而非传播内容的重要性，并认为技术在发挥着超越人们控制的影响力。

麦克卢汉主要在加拿大多伦多大学担任教授。他的著作包括《机械新娘》（1951）、《谷登堡星汉璀璨》（1962）、《理解媒介》（1964）、《媒介即讯息》（1967）等。他提出了"媒介是人体的延伸""媒介即讯息"等论断，提出了地球村、冷媒介与热媒介等概念，强调媒介技术本身的关键作用，影响深远。

麦克卢汉自称受到加拿大政治经济学家哈罗德·英尼斯（Harold Innis，1894—1952）很大的影响。英尼斯虽然主要研究加拿大的经济史，但有两本著作却聚焦于人类的传播问题，即《帝国与传播》（1950）和《传播的偏向》（1951）。他认为，一个社会在某个历史时期使用的主导媒介因其材质和技术的不同，或偏向于时间，或偏向于空间，这影响了文明的面貌。

在麦克卢汉之后，多伦多大学和美国纽约大学有一批学者沿着他的道路继续行进。代表人物包括尼尔·波兹曼（Neil Postman）、保罗·莱文森（Paul Levinson）、约书亚·梅洛维茨（Joshua Meyrowitz）、林文刚（Casey Man Lum）、埃里克·麦克卢汉（Eric McLuhan）等。

（二）媒介学

媒介学（mediology）是 20 世纪 70 年代末在法国出现的学术思想，它侧重考查一种泛化意义上的媒介，即信息传递技术，在历史中的发展及其作用，认为技术与文化结构和社会运动之间形成了互动关系。

它的提出者是法国学者雷吉斯·德布雷（Régis Debray）。德布雷是一位法国左翼思想家、公共知识分子，在 1979 年提出了"媒介学"的概念，并在《普通媒介学教程》（1991）、《图像的生与死》（1995）等书中对之进行发扬。

他认为，在历史变迁中，信息传递技术形成了"媒介域"（mediaspheres），即"以信息传播的媒体化配置（包括技术平台、时空组合、游戏规制等）形成的包含社会制度和政治权力的一个文明史分期"①。人类文明因此可分为三个媒介域，即文字（逻各斯域）、印刷（书写域）、视听（图像域）。他还提出了公民媒介学的十一个命题。

德布雷的媒介学思想受到了米歇尔·福柯（Michel Foucault）的话语理论及知识考古学的影响，与麦克卢汉的媒介思想形成呼应，并与法国哲学家贝尔纳·斯蒂格勒（Bernard Stiegler）的科技哲学有共通之处。

（三）媒介哲学

20 世纪 80 年代开始，德国的媒介理论从哲学（尤其是现象学和存在论）中汲取理论养料，对媒介与人、媒介与存在的基本价值关系做了阐释。进入 21 世纪后，随着互联网和新兴媒介技术的飞速发展，这一思想派别日益获得传播、文化与哲学研究者的普遍关注。德国媒介哲学的代表人物是弗雷德里希·基特勒（Friedrich Kittler）。

基特勒的代表作是《话语网络 1800/1900》（1985）、《电影 留声机 打字机》（1986）、《光学媒介》（2002）等，其中提出了媒介时间轴操控、"软件不存在"等概念。在《电影 留声机 打字机》的开篇，他写道："媒介决定了我们的生存处境。"②他采取非线性的历史观，将媒介技术发明、军事战争史、文学艺术等交织成独特的文本，在他看来，媒介的物质性基础和技术系统已经超越了人的感官所能把握的范畴。

德国的媒介哲学并非一个固定的学派或阵营，不同的学者可能使用媒介物质性、文化技艺、媒介考古学、媒介地质学等标签来定义自己的研究方向。

总之，如果将传播研究比作一条河流，那么，它有多个源泉，也形成了丰富的水系。仅仅沿着美国传播学的主流道路来理解传播问题是远远不够的。对于中国传播学的发展来说，更需要博采众长，并根据本土实践中萌发的现实关怀形成自己的道路。

本 章 小 结

对传播问题的思考古已有之，希腊和中国古代的思想家都提供了相关的智慧，但还没有形成一门学科。到了近代，随着人类传播活动独立成产业门类，传播研究具有

---

① [法] 德布雷. 普通媒介学教程 [M]. 陈卫星等译. 北京：清华大学出版社，2014：18.

② Kittler F. Gramophone, Film, Typewriter [M]. Stanford: Stanford University Press, 1999.xxxix.

了五个特性，即研究对象的独立性、学术范畴的完整性、研究方法的科学性、研究成果的系统性和人才培养的可行性，它才发展成为一门学科。

作为一门学科，传播学经过半个世纪的孕育，于 20 世纪中叶在美国诞生。当时美国的政治、经济、社会、文化环境为传播学的孕育提供了丰厚的土壤。两次世界大战发挥了重要的推动作用，使得宣传研究成为早期传播研究的核心主题。在传播学的"创世神话"中，李普曼、拉斯韦尔、勒温、拉扎斯菲尔德、霍夫兰和施拉姆等人贡献良多。

实际上，传播与媒介研究在全球各地普遍开展，形成了丰富多彩的路数。相对而言，有六个路数是比较明确的：

1）美式传播研究形成了以传播效果为核心的主流范式；

2）社会学的芝加哥学派、"SCI"三论、心理学的帕洛阿尔托小组等提供了有关传播的元理论；

3）从德国的法兰克福学派到英国的伯明翰学派，形成了以大众文化为关注焦点的文化研究；

4）以马克思主义为原点，传播政治经济学深刻揭示了当代媒介的经济基础和权力状况；

5）媒介社会学以社会学的理论和方法对媒介生产进行了细致分析；

6）媒介技术研究则超越文本，从媒介自身的技术特征和物质性基础出发，加深了我们对传播媒介的认识。

思考题：

1. 为什么说传播学虽然历史不长，但有着漫长的过去？

2. 作为一门学科，为什么传播学会在 20 世纪中叶的美国诞生？

3. 传播学的"创世"神话是怎么形成的？它以哪些人物为中心？它形成的传播道路是什么样的？

4. 传播研究形成了哪些路数、流派与阵营？各有什么特点？

5. 中国的传播学研究应该如何对待学科的历史问题？

第二章 传 播 论

本章要点:

1. 传播的含义非常广泛,但其本质是信息的流动。

2. 人类传播拥有十分久远的历史,人类社会发展的每个大的阶段都有一种在当时占据主导地位的传播媒介在背后发挥深刻的作用,并对当时的社会形态、社会经济、社会文化产生强烈的影响。

3. 传播类型根据传播参与者、传播方式的不同分为内向传播、人际传播、群体传播与组织传播以及大众传播四种,每种类型都具有显著的特征。在网络传播时期,四种传播类型在网络空间中形成了共存的局面,并且在某些时候可以同时进行。

4. 人类传播是一项非常复杂的活动,因此,传播的过程也同样具有较高的复杂性,根据时代的不同也会不断发生变化,对它的探索是一个长远的议题。

传　播　论

研究传播时，我们在研究人。

传播学是研究人类社会传播活动及其规律的科学，简言之，就是研究人类传播的科学。因此，想要系统学习传播学，首先要了解的就是是传播的概念。

纵观人类文明的演进历程，经历了数个跨越式的发展阶段，每个阶段的占据人类传播行为主导地位的传播形态不尽相同，各具特色，如动作、语言、文字、大众媒介、互联网等。而在不同的传播形态背后，都有着相同的内在规律发挥着作用，成为我们理解传播本质的最好抓手。

人类在进行日常的传播活动时，根据不同的场景需求，又诞生出了不同的传播类型，同时也形成了逐渐成熟和多元的传播过程和传播模式，最终构成了一个复杂的人类传播网络。

只有对人类传播有了更为深刻的认识，才能在接下来的传播学的学习中，对我们起到一种见微知著、睹始知终的效果。

第一节　人类传播的"想象"与"解读"

传播是人类的一种社会行为。传播活动无时无刻不发生在我们每个人身上。我们研究传播活动首先就得阐明"传播"的含义。

古今中外对"传播"一词有各种各样的解释。

一、"传播"与"Communication"

汉语中的"传播"两个字最早是分开使用的，即"传"与"播"，它们都是古代汉语中的单音词。

"传"是"傅"的简写，周代金文中就已有这个字。按《说文解字》的解释，"傅"的左边原义为"人"，右边义为"六寸簿也"，其上半部分与"牵"同义。因此，"传"字与"人、六寸簿、牵马"有关。

按照周礼，"行夫"（即人）掌管国家的信息传递。这些传递者"以车驾马"，手持六寸长的竹简（汉代改为五寸）。这样的"传"意义非常广泛，可以是指上对下的信息传递，如"传宣""传法""传道""传经"，也可指下对下或平级间的信息传通，如"传檄""传字鸽"；可以指确实的信息传通，如"传神""传真""传讹"；可以指小范围的信息流通，如"传宣"，也可指大范围的信息流通，如"传布"。

"播"在金文中也已存在，原意是"播种"，表示人手将种子撒到田里。它的含义在历史上也曾有多种，如"撒也""扬也""布也""放也""弃也""迁也"等等。谷种的"播"是在广大的田地上进行的，信息的"播"也应该是在大范围内实施的。[①]

"传播"一词是近义并列构造的词。据考证，"传播"一词在我国出现于1400年前，即可能始见于《北史·突厥传》中的"传播中外，咸使知闻"一语。[②]元代史也见使用，《宋史·贺铸传》中有"所为词章，往往传播在人口"。我国古代，使用"传播"一词并不广泛。大量使用"传播"是近现代的事。

当代的日常生活中，"传播"一词使用甚广。基本含义是表达某种事物的传递、散播。

英语中的"Communication"（Communicate 的名词形式）源自拉丁语的 Communicatus 和 Communis，其原义为"分享""共有"，该词的印欧语词源是 Kom—moini，其中 Kom 意为"共同"，Moini 源自 Mei，意为"交易、交换"。由"共同交换""共享"引申到信息传递领域，就成了"交流"。

从 Communication 的语源中可以看出该词的语义较汉语中的"传播"一词要丰富，英语的"Communication"包括"传达""传布"以及"交流、交通、交往"等含义。它在词义上要强调"交互""双向"的含义，它更强调传者与受者的同等地位和相互作用。

在传播学意义上，我们使用"传播"一词对等于"Communication"。虽然英语中 Communication 的原意要比汉语中的"传播"丰富得多，但是我们使用两个词最基本的内涵性含义，即：信息的流动。

二、传播学中"传播"的含义

"传播"是传播学的最基本概念，所以每个传播学研究者都必须从对"传播"的认识、界定登堂入室，走进传播学的学术领域。然而，不同的传播学家，对"传播"都有各自的解释，每一种解释与界定都代表了学者们不同的认识视角和学科领域。

我国学者经过多年的研究，对"传播"的界定有许多认识相同，但也有一定的差

---

① 赵心树. 从语源、语义论"宣传"、"传播"、"新闻"的异同 [J]. 新闻与传播研究，1995（1）：26-33.
② 方汉奇. 中国近代思想的演变 [J]. 新闻与传播研究，1994（1）：79.

异。较具代表的主要有如下几种：

事实上传播是信息在时间或空间中的移动和变化。（戴元光、邵培仁、龚炜，1988）；

从最一般的意义说，传播是社会信息的传递；传播表现为传播者，传播渠道，受者之间的一系列传播关系；传播是由传播关系组成的动态的有结构的信息传递过程；传播是社会性行动，传播关系反映社会关系的特点。（沙莲香，1990）

传播就是人们进行信息交流的一种活动。（徐耀魁，1990）

传播是信息的双向流通过程，包括人际传播与大众传播两大类型。（李彬，1993）

传播，即传受信息的行为（或过程）。（张国良，1995）

我国学者对"传播"的定义有两点是共同的：第一，认为传播是一种行为、一种活动，即认为传播是动态的；第二，认为信息是交互流动的，即比较强调信息流动的双向性。

与我国学者情况不同，西方传播学家对"传播"的理解和界定差异非常大。1970年美国威斯康星大学的丹斯教授就曾列出学者们给传播下的98种不同定义。

对西方学者的定义进行分析，可以看出其基本立足点仍然是信息的流动，但是强调之处有所差异。我们列出以下的定义及其强调之处，供比较分析。

1）强调"共享"：

我们在传播的时候，是努力想同谁确立"共同"的东西，即我们努力想"共享"的信息、思想或态度。（W. 施拉姆，1949）

传播就是变独有为共有的过程。（A. 戈德，1959）

传播是我们了解别人并进而使自己被别人了解的过程。（M. P. 安德森，1959）

2）强调"互动、关系"：

所谓传播是人际关系借以成立的基础，又是它得以发展的机理。就是说它是精神现象转换为符号并在一定的距离得到搬运、经过一定的时间得到保存的手段。（C. 库利，1909）

传播可以定义为通过信息进行的社会的相互作用。（G. 格伯纳，1967）

互动，甚至在生物的层次上，也是一种传播；不然，共同行动就无法产生。（G. H. 米德，1963）

3）强调"符号"：

传播就是用言语交流思想。（J. B. 霍本，1954）

运用符号—词语、画片、数字、图表等传递信息、思想、感情、技术等。这种传递的行动或过程通常称作传播。（贝雷尔森和塞纳，1964）

4）强调"目的""影响""反应"：

传播就是某个人（传播者）传递刺激（通常是语言的）以影响另一些人（接受者）行为的过程。（C. 霍夫兰等，1953）

传播就是在大部分情况下，传者向受者传递信息旨在改变后者的行为。（G. 米勒，1966）

所有传播行为都旨在从特定人物（或一群人）引出特定的反应。（D. 伯洛，1960）

除以上较有代表性的解释以外，还有其他大同小异的定义。

从上面列举的西方有关"传播"的定义中可以发现，每个定义都存在其优缺点。这是因为每个学者的理解都从不同的学术领域出发，更多地关注本学科研究对象的传播活动、范围和方式等，而没有从普遍意义上和层面上对"传播"进行界定。

但无论何种认识，最普遍意义上的传播都包含以下两个要素：信息（传播的材料）、流动（传播的方式）。

由此，我们认为，所谓传播，就是信息的流动过程。

我们首先必须界定最普遍意义上的"传播"，因为，这个广义的"传播"概念不仅能包括人类社会的信息流动，而且能涵盖非人类社会的信息流动，如自然界中的信息流动。更进一步讲，因为信息是事物运动的存在或表述形式，信息无时无处不存在，只要有信息存在，便有信息的流动，便有了传播。这是对传播的科学认识。

在认识了最普遍意义上的"传播"之后，我们可以进一步认识人类社会的传播。人类社会的传播便是人的信息的流动过程，这是我们传播学所研究的传播。

第二节　人类传播演进及其历史规律

人类传播经历了漫长的历史过程。"人类文明在过去的 4 万年里所取得的日新月异的进展，对掌握传播系统的依赖程度要更大于对制造工具和材料的依赖程度"，"正是人们完整准确传播信息的能力不断增长，结果复杂技术不断向高级发展，并有了神话、传说、解释、逻辑、习俗以及复杂的行为规范，从而使文明得以产生"。[①]

传播的每一次进步，都是人类进步的前提条件之一。传播是与人类文明的进步相对应的。一部人类传播史，就等于是社会文明史。按历史学家、传播学家从人的行为发展、环境、传播能力、符号体系、传播媒介以及社会文化的角度分析，人类传播的演进基本上可以分为六个阶段，即符号和信号时期、口语时期、文字时期、印刷时期、电子媒介时期和网络媒介时期。

一、符号和信号时期

这个时代开始于早期类人灵长类到早期猿人的进化时期。这一时代的早期，人类的传播更多的是在遗传的或本能的反应基础上进行的。后期，人脑容量的增大，能够

---

① ［美］梅尔文·德弗勒，桑德拉·鲍尔－洛基奇 . 大众传播学诸论 [M]. 杜力平译 . 北京：新华出版社，1990：8-9.

有一定程度的社会学习能力，因而可以进行一些传播，主要是利用有限的声音和体语符号，如喊叫、尖叫、手势信号、面部表情、身体动作、姿势等。这些声音和体语符号与信号成为早期人类祖先进行沟通的基本手段。

人脑的成熟，使他们学习并理解这些符号、信号的意义和解释、使用规则。人们在这种共通的意义和规则基础上才可进行交流，并将其发展成为越来越复杂并相当有效的传播方式。

由于早期人类祖先可以使用的有声和无声的符号和信号十分有限，因而他们能够相互传播的信息的复杂程度也就十分有限，传播的速度也就十分缓慢。

造成这种状况的原因主要在于早期人类的生理局限，这主要表现在：一是早期人类的生理条件无法使他们说话，他们的唇、喉、舌等不具备发出人语的结构；二是早期人类的大脑条件无法使他们进行复杂思维，这是最重要的制约因素。他们的智力水平限制在基于符号和信号系统的初级概念化层次，人们只能进行短期记忆，不可能形成后来人们进行思维所用的概念，从而进行分类、综合、抽象等思维活动。

符号和信号时代有着千百万年的漫长历史，但是其文化发展和进化却极其缓慢，规模相当微小，这是早期人类在生理方面的局限性导致的。

二、口语时期

这个时代大约开始于 9 万年到 4 万年前。这时的克罗马农人已经开始说话了。这是人类生理成熟、实践丰富的结果。距今 3.5 万年前语言也基本形成。这时的语言很简单。但是随着人类语言能力的成熟以及实践的需要，简单的语言无法传递日渐复杂的意义，无法进行复杂的思维，于是人类创造出了更多的表现方式和更完善的语言程式，而且人类的智力也能够使用这些更进步、更复杂的符号。

说话和语言传播方式的到来，对人类传播的发展乃至社会的发展来说，具有非常深远的意义。

首先，人类使用语言这种符号系统进行传播，使得人类可以用语言概念进行思维，从而大大提高人们认识世界、改造世界、适应世界的能力。人类使用的语言有其基本的词语及规则，人们利用它可以进行分类、抽象、分析、综合及推测。语言可以记忆、传送、接收、理解的信息，在其复杂性、精确性及容量上远远超出符号和信号所能达到的程度。

其次，人类使用语言这种符号系统进行传播，也推动了人类社会的进步。一方面，人类使用语言之后，可以更有效地观察自己的生存环境并进行分类，在自己的实践中吸取信息进行决定。人们能够计划和构思自己的行为、组织自己的社会互动并将自己的经验传播给他人。另一方面，语言出现之后，人类文化积累和发展的速度加快。旧的语言在更新，新的语言在发展。

三、文字时期

人类学会将声音与其所指对象分离开，便产生了语言。之后，人们又学会了将声音同发出声音的人也分离开，从而使它们更便于携带，这便产生了文字。

实际上，人类祖先早在说话和语言时代就尝试用壁画、雕刻等方式将信息贮存下来。在法国、西班牙及我国都发现有原始人创作的岩洞壁画，这些可以看作文字的前身。

用图画传递信息过于复杂化和非规则化，因而人们"感到有必要把图像抽象化以及使语词符号比别人能听到的转瞬即逝的几秒钟持续更长时间"[1]，便产生了文字。

大约 5000 年前，世界若干地方开始出现文字发明，如两河流域、埃及、中国等地。文字发明的第一步便是将已有的图画符号的意义标准化、抽象化和规范化，这样便可以进行沟通。

公元前 4000 年，古代两河流域和埃及出现了将图画象形化、表形化的文字，即最早的象形文字。他们的象形文字系统中，每一个字代表一个观点、事物和概念。要进行复杂的传播，文字的书写者和接收者都必须掌握大量这样的象形符号（如图 2-1）。

图 2-1　克里特岛居民使用的 45 个图形符号（约公元前 3500 年）[2]

---

① [美] 威尔伯·施拉姆，威廉·E.波特.传播学概论 [M].陈亮等译.北京：新华出版社，1984：11.

② Merten K, Schmidt S J, Weischenberg S. Die Wirklichdeit der Medien:Eine Einfuhrung in die Kommunikationswisssenschaft [M]. Opladen: Westdeutscher Verlag,1994: 147.

公元前 1700 年，居住在波斯湾以北的苏美尔人，发明了楔形文字，即用每个符号代表一个具体的声音，而不是一个观点、事物和概念。这种文字的优点在于不需要成千上万个单独符号去对应地代表事物和观念，而只需少量的符号代表组成音节的声音。这是文字从表形走向表音的进步。这是人类传播发展中的重大突破。人们只需记住代表不同音节的符号（约 100 个），从而极大地便利了人们识字。

后来，出现了字母表音文字。公元前 1200 年左右，希腊发展出了人类第一套完整的字母文字系统，并且使之简化、标准化；随后传到罗马，在那里得到进一步改进。

埃及的象形文字因其使用不便，一直无法与其他更有效的文字进行竞争。

在远古时期，中国也出现了象形文字。到了大约 3500 年前的殷王朝，中国的象形文字发展出了甲骨文的形态。在殷墟出土的甲骨文片，有 10 万多片，单字近 5000 个。当时，它已是有着严格规范的文字，有象形、形声、假借的区别；其内容主要记录当时农业、畜牧业的状况。之后，随着时间的不断推移，象形文字不断地被抽象化和程式化，不再追求表象，而是变得更加表意化和结构化（如图 2-2）。

图 2-2　汉字的演变过程 [①]

由此可见，文字的出现正是人们生产活动大量增加，需要沟通，同时又要将图画简化、规范化的情况下实现的。

文字的发明与使用是人类进步历程中最具意义的成就之一。它弥补了口头语言时空障碍的缺陷，具有规范、便携、长期保存等优点，所承载的信息也由简单、容易变得复杂、繁多。

---

① [美] 威尔伯·施拉姆，威廉·E.波特.传播学概论（第二版）[M].何道宽译.北京：中国人民大学出版社，2010：11.

文字的发明同时伴随着人们对文字载体的寻找发明过程。文字的载体从泥盘、石头、羊皮发展到莎草纸等。人们努力抛弃沉重不便的媒介而越来越创造性地使用轻便的媒介。

文字及其媒介的出现给人类社会带来了巨大的影响。首先，它们使得社会结构产生了重大的变革。有了文字符号和轻便的媒介，便出现和形成了特定的阶层来使用文字及媒介；文化积累及宗教成为行业，即有了图书馆，宗教教义和经文可以得到记载，文化得以积累。其次，它们使得大规模的社会管理和控制成为可能。

四、印刷时期

印刷术产生前，人类社会的信息是难以大规模复制的。因此，文字的使用是特定阶层的事情。这个特定阶层包括僧侣、权贵等，他们垄断了文化。文化的扩展与传播、保存大大得益于造纸术和印刷术。

公元 105 年以后，我国东汉宦官蔡伦用树皮、麻、渔网等混合造纸，是当时最先进的造纸方法，取代了竹简和帛等书写工具。纸的发明在文化上的价值是无限的。公元 5 世纪中国已经较普遍地用纸了。中国的造纸术在 8 世纪时传入阿拉伯，12 世纪时传入欧洲，14 世纪时欧洲各国才普遍用纸。

公元 450 年（南北朝宋文帝时），我国就发明了雕版印刷。公元 868 年，唐朝印刷的《金刚经》是世界上现存最早的雕版印刷书籍。宋庆历年间（1041—1048 年），毕昇发明了活字印刷，给人类的传播行为注入新命脉。之后，活字印刷由蒙古人传到欧洲。公元 1456 年，德国的谷腾堡摸索出金属活字印刷法，印刷了几百本《圣经》，这标志着人类规模印刷时代的开始。

活字印刷机也在社会日益增长的需要中渐渐成熟和先进。从 16 世纪开始，印刷机的速度大幅度提高，可以印出成千上万册书籍。

在资本主义萌芽的欧洲，报纸也开始出现。16、17 世纪西欧出现了新闻小册子和经常出版的印刷报纸。1609 年德国的《报道与新闻报》是世界上现存最早的印刷报纸，为周报，每周一张。17 世纪上半叶，欧洲各国几乎都有新闻周报。1660 年德国莱比锡出版的周刊《莱比锡新闻》改为日刊，这是世界上最早的印刷日报。

17 世纪中到 19 世纪初，欧美许多国家进行资产阶级革命，此阶段的报纸，宣传色彩浓厚，再加上交通、通信、印刷、纸张等成本较高，价格不菲，因而难以普及。到 19 世纪 30 年代中期，美国纽约出现了第一种真正的大众媒介——便士报。这种报纸商业色彩突出，追求利润，降低成本，因而价格便宜（一个便士），广大普通市民可以购买。这是"快速印刷技术和报纸的基本概念相结合，形成了第一种真正的大众传播媒介"[①]。

---

① ［美］梅尔文·德弗勒，桑德拉·鲍尔-洛基奇.大众传播学诸论[M].杜力平译.北京：新华出版社，1990：26.

表 2-1 印刷技术的发展 [1]

年份	排字速度 / 小时	印刷速度 / 小时	时间消耗 / 张报纸
1440	手工排字（铅字）（1500 个字符）	手工印刷（35 个双面印张）	—
1886	机器排字（铅字）（6000 个字符）	高速轮转印刷 （72000 份双面报纸）	约 5 小时
1932	电传铸排机（TTS）（9000 个字符）	高速轮转	约 3 小时
1954	电传铸排机，计算机辅助造字 （3 万个字符）	高速轮转	约 1 小时
1963 起	照相（500 万个字符）和激光 （3 千万个字符）屏幕排字	高速 / 胶印轮转	约 1 分钟或更短

印刷技术的进步使报纸、书籍、杂志在社会上迅速普及开来。这些印刷媒介比其他媒介发挥着更大的作用。美国社会学家 C. H. 库利（1909 年）指出，这些新媒介在四个方面比早期的更有效：

1）表达性：它们能传送范围广阔的思想和感情；

2）记录永久性：可以超越时间；

3）迅速性：可以跨越空间；

4）分布性：可以达到所有阶层的人们。

库利说："新的大众传播体现了生活方面的变革，包括商业、政治、教育以至单纯社交行为和闲谈……" [2]

印刷及报刊、书籍在相当程度上促进了知识的普及，推动了生产力的发展，并且使资产阶级革命得以顺利进行。这是人类社会划时代的一种力量。

五、电子媒介时期

19 世纪的印刷媒介带来了新时代的曙光。到了 20 世纪初，电影、广播、电视等电子媒介的发明和普及，才真正将我们引领进了大众传播时代。

资本主义借 15 世纪以来启蒙运动、资产阶级革命的成果，于 19 世纪进入了工业革命，大众化报业形成、教育普及、科学进步，导致传播史上新时代——电子时代的萌生。

1840 年美国人摩尔斯（Samuel Finley Breese Morse）发明有线电报，开电信传播信息之端。

1876 年美国人贝尔（Alexander Graham Bell）发明了电话，人类的口头传播伸向了从未跨越的空间。

1877 年美国人爱迪生（Thomas Alva Edison）发明留声机，从而使人类第一次将

---

[1] Weischenberg. Journalistik [M]. Opladen: Westdeutscher Verlag, 1995: 24.

[2] [美] 梅尔文·德弗勒，桑德拉·鲍尔－洛基奇. 大众传播学诸论 [M]. 杜力平译. 北京：新华出版社，1990：27.

声音记录下来，使声音突破了时间的障碍。

1895 年意大利人马可尼（Guglielmo Marconi）完成了无线电试验。1902 年无线电横跨大西洋。

1906 年美国第一个无线电节目试验播出，1910 年无线电广播初次试验完成。

1920 年世界上第一个电台 KDKA 在美国匹兹堡正式开播，同年播出了总统竞选信息，反响强烈，刺激了广播业的发展并带动了广告业和收音机制造业的蓬勃。

电视原形的发明可以追溯到 19 世纪初，1884 年德国科学家尼普柯发明了旋转盘扫描式播送方式，为现代电视技术奠定了基础。

1936 年英国建立了世界上第一座正规的电视台，标志着新生媒介的诞生和媒介结构的重组。20 世纪 50 年代之后，电视在世界上迅速普及。同在 50 年代，彩色电视节目播出。

1962 年美国首次发射了"电星 1 号"卫星，专门用于传播电视节目，开始了电视进入太空的新时代。

20 世纪 70 年代后，有线电视迅速普及。其他新媒介，如录音机、录像机、视盘机等大量出现。

大众传播时代的到来意味着人类的传播能力与需要有了空前的提高和壮大。我们可以从大众传播媒介的产生、发展过程看到社会生产力的发展：工业革命带来的知识、信息的急剧增加，城市化进程加快等都对大众传播产生着影响。

可以说，大众传播媒介本身就是工业化、城市化进程的产物，同时大众传播及媒介又推动了社会生产力、知识和信息的进步和拓展。

六、网络媒介时期

互联网的出现，引领着人类迈入了网络传播的时代，也就是我们当下正处的时代。

20 世纪 80 年代以来，社会形态、经济结构的巨大变化使整个人类社会出现全球化、信息化等趋势。这一过程到 90 年代以后，日益突出地被人们直接感受到。同时，有线电视（光缆）、卫星通信、计算机及数字技术等科技的发展，为网络媒介的诞生打下了基础。网络媒介的技术也伴随着时代不断发生着一次次质的更迭，无论是网络速度的提升、网络设备的升级、网络协议的变更、网络思维的成熟，都使得网络媒介形态与内涵无时无刻不在发生着变化。

互联网的雏形是诞生于 1968 年美国的阿帕网（ARPANet），是美国国防部高级研究计划局（ARPA）信息处理处（IPTO）开发的世界上第一个计算机远距离封包交换网络。阿帕网最大的特点就是其采用了分布式的结构，去掉了中心交换点，采用了多节点分布连接的结构，每个节点都有多种途径通往其他节点。这种分布式的结构，使互联网具备了去中心化的特征，也赋予了互联网开放性、多元性的特征，并在此后逐渐发展出了传递性、自由性、实时性、交互性、共享性的特征，开启了网络传播的时代。

所谓网络传播时代是指利用先进的网络技术进行信息传播的新时代。它突破了大众传播时代大众化、非目标性、单向、区域传播的障碍，使得传播走向个人化、目标性、双向和全球网络传播。如上所述，这是社会走向全球化、信息化的产物，也是信息社会传播的基本形态。

从 20 世纪 80 年代开始，网络媒介的发展到如今经历了 3 个阶段，分别为 Web 1.0、Web 2.0 和 Web 3.0 时代。

Web 1.0 时代，也称作门户网站时代，以内容为核心。这个时期网络媒介的主要任务就是将知识、信息等内容通过商业的力量发布在网络上，因此 Web 1.0 时代也可称作信息汇聚的时代。这个时期的网络媒介传受关系较之以往的传统媒介并无太大改变，仍然是一种单向的传播模式，内容的生产与编辑被门户网站等商业机构把握，用户只能被动地读取信息。另外，由于搜索引擎的发展，改变了传统媒体时期人们获取信息的时空限制，使得人们可以更方便快捷的获取自己所需要的信息。

Web 2.0 时代，也称作社交媒介时代，以用户为核心。这个时期的网络媒介具有去中心化、开放、共享等特点，更侧重于网络与用户之间的交互，通过网络应用促进网络上人与人之间的信息交换和协同合作。Web 2.0 实现了受众身份向用户身份的转变，用户既是网络内容的消费者，同时也是内容的生产者。门户网站在这一时期逐渐衰落，网络平台迅速崛起，不再单纯提供信息，而是为信息的交流提供了一个便利的场所，也因此导致了网络社群的出现，从而形成了网络化的社会。

Web 3.0 时代，也称作智能媒介时代，以数据和场景为核心。我们当下正处于 Web 2.0 向 Web 3.0 转变的时代，移动互联网的普及和大数据的广泛应用都为 Web 3.0 时代的到来打下了坚实的基础。在 Web 3.0 时期，数据是最重要的资源，是网络实现智能化的基础。通过对大量数据的搜集与分析，通过语义网络，计算机能够学习并理解数据的含义，实现向人工智能的转变。而人工智能通过不断学习与模仿，将能够更加了解用户，从而满足用户的需求。此外，5G 网络的发展，也实现了互联网向物联网的转变，网络不再是人与人的交互场所，也可以是人与物、物与物的交互场所，真正实现了"万物互联"，从而打破了以往网络使用场景的限制，网络将会无处不在。

网络媒介的发展之迅速远远超过人们的想象，科幻电影中的未来场景也在逐渐变为现实，势必会给人类社会带来众多方面的冲击与改变。社会形态愈加信息化、全球化，经济结构发生变化，信息业成为主体，劳动市场等随之变化；由网络而来的法律问题也大量增加；对人们的生活方式、消费方式等带来影响，等等。[①] 这些都已经发生并将会持续进行着转变。总之，网络媒介时代引起的结构性变化将出现在各个领域，并深刻影响着人类社会的发展。

---

① Wilke. Multimedia Strukturwandel durch neue Kommunikationstechnologien, in Mediensituation in Deutschland [J]. *Botschaft der Bundesrepublik Deutschland*,1996: 1-23.

七、人类传播演进的历史规律

我们研究和认识传播演进的过程是为了更清楚地认识传播发展的规律，认识传播在社会背景中的互动关系。通过上述对传播发展历史的考察，我们可以看出，传播在以下方面呈现出特征及规律。

第一，传播手段与传播媒介的进步贯穿整个人类存在过程，而且其发展进步呈加速度发展趋势。"人类传播的历史是传播系统的复加过程，而不是简单地从一种系统转向另一种系统。"①

人类在学习和积累前人创造的基础上不断创造出更多、更新的传播手段、传播媒介。这实际上是人类认识客观世界能力提高、从而使生产力水平提高的结果（见图 2-3）。

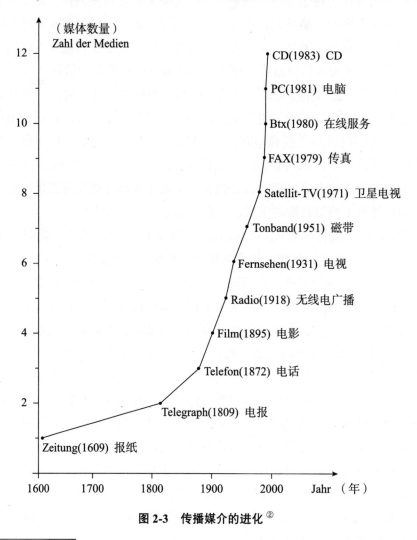

图 2-3　传播媒介的进化 ②

---

① [美] 梅尔文·德弗勒，桑德拉·鲍尔－洛基奇.大众传播学诸论 [M].杜力平译.北京：新华出版社，1990：11.

② Merten K, Schmidt SJ, Weischenberg S. Die Wirklichdeit der Medien:Eine Einfuhrung in die Kommunikationswisssenschaft [M]. Opladen: Westdeutscher Verlag, 1994: 142.

数万年前原始人才发明语言；之后的几万年，人类创造了文字；再过几千年人类又发明了造纸术、印刷术；后来，经过几百年，人类就创造出了电子媒介；从电子媒介到如今的网络年代，还不到 100 年；而互联网从 20 世纪 90 年代才在全球风靡，至今不过 30 年时间，我们已经开始迈进了智能媒介时代。新手段、新媒介的出现间隔越来越短，而其集合程度却日益提高。从而传播方式越来越多，传播对象日益广泛，传播速度日益加快，传播信息日益增多。

第二，传播与人类社会文化的积累与发展密切相关。

传播本身正是人类文化创造和积累的产物。文化发展速度越快，规模越大，对传播的速度和规模也就要求越高，传播的过程与结构也就变得更加复杂。特别是到了大众传播时代，人类社会因为大众媒介的影响日益扩大，从而形成了独有的新的文化形态——媒介文化。另外，媒介也直接参与到每个时期的文化创造和积累之中，直接推进了文化的多样化和文化交流。传播媒介参与启蒙大众，提高了大众的文化水平。

传播是对社会财富（精神）的传承，文化更是对社会创造的记忆。德国传播学者A. 阿斯曼和 J. 阿斯曼认为：社会记忆有多种形式，传播作为一种记忆形式是短期的，而文化作为一种记忆则是长期的。这两者的区别如表 2-2。[①]

表 2-2　传播记忆与文化记忆的区别

	传播记忆	文化记忆
内容	在个体生命一生范围内的历史经验	神秘史前史，绝对过去的重大事件
形式	非正式的，较少塑造的，质朴的，通过互动而产生的，日常的	创立的，高度塑造的，仪式化的传播，节日的
符号存贮	有机体记忆，经验和传说中的活生生的回忆	永久的具体化，传统的用语言、图画、舞蹈等符号编码 / 演出
时间结构	80 ～ 100 年，以当前基点的 3 ～ 4 代人	神秘的、史前时代的、绝对的过去
载体	非特定的，时代见证人	特殊的传统载体

第三，传播是经济及社会形态的直接产物。

"一个社会的传播过程的性质实际上与该社会人们日常生活的每个方面都关系重大"，"媒介是由社会事件的总体形成的，它们深受冲突的辩证过程影响，冲突则产生于媒介系统之中以及媒介与其他社会机构之间相互对抗的力量、概念和发展过程。换句话说，社会有多种渗透方式来对媒介造成深远影响"[②]。

一种传播类型必定是一种社会类型的反应。德国著名传播学家 K. 梅尔腾指出两者的对应关系。

---

① Merten K, Schmidt SJ, Weischenberg S. Die Wirklichdeit der Medien:Eine Einfuhrung in die Kommunikationswisssenschaft [M]. Opladen: Westdeutscher Verlag, 1994: 120.

② [美] 梅尔文·德弗勒，桑德拉·鲍尔 – 洛基奇.大众传播学诸论 [M].杜力平译.北京：新华出版社，1990: 11.

表 2-3　传播类型与社会类型 [①]

条件	传播类型	社会类型
语言	人际传播	史前社会
语言、文字	人际与非人际传播	高度文明社会
语言、文字及其他技术手段	人际传播 非人际非组织化传播 非人际组织化传播	全球社会

传播的形态更是与社会结构的排列关系密切，美国的传播学者洛力蒙（Lorimer）就较为完整地阐释了这一关联：

表 2-4　传播形态与社会结构的关系

传播形态	传播背景 / 支配技术	结构分析	社会哲学体系 / 信仰系统
口头传播（Oral）	面对面 多面的，如声音、调谐、手势	阐明目的 性格与行为的一致性	人格化的环境常量 可兼顾的
文字传播（Literate）	间接社会 关于文本的个体间的相互作用 文本可以独立使用	合理的 线性的 概念化的 结构主义的科学方法	分等级的 概念常量 单一概念至上 科学的
电子口头传播（Electronic oral）	以广播、电话为媒介	以记忆为基础 印象主义者 以目的和性质为导向	捕捉时代精神
电子视听传播（Electronic audio-visual）	电视 图像的 戏剧性的 在全社会中生产	印象主义者 多重解释的 后现代的	可兼顾的 表现为多样性、独特性、新鲜性
电子文本—数字传播（Electronic textual-numeric）	计算机 / 无线电通信 文本导向和机械导向	分析倾向 推论性统计学 专业性知识及其观点	最大可能地通向精英主义 具有潜能的分布广泛的系统，如免费网络

传播同样是在经济形态的制约下发展的，同样传播又在为经济形态的进化推波助澜。

表 2-5　三种经济社会结构与传播的关系 [②]

经济社会形态	主要问题	解决问题	生产	销售	传播
农业社会	原料的流通	修建道路网	手工，行业内分工，本地性	市场 面对面 自然交换	面对面 图片

① Merten K, Schmidt SJ, Weischenberg S. Die Wirklichdeit der Medien:Eine Einfuhrung in die Kommunikationswisssenschaft [M]. Opladen: Westdeutscher Verlag, 1994: 150.

② Merten K, Schmidt SJ, Weischenberg S. Die Wirklichdeit der Medien:Eine Einfuhrung in die Kommunikationswisssenschaft [M]. Opladen: Westdeutscher Verlag, 1994: 190.

续表

经济社会形态	主要问题	解决问题	生产	销售	传播
工业社会	能源的流通	建立能源网	工厂 功能分化 区域性	市场 分公司 / 办事处 钱	面对面 报刊 电影
后工业社会	信息的流通	信息与传播网络化	集团 功能分化 国际性	预定市场 寄送 / 目录 汇款	面对面 报刊 电子媒介 公共关系

第三节　人类传播类型及过程

一、传播类型

传播作为一种社会现象，几乎在人类社会形成的同时便已经产生。作为社会个体的人每天都处于不断的信息交换的过程中，而人与人之间的任何信息交换都属于传播的范畴。据调查，人们日常生活中80%以上的行为与传播有关，传播是人类基本的社会行为之一。

作为人类基本的社会行为，传播活动的形态非常丰富多样。施拉姆认为，每个人大致有如下的传播联系：[①]

1）大量的内部交流——同自己谈话、思索、回忆、决定、臆想；

2）同亲近的人交流——家属、朋友、邻居；在工作单位内部的交流；

3）为自己的生活方式和社会环境所需的"维持性交流"；

4）同业务上和社会上只有一面之交的人交流；

5）同主要是通过书籍和大众媒介了解到的人物交流（在大部分情况下是向他们了解情况）；

6）从大众媒介中没有出处的消息、参考书籍以及人们日常接触的文化的各种暗示中获得的大量知识。

施拉姆的传播联系图由近及远地勾勒出了每个人基本的传播活动种类。为了清晰地理解人类传播活动，传播学者们从更科学的角度划分了传播类型。一般而言，较为通行的划分方法是四分法，即内向传播、人际传播、组织传播（群体传播）和大众传播。

我们先来看四个例子。

一位乒乓球运动员在比赛中比分落后，他在心里对自己说："不要着急，打好每一

---

① [美] 威尔伯·施拉姆，威廉·E.波特.传播学概论 [M].陈亮等译.北京：新华出版社，1984：10.

个球，一定会赢下来！"

一个男孩子看到心爱的女孩走过来，他涨红了脸，一句话也说不出。女孩子冲他微微一笑，说："你好。"

一位部门主管向下属员工群发电子邮件布置工作。

一位记者赶到了某个火灾现场，进行了采访、拍摄，随后进行了编辑和撰稿工作。这条新闻在当地电视台的晚间新闻中播出。

这四个例子分别属于以上我们提到的四种人类传播的基本类型。在四个例子中，参与传播活动的人由少到多，传播的社会范围也由窄到广，它们共同构成了个人与环境之间的信息交换网络。

（一）内向传播

内向传播又被称为自我传播、自身传播，是发生在一个人体内的一种信息交流活动，是在主我（I）和客我（me）之间进行的。

作为个体的人是人类社会的有机组成部分，处于不断的人际互动之中，但这种互动不是毫不停顿的。很多时候，人需要有一个独立的精神空间，也就是有些人所讲的要有一方自己的天空。人"需要思考，需要自言自语，需要自我发泄，需要自我陶醉，需要有自己独特的、神圣的'小天地'，需要在这个小天地里耕耘、劳作和创造"，人通过这些自我的交流来实现一种心灵的升华。"I 和 me 在个人的'小天地'里可谓形影不离，融为一体"，[①] 人的这种内向交流是出于生理和心理两方面需求的一种社会性需要，是人类最基本的传播活动，也是人类一切传播活动的前提和基础。

从心理学研究的角度来看，人的内向传播一般都来自于以下五种逻辑：[②]

1）感觉和知觉；

2）记忆；

3）思维；

4）想象；

5）情绪和感情。

对外则可以表现为自言自语、自问自答、自我反省、自我陶醉、自我发泄、自我安慰和自我消遣等多种形式。在内向传播的信息交流过程中，I 和 me 进行自由沟通以达到自我的内部平衡和调节，通过这种思维活动进行正常的信息编码，以保证人类其他传播活动的正常进行。平常我们说某个人"眉头一皱，计上心来"就是一种典型的内向传播活动。

内向传播虽然是在人体内部进行的信息交流活动，但是却并不孤立于外界，其接

---

① 居延安.信息·沟通·传播 [M].上海：上海人民出版社，1986：32.

② ［苏］瓦季姆·克鲁捷茨基.心理学 [M].赵璧如译.北京：人民教育出版社，1984：121-219.

收端与输出端往往也都与自然与社会相连接，本质上是人对于社会实践活动的反映，具有明显的社会性与实践性，并且伴随着人类其他传播活动而存在。

此外，内向传播也受到主观能动性的影响，并不是被动地对外界的信息进行接受、反映和复制，而是具有一定的创造性，通过人体内部的思维活动，实现对信息的自我化改造，并在此基础上不断发现与创造新的信息，从而产生创新性的思维成果。比如对课本知识的理解与思考就是典型的内向传播活动。

人对自然和社会都需要有一个渐进的认识过程，在这一过程中要不断地思考和摸索。当个人与群体、个人与社会发生冲突时，就需要进行思考和反省。人在社会化的过程中了解他人和自己，并不断发展和完善自我。因此，人离不开内向传播这种形式。

（二）人际传播

所谓人际传播有广义和狭义两种解释。广义的人际传播是指除大众传播以外的其他人类传播类型，狭义的则有多种角度的定义。

美国传播学者麦克劳斯基（James C. McCroskey）、里奇蒙（Virginia D. Richmond）和斯图尔特（Robert A. Stewart）在《一对一：人际传播基础》一书中确立了人际传播是人与人的意义交流的观点，并将其定义为"一个人适用语言或非语言讯息在另一个人心中引发意义的过程"。[①]

特伦霍姆、米勒和威尔莫特等人则强调了人际传播的直接性（immediacy）。罗斯格兰特、桑普莱斯也指出"把人际沟通定义为参与者拥有一对一关系的沟通"，人际沟通"包括整个人类的沟通"，其本质特征是"参与者在一对一基础上的直接沟通"。[②]

英国学者哈特利则认为："人际传播是一个个体向另一个个体的传播；传播是面对面的；传播的方式与内容反映个体的个性特征，而且，反映他们的社会角色及其关系。"[③]

美国学者约翰·斯图尔特（John Steward）在其畅销著作《桥，不是墙》中提出："人际传播是两个或更多的人愿意并能够作为人相遇，发挥他们那些独一无二的、不可测量的特性、选择、反思和言语的能力，同时，意识到其他的在者，并与人发生共鸣时所出现的那种交往样式、交往类型和交往质量。"[④]

我们可以发现，这些定义强调了一些共通的东西。首先，人际传播的传受双方是

---

① James C McCroskey, Virginia Richmond, Robert Stewart. One on One, The Foundation of Interpersonal Communication [M]. New Jersey: Prentice Hall Inc, 1986: 2.

② [美] 泰勒等 . 人际传播新论 [M]. 朱进东译 . 南京：南京大学出版社，1992：16.

③ [美] 泰勒等 . 人际传播新论 [M]. 朱进东译 . 南京：南京大学出版社，1992：4.

④ John Steward. Bridges, Not Walls: A Book about Interpersonal Communication [M]. New York：McGraw-Hill Inc, 1995: 4.

一对一的，或者是近似于一对一的较简单的传播关系。其次，人际传播多是通过面对面的语言传播或其他传播方式进行的，当然随着人类传播的演进，也有更多越来越先进的传播工具介入这个过程。

人际传播具有三种特点：

1）直接性。无论是面对面的传播，还是非面对面的；无论是语言传播，还是非语言传播，人际传播都具有一种直接性，而不像大众传播一样，经过了他人带有主观性的加工和处理。

2）随意性。传播过程中，传者和受者的位置在交流过程中可随时互换，传播的内容和方式也可以根据现实情境做随时的调整和改变。同时，人际传播的速度可以控制，反馈也是迅速及时的，从而使得人际传播更适于进行沟通和说服。

3）私密性。由于人际传播是一种直接交流，除非传受双方中一方或双方公开交流内容，否则对外界而言信息不具有公开性。

此外，学界也有许多关于人际传播的社会理论。其中主要包括：美国心理学家马斯洛所提出的需求理论，将人的需求分为五种层次，其中较高的需求则需要人际传播活动来实现，从心理学的角度解释了人际传播的动机；美国心理学家约瑟夫·勒夫特和哈林顿·英翰姆提出的"约哈里之窗"模式来帮助我们理解人类的自我表露行为，而这种行为正是人们进行人际传播活动的基础；芝加哥学派的符号互动论、奥斯古德提出的认知一致性理论以及施拉姆的循环传播模式则能够帮助我们更好地了解人际传播的过程。

人际传播是人类最基本的传播活动；同时，在具有某种意图的大规模传播活动中，它也成为大众传播和组织传播的有益补充。

（三）群体传播与组织传播

群体传播是在群体内部进行信息交流的活动。如荀子所言："人之生也，不能无群。"正所谓物以类聚，人以群分，社会化的人总是属于群体的。这种群体可能是范围较窄的家庭、朋友圈、工作伙伴、邻居、同学等，也可能是范围更广的社会性群体，如性别、种族、同龄人、同业者、大型政党成员等。从狭义上讲，群体传播特指在非组织化的群体中进行的传播活动。例如，在英国海德公园进行的演讲，听众是随机聚集的、非组织化的，这种传播活动就属于群体传播，而不是组织传播。

传播学者经常提到的"群体传播"，多指小群体进行的信息交往。一般而言，群体表现为三种形式：

1）"初级群体"，或称"首属群体"。库利将之定义为"以亲密的、面对面的结合和合作为特征的群体"。首属群体包括个人所属的家庭、邻里、亲密朋友等，个人与这些群体的成员来往最密切、互动最频繁、受其影响最深刻。从首属群体概念生发出来的次属群体概念，则囊括了其他立足其中的社群，它们构成了层层叠叠的社会网络；

2）"参考群体"。辛格认为参考群体就是"个人不管其实际资格如何，而按照它来确定位置的群体"。即使个人不属于这个群体，但为了向他们靠拢，也会调整自己的价值观、自我评价和行为取向；

3）"偶然群体"。顾名思义，这是人们临时组成的群体，在聚集起来之前，这些人是彼此不认识的，他们的聚集也没有必然性。前面提到的海德公园演讲的听众就是偶然群体。[①]

群体传播基本的研究角度有两种：一是行为主义视角，研究群体中信息的"输入—过程—输出"；二是结构主义视角，研究群体行为的结构性要素和动力。[②]此外，勒温提出的"场论"和"群体动力论"，对于群体传播研究而言意义重大。

无论如何，群体传播研究形成了一个焦点，它提醒我们：人的心理和行为往往受到与自己相关或不相关的其他人的影响，其中人际传播扮演着重要角色。

近代人类社会的重大变化之一就是组织化。组织在我们的个人生活和社会生活中作用重大，组织传播也同样。从广义上讲，组织是一种有固定目标和形式的群体，组织传播是群体传播的一种。

美国学者卡尔·韦克在《组织的社会心理学》中指出，组织形成的过程实际上就是传播的过程。组织成员通过适当有效的信息交流来维系组织的稳定和发展；被称为"系统组织理论之父"的美国学者巴纳德在《组织与管理》中也认为，传播是组织的轴心。在讨论组织理论时，免不了要涉及传播的概念；卡茨和肯恩强调："……传播——信息交流及意义的传达——是社会系统及组织的基本要素。"罗杰斯等人更干脆表示："没有传播就没有组织。"[③]

就其实质而言，组织传播就是组织内部成员间、组织与组织之间、组织与外部环境之间进行信息交流的活动。如美国学者戈德哈伯所说：组织传播，即由各种相互依赖关系结成的网络，为应付环境的不确定性而创造和交流信息的过程。[④]

组织传播具有五种基本要素：

1）信息。在信息社会中，组织的生存和发展都依赖于信息，有效的组织传播首先要有充足的信息。

2）相互依赖。组织中的部分不可能脱离系统和环境而独立存在，需要进行互动，这种互动涉及传播活动。

3）网络。组织是各种关系组成的网络，组织传播要遵循这个网络中的规则，根据在组织中担任角色的不同而采用不同的信息传递方式。

---

① [美]沃纳·塞弗林，小詹姆斯·坦卡德.传播理论：起源、方法与应用[M].郭镇之等译.北京：华夏出版社，2000：213.

② [美]斯蒂文·小约翰.传播理论[M].陈德民等译.北京：中国社会科学出版社，1999：505-574.

③ 郑瑞城.组织传播[M].台北：三民书局，1983：4.

④ 居延安.信息·沟通·传播[M].上海：上海人民出版社，1986。

4）过程。组织传播是一刻不停的信息互动。

5）环境。组织要受环境制约，与环境交换信息。

组织是一个复杂开放的系统，组织传播通过各种错综复杂的渠道进行信息的流动。组织传播一般分为正规的组织传播和非正规的组织传播两种形式。组织传播（一般指正规组织传播）又有纵向传播与横向传播两种传播方向。纵向传播包括自上而下的传播和自下而上的传播，横向传播包括组织内部的横向传播和组织与外部的横向传播。

组织传播的功能大致有两种：手段性的和满足性的。前者以交流为手段，达到某种事务性的目的，多半由正规的组织传播活动来完成，在绝大多数组织中占有首要地位。后者则以社会—情感需求的满足为主要目的，多半由非正规的组织传播活动来承担，也是组织运转必不可少的要素。

总体而言，组织传播的功能包括：

1）确保组织内部协调活动的发生，即建立起组织内部成员的联系协作，以实现组织目标；

2）确保组织与外部环境建立起联系，来完成正常的信息输入输出的交换活动，使组织活动与外部环境相适应；

3）通过组织内部情感交流，加强相互间的了解，增强内部成员的凝聚力和向心力；

4）通过组织内部多层次、多角度的信息交流满足其成员的社会心理需求，激励士气。

（四）大众传播

随着近代报纸的诞生，人类开始采用大规模复制技术传播信息，人类也随之进入了大众传播的新时代。进入 20 世纪后，广播、电视等电子媒介相继出现，使传播业得到了一次新的飞跃。人造地球卫星的发射成功，互联网的不断拓展，使得信息传送无远弗届，而地球终于成了一个小小的村落。通过大众媒介这些"了不起的信息增殖者"输送信息，人类社会的工作、生活、态度、观念、习俗等方方面面都被改变了。各种大众传播媒体向人类传送着形形色色的信息，形成了一个覆盖社会的大众传播网络。

"大众传播"概念首次正式出现于 1945 年 11 月在伦敦发表的联合国教科文组织（UNESCO）宪章中。

杰诺维茨在 1968 年提出了一个定义，揭示了大众传播区别于其他传播类型的独特内容，被西方学者广泛引用。他认为：大众传播由一些机构和技术所构成，专业化群体凭借这些机构和技术，通过技术手段（如报刊、广播、电影等）向为数众多、各不相同而分布广泛的受众传播符号内容。[①]

德弗勒提出的定义与此大同小异，强调了另外一些侧面。他认为：大众传播是一个过程。在这个过程中，职业传播者利用机械媒介广泛、迅速、连续不断地发出信息，目的是使人数众多、成分复杂的受众分享传播者所要表达的含义，并试图以各种方式影响他们。[②]此外，德弗勒与丹尼斯将大众传播划分为五个明显的阶段，以此来进一步阐释大众传播的过程。

然而随着传播学研究的深入，传播效果研究已经不再是大众传播学的突出焦点，这个研究领域本身也在反思基本的认识论和方法论。同时，实践也在进步，机械媒介已经不再是大众传播的特点，新型的设备和技术都在不断涌现；传播者个人在大众传播过程中的角色在削弱，而传播组织的力量更显强大；等等。德弗勒的定义亟须更新。

综上，我们认为：大众传播是一个大规模的信息传送过程，在这个过程中，职业化和组织化的传播者出于各种目的，利用媒介系统广泛、迅速、连续不断地发出信息，传递给人数众多、成分复杂的受众。

从德弗勒的定义出发，结合"5W"模式，我们可以发现大众传播相较于内向传播、人际传播、群体/组织传播具有不同的五个特征：

1）大众传播的传播者是职业传播者，是一个传播组织（如报社、电台、电视台、杂志社等）整体或个人；

2）信息的传送是广泛、快速、连续、公开的。几百年前，复制一份文稿还是一件需要很长时间的事；

3）大众传播媒介为机械化和电子化的媒介；

4）受众广泛、成分复杂；

5）反馈间接、零散、迟缓、具有积聚性，使得传播效果的测量需要付出专门的努力。

施拉姆形容传播之于人类的重要性时这样说过："传播就像血液流经人的心血管系统一样流过社会系统，为整个有机体服务。……我们已经习惯于生活在传播的汪洋大海中，以至于很难设想要是没有传播，我们将怎样生活。"这句话也同样适用于当代社会中的大众传播，在人类社会的运行和发展中发挥着至关重要的功能。

（五）网络传播

随着互联网技术的发展和个人计算机的普及，人类社会进入了网络传播时代。不同于前四种传播类型，网络媒介的发展并没有催生出一种新的传播类型，而是将内向传播、人际传播、群体和组织传播以及大众传播融为一体，形成了一种复合的传播类

---

① ［英］丹尼斯·麦奎尔，［瑞典］斯文·温德尔.大众传播模式论［M］.祝建华等译.上海：上海译文出版社，1997：7.

② ［美］梅尔文·德弗勒，埃弗雷特·丹尼斯.大众传播通论［M］.颜建军等译.北京：华夏出版社，1989：12.

型，每一种传播类型在网络传播中都表现出了新的形态。

1. 网络中的内向传播

网络媒介连通性、交互性的特点，决定了网络中几乎没有内向传播的存在。有人认为博客、朋友圈等网络日记的内容是内向传播在网络中的表现形式，但由于内向传播的定义是人体内部的信息交流活动，而博客则是与网络媒介互动下的产物，能够被其他的网络用户所看到，因此也具有一定的展示含义，所以这种观点也具有较大的争议性。但不得不说，博客、朋友圈等形式，具有相当程度的内向传播的属性，而网络传播也必然会对内向传播造成一定的改变。未来是否会出现依靠网络媒介的内向传播形式，仍是我们需要关注的内容。

2. 网络中的人际传播

人际传播是网络传播中的主要传播形态，换句话说，网络媒介的出现，给人际传播提供了更为丰富的传播渠道和更为多元的传播方式，使人际传播的应用范围再次扩大，甚至超越了大众传播在网络中的地位。

此外，网络媒介还赋予了人际传播许多新的特性，表现为以下几个方面：

1）匿名性。在网络中的用户往往都是以虚拟 ID（昵称、用户名等）的形式出现，除非用户主动标注，其他陌生的网络用户无从得知 ID 背后的真实身份。同时，在某些网络社区当中，用户也可以选择用完全匿名的方式进行发帖、评论等，进行匿名性的人际传播；

2）多面性。戈夫曼的"拟剧理论"在网络中得到了最好的诠释，每个用户在网络中都拥有并维护一个或多个虚拟网络身份，这些身份会根据使用平台的不同展示出不一样的形象，这给网络中的人际传播带来了丰富的多面性；

3）随机性。虽然在现实生活中也存在与陌生人进行人际交流的情况，但通常都是基于一定的选择倾向之下所进行的行为。而在网络中，用户与陌生人交往的随机性大大增加了。如早期的网络聊天室中，用户可以随机选择聊天室内的其他用户进行交流；QQ 空间的漂流瓶和微信的"摇一摇"功能，则是完全实现了随机用户之间的匹配，等等。这种随机性的人际传播，是目前大量社交软件的主打功能，成为当下网络社交最为常见的一种形态；

4）并行性。并行性是指计算机系统具有可以同时进行运算或操作的特性，在同一时间完成两种或两种以上工作。同样，网络中的人际传播也具有并行性的特征，用户可以同时在多个平台与多个用户进行交流，不存在任何障碍。例如某个人可以在微信与人通话或视频的同时，与另外一个人进行文字的聊天，同时又可以在微博、朋友圈等社交平台与他人互动；

5）辐射性。不同于现实的人际传播，网络中的人际传播没有了空间与时间的限制，传播具有了强烈的辐射性，一则信息可以在短时间内通过人与人之间的传播辐射到极大的范围，形成类似于大众传播的效果。例如拼多多等的"病毒式营销"，利用用户之间的转发，形成了大规模的传播。

虽然网络人际传播是对现实人际传播的一种扩散和补充，能够增加人们人际交往的多重体验，但同时也对用户和社会存在一定的风险和消极影响。

首先，匿名性和多面性，使人们在网络中进行人际活动时无法得知交往对象的真实身份和真实状态，因此增加了许多上当受骗的风险；其次，长时间在网络中进行人际交往活动，会在某种程度上导致人们逃避现实社会中的人际交往，而网络多种虚拟身份的交织，也难免会造成对于社会身份认知的割裂；再次，网络人际交往也容易造成人们对于舒适社交的沉迷，只会选择自己感兴趣的内容进行互动，从而使得现实生活中的社交能力出现缺失。

3. 网络中的群体和组织传播

网络中的群体传播也是一个较为常见的传播形态。互联网的开放性、自由性、交互性、共享性、去中心化等特征，给大量网络群体的出现提供了良好的环境，从而促进了网络中的群体传播。

网络中的群体一般分为两种，一种是现实中已有的群体，通过网络媒介在线上进行群体的沟通和维护，成员大多互相认识，如班级的微信群；另一种是社交媒体平台联结形成的网络群体，这样的群体一般是基于某一种兴趣爱好或者某一种目的而集结在一起，人员的构成较为复杂，管理也相对松散，同时也具有较强的人员流动性，如某一明星的粉丝群体。

网络中的群体传播与现实中的群体传播并无本质上的区别，网络群体传播的特殊性就体现在对于传播媒介的选择上。网络媒介的特性赋予了网络群体传播如下几个特点：

1）跨地域的传播范围。互联网消除了群体传播地域的限制，以往大多靠线下聚集的群体传播形式，可以依靠互联网媒介在网络空间中进行，实现虚拟的在场。这不仅提高了群体传播的效率和频率，也拓展了传播的深度和广度。

2）多样化的传播方式。传统的组织传播往往都是通过当面交流的口头传播方式，而网络组织传播通过视频会议软件同样也能够实现；在此基础上，还能使用诸如电子邮件、微信群、社交媒体平台甚至网络游戏等多样的方式来实现。例如2020年疫情期间，就有一位加利福尼亚的数学老师，通过VR射击游戏《半条命：爱莉克斯》给学生上了数学网课。

3）流动化的群体成员。不同于传统的组织传播，网络群体传播对于群体成员的约束力和强制性更小，群体成员的加入或者离开的限制相对较为薄弱，因此加强了成员的流动性。同时，网络中的个人往往又能同时加入多个群体，也能轻易地退出原先的群体从而加入到更适合的同类型的群体当中。

网络中的组织传播相对而言比较稀少，也不常被人们所关注，其与传统的组织传播并没有什么区别，只不过是通过互联网进行命令的下达和消息的传播。

网络组织传播的传播渠道通常有两种，一种是对内的内联网，一种是对外的互联网。

内联网，顾名思义是组织内部互相连接的网络。由于组织，特别是大型企业，往往有着许多的机密信息，因此不能使用容易被入侵、破解的互联网进行重要信息的传递，而是选择只有内部能够登入的内联网。内联网除了能够保证组织信息的安全以外，也能够加强组织成员内沟通的效率，实施分享功能和群体通知也能保证信息即时、整体的传递。同时，内联网也使得远程办公成为可能，即使身处地球的另一端，也能同时出现在组织的会议当中。

网络组织传播也需要进行对外的传播活动，这就需要互联网作为传播媒介。网络组织对外的传播活动主要有外部信息的接收和内部信息的对外宣传两种，其中对外宣传又包括官方网站、官方微博、官方抖音等长期账户的维护和广告等短期的宣传活动。可以说，一个组织运营的好坏，某种程度上取决于对于互联网媒介使用的能力。

此外，在网络中，有一部分较为大型的群体传播有着向组织传播演化的趋势。其中最典型的就是粉丝群体，尤其是"流量"明星的粉丝群体，他们有着共同的目标理念，有着严密的组织架构，有着清晰明确的行动准则，也能组织大规模的群体行动。同时粉丝群体的领导者（俗称"粉头"）往往能够与明星取得直接的联系，或者直接是明星经纪公司所安排的一个岗位，使得粉丝群体变成了一个为明星和背后的公司谋取利润的"下级单位"。

4. 网络中的大众传播

毋庸置疑，互联网是一个大众传播的媒介，无论是人际传播，还是群体和组织传播，最终都有可能会转化成大众传播。但是，网络大众传播与传统大众传播相比还是出现了较为巨大的差异，主要表现为以下几个方面：

1）内容生产多元化。表现在两个方面：第一个是内容生产者的多元。传统大众传播的内容生产被控制在专业化的媒介组织手中，如报社、电视台、电影公司和制片厂等，专业化和规范化是大众传播内容的特征。而在网络大众传播中，内容的生产权被无限制地分化，大到专业媒介组织，小到每个网络用户，都可以是大众传播内容的生产者。第二个是生产的内容的多元。传统大众传播的内容往往都带有强烈的将其生产出来的媒介组织的特性，同时也受到媒介组织发展策略的影响。而网络大众传播的生产出来的内容则没有过多的限制，从而使得网络大众传播的内容更加具有创造性，内容的形式也更加多元。

2）传播渠道复合化。不同于传统大众传播一个媒介对应一个传播渠道的模式，网络大众传播则可以实现多种渠道复合传播。例如一部电影可以同时在网络视频平台、网络短视频平台、社交媒体平台等多种传播渠道同时传播，同时也能以文字、图片、视频、音频等多种形态进行传播。

3）传播过程复杂化。网络大众传播打破了传统大众传播线性的、连续的传播过程，呈现出的是一种非线性的、碎片化的、圈层化的、超链接式的传播过程，人们可以随意调节音频或者视频的进度和播放速度，也可以选择在任何时间、任何地点接收信息。此外，网络大众传播还在一定程度上改变了传统大众传播的单向性，更多互动性的内容也参与到了大众传播当中。

4）传播用户主体化。在网络大众传播中，传统大众传播的受众身份开始向用户转变，从以前被动接受信息的传播客体，逐渐转变为同时可以生产和传播信息的主体，在传播中的主动性大大增强。

5）传播效果难测化。传统大众传播时期，对于传播效果的预测和控制就已经具有一定的难度，而网络大众传播更是将这个难度给大大提升了。用户主动性的增强使得网络大众传播很难实现一个大范围统一的传播效果，也使得传播效果变得难以预测，经常会出现"有心栽花花不开，无心插柳柳成荫"的局面。这也就导致了网络大众传播向"小众"演进的趋势，即进行精准的用户定位，以达到预期的传播效果。

除此之外，网络传播还包括多种形式，每种形式都各自有一套独特的传播体系，发挥着不同的传播作用，造成着不同的影响。在每种网络传播形式中，都可以同时存在多种传播类型。有学者将网络传播的形式归纳总结为十种典型形式，分别为网站、论坛、即时通信、博客、维基、SNS、微博、微信、App 和移动视频直播。①

可以看出，每种网络传播的形式都是基于一种网络技术或者网络媒体平台而产生的，并且这些形式也存在着一定的交叉。因此，我们可以断言，网络传播的形式是在持续不断地变化发展中的，未来还会出现更多的网络传播形式，为人类的网络传播服务。

二、传播过程

传播是信息流动的过程，它是一个动态的过程。对这种流动过程的考察，有过许多尝试。②

（一）传播过程及其特征

传播现象是非常复杂的现象，传播过程也是非常复杂的过程。人们每天的社会生活，实际上都是产生、发展、接收信息并对各种信息作出反应的活动。这种活动是如何运行的、它与其他因素的关系如何都已成为人们关注的焦点。

---

① 彭兰.网络传播概论（第四版）[M].北京：中国人民大学出版社，2017：80-130.

② 本章所用的模式图除另外注明的外，均取自 [英] 丹尼斯·麦奎尔，[瑞典] 斯文·温德尔.大众传播模式论 [M].祝建华等译.上海：上海译文出版社，1997。

美国传播学家 D. 伯洛在 1960 年首先提出将传播作为一个过程来研究，他认为：

1）传播是一种动态的过程，无始无终，没有界限；

2）传播过程是一种复杂的结构体，我们研究的基本单元就是结构的各要素及其相互的多元关系；

3）传播过程的本质是运动，即过程中各要素及其关系的相互影响和变化。①

对传播过程的认识，还可以从结构的角度进行。所谓结构，即整体各要素及其关系的组合。结构观起源于哲学上的结构主义和社会学上的结构功能主义。结构观认为客观事物拥有一个相对稳定的基本结构，各要素在这种静态的结构中相互作用，发挥着某种功能。

我们用过程观来审视传播活动，可以摆脱早期传播学研究中将传播视为静止、封闭、孤立、微观的缺陷。随着人们对传播学研究的深入与拓展，对传播的认识也越来越走向动态、开放、联系和宏观。

总之，传播是由多要素及其相互关系组成的动态的有结构的信息流动过程。

（二）传播模式

传播过程是一个多要素互动的动态过程，对其进行认识与研究就存在着相当的难度。为了方便起见，我们可以用模式来表述传播的结构和运动过程。

什么是模式？所谓模式是指对客观事物的内外部机制的直观而简洁的描述，它是理论的简化形式，可以向人们提供客观事物的整体信息。

传播学研究中使用模式方法建构的传播模式，实际上就是科学地、抽象地在理论上把握传播的基本结构与过程，描述其中的要素、环节及相关变量的关系。

几十年来，不少传播学家都曾尝试提出各自的传播模式，提出的模式有几百个之多。英国著名社会学家、传播学家丹尼斯·麦奎尔教授及其助手斯文·温德尔将前人的研究成果构筑成直观的模式。他们将这些模式分成五种类型 28 个模式：

1）基本模式：拉斯韦尔公式、香农—韦弗模式、奥斯古德—施拉姆模式与丹斯模式、格伯纳的传播总模式等八种模式；

2）个人影响、扩散和大众传播对个体的影响模式：刺激与反应模式及其修正、两级传播模式、创新扩散模式等五种模式；

3）大众传播对文化与社会的影响模式：间接与直接模式、议题设置、大众传播依赖模式、沉默螺旋模式五种模式；

4）受众中心模式：使用与满足模式、使用与效果模式、信息寻求模式三种模式；

5）大众媒介的体系、制作、选择与流动模式：比较媒介体系模式、媒介组织模式、守门人模式等七种模式。

---

① 沙莲香. 传播学——以人为主体的图象世界之谜 [M]. 北京：中国人民大学出版社，1990：28.

实际上，他们的传播模式可以归为两大类，即表征传播过程及结构的模式（如基本模式）和表征传播要素关系的模式（如影响、效果、受众、媒介模式）。

本节要探讨的是普遍意义上的传播活动过程，我们的目的是宏观、整体地把握传播过程结构，因此在我们下面的分析中将涉及这部分模式。对传播过程的认识经历了从单向、孤立、封闭走向双向、多元联系、开放的认识过程。

归纳而言，对传播过程的研究经历了线性过程到控制论过程，再到系统过程的进步。因此，我们可以将到目前为止的有关传播过程的研究分成三类：线性传播过程、控制论传播过程、系统传播过程。前两者是对传播过程内部的微观认识，后者是对传播过程外部关系的宏观认识。

（三）线性传播过程

我们将那些把传播过程看作单向流动的观点称为线性传播，即信息从传播者、经由媒介、最后到达接受者的单向、直线的传播模式。

线性传播的观点主要集中在早期传播学研究中，其中最具有代表性的是拉斯韦尔模式和香农—韦弗模式。

1. 拉斯韦尔模式

1948 年，哈罗德·拉斯韦尔在其《传播在社会中的结构与功能》一文中提出，传播过程就是：

谁（Who）

说了什么（Says What）

通过什么渠道（In Which Channel）

对谁（To Whom）

取得了什么效果（With What Effect）

这一文字模式的提出，引起人们的关注，此模式被视为经典模式，人们称之为"拉斯韦尔公式"，也就是我们常说的"5W"模式。

将其转化成图表模式，就如图 2-4：

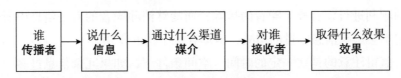

图 2-4 拉斯韦尔公式及其相应的传播过程诸基本要素

从拉斯韦尔的这一模式中可以看出：传播过程是一个目的性行为过程，具有企图影响受众的目的。因此说他的传播过程是一种说服过程。

拉斯韦尔的模式奠定了传播学研究的范围和基本内容。对过程中的每个环节都可以进行独立的研究（图 2-5）。

图 2-5 拉斯韦尔公式及其相应的传播研究领域

2. 香农—韦弗模式

1949 年，信息论的创始人香农及同事沃·韦弗在研究信息流通过程时，提出了通信的数学原理。他们研究的是技术科学中通信的信息传送问题，本来是一个与社会系统无关的纯技术性模式。后来的传播学借用此模式，同样可以说明人类传播过程（图 2-6）。

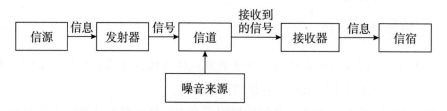

图 2-6 申农—韦弗"数学模式"：它把传播描述为一种直线、单向的过程

他们的这种信息论范畴中的信息传播过程包括五个要完成的正功能和一个负功能。

其中五个正功能是：

1）信源：发出信息；

2）发射器：将信息转换成信号；

3）信道：负责传递信号。发出的信号与接收到的信号不同；

4）接收器：将信号还原成信息；

5）信宿：信息的目的地。

一个负功能是：

噪音，即对正常信息传递的任何干扰。在实际的传播过程中，传者和受众之间的传受信息往往有差别，这常常就是由于噪音干扰造成的。噪音可以是系统外的噪音、人为的噪音，也可以是系统内的噪音、自然的噪音等。

传播的顺利进行，有赖于噪音的排除；而能够消除噪音的就是信息中所包含的冗余信息。它不会影响信息容量的增减，但却有抗干扰的作用。

不过，值得注意的是在一定的时间、空间条件下，如果冗余信息过多，尽管抗干扰能力增加了，信息的平均信息量却会减少。因此传播过程要特别关注噪音、冗余信息和平均信息量三者的关系。

香农—韦弗模式使传播学者认识提高一步，使人们能够更精确地研究传播过程中的具体环节。

以拉斯韦尔模式、香农—韦弗模式为代表的一批线性传播过程模式，给传播学的研究启发很大。然而，不可避免地也具有明显的缺陷，主要的不足表现在：

1）将传播过程视为起于一点、止于另一点的直线、单向的过程。没有信息的回路与反馈；

2）将传播过程视为非环境互动的静态过程，即传播过程只是内部发生的活动，不考虑人的主观能动性，同时不与传播所生存的环境进行任何交换，忽视社会的客观制约性。

（四）控制论传播过程

1948 年，诺·维纳发表了《控制论》一书，创立了控制论，用更新的观点研究动物和机器中控制与通信的科学。

控制论的基本思想便是运用反馈信息来调节和控制系统行为，达到预期的目的。这种方法突破了传统的线性模式研究传播过程的局限，因而将后来带有反馈的双向交流过程的传播过程称为控制论传播过程模式，即带有反馈回路的闭环控制系统。

所谓反馈，原意是指控制系统中将输出回输到原系统中。传播学认为，反馈就是受传者在接受信息后作出的各种反应。

在传播研究中应用反馈概念，有着重要的意义。它使人们认识到传播过程不仅是线性的单向流通，而且是双向流动的信息传播回路。不仅传播者发出信息，而且受传者也发出信息，即时刻发出对接受到的信息的反应。正如梅尔文·德弗勒在香农—韦弗模式基础上发展而成的带有反馈的模式（图 2-7）。

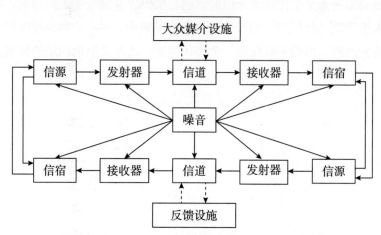

图 2-7 德弗勒对香农—韦弗模式的发展：它考虑到反馈

在这个修正模式中最重要的贡献便是反馈机制的增加。

实际上，反馈在传播过程中可以发挥巨大的作用：从传播者角度看，反馈可以检验传播效果，传播者可以据此调整和规划目前和未来的传播行为；因此，作为传播者必须增强信息反馈的自觉性。从受众角度看，反馈是受众意见、需要、态度等信息的流通方式，受众可以据此更积极、更主动地介入传播过程中，主动搜集、使用信息；

因此，作为受众也必须增强信息反馈的主动性。

尽管反馈对传播过程有如此重要的作用，但是仅仅靠反馈是不够的，特别是对大众传播这样比较巨大的复杂的系统。由此控制论也提出了前馈概念。

反馈因其迟滞于传播行为之后，影响到了传播系统的控制功能。因此，有必要增加前馈这种回路，特别是在大众传播过程中。所谓前馈，根据控制论解释就是尽可能在系统发生偏差之前，根据预测的信息，争取相应的措施。将前馈回路与反馈回路耦合起来，就构成了前馈—反馈控制系统，这种系统能达到较好的控制效果，对大众传播过程也是如此。①

威尔伯·施拉姆最早在传播学中使用"前馈"概念，他认为前馈就是在进行大众传播之前，事先对受众进行调查研究，以了解其构成、需要、行为等，以改进传播、增强针对性、提高传播效果。他指出反馈是重要的，而"前馈更要具有独创性"②。

控制论传播过程最具代表性的模式有两种：

1. 奥斯古德—施拉姆模式

这个传播过程模式是由 C. E. 奥斯古德首创、由 W. 施拉姆提出的（1954）。这是一个高度循环的模式，在这个传播过程中，传播者既是制成符号者、解释者，也是还原符号者；受传者也如此。传、受双方互为传播过程的主、客体，行使着相同的功能，即编码、译码和释码。所谓编码就是将意义或信息转化成符号的过程，这是传播过程中极其重要的环节。作为传播者，其编码水平的高低直接制约着传播效果的好与坏。因此，提高编码水平是传播者永恒的话题。编码并非完全个人的活动，一方面它要受编码者个人世界观、价值观、知识范围、经验等制约，另一方面也受编码者所在的社会、文化环境的制约。编码不仅仅是一个技巧问题，还涉及更为深层的领域。（图 2-8）

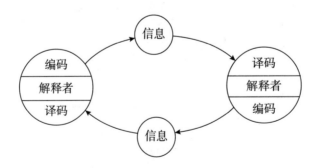

图 2-8　奥斯古德—施拉姆模式：传播双方（例如在对话中）执行着相同的职能

所谓译码就是将符号还原为信息或意义的过程，它与编码过程相对应。

编码、译码环节是传播过程中重要的元素。对传而求通有重要意义。

奥斯古德—施拉姆模式比线性模式进一步，它特别适用于人际传播。该模式的缺

---

① 王雨田. 控制论、信息论、系统科学与哲学（第 2 版）[M]. 北京：中国人民大学出版社，1988：52-53.

② [美] 威尔伯·施拉姆，威廉·E. 波特. 传播学概论 [M]. 陈亮等译. 北京：新华出版社，1984：291.

陷在于，它认为传播是完全对应的、平等的，这与实际传播过程中传、受双方往往不对应、不平等相出入、施拉姆于1954年又提出了适用于大众传播的模式，在这一模式中明确提出了"反馈"。（图2-9）

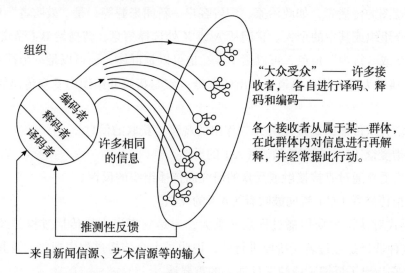

图 2-9　施拉姆大众传播模式：显示大众传播的生产和接收以及对媒介的推测性反馈

此模式的中心是媒介组织，它也集编码者、译码者和释码者于一身。它们可以从受众处获得推测性反馈。受众往往是由个体组成的，这些个体分属于各个基本群体和次级群体。

施拉姆的大众传播模式，标志着从一般传播过程模式走向大众传播过程模式，标志着将大众传播看成为社会的有机组成部分的趋向。

2. 韦斯特利—麦克莱恩模式

1957年，美国传播学者韦斯特利和麦克莱恩整理当时已有的研究成果，提出了一个适合于大众传播研究的有系统的模式。（图2-10）

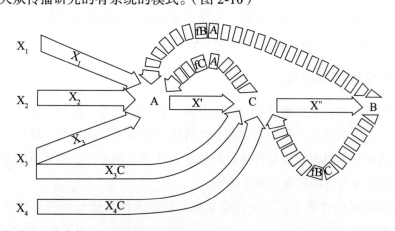

图 2-10　韦斯特利—麦克莱恩大众传播概念模式：它引入了一个第二种传播者 C（即信息渠道角色）（据韦斯特利和麦克莱恩 1957 年文章绘制）

模式中的诸要素表示如下意义：

X：代表社会环境中的任何事件或事物，传播这些事件或事物的信息要借助大众媒介。

A：有意图的传播者，如政治家、广告客户、新闻来源等，是"鼓吹者"角色。

C：媒介组织或其中的个人。它们从 A 或 X 处选择信息，传播给 B（受众）。

B：受众或"行为"角色，可以是个人，也可以是群体，还可以是一个社会系统。

X′：传播者为进入信息渠道而作出的选择；X″是指媒介组织向受众传递的加工过的信息。

X_3C：指大众传播组织直接从 X 中作出的观察，获取的信息。

fBA：指受众（B）向原始信源（A）的反馈。

fBC：指受众通过直接接触或受众的研究向传播组织的反馈。

fCA：指传播者（C）流向鼓吹者（A）的反馈。

这个模式对认识大众传播过程意义重大，一是它指出大众传播过程是经过选择的，而且这种选择是经过若干阶段进行的，说明了大众传播过程中把关人及其多重把关性。二是它指出了反馈（或缺乏反馈）的重要性。

然而，此模式也有其明显的不足，即：（1）它认为三个参与者之间是平衡的、互利的，整个系统完全自我调节；事实上，传播过程中三个参与者之间是很少平衡的。（2）它夸大了大众传播过程的一体化程度；而现实中，每一方都会追求各自的不同的目标。（3）它过分强调了传播者对社会的独立性。

控制论模式因引入了"反馈"概念和机制，传播过程成为双向交流的回路，自我调节能力增强。然而控制论模式也有其自身的缺陷。

首先，它认为传播过程是双向回路之后，就成了循环、平衡的自我调节系统。而现实中的传播过程，尤其是大众传播过程较少有平衡、对等。"传播经过一个完全的循环，不折不扣地回到了它原来的出发点。这种循环类比显然是错误的。"[①]

其次，它认为传播过程是一个独立本体运动过程，即传播过程是独立于社会的自我运行的系统过程。没有发现传播过程的社会背景。

（五）系统论传播过程

线性传播过程揭示了传播过程的最表象的、静态的元素；控制论传播过程指出了传播过程的双向流动特征。但是它们都是在传播过程系统内部探索、研究，揭示的都是其中的微观环节及要素。但是传播过程的复杂性要远超于此，想要更加全面地了解传播过程，还需要有更加宏观的系统认知。

在系统观形成的背景下，不少传播学家开始在关注传播过程内部微观环节的同

---

① [英]丹尼斯·麦奎尔，[瑞典]斯文·温德尔.大众传播模式论[M].祝建华等译.上海：上海译文出版社，1997：24.

时，更多地研究传播过程的宏观环境、系统环境，即抛弃那种"传播过程是在社会真空中发生的，环境的影响不值一顾"的观点，更多地认识到传播过程乃是整个社会运行过程的一个组成部分。

J. 赖利和 M. W. 赖利夫妇于 1959 年从社会学角度提出，大众传播是各种社会系统中的一个系统。他们最早提出了在社会系统框架之中的传播系统模式。（图 2-11）

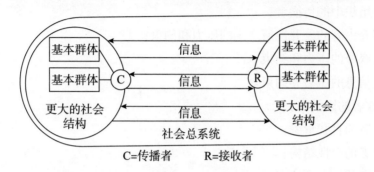

图 2-11　赖利夫妇模式：在社会系统框架之中的传播系统（据赖利夫妇 1959 年著作绘制）

他们将传播过程视为一个系统，并将传播系统放在一个包罗万象的社会系统中去研究。大众传播过程与社会系统之间是互动的关系，两者之间相互影响。他们的这一模式开启了大众传播研究的新面貌。

除上述赖利夫妇的传播系统模式之外，还有不少学者提出了自己的系统过程模式。

1. 马莱茨克模式

这个模式是德国学者马莱茨克于 1963 年提出的，它是一个大众传播过程模式。他从社会心理学角度研究大众传播，将大众传播过程细分为众多因素构成的复杂的社会过程。（图 2-12）

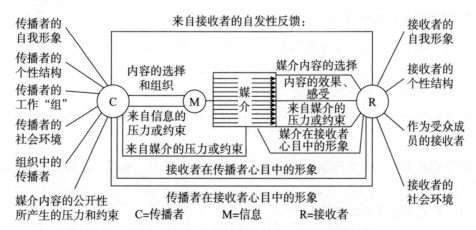

图 2-12　完整的马莱茨克模式（据马莱茨克 1963 年著作绘制）

马莱茨克在他的这个大众传播过程模式中，提出了许多影响因素，这些因素影响到大众传播过程中的传播者和接收者。

影响传播者的因素有：

1）传播者的自我形象；

2）传播者的个性结构；

3）传播者的工作"组"，即"群体"；

4）传播者的社会环境；

5）媒介组织中的传播者；

6）由媒介内容的公开性所产生的压力和约束；

7）来自媒介的压力和约束；

8）来自信息的压力和约束。

影响接收者的因素有：

1）接收者的自我形象；

2）接收者的个性结构；

3）接收者的社会环境；

4）作为公众一员的接收者；

5）来自媒介的压力或约束；

6）接收者心目中的媒介形象；

7）传播者与接收者还要受到一些相关因素的影响；

8）接收者与传播者相互之间的形象；

9）来自接收者的自发性反馈。

含有如此众多的复杂因素的大众传播过程模式，是对在此前从社会心理学角度研究大众传播的总结。它既指出了传播过程的社会制约性，也指出了其中的心理变量。它的分析较以往的研究更为系统、全面，且更具社会性。

2. 梅尔文·德弗勒模式

美国社会学家、传播学家梅尔文·德弗勒（Melvin L.Defleur）从广大的社会环境出发，研究社会中的传播过程，先后提出过两个系统传播过程模式。

首先是美国大众媒介体系模式：

德弗勒于 1966 年首先提出了美国大众媒介体系模式。图 2-13 是对 1966 年模式的系统化和简化。

这个模式表述了在自由市场经济条件下，社会中政治、经济力量的变化与传播过程的关系。

这个模式由以下要素组成：

1）受众：分为不同层次；

2）政府及管理机构、民间社团：政治、法律力量；

3）金融、商业机构：经济力量；

4）媒介制作和分发组织：均为私人公司。

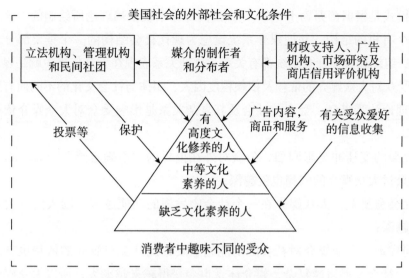

图 2-13　德弗勒的美国大众媒介体系模式

支撑这个体系运行的是媒介的"低级趣味"内容，它是满足这个体系运转的首要财政条件的主要途径，这是自由市场原则支配下的大众传播体系。

德弗勒及其合作者在分析美国大众传播体系的基础上，进一步提出了更具普遍意义的"大众传播效果依赖模式"（或称"媒介系统依赖模式"）。

这个模式是一种社会系统模式，它将大众媒介看成是积极参与处于社会行动的社会、群体和个体层次上的维持、变化与冲突过程的信息系统。

这个模式中受众、媒介体系和社会体系是决定大众媒介效果出现的条件。这三个要素之间是相互联系的。社会体系根据它的稳定程度而变化，这就刺激和影响了信息的发送与接收；受众随社会体系和社会条件的变化而变化；大众媒介因条件、社会不同，在数量、多样性、可靠性及权威性等方面都有所不同，其功能也会有所不同。（图 2-14）

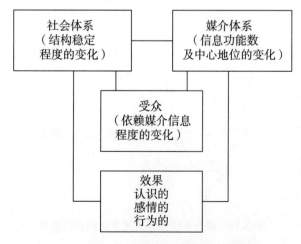

图 2-14　鲍尔—罗克希与德弗勒的依赖模式：
显示了社会、大众媒介、受众、效果之间的互相依赖关系

这个模式是根据德弗勒于1976年提出的媒介系统依赖理论所绘制的。该理论把社会看作一个有机的结构，并把媒介系统设想为现代社会结构的一个重要部分，它与个人、群体、组织和其他社会系统都有关系。这种关系表现在大众传播中就是媒介系统依赖关系。受众对大众媒介的依赖及依赖程度因人、团体与社会文化的不同而有所差异。

这个理论认为媒介、受众与社会及其复杂关系是影响受众对大众媒介依赖程度的主要因素。

1）社会的变迁冲突越剧烈，公众对外在世界的"不确定感"（uncertainty）也就越大，受众对大众媒介的依赖也就越深；

2）社会愈复杂，大众媒介在一个社会中发挥的功能越多，则人们对大众媒介的依赖也就越深；

3）同样地，大众媒介对社会的功能越重要，此社会对媒介的依赖也就越大。德弗勒认为，社会发展得越复杂，媒介体系也会变得越来越庞大，所以大众媒介将会发挥比现在更为独特的一些功能；

4）受众对大众媒介的依赖程度也会因人、团体与社会文化的不同而有所差异。

德弗勒认为媒介与社会、个人等依赖关系会发生变化，这种变化牵涉许多因素，而这些因素对促成这种改变的影响力量不一，德弗勒称此现象为"波纹效果"（ripple effect），如图2-15所示。

"媒介依赖关系的变化会产生波纹效果。它始于旋斗上端的媒介在社会中的位置，螺旋下降贯穿于媒介系统与各社会系统、组织和人际网络的依赖关系，直到与个人的依赖关系。媒介系统的社会作用的变化，在社会行动的所有层次都会有所波及。这种作用的变化具有增大各社会系统、组织、人际网络和个人的媒介依赖性的效果。"[1]各系统的变化可以自上而下，也可以自下而上。

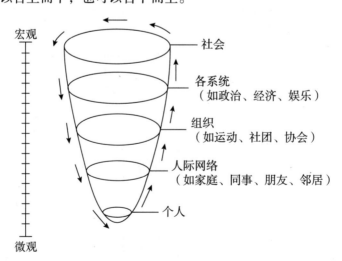

图 2-15　媒介系统依赖关系变化的波纹效果

---

① ［美］梅尔文·德弗勒，桑德拉·鲍尔 – 洛基奇.大众传播学诸论 [M].杜力平译.北京：新华出版社，1990：362.

"媒介系统通过与个人、人际网络、组织和社会系统结成的复杂依赖关系"，已成为"当今社会的延续所必不可少的一个信息系统。媒介所起的具体社会作用在各个社会有所不同，因为媒介系统在不同社会具有不同的生存依赖关系"。①

德弗勒等人提出的"媒介系统依赖模式"突出了传播媒介与社会、受众密切的相互关系。它表明媒介系统实际上是社会系统的一个不可分割的子系统。

（六）大众传播系统过程

当代社会的重要标志之一便是大众传播业的形成和蓬勃发展——从早期的杂志、报纸演化到包括电影、广播、电视乃至新型传播媒介在内的一个完整而相对独立的社会体制（social institution）。作为社会体制，大众传播正在对当今社会的各个方面产生着越来越重要的影响。

1. 大众传播是系统的集合

如同其他社会体制，大众传播也是一个系统，并且是一个系统的集合。

首先，它是使经济、社会日益全球化、信息化的电子信息媒介系统的一个子系统。在信息化的过程中，大众传播媒介体系担负了极为重要的作用。从某种角度看，信息化就是文化体系重构的一个新过程。在这个新的文化体系中，电子信息文化将成为主体之一，它将促进生产方式、商业活动方式，以及研究、教育、军事以及文化艺术活动方式的变化，突破时空限制，扩大了人们智力活动的范围，为人类创造能力的无限发挥提供了条件。

其次，大众传播是社会系统的一个子系统。在社会这个大系统中，大众传播是一个重要的子系统。它受到社会其他子系统的影响和制约，如政治、经济、文化等，因此，在不同的国家和社会中，大众传播呈现出极大的差异。同时，它又在相当程度上影响和制约着其他社会系统。在当今的信息时代，它们之间的互动关系成了我们关注的焦点之一。因此，我们认识和研究大众传播不能脱离它所在的这个社会系统。

大众传播自身又是一个由多个系统组成的系统。大众传播是人类有组织、有目的的活动。大众传播系统包括传播者、信息、传播媒介、受众、传播效果和反馈等基本子系统。

由此可以看出，大众传播是一个既受所属电子信息媒介系统和所在社会系统的影响和制约、又具有自身运动和发展规律的系统。按系统科学的观点，它是他组织和自组织的统一。作为他组织，大众传播系统的确是在社会和物质这些外部环境的特定作用下形成的；然而，作为自组织，大众传播又是在自己产生、发展的动力下进化的，具有自发和自觉的特征，同时具有不以外部特定作用为转移的客观规律。大众传播系

---

① ［美］梅尔文·德弗勒，桑德拉·鲍尔–洛基奇. 大众传播学诸论 [M]. 杜力平译. 北京：新华出版社，1990：363.

统在获得自己空间的、时间的或功能的结构过程中，相当多的时候没有外界特定的干预，而是依靠自身内部的系统动力。

长期以来，我国对大众传播的认识和研究只注重或过分注重大众传播的他组织原理，将其视为可以为外部特定作用任意塑造和干预的社会体制，实践中也是如此。因此，大众传播系统活动效率下降，结构及功能失调，整体效益大打折扣。

为了更全面而科学地认识大众传播系统，合理建构新型的大众传播系统结构，充分发挥它在经济、社会信息化和所在社会系统中的功能，非常有必要了解大众传播的自组织原理。

2. 大众传播系统的自组织原理

大众传播系统同其他社会子系统一样，都是他组织和自组织的统一。既然大众传播也是自组织系统，因此，也就带有自组织系统共有的一些原理和特征。我们试着参照自组织的基本原理来分析大众传播的自组织原理。

1）大众传播系统的开放原理

作为自组织系统的前提之一就是系统要对环境开放。大众传播系统不是在平衡过程中形成的平衡结构，这种结构的特点是不与环境进行任何交换才得以保持平衡。相反，大众传播系统是一个耗散结构，它是在非平衡过程中形成的一个系统，它要通过不断地与环境交换，耗散能量和物质才能保持平衡。

对环境开放、与环境交换的目的就是减熵。大众传播系统需要在与其环境的不断交换中减少无序性、增加有序性。系统内部的熵值越来越大，变得无序，并且与环境相矛盾。今天的大众传播系统与社会外部环境进行着大量的交流与互动，因此其进步和发展的有序化程度大大提高。

2）大众传播系统的非线性原理

大众传播系统具有所有社会系统共有的特征——非线性。大众传播系统具有无穷多的可能形态。当前，我国大众传播系统正处在加速增长的过程中，尚未到达平衡点，是一种非单调性的运动过程，即非只增不减的过程；它的发展同样呈现出不规则的振荡运动。一方面，我国的大众传播系统在与环境的互动中，表现出来多值特征，即外部作用对大众传播系统产生了多重效用的影响；另一方面，大众传播系统对环境也会有多重输出，我国的大众传播系统在其自身的发展过程中，同样会出现非光滑的变化、突变及发展的滞后性。正因为我国大众传播系统是非线性系统，我们非常有必要从整体的、环境的、动态的角度来认识它。

3）大众传播系统的不稳定性原理

大众传播系统也有弃旧图新的自然要求。如同我国社会其他各项子系统都处在转型期，我国大众传播系统也处在从无序态走向有序态的过程中。这种系统演化过程中的不稳定性对演化来说，起着决定作用。我们可以看到我国大众传播系统的变化过程，如图 2-16 所示。

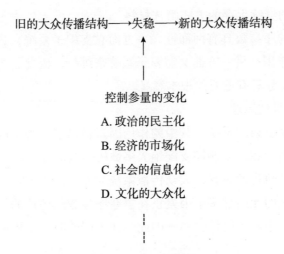

图 2-16　我国大众传播系统的变化过程

新、旧结构的交替中必然要出现失稳，即旧结构失去稳定，这样才可能出现新结构。在这个不稳定中控制参量的变化，尤为重要，控制参量的变化就是系统与环境关系的变化。新的大众传播模式就产生在旧模式的失稳中。

4）大众传播的非平衡性原理

非平衡是有序之源，远离平衡是大众传播这种耗散结构之源泉。这里的离开平衡态不是说混乱一团，而是说大众传播系统要从环境中吸收能量、物质和信息。我国大众传播系统必须要与其生存的外部环境进行大量的互动，吸收观念形态的大众传播理念和意识要素，吸收物质的大众传播科学与技术要素，吸收大量的大众传播活动赖以进行的信息要素等。这样就演化成一个开放的、在世界舞台上有力量的结构。因为，耗散能力越强的系统，进化得越快。

5）大众传播的序参数原理

大众传播是有序的、有规律结构的系统，其中的"序"是指临界涨落导致对称破缺（哈肯语）。我们看到的大众传播系统的无序性，归根到底是因为大众传播系统中存在着使系统表现出不同状态的多种因素，如政治、经济和社会文化因素等。这些因素相互竞争，没有哪一种能取得压倒性的优势。但是随着内外客观条件到达某个节点，往往只剩下两种（或多种）因素势均力敌、难分上下，这时再加上某些偶然性（临界涨落）的作用，就可以使某种因素趋向主导，压倒所有竞争因素，掌握全局（对称破缺），而使相应的状态脱颖而出。这时，其他因素都会归依主导因素，不归依者将自行消亡。当然，也有可能两种或多种状态相互合作，出现一种新的主导的状态。

此处所说的主导因素便是序参数。大众传播运动和发展的序参数必然是来自系统内部的，即大众传播系统的生存和发展基因，它是一种利益形态。大众传播"具有自身的动力学"，"报纸或杂志要有人买，才能生存，或者换句话说，它们是有读者支持的。但是由于这种支持是有限的，必然会出现竞争，从而导致筛选过程……它就必须以最能保证其自身的继续生存的方式筛选材料"。①

大众传播系统的序参数具有两面性，一方面它支配子系统，具有标志大众传播有序结构出现的重要作用；另一方面又需要子系统来维持。因此，当今，我们着重研究大众传播系统的序参数具有重要的根本意义。

6）大众传播的役使原理

大众传播是一个复杂的系统，其中的作用因素相当多。每个因素都有自己的运动方式和作用领域。当少数因素能够支配绝大多数因素的时候，即序参数能够迫使其他因素和状态纳入它的轨道的时候，大众传播系统才能形成支配—役使的关系，从而才可能是有序的。现在的无序是多个因素正在争夺序参数的地位的结果，各个因素在不同的时、空中组成了不同的役使关系，因此，在不同的时、空情境中呈现出此消彼长的无序态。

哈肯在分析大众传播系统时指出大众传播系统的有序是在"筛选压力下的序参数"②的役使下，才得以保障的。这对我们认识我国的大众传播系统不无启发。

7）大众传播的循环原理

大众传播系统有其耦合的方式。早期的大众传播系统多为非循环的系统。即：

传播者──→信息──→传播媒介──→受众──→传播效果

随着信息传播业的发展，社会系统对大众传播系统提出了更高的要求，大众传播系统内部在与环境的交换中，走向有序，逐步形成了循环系统。即大众传播系统内部各元素相互作用，互相促进，共同发展。

然而，在我国的大众传播系统中，这种循环原理还没有真正地达到循环的循环，即超循环。往往是在外部和内部因素的特定作用下，在特定的时、空情境中能够有一次或多次循次，还未能够形成开放的、在序参数支配下的、自组织的循环。

8）大众传播的涨落原理

一个社会的大众传播系统不可能永远处在有序态，特别是像我国的大众传播系统正处在转型期。虽如上面所说，我国的大众传播系统正趋向定态，但是它还会出现偏离定态或平均值的涨落。这种涨落实际上是一种正常状况，是一种积极因素。出现涨落说明现有系统结构中出现了需要耗散掉的因素。涨落触发了大众传播系统旧有结构的失稳，需要通过涨落渐趋新的定态，寻找新的结构。实际上，对大众传播系统来说，涨落是一种选择机制，通过涨落选择更适应系统发展方向的结构。

我们需要看到，大众传播系统中的涨落有巨、大、小之分。小涨落没有以上所说的渐趋新定态的作用，相反倒是有破坏作用。"耗散结构是稳定下来的巨涨落"（普里

① ［德］赫尔曼·哈肯.协同学：大自然构成的奥秘［M］.凌复华译.上海：上海译文出版社，2001：157.
② ［德］赫尔曼·哈肯.协同学：大自然构成的奥秘［M］.凌复华译.上海：上海译文出版社，2001：156.

高津语）。对大众传播系统而言，只有远离平衡态的巨涨落才可能形成新结构。

大众传播作为一种自组织结构，其系统内部有着自发、自觉的元素关系。长期以来，我们只是看到了大众传播系统作为他组织的各种原理，忽略了这一社会体制的自组织原理。这是多年来，我们使用经典科学的还原论的方法论、认识论和本体论对大众传播系统认识和研究的结果。这样我们分解了本来作为系统整体的大众传播，机械地分析重建这个系统，并且在我们的脑子中固守一个认识，即大众传播存在着一个基本层次，在这个层次上存在着不可分的基本单元，这些基本单元受制于简单的基本规律。实际上，社会系统的整体性是无法用还原论加以解释的。

因此，在我们对网络时代的人类传播系统进行新一轮研究的时候，需要借用系统科学的方法论、认识论来对待我们的研究对象。将还原论和整体论辩证统一起来，认识到网络时代的人类传播系统的他组织和自组织原理；切实研究开放的、非线性的、超循环的网络时代的人类传播系统，据此制定系统决策，建构新形态的网络时代的人类传播系统结构，以适应社会系统的发展要求。

（七）网络媒介传播过程

伴随着互联网的发展，人们进入了网络传播时代，大众传播时期的线性传播过程模式已经逐渐消失，取而代之的是节点化的传播过程模式。

在互联网发展的早期，也就是门户网站时期，呈现出的是小节点包围大节点的传播的过程模式。每一个大节点都是一个门户网站，每一个小节点都是门户网站的用户；每一个大节点都能连接到无数小节点，每个小节点又可能同时连接到不同的大节点，但是大节点与大节点之间却极少彼此连接。这个时期的传播过程依然有着大众传播的影子，呈现出的依然是大众媒体到受众的线性传播，此时的用户虽然可以对大量的信息有选择地接收，但从本质上来讲依然是被动的。不过，此时的传播过程已经呈现出了节点之间互动的趋势，即可以通过帖子、留言、评论等方式实现相互的交流，形成意见的传递，虽然这种传递依然被限制在编辑的管控之下。

在互联网发展的现阶段，也就是社交媒体时期，大节点已经不复存在（或者说大节点已经作为平台隐藏在传播过程的背后），取而代之的是无数的小节点之间的相互连接，形成了真正的节点化传播过程。在这个传播过程中，每一个节点都成为一个传播的中心，通过各种各样的社会关系渠道向外扩散。在节点化的传播过程中，信息的传播不再是单向、双向或者循环的过程，而是呈现出一种扩散的状态，每当信息通过一个节点，就可能会通过这个节点扩散向更多的节点，并且在扩散的过程中被不断地再度加工。不过，这一时期的节点与节点之间的连接通道和连接数量还存在着一定的限制，无法形成广泛的连接。

除此之外，网络媒介还有一种"定向索取"式的传播过程，即基于搜索引擎技术的传播过程，我们将其称为搜索引擎模式。搜索引擎模式是网络媒介独有的传播模式。在这个传播模式中，搜索引擎只是一个帮助用户找寻信息的工具，其本身并不生产信息，也不发布和聚合信息，只是将相关联的信息罗列出来供用户挑选。同时，作为信息接收方的用户，成为信息检索过程的中心和起点，通过主动的搜索行为获取信息。

本 章 小 结

传播这种社会现象是人类基本的社会行为之一。它有四种基本类型：内向传播、人际传播、组织/群体传播和大众传播。内向传播是在人体内主我和客我之间发生的信息流动。人际传播实际上就是符号的互动，无论是面对面的，还是借助一定媒介的人际传播，都对我们认识自我与他人、控制周围环境有着重要作用。具有社会性的人总是属于不同的群体、不同的组织，正规和非正规的组织传播能够使得一个组织更高效地实现组织目标。

传播过程乃是传播运动的程序与状态。为了将传播过程研究简化、直观化，传播学者们引用了"模式"这种手段进行研究。到目前为止，已提出了几百个传播模式，其中有关传播过程的模式也有几十个之多。所有这些传播过程模式可以分成三类：线性传播过程模式、控制论传播过程模式和系统传播过程模式。

随着人们研究方法及手段的成熟与进步，人们对传播过程的认识与研究将进一步深化。

思考题：

1. 什么是传播？能否结合自己的认知尝试对其作出解释？

2. 传播的发展都经历了哪些阶段？每个阶段都具有什么特征？

3. 传播的类型都有哪些？这些传播类型在当下的传播环境中是怎么体现出来的？

4. 拉斯韦尔的"5W"模式，在新媒体时期有没有发生变化？发生了什么变化？

5. 简单畅想一下未来的传播将会变成什么模样？

第三章　传播者论

本章要点：

1. 与大众传播时代相比，网络传播时代的传播者发生了较大变化，逐渐从传统的新闻媒体机构向多元化的内容生产主体演化。

2. 传播环境随着互联网技术的发展与普及突破了传统的制度框架，逐步形成融合与分化的传播生态。

3. 在人工智能背景下，"全媒体"时代到来了。传媒产业不断深化变革，融合发展，形成从采集到消费过程的"全智能"模式。

4. 社交媒体环境下的网络舆情，让人重新审视、重新思考和重塑了"把关"这一概念。

CHAPTER 3
第三章

传 播 者 论

任何技术都倾向于创造一个新的人类环境。

传播是传播活动的起点，也是传播活动的中心之一。大众传播时代，传播者的基本功能是制作和传播信息，他们控制着传播内容，因此，传播者研究被称为"控制分析"。

随着技术发展，在新媒体时代，由于信息生产方式多元化，传播者进一步分化为用户创作内容与人工智能创作内容两大类。"控制分析"视角下的环境框架也被打破，衍生出融合与分化并存的传播生态。面对这种愈加复杂的网络环境，传播者迫切需要提升媒介素养，警惕网络霸权与文化渗透等负面影响。

与此同时，传媒业在人工智能技术的推动下迎来了全面升级，步入"全媒体"时代。信息采集、内容生产、分发和消费过程的"智能化"趋势促使人们重新审视和思考"把关"等概念。

第一节　多元化的传播者

一、传播者的概念演变

传统媒体时代的传播者，包含媒介组织和媒体从业人员。媒介组织作为在一定媒介制度约束下的行为主体或行为主体的有序集合，如新闻媒体机构、具有信息传播目的的公司企业等。媒体的从业人员，一般指从事电视台、报刊、电台、新媒体等相关职业的人，他们需要具备行业的专业知识，对各种传播载体有客观的见解和认知。

随着移动设备和信息技术的普及，传播权力向大众分散，自媒体等公民记者进入研究的视野。杰伊·罗森（Jay Rosen）对公民记者作出了一个简单的定义："以前被称为观众的人们利用他们手中所拥有的通信工具进行新闻报道。"① 社交网络和媒体共享网站之类的新媒体技术发展，进一步推动普通百姓而不是专业的新闻工作者成为新闻的主要创作传播者。由于技术的可用性，公众通常可以比传统媒体记者更快地报道突发新闻。然而，鉴于公民新闻业尚未建立概念框架和指导原则，其在形成公众舆论方面比主流新闻更具批判性，但在信息真实性、信息质量和报道范围上欠缺规范。

这也说明，"受众"的定义在网络时代被赋予了全新的含义。传统意义上的受众是观众、听众、读者的统称，是信息接受者，在传播过程中是信息到达的终点。在以互动性为主要特征的网络媒介上，这些传统意义上的受众摆脱了被动的地位，成为与从前的职业传播者一样的主动的信息传播参与者。在网络传播中，信息的发布权不再被垄断于职业传播机构（者）手中。任何一个网络用户作为一个信息源，都可以把自己所拥有的信息直接发布在网上去传播给其他人。信息的分散化与网络平台的兴起，给网络受众的主动获取个体化信息提供了条件，也为受众参与传播过程提供了路径。

二、网络时代的信息生产主体

（一）用户创作

用户创作是指由用户生产和共享数字内容，例如社交媒体和在线平台上的文本、音频、图像和视频等内容，以呈现新闻、娱乐、社交活动等。

用户生产内容（User-generated Content，UGC）的主体是一般用户，即某平台的一般用户创造的内容。这一概念源自互联网社交平台，体现了用户和平台之间的一种关系：平台提供功能，一般用户可以通过平台，发布传播自己的 UGC 给其他用户看。平台通过给予话语权、平台功能，让一般用户能够自主创造内容，增加平台的活跃度，平台从而越做越大，吸引更多的用户。

用户作为自媒体信息内容的生产主体，利用自身的知识技能生产个性化的信息。这打破了传统媒体在信息传播格局中的独占局面，呈现出一种共享传播资源的格局。随着移动通信技术的发展，网络平台上内容的创作又被细分出专业生产内容（Professionally-generated Content，PGC）和职业生产内容（Occupationally-generated Content，OGC）。

专业制作内容指个性化、视角多元、社会关系虚拟化、制作精良的内容。尽管可以自由上传制作 UGC，但是上传到网络平台上呈现的内容质量却参差不齐。而 PGC 的创作主体，一般拥有专业知识、内容相关领域的资质，在某方面有一定的影

---

① Rosen J. What Are Journalists For? [M]. New Haven：Yale University Press,1999: 325.

响力，以及擅长运用专业制作设备和熟练运用内容制作软件的技能等。如果说 UGC 是一般用户，那么 PGC 就是专业用户，这是 UGC 与 PGC 之间的区别。UGC 体现的是平台活跃用户基数的量级，但 PGC 体现的是这个平台的内容质量、内容核心价值。

职业生产内容有两种主体，第一种是新闻背景工作者、传媒行业人员、新媒体从业者；第二种是某些行业的专业资深人士或精英。也有少数人是两种兼备的，但这类复合型人才目前较为稀缺。OGC 创作主体与 PGC 的区别在于目的性及规模性。PGC 创作的初衷更多的是个人兴趣、个人表达的诉求与满足，这是创作的动机，盈利与变现能力是发展成功后的结果。而 OGC 更多则是有媒体组织或企业背书、创作主体以获得报酬或者实现组织运营目标为创作动机。

（二）人工智能创作

除了由用户（用户终端为人）生成的内容，还有通过人工智能技术命令计算机使用机器学习、深度学习、自然语言处理等算法生成的内容，通过这种方式生成的内容，被称为人工智能生成内容（Artificial-intelligence generated content）。

人工智能写作的创作主体是机器、算法，创作模式分为辅助创作和自动创作，现阶段的主要目的是解放人力到更富有创造性的工作上，具体的任务上主要是自动摘要、文本聚合、结构化数据生成、看图说话、消息写作等。

人工智能内容生成系统可以辅助真人创作，提高写作效率。例如利用搜索引擎，基于网络上存留的海量数据形成的语义网，建立内容生成工具，模拟作者根据各种搜索热点及结果形成文本内容。

第二节　传播者的环境认知

传播与社会是不可分割的相关体。社会生产力水平等一系列经济、政治、文化、社会因素直接或间接影响和制约着传播。它不可能不带有其所在社会的特征。同时，它也是服务于该社会的一个子系统，反作用于社会的各个方面。

一、四种传播制度及其发展

美国学者赛伯特、皮特森和施拉姆所撰写的《报刊的四种理论》，按照"不同制度决定不同传播体制"的原则，分析了人类大众传播在历史和现实中所经历的四种传播体制，影响广泛。[①]

---

① 郭镇之. 对"四种理论"的反思与批判 [J]. 国际新闻界，1997（1）：6.

（一）四种传播体制

1. 集权主义理论

大众媒介就诞生在集权主义社会中。自 15 世纪近代印刷术在欧洲出现，一直到 16、17 世纪早期报纸的诞生，这个时期的欧洲都处于集权主义社会，即封建专制统治时期。

集权主义传播体制植根于当时的专制社会。那时的社会根本制度承认封建君主和特权阶级对报刊等传播媒介拥有绝对的统治权。大众传播媒介如报刊等，是封建统治阶级发号施令、维护专制统治的工具，绝对不允许报刊批评政府。封建统治者有权办理或撤销出版报刊的许可证，有权监督报刊的一切活动、审查报刊的一切内容。

这种传播体制的确立源于封建统治者对于舆论以及新兴的舆论工具——大众媒介的恐惧。它的思想源流与意大利政治学家马基雅维利、英国哲学家霍布斯等人的观点一脉相承，他们主张国家对社会的意见和谈话应当加以严格控制。

实行集权主义传播体制的国家主要是封建君主专制的国家和军人独裁统治的国家。

在资本主义社会建立之前，封建统治占主导地位的社会里，这种传播体制是主体体制。中国宋代以降的封建统治者对邸报的严格审查和小报的严厉查禁就是一例。18 世纪以前的英国封建统治者也对出版实行了皇家特许和审查制度。在现代社会中，如第二次世界大战中的纳粹德国、日本和意大利等法西斯国家，也实行了这种集权主义的传播体制。

集权主义出现在历史的特定阶段，给社会带来了灾难，并不断为革命者和思想家们所批判。

2. 自由主义理论

自由主义传播体制是在封建统治逐步瓦解的过程中确立起来的，它受到了资产阶级革命的推动，并以启蒙主义和自由主义思想的传播为先导。

17、18 世纪，启蒙运动在欧洲兴起，以权利、自由为主体的自由主义思想也得到广泛传播，其代表人物有荷兰的斯宾诺莎、英国的洛克等人。

英国诗人、政治家约翰·弥尔顿于 1644 年发表了《论出版自由》，提出了"观点的公开市场"和"真理的自我修正过程"的观点。他认为，人的理性高于一切，言论自由和出版自由是天赋人权的一部分，人们运用理性可以分辨好与坏、真理与谬误。因此，他认为应当有一个"观点的公开市场"，即各种各样的观点都可以表达出来，让真理去参加"自由而公开的斗争"。弥尔顿认为，在一切自由之中，言论自由是最重要的自由。他呼吁人们反对封建专制阶级对出版和言论的控制。

弥尔顿的思想是第一次公开表述的有关言论和出版自由的思想，奠定了自由主义传播体制的基本原则。另一位英国思想家密尔在《论自由》中也作了重要的阐发。随着英国资产阶级革命的进行，尤其是随着法国资产阶级大革命与美国独立战争的成功，这种自由主义思潮遍及资本主义世界，自由主义的传播体制也得以完全确立。

1789 年，法国资产阶级革命取得胜利，制宪会议通过的《人权宣言》第 11 条规定："自由传播思想和意见是人类最宝贵的权利之一，因此，每个公民都有言论、著作和出版自由。"

1791 年，美国国会通过了宪法第一修正案，规定"国会不得制订任何法律限制……言论或出版自由"。

至此，资产阶级以法律形式将言论自由和新闻自由作为公民的基本权利固定并保护起来。在欧洲和美国，自由主义的传播体制逐渐形成。但是，这种自由是相对的自由，而非绝对的自由。自由主义传播体制的缺陷很快显现了出来。

首先，自由主义者最抗拒的事情是政府对大众媒介的控制，但实际上这种控制不可避免。以美国为例，虽然新闻业被认为是"第四势力"，但美国政府仍然会通过硬性调控（如战时新闻审查、保密制度、对刑事诽谤与煽动叛乱的惩戒、对媒介广告和广播电视的特殊管理等）与软性调控（如政府公关、笼络新闻界头脑人物等）来影响传播内容。[①]

其次，更重要的是，除了政府的干预和调控，"经济控制远比政府的控制对美国大众媒介施加的影响更为有力"。[②]商业化的大众媒介以追逐利润作为最终目的，导致内容低俗和手法煽情，忽略了重要的知识和信息；有时新闻记者会侵犯个人隐私权及其他权利；更有甚者，大众传播的老板会为自己的利益而利用手中的工具捏造事实、挑动情绪，导致社会动荡乃至战争。19 世纪末，赫斯特及《纽约新闻报》不负责任的报道为美西战争推波助澜就是典型的例子。因此，随着时代的发展，自由主义传播体制也受到了抨击和修正。

3. 社会责任理论

19 世纪末 20 世纪初，资本主义进入了垄断阶段。垄断竞争日益加剧，特别是第二次世界大战之后，西方资本主义国家传播业的商业化、集中化、单一化也愈加严重，大众媒介滥用新闻出版自由而侵犯公众权利的事件不断出现，引起了众多社会人士和学者的不满。他们抨击传播媒介为了追逐利润，不顾自由的界限，抛弃了应对社会担负的基本责任。赫斯特报系和普利策报系进行的"黄色新闻大战"尤其引起了人们的反感。

对自由主义的批评主要集中在三点上：

1）自由主义体制反对政府的控制，却忽略了商业力量的侵蚀；

---

①　展江.美国政府对新闻界的调控 [J].新闻与传播研究，1996（3）：83-89.

②　[美]威尔伯·施拉姆，威廉·E.波特.传播学概论 [M]，陈亮等译.北京：新华出版社，1984：189.

2）自由主义体制重视新闻业自身的自由，却忽略了社会公众及个体的权利；

3）自由主义体制对市场的倚重过大，却忽略了垄断造成的不良影响。

人们逐渐认识到，放任自由的传播业会危害社会，传播工作者应该担负起教育公众的社会责任。在 20 世纪 40 年代，社会责任论的思想在自由主义的基础上发展起来。

"二战"期间，美国芝加哥大学校长罗伯特·哈钦斯受出版业大亨亨利·卢斯之托，组织了一个"新闻自由委员会"，专门探讨大众媒介在现代民主社会中的作用问题。1947 年，委员会的两位委员分别发表了自己的著作，即查非的《政府与大众传播》和霍京的《报业自由：一个原则框架》，分别从自由主义思想的正反两面做了理论准备，而哈钦斯委员会同年发表的《一个自由而负责的新闻界》则在两者间取得了平衡，正式提出了社会责任理论的基本思想[1]。各个主要的资本主义国家也因此采取了许多不同的手段和形式，以保障大众传播媒介在追求新闻自由的同时担负一定的社会责任。具体而言，包括：

1）他律。大众传播媒介要受到宪法、法律、规范和一定的政府管制的约束。同时，它们也接受各种社会团体、学术力量的批评和制约；

2）自律。传播业一方面组织专业团体和机构，制订各种自愿遵守的职业行为规范，另一方面对传播从业人员进行教育，提高其责任意识和承担能力。

从一定意义上讲，自由主义传播体制是历史的进步，而后起的社会责任传播体制是历史的又一次进步。但是，在垄断竞争、利润至上的资本主义社会中，传播业始终无法彻底摆脱追逐商业利润和承担社会责任之间的矛盾，只能尽力在两者间取得平衡。

4. 社会主义理论

在《报刊的四种理论》中，相关章节由施拉姆撰写，他用苏维埃主义来表述第四种传播体制，特指在苏联等国形成的传播思想和传播体系。我们可以稍加推广，借此来分析社会主义国家中的传播体制。

几乎与资产阶级革命胜利推进同时，无产阶级反抗资本家剥削和压迫的斗争也逐步展开，并在这个过程中出现了无产阶级报刊，如 1848 年马克思和恩格斯主办的《新莱茵报》、1900 年列宁创办的《火星报》等。但是，真正的社会主义传播体制，是在社会主义革命在某个国家取得胜利之后建立起来的。1917 年，世界上第一个社会主义国家苏联诞生；"二战"后，欧洲和亚洲一大批社会主义国家纷纷建立；20 世纪90 年代，社会主义阵营发生巨大变化。社会主义传播体制也随着无产阶级政权的建立、兴盛和变化而诞生、发展和调整。它是世界传播体系中不可或缺的重要部分。

社会主义传播思想建立在辩证唯物主义和历史唯物主义的基础上，受到马克思、恩格斯、列宁、毛泽东和其他无产阶级思想家的相关论述的重要影响，并在各个国家

---

① [美]新闻自由委员会.一个自由而负责的新闻界[M].展江译.北京：中国人民大学出版社，2004.

的社会主义实践中发展起来。它的基本思想包括：

1）新闻及传播起源于人类社会性的生产劳动实践。

2）新闻的本源是事实。

3）传播业的产生和发展有赖于社会进步、生产水平的提高及文化、技术的发展。

4）传播业属于社会的上层建筑，属于意识形态范畴，是物质生活关系的反映，又反作用于社会实践。它具有强烈的政治性。传播业通过直接宣传或间接传播一定阶级的政治主张、方针政策，鲜明地表现出一定阶级的政治倾向和世界观。它通过对事实的传播和评论，引导社会舆论，影响人们的思想与行动；

5）社会主义传播业包括属于国家的报刊、广播电台、电视台、通讯社，及属于政党机关的报刊物、属于人民团体的报刊和属于国有企业的报刊，等等。传播业的生产资料归人民所有，因此，社会主义传播业是无产阶级政党的喉舌、政府的喉舌和人民的喉舌。

当然，社会主义传播业也有其发展的不同阶段。我国的社会主义传播业就经历了从计划经济体制向社会主义市场经济体制的转变。

（二）对"四种传播体制"的反思

《报刊的四种理论》中提出的四种媒介体制获得了广泛的认可和传播，但也不断遭受质疑和更新。1984 年，赫伯特·阿特休尔在《权力的媒介》一书中指出，"报刊的四种理论"是冷战思维的产物。[1]1995 年，伊利诺伊大学出版社在出版《报刊的四种理论》近 40 年之后，又出版了约翰·内荣主编、威廉·贝利等人撰写的《最后的权利：重访报刊的四种理论》[2]，对赛伯特等人的著作进行了反思。《最后的权利》的作者们指出，《报刊的四种理论》实际上是冷战时期的产物，用后期资本主义的世界观和价值观对四种历史现象进行了总结，在科学性和客观性上有所欠缺，他们的批评主要集中在以下方面：

1）"自由主义"和"社会责任"蕴含褒义，而"集权主义"和"共产主义"在西方是贬义的，这反映了作者的世界观；

2）这四种划分方法究竟是四种思潮的总结，还是四种实践体制的总结，很成问题。而且四种理论有详有略，有的偏重历史事实，有的偏重思想源流，有的侧重一个国家（如苏联的苏维埃主义），有的则包罗万象（如集权主义）；

3）与其说每一种社会制度（或其发展阶段）对应着某种传播体制，不如说因历史脉络和社会情境的不同，在不同国家中，即使社会制度相同，传播体制也大相径庭。而有的国家虽然社会制度不同，但传播体制也显示了某种程度的一致性；

---

① 　[美]赫伯特·阿特休尔.权力的媒介[M].黄煜等译.北京：华夏出版社，1989.

② 　John Nerone，William E. Berry.Last Rights：Revisiting Four Theories of the Press[M]. University of Illinois Press，1995.

4）最重要的是，《报刊的四种理论》依然忽略了垄断性商业力量对媒介的重要影响，没有将利润的驱动力及其抗衡考虑在传播体制的系统之中。

（三）对"四种传播体制"的发展

如果说"报刊的四种理论"是在冷战思维的影响下得出的，那么它必然不能涵盖两大基本阵营之外的国家的所有情况，如英国等欧洲国家的公有广播电视、发展中国家的媒介状况等。阿特休尔在《权力的媒介》中提出，全世界共有媒介的"三大乐章"，即市场经济、马克思主义和发展中国家。丹尼斯·麦奎尔在《大众传播理论：导论》中总结了六种媒介规范理论，他提出了"发展理论"和"民主—参与理论"。

1. 发展理论

美国等发达资本主义国家的传播学者曾经探讨过大众媒介与落后国家发展之间的关系，形成了一系列理论论述，被称为"发展传播学"，以勒纳《传统社会的消逝——中东的现代化》（1957）、施拉姆《大众传播媒介与社会发展》（1964）、罗杰斯《农民的现代化：传播的影响》（1969）为代表。在发展中国家的实践中，这些理念不断遭受质疑和更新，形成了发展中国家独特的媒介理论和体制实践。1980年联合国教科文组织"国际大众传播委员会"出版的报告《多种声音、一个世界》进一步推动了这种理念和实践。

麦奎尔认为，发展理论的特点包括：

1）大众传播以推动国家发展为己任，与国家政策相一致；

2）媒介的自由与责任两位一体，自由是受到限制的，它必须满足经济的发展和社会的需求；

3）传播内容要优先传播本民族的文化、使用本民族的语言；

4）在新闻和信息的交流合作中，应优先考虑与自己地理、政治、文化较接近的其他发展中国家；

5）若涉及国家发展和社会稳定的关键问题，国家有权对媒介进行审查、干预、限制乃至直接管制。

2. 民主—参与理论

《报刊的四种理论》的作者们最为赞赏的"社会责任理论"，依然未能解决当代西方大众传播备受抨击的一个事实：商业和资本对媒介的操控，有时更甚于政府的力量。当大多数媒介处于少数集团的垄断状况下，竞争只限于市场而非思想，自律也不过是一句空话。1983年，本·巴格迪坎的《传播媒介的垄断》指出，美国大部分媒介已被50家公司控制，而这50家公司又与其他大工业集团和金融集团相联合，这就造成了声音的减少。①

一方面，学者们对媒体垄断进行了不遗余力的批判；另一方面，理论家从公民社会和公共领域的理念出发，关注英国等国家的公共广播电视体制和世界各国民间传播媒介的发展，倡导更能代表公民意见和利益的小型、民间、地方性、草根性、非商业性的媒介。麦奎尔将这种理念总结为"民主—参与理论"。它强调公民对媒介的近用权（Access to media），认为传播体制中应为公共媒介和民间媒介留出空间，优先发展那些提供多元内容和议题、提供受众双向参与机会、具有水平性而非自上而下的媒介。新兴媒介技术的发展为这种理论的实践扩展提供了机会，麦奎尔在2000年的《大众传播理论》第四版中对此作了进一步阐释。

二、融合与分化的传播生态

随着云计算、大数据、人工智能等技术的发展与变革，互联网已经渗透到社会各个领域，社会生态与传统大众传播时代相比有了很大差异。互联网不仅拓宽了人类的认知视野还促进了全人类间的深入沟通，成为世界各国科技、经济、综合国力竞争的焦点和制高点；而且随着互联网络渗透率的提高，传播的生态环境愈加复杂。

（一）中心化与去中心化并存

新一代的智能经济正沿着人与人、物与物、人与物的发展路径延伸和扩张，"泛互联网化"和"泛智能化"的产业变革将对生活方式、生产方式、社会关系、经济关系等方面产生重大影响。

一方面，大数据和人工智能给更多的人和机构赋权和赋能，使得权力和能力不再为个别人和个别机构所独有。多元化的网络信息生态，使持续性的去中心化布局越发清晰，也越发成为可能。与此同时，各种平台如雨后春笋层出不穷，通过对时间、位置、技能、信息等资源的优化分配，来实现去中心化的资源共享；由此能够避免资源的分配不均与浪费，同时将信息资源的利用实现价值最大化。去中心化所带来的公开透明，为系统内的所有节点，带来更高的信任度，同时为社会经济的健康、有序发展提供了不断发展的土壤。

另一方面，网络生态中也有"中心化"的多面趋势，"得数据者得天下"成为互联网经济下半场创新发展的真实写照，因此数字社会运行的典型特征体现为数据赋能的竞争。当前超级网络平台愈加重视数据的获取与存储，并不断开发最新前沿算法处理海量数据，以实现更大的经济效益。

然而，通过对数据的占有和使用而形成的数据垄断，并不能合理地分配与使用数据，以致影响市场公平竞争。现阶段或未来很长一段时间资本集中化、数据垄断化的

---

① ［美］本·巴格迪坎.传播媒介的垄断［M］.林珊等译.北京：新华出版社，1986.

倾向仍然无法完全消解，甚至有强化之势；并且现实世界与虚拟世界中的垄断现象以更加隐匿的形态相互渗透和深入。

（二）层级化与扁平化、网络化并存

1. 万物互联趋向层级化

在每个社会结构中，都有一个层级制度，相同的社会等级适用于网络生态。传统社会中的阶层差异在将在网络社会和智能社会中延续，权力差异、地位不平等将在网络空间更加隐秘地存在。网络社会与现实社会不仅相互映射，层级化也在虚拟与现实中相互交织。现实社会中财富分配不均和个人经济能力是塑造现代社会的主要力量之一，可以说，新兴社会结构的偏见，在虚拟社会的关系结构中通过话语权、文化认同、获利能力等方面形成的差异体现出来。

2. 网络治理趋向扁平化

互联网的广泛普及与信息技术的迅速发展，使得人们需要重新审视和思考网络治理的新模式和方法，并不断创新治理概念，全面加强网络管理。快速的信息传播和大规模的数据限制了数据资源价值的挖掘和转化，使得传统的中心化信息治理模式和新分布序列的维护成为棘手问题。另外，超级网络平台为网络用户提供了虚拟的网络空间，但随着网络实名制度的大力推行与广泛普及，虚拟网络账号与现实身份的捆绑，虽然丰富了人类的生活空间，也使自由与秩序的边界趋向模糊，既要以保障互联网秩序为根本治理逻辑，也需要在合理范围内提倡自由，这不仅需要多主体共同参与，还需多种治理模式相结合。因此，网络治理中的平台参与是网络协同管理的重要一环。在这个过程中，网络主管部门要督促网络平台合法合规管理，避免其滥用技术优势、数据优势，实现政府监管、平台履责、社会监督的网络生态治理新体系。

3. 社会发展趋向网络化

大数据与深度学习共同推动人工智能实现质的进化。大数据是深度学习的养料，没有大数据提供穷举的可能，深度学习的算法以及深度学习所需的神经网络就无法得到进一步的优化。信息技术及其在经济社会发展各方面的应用推动着网络生态的形成与发展。在这个演进过程中，公众参与的程度逐步提升，政府也由控制式管理向透明化、问责化、扁平化的高效率管理模式转变，网络与现实的社会生态呈现出动态博弈、多方合作、互融互通的新图景。

（三）族群分化与共同体并存

5G 技术、大数据和人工智能使人类社会连接度和命运关联度也大大提升，在虚拟的网络世界中，人类突破了国家、地区、种族、民族、宗教、社会制度等有形和无形的边界，实现了全球范围的交流。牵一发而动全身的蝴蝶效应，是现如今全人类需要面对的常态。

万物互联、万物皆媒、人机互动并不会消解个体差异和群体差别，反而为个体成长、群体分化提供了更为广阔的时空，社会结构日益族群化，虚拟世界中的圈层化就是一个表征 ①。在网络社会中，不同年龄、性别、种族、经济水平的个体，以兴趣、行为偏好、价值观等因素依附于不同族群。在网络族群的认同文化建构过程中，网民通过比较、分析自身等方式，对所属群体因偏好的趋同产生依赖与荣誉感。在网络中传播所归属的族群文化，在现实社会中鲜少有机会与平台能够实现，但却可能在网络世界中都得到满足。基于在网络族群中实现自我需求的满足，网民也逐渐形成个体区别于族群的群体意识 ②。

不同国家之间的政治与经济实力的差距，造成它们在网络空间互动中存在不对等的行动差异，比如网络霸权与文化渗透。但也正是由于网络空间的开放性，大数据和人工智能带来了信息的聚合、传播、使用和分享，深化"网络命运共同体"。

然而，发达国家和发展中国家之间的互联网差距依然存在。在最不发达国家，上网费用仍然难以承受。互联网不是任何国家的私有财产，它的红利应该为全人类共享 ③。互联网没有国界，但互联网所依赖的网络基础设施、个人信息和互联网用户，却被国界分割。中国坚持"人类命运共同体"的原则同样适用于网络空间，每个国家都可以以自己认为合适的方式处理互联网，不受外界干扰。网络主权是各国在网络空间享有平等权利的基础，将在新领域防止"丛林法则"和大国霸权。和平与和谐应该是互联网的主旋律，应明确反对网络空间军事化、网络犯罪、网络攻击和网络暴力，就遏制网络空间这种"负能量"达成共识，促进国际合作。

第三节　传媒业的智能化趋势

一、传媒业的全媒体建设

传媒业作为国家传播体系的核心，一直在通过媒体融合的方法和手段，实现全媒体的终极目标和最终形态。随之到来的智能时代，是一个极富想象力和值得高度期待的时代，网络技术具有高速率、高可靠性、低时延、低功耗等特点，不仅是一个真正意义的融合技术带来的融合网络，也同时为人类传播带来颠覆性变化。

---

① 胡正荣. 技术、传播、价值：从 5G 等技术到来看社会重构与价值重塑 [J]. 人民论坛，2019（11）：30-31.

② 彭兰. 网络社会的层级化：现实阶层与虚拟层级的交织 [J]. 现代传播（中国传媒大学学报），2020（3）：9-15.

③ 彭兰. 网络的圈子化：关系、文化、技术维度下的类聚与群分 [J]. 编辑之友，2019（11）：5-12.

全程——人类社会前所未有地实现信息传播的无时不在、无处不在，这种历时性与共时性同在、无远弗届的传播可以最大限度地突破人类传播历史一直以来的最大障碍，即传播的时间和空间制约。这最大化地释放了人、物、财、信息这四个人类交换最重要资源的潜力，从而可能最大化创造出由此而带来的各种价值。

全息——智能媒介时代，人类将实现真实现实连接和虚拟现实连接，超高清 4K 乃至超超高清 8K 也会得到广泛应用。虚拟现实 VR、增强现实 AR、混合现实 MR 等全息沉浸式交互，使得人与虚拟世界完全对接，而且在智慧的万物互联时代，现实世界与虚拟世界的界限也可能基本消除，从而实现完全融合。

全员——比如大数据、云计算、物联网、区块链、人工智能等，可以实现所有人连接、所有物连接、所有资金连接、所有信息（数据）连接，同时还可以实现所有环节、所有过程、所有时空节点的连接。人类社会的所有资源都可以数字化，并被作为数据进行传输与传播，实现最短途、最高效的交互和交换。

全效——万物互联也就带来了"万物皆媒"，所有连接的节点，不论是人、物都可能成为一个释放信息并分享信息的中介，也就是媒体。因此，全媒体就不仅是传播传统意义的新闻、娱乐等信息的业务功能型载体，而且是要传播数据、通过连接提供服务等融合服务型载体。[①] 在这种智能化的全媒体时代，主流媒体调整了部分生产实践的运行方式，推动传统媒体与新兴媒体的融合发展。

（一）融合的新闻编辑室

随着多媒体的融合和独特分发渠道的不断引入，新闻工作者需要为不同的平台和格式制作内容。因此，对新闻线索和选题的共享与统一策划、高效率地融合规模生产是新闻记者的一大诉求。融合的新闻编辑室的新闻素材来源共享，深入挖掘、二次加工，满足不同需求。多渠道和全媒体发布，各种传播手段融合使用，有效扩大传播覆盖面和传播效果，提升用户体验。

（二）协作的新闻生产流程

指为满足记者对新闻文本的制作质量和时间的要求，依靠协作技术或写作系统的框架，撰写具有可编辑性的合理文本，在新闻写作中建立长久的生产性工作环境。框架和协作系统组成可以促进新闻工作者之间的交流、保证人力和物质资源的协调，以及促进新闻界专业人士的合作。

例如，《人民日报》的"中央厨房"逐渐趋向成熟的融合模式，专注于优质内容生产，以传播为主线，创建融合媒体发展业务、技术、空间三位一体的多功能平台。在组织架构上，《人民日报》的"中央厨房"淘汰了传统的新闻版面分割的运作模式，

---

① 胡正荣. 技术、传播、价值：从 5G 等技术到来看社会重构与价值重塑 [J]. 人民论坛，2019（11）：30-31.

专门设立总编调度中心，建立采编联动平台，实现"一次采集、多元生成、多渠道传播"的工作格局。

《人民日报》"中央厨房"的创新机制不仅提升了内容质量，也丰富了内容产品的多样性。为了将新闻工作者的想法创造最大的内容价值，还搭建融媒体工作室，鼓励报、网、端、微采编人员按兴趣组合、项目制施工，资源嫁接，跨界生产，充分释放全媒体内容生产能力，这也是"中央厨房"从重大事件报道迈入常态化运行的全新尝试[①]。

二、智能化的采集与生产

新闻界见证了数字技术的变革与发展，这些变革与发展也影响着新闻工作的核心。人工智能使新闻制作流程中的信息采集、编辑、发布、管理和其他涉及新闻过程的任何方面摆脱了时间和空间的束缚，加快了记者信息采集速度，也拓宽信息采集的范围，并不断拓展信息质量的深度，降低新闻的生产成本。

传统的新闻信息主要依靠记者与编辑的实地调查与采访，以及热心群众提供新闻线索，生产效率受到极大的限制。人工智能和互联网在新闻生产中的应用，使信息的保存与分享非常便利，打破新闻工作者与信息的边界。另外，信息搜索引擎的发展拓宽了信息获取的渠道，传统媒体原本固有的信息集中化渐趋扩散。

通过智能化的技术，如人脸识别、语音识别、音视频处理、多语种互译、声纹识别、图像识别、大数据搜索等功能，记者采集信息的速度大大提高，从而降低了人力投入，把新闻工作者的宝贵精力用于采集信息的精细化处理和挖掘内容深度。

人工智能时代下，新闻生产中传感器的应用突破了人类视力的生理限制，延伸了采集范围。信息采集范围通过传感器延展到更广阔的领域。利用无人机通过传感设备可以不受地理环境的限制采集录制照片与影像，在无人驾驶的条件下完成复杂的空中飞行任务和各种负载任务。新华网等媒体机构使用无人机乃至卫星进行全天候、多地形、全媒体的新闻航拍，打破了新闻场景传统的空间印象，将人工智能技术与传播理念完美结合。

机器学习算法擅长查找文本数据中的模式并准确发现和汇总内部数据中的有用信息。通过使用高级算法处理来自新闻稿、文章、评论、社交媒体文本、图像、视频和各种非结构化内容的大量数据，新闻机构可以快速掌握最新新闻动态，并产生准确总结不断变化的情况的内容。除了简单地汇总信息外，一些内容组织还建立了 AI 系统，该系统可以从头开始生成整个文章。例如使用人工智能来生成股东报告、法律文件、新闻稿和文章。

---

① 叶蓁蓁，盛若蔚. 中央厨房探路融合发展 [J]. 中国报业，2015（7）：38-39.

三、智能化分发

人工智能新闻（Artificial Intelligence Journalism）是指利用基于人工智能的软件所提供的预模型和海量数据生成的新闻作品。越来越多的新闻机构利用 AI 来改变新闻的生成、制作、发布和共享。算法将数据实时转换为叙述性新闻文本，多为财务新闻，彭博新闻是此自动化内容的首批应用媒体之一。它们的人工智能程序可发布数千篇财务报告，并将其转换成新闻报道，就像商业记者一样。

算法已经被用来通过自动化新闻每年产生数十万篇文章，并且被用于人类驱动新闻工作的诸多阶段。此外，算法还可以进行用户分析，将用户量化为各种衡量标准，这些衡量标准直接地影响新闻制作。因此，诸如把关之类的新闻工作的传统理论模型正受到算法泛滥的挑战。美联社估计，基于 AI 的技术在报道财务收入时释放了记者 20% 的时间。《福布斯》使用一种名为"Bertie"的 AI 工具来协助记者，为其提供新闻报道的初稿和模板。

自动化新闻的另一个现有应用是《华盛顿邮报》的算法机器人"Heliograf"，该算法在 2016 年里约奥运会期间首次使用，并生成了 300 篇关于奥运会的新闻报道。2017 年，路透社开始使用 AI 驱动的新闻制作算法，即"路透社新闻追踪器"（Reuters News Tracer），以帮助其新闻记者以比其他任何来源更快的速度报道新闻。该算法会扫描诸如推特之类的社交媒体网络，以获取具有新闻价值的事件和讨论。到目前为止，它已经帮助路透社创造了 50 多条重大新闻报道，超越了其他新闻媒体。《卫报》也已开始在其新闻编辑室中使用 AI 算法扫描数据以获取新的见解，然后使用该信息生成模板和草稿，以供记者充实内容。

机器人新闻技术工具还可以通过分析和比较来验证误导性信息和虚假新闻，监控各种大众媒体内容的可信度，这在社交网络中得到了充分应用。诸如脸书和推特之类平台上出现的假新闻，对内容制作者的信誉产生负面影响，并有可能在全球范围产生深刻的社会和政治影响。社交媒体平台竭尽全力打击谣言、虚假新闻和误导性信息，使用人工智能工具识别虚假账户、虚假新闻和仅以营利为目的的新闻。谷歌（Google）推出的一项新的人工智能技术可以挖掘互联网数据源，并将看似无关的信息拼接在一起，以建立更好的风险预测和管理模型。将来，新闻工作者可能会使用各种人工智能技术进行及时的生产、发布与传播。

四、多元的消费体验

（一）个性化的新闻内容

新闻工作者不再是唯一的信息、新闻和观点的生产者；听众不再仅仅是新闻的被动接受者，已成为新闻工作的积极参与者，这导致了与新闻身份、使命、角色和实践有关的许多转变。越来越多的媒体机构以惊人的速度推出使用人工智能技术创作的内容产品，与用户互动的方式随之发生了重大变化。人工智能为用户提供了创建个性化新闻议程的机会，也为用户提供了获取多样化信息的方式，从而可以覆盖更广泛的用户和新兴市场。

通过算法实现个性化的传播方式是一大趋势，这说明新闻业从传统推送转向高度个性化的体验，这对公众的形成和媒体效应产生了影响①。例如《纽约时报》个性化内容供稿，以适合不同用户。其中的"编辑精选"部分会根据读者的位置来整理供稿。编辑首先每天选择约30篇文章，然后该算法将了解哪些文章更有可能在不同位置被点击，纽约的读者可能会看到与芝加哥的读者不同的"编辑精选"文章。

网络爬虫技术帮助新闻工作者快速了解网络上的最新动态、突发事件、舆情状况，并即时反馈用户信息以便记者编辑"投其所好"，快速形成有深度的报道和专题；甚至还可以为小众观众提供多样化的相关信息。例如，算法可以创建体育赛事的摘要，重点关注最引起读者兴趣的特定球员的表现。

（二）沉浸式的新闻体验

沉浸式新闻（Immersive Journalism），通常被称为VR新闻，是一种新闻报道形式，人们可以对相关事件或情况有第一人称的体验。本质上，沉浸式新闻旨在允许用户进入呈现新闻故事的虚拟重构场景中。用户通常以数字化的形式，并从数字化身的第一人称视角观看世界②。

传统新闻试图在读者和新闻故事之间通过各种浸入来建立联系，沉浸式新闻则给用户带来比任何传统平台都更接近场景化、在场感、陪伴感的体验。沉浸式新闻具有引发共情的潜力。许多新闻机构在计算机生成的场景中制作可以在VR中体验的360度视频或3D动画模型，将共情转化为沉浸式新闻中的虚拟体验。如果沉浸式新闻可以向用户提供更真实的现实感，使用户真正关心新闻内容，理解并展开行动，也就提升了新闻报道的说服力。

2018年，美国的VR纪录片《这就是气候变化》（*This Is Climate Change*）在具备VR观看条件的影院播放，该系列作品旨在通过关注受波及的单个社区群体来探索气候变化的影响。气候变化及其加剧的粮食和水短缺问题导致数十万索马里人流离失所和死亡，尤其是婴儿承受最大痛苦。通过将虚拟现实场景置于受影响最大的人群中、在触手可及的范围内，它迫使观众更逼真地感受气候恶化带来的人类灾难。

新华社将VR技术运用到新闻报道中，把读者带到新闻现场，仿佛置身其中。观

---

① 常江，田浩.建设性新闻生产实践体系：以介入性取代客观性[J].中国出版，2020（8）：8-14.

② De la Peña N, Weil P, Llobera J. Immersive journalism: immersive virtual reality for the first-person experience of news [J]. *Presence: Teleoperators and Virtual Environments*, 2010, 19(4)：291-301.

众从新闻信息的获取体验转向沉浸式的新闻现场感知体验。此外，新华社客户端还发布了增强现实（Augmented Reality，AR）报道技术。作为人工智能领域最具代表性的技术之一，增强现实技术透过影像处理技术将虚拟影像和现实影像融合，使真实的环境和虚拟世界实时地叠加到了同一画面或空间。

所有这些体验都凸显了 VR 与 AR 用途的多样性，可用于塑造具有真实性的新闻现场，将用户与重要主题联系起来并为用户提供千载难逢的互动体验。对于新闻业来说，虚拟现实是一种积极的方式，可以丰富新闻报道与用户交流信息的方式，也可以弥合新闻、技术和未来之间的鸿沟。

五、智能新闻的反思

人工智能算法被认为是数字时代新闻业最重要的革命，它以前所未有的方式重新组织了信息生产的采编及分发流程。这些技术为当今增强新闻业提供了巨大潜力，特别是允许记者在有限的时间内处理大量数据，从结构化数据中生产新闻报道并自动分发新闻，使报道形式更加多样化。

人工智能影响媒体在许多领域的运作方式，被认为是数字时代新闻业的附加价值。在很多方面，它并不能完全取代新闻工作者，这意味着这些技术将增强而不是取代新闻工作者的工作。传媒业渐趋智能化给新闻工作者、新闻消费者、新闻机构和社会带来值得深入思考的关键问题和启示：

对于新闻工作者而言，需要发展算法无法执行的技能，例如深入分析、采访和调查性报道。机器人新闻可能会取代只报道常规话题的新闻工作者，但也会在新闻的算法生产开发过程中制造出新的就业机会。

对于新闻消费者而言，自动化新闻内容可能并不最受欢迎。目前，算法新闻最适合如财经、体育、娱乐、天气预报等需要快速高效地报道事实的新闻领域，时效性强，深度要求低。

对于新闻机构而言，由于无法对算法的错误负责，因此自动化新闻的责任划分，是否应由自然人（例如，新闻工作者或出版者）承担，是算法新闻争议的焦点之一。当发生错误时，尤其是在涉及有争议的主题或个性化新闻时，算法的透明性和问责制将变得至关重要。

对于社会而言，自动化新闻将大大增加可用新闻的数量，这将进一步增加人们寻找与他们最相关内容的负担。自动化（尤其是个性化）新闻的增加很可能再次突出对舆论潜在负面影响的担忧。

人工智能在新闻业呈现出来的挑战与反思在新闻工作者的专业素养和道德层面上具体体现在写作质量、真实性、创造力的破坏和偏见性这四个方面：

第一，写作质量受限。自动化新闻的一个经常提到的局限性是写作质量。当前的算法在理解和产生人类语言的细微差别方面受到限制，例如幽默、讽刺和隐喻。自动化新闻更多是技术性和模板化，而且实验证据表明，读者更喜欢阅读人工撰写的新闻而不是阅读自动化的机器人新闻。

第二，真实性受到挑战。在这方面应掌握以下信息：如何选择原始数据、选择数据时采用的逻辑判断、检查数据有效性和真实性的方法，等等，以确保所使用资源的客观性。假新闻和虚假信息现象是目前新闻工作者面临的最重要挑战之一。因此，使用智能软件，特别是新闻算法，一方面必须识别假新闻，另一方面必须提高新闻质量和准确性。

第三，创造力局限。创造力是人类思维方式的核心概念之一，包括创造力的写作和解释等。但是，就现有的人工智能技术发展而言，算法无法从所创建的概念框架中"思考"。例如，人工智能算法无法营造必要的氛围来激发读者的情绪反应，例如笑声或者哭声、应对事故现场的反应、在街上采访或开展深入调查工作。因此，相对于算法，分析能力和创造力仍然是新闻工作者的主要优势。算法无法使用这些知识来提出新问题、发现需求、识别威胁、解决问题或就例如与社会和政策变化有关的问题提供意见和阐释。因此，自动化新闻所呈现出的社会洞察力和舆论引导的能力受到限制。

第四，偏见性凸显。自动化新闻领域的最大挑战是在 AI 系统中无意衍生的偏见，例如性别偏见和种族偏见。人工智能的危害之一是算法偏差，因为算法是人为设计，总会有偏差可能会误导数据的分析并导致严重后果。奥森德·A. 奥索巴（Osonde A. Osoba）和威廉·威尔瑟（William Welser）指出："只要人工智能在我们的生活中扮演越来越重要的角色并且不受监管，算法和 AI 中的错误和偏见风险就会继续存在。"[①]同时，人工智能被认为是新闻业的核心挑战，特别是在使用数据作为侵犯隐私、社交操纵和压迫的工具方面。2018 年 10 月，国际数据保护和隐私专员会议（ICDPPC）发布了《人工智能伦理与数据保护宣言》。该宣言指出："应减少和减轻人工智能中使用数据可能导致的非法偏见或歧视。"

第四节　把关人与把关

一、把关的相关概念与理论演进

（一）把关人的概念

传播者在传播过程中负责搜集、整理、选择、处理、加工与传播信息。他们被称为"把关人"，他们的行为被称为"把关"。"把关人"的概念是传播学的重要范畴，

---

① Osoba O A, Welser IV W. An Intelligence in Our Image: The Risks of Bias and Errors in Artificial Intelligence[M]. Rand Corporation, 2017: 25.

由传播学的先驱者之一库尔特·勒温（Kurt Lewin）最早提出。勒温在 1947 年发表的《群体生活渠道》一文中首先提出了这个概念。"把关人"（Gatekeeper）又译作"守门人"。勒温认为：信息的传播网络中布满了把关人，这些人负责对信息进行把关，过滤信息的进出流通。他形象地指出了传播者在传播过程中的基本行为模式和特征。

威尔伯·施拉姆提供了一个非常典型的大众传播的"把关"例子。1953 年的某个五天期限中，美联社搜集的新闻稿件经过层层把关和更新，到达四家威斯康星州的非大都市报，再经过读者的最终选择，大多数的信息被拒之门外。施拉姆据此得出推论："大约 98% 的内容被扔掉了。"[①] 施拉姆据此探讨了传播者的权力和责任。（图 3-1）

认识和研究传播者的把关过程具有重要的价值。"通过揭示把关的过程，它使传播对象更好地懂得应该如何评价已经过关的内容；此外，它促使把关人对自己借以决定取舍的理由作出评价。"[②]

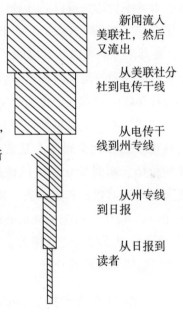

10万~12.5万字的新闻稿从各种来源和每一个新闻圈流入美联社。不知道稿子的确切条数。

从这些稿子中，美联社的编辑选择并签发了283条，约5.7万字。这个数量的消息从美联社的几条专线上传送到美国的每个新闻圈。

从这大量的消息中，威斯康星的美联社分社选出了77条，约13 352字，转发到非大都市的威斯康星的日报，它们约占从电传干线所获得的消息条目的27%，字数的24%。分社又在此之上增加了45条报道和6000字的威斯康星新闻，因此对于州的专线来说，它发出了122条消息，总字数为19 423字。

4家典型的威斯康星日报从州专线中选出并使用了74条消息，12848字。约占可从州专线得到的新闻条目的61%，字数的66%。

"报纸读者连续调查"和其他读者调查表明，一名读者平均阅读报纸上所刊出报道的1/4或1/5。对于从州专线翻印的条目他大约看15条，约2800字。在电传干线发出的283条消息中，他可能只读9条。

新闻流入美联社，然后又流出

从美联社分社到电传干线

从电传干线到州专线

从州专线到日报

从日报到读者

图 3-1　通讯社把关示意图

（二）"把关"的理论演进

把关是传播过程中控制信息流向整个社会系统的机制。把关基于个人偏好、专业经验、社会影响力或偏见，允许或不允许受众接触到某些信息。库尔特·勒温于 1947 年在《群体生活渠道》一文中[③]，最早提出把关理论。他认为，在群体传播过程中，存

① [美] 施拉姆. 大众传播媒介与社会发展 [M]. 金艳宁译. 北京：华夏出版社，1990：85-86.

② [美] 威尔伯·施拉姆，威廉·E. 波特. 传播学概论 [M]. 陈亮，等译. 北京：新华出版社，1984：162.

③ Lewin K. Frontiers in group dynamics: II. Channels of group life; social planning and action research [J]. *Human Relations*,1947, 1(2):143-153.

在着一些把关人，当信息内容符合群体规范或者把关人价值标准时才能进入传播渠道。

戴维·曼宁·怀特（David Manning White）在 1950 年发表了调查报告《把关人：一个新闻选择的个案研究》[1]，考察了一个具体的把关环节，即信息是怎样被过滤的。他认为把关是信息从输入到输出过程中众多新闻素材进行取舍和加工的过程，是高度主观的，依赖于把关人的实际经验、态度、价值判断等。

约翰·麦克尼利（John T. McNelly）认为新闻"来源"的记者是潜在新闻事件和终极出版物之间的多个守门人[2]。早期把关人理论的最根本改进是引入了多个把关者的概念，这些人在新闻过程中控制着各种功能。不同类型的压力会施加在不同类型的关口上。

亚伯拉罕·巴斯（Abraham Z. Bass）1969 年在其论文中介绍了"双重行动模式"[3]，该模型为新闻消费者展示了从"原始新闻"到"完整产品"的流向。巴斯的见解是，研究人员应将更多的注意力放在新闻收集上，而不是新闻处理上，因为未报道的故事永远不会达到可以对其进行处理的地步。

里查德·布朗（Richard M. Brown）于 1979 年进一步批评怀特在方法论上的弱点[4]，尤其是未能考虑到勒温的"把关理论"的基本概念——看门人没有独立的权力，而是在公正规则的范围内有过滤信息的权力。

随着互联网的发展，也需要重新审视、重新思考和重塑把关概念。新闻来源的数量急剧增加，不产生原创新闻但只汇总其他人所生产的新闻的渠道成功地出现了。一些公众也通过在社交媒体上互动分享推荐文章给朋友成为"主动接受者"来参与控制新闻传播。新闻受众还可以通过分享他们目睹的事件的信息来从事新闻制作，同时成为新闻的消费者和生产者。帕梅拉·休梅克（Pamela Shoemaker）与蒂姆·沃斯（Tim Pvos）提出了对把关理论的修订，以增加他们认为的"受众渠道"[5]。他们认为"必须将受众概念化为受众把关，当新闻价值和个人相关性之间的相互作用足够强时，他们会将新闻发送给受众"。

（三）影响传播者把关的因素

把关人对信息进行"取舍"基于什么考虑？它又对"已经过关的内容"产生了什么影响？这就需要对传播者的把关标准进行考察。看上去，一次具体的"把关"似乎是个人行为，但实际上其中隐含着一系列其他因素所发挥的作用。

---

[1]   David Manning White. The "gate keeper"：A case study in the selection of news [J]. *Journalism Quarterly*, 1950,27(4):383-390.

[2]   John McNelly. Intermediary communicators in the international flow of news [J]. *Journalism Quarterly*, 1959,36(1):23-26.

[3]   Abraham Bass. Refining the "gatekeeper" concept: A UN radio case study [J]. *Journalism Quarterly*,1969, 46(1):69-72.

[4]   Brown Richard.. The gatekeeper reassessed: A return to Lewin. *Journalism Quarterly*, 1979,56(3):595-679.

[5]   Pamela Shoemaker, Tim Pvos. Gatekeeping Theory [M]. London: Routledge,2009: 173.

1. 政治、法律因素

在资本主义国家，从早期的"政党报刊"到如今的大型商业化媒介集团，从来都不是在政治上绝对中立的，而往往会为某个政治利益集团乃至整个统治阶级摇旗呐喊。在我国，大众媒介是党和政府的耳目喉舌，也必然要符合政治的要求。法律是现代社会影响与制约把关人行为的一种有效的规范体系，如广告法、新闻法、广播电视法等，也有其他法律中与传播者行为相关的条件和部分。

2. 经济因素

传媒日益成为一个产业，把关人也不得不顾及由此而来的经济压力。报纸、电视和其他大众媒介以及网络媒体都尽量选择娱乐性内容和趣味化手法来制作传播产品，以便获得更多受众。

3. 社会、文化因素

传播者在进行把关的时候，也必须考虑社会价值标准体系和文化开放程度的因素。如果有悖于社会主流价值观和基本文化规范，传播内容可能会引起争议，遭到抵制。

4. 信息自身的因素

新闻工作者在选择新闻时，首要的评价标准就是新闻价值。比较公认的标准包括时效性、接近性、重要性、显著性、趣味性等。除新闻之外，传播者在其他内容范畴也会对信息内在要素的价值进行衡量，进行题材和内容的选择。

5. 传播组织自身的因素

传播组织自身的目标、对象、功能、重点等有所不同，因此，在进行把关时也就必然以本组织的各种要求、规范、传统、标准等进行把关。不同地域、不同族群、不同行业的媒体因所涉足的领域不同，也会选择不同的信息进行传播。

6. 受众因素

传播者需要经常性地获取受众的反馈信息和前馈信息，了解受众的需要、构成、心理、行为等方面的情况，以便使自己的传播行为更有针对性和有效。

7. 技术因素

每一种大众媒介都有独特的技术手段，不同的传播组织所掌握的技术、设备在先进程度上也有差别。例如，大型电视媒体掌握的先进传播工具和技术使得它有更大的选择范围，如进行现场直播报道，这是小型电视媒体的设备水平往往无法做到的。

8. 传播者个人因素

首先是个人的世界观、价值观；其次是个人的个性特征，包括其性格、创造力、经验阅历、能力素质等；最后是个人的传播方式，包括个人编码方式与水平、个人的传播技能等。以上这些都会影响传播者的把关活动。

当然，以上各种影响因素是交织在一起的，在具体的传播体制下，共同构成了把关活动的规范性系统。而传播者所遵循的行为准则，正是这个规范系统的集中体现。

二、智媒时代把关的再造

（一）把关机制的变化

把关机制正在发生演化。例如，许多传统新闻机构都已经把新闻收集的工作转移到社交媒体，新闻组织也越来越多地出现在这些领域。现在，受众通过社交媒体进行报道、交流，通过即时信息反馈来参与每个阶段，消息最终到达不再依赖传统新闻来源的其他受众。这说明，虽然用户可以通过在社交媒体账户上分享的内容来影响主流媒体传播渠道的新闻分发，但新闻工作者也可以通过自己的渠道进行报道来扩大受众在社交媒体上的传播。在数字媒体时代，把关者可能不再由新闻机构控制，但是这个过程仍然存在，现在越来越多的用户参与其中。

新闻工作者的传统作用是服务于公众和维护道德行为，因此在多元化的媒体环境中，把关仍然很重要。我们需要把关人来对新闻内容进行剖析，并在新闻中讲出真相，创建一个具有专业水平、媒介素养高的传播环境。

（二）媒介信息素养

如今，在信息丰富的社会和信息交流畅通无阻的背景下，当前较为紧迫的问题是提升新闻记者以及受众媒介信息素养。这不仅有助于提升新闻工作者和编辑们识别错误信息和虚假信息的效率，也是从源头上杜绝虚假信息并赋予公民处理媒介信息的能力。

通过推广媒介信息素养的重要性，媒体应在与用户建立联系的同时提高他们的内容生产质量，从而建立并增强用户对媒体的整体信任。除此以外，不仅需要覆盖城市，还需要覆盖边缘化群体农村和偏远地区；在缩短技术带来的数字鸿沟的同时，也要弥合信息素养上的鸿沟。

本 章 小 结

随着时代变迁，传播者在不同体制背景下也被赋予了不同的含义，从大众传播时代到网络传播时代，传播者逐渐从传统的新闻媒体机构向多元化的内容生产主体演化。媒体大融合的传播环境打破传统的媒体区隔与行业壁垒，为进一步整合资源、创新机制、构建新型全媒体业务平台创造了难得的机遇。媒体智能化已进入快速发展阶段，探索将人工智能运用在新闻采集、生产、分发、接收、反馈中，使"大数据"和"算法"服务于主流价值导向，不仅需要传统意义上的"把关者"不断提高自身专业和道德水平，还需要网络传播者树立"自我把关"的意识，不断提升媒介素养。

思考题：

1. 传播者的定义发生了怎样的变化？
2. 网络时代的传播者有哪些特点？
3. 从传统媒体时代到网络媒体时代，传播生态经历了怎样的变迁？
4. 融媒体趋势下，新闻生产过程发生了哪些变化？
5. 人工智能为新闻消费带来哪些多元体验？
6. 在大数据环境下，普通公众如何完善自身的媒介素养？

第四章 传播内容论

第一节 信息

一、理解信息

二、"SCI"三论

三、传播学中的信息

四、信息社会

第二节 符号

一、理解符号

二、符号学与符号相关理论

三、符号的特征与类型

第三节 大众传播内容

一、大众传播内容的概念与特征

二、大众传播内容研究

第四节 网络传播时代的内容

一、新媒体内容的概念

二、新媒体内容的特征

本章要点:

1. 从广泛的意义上来讲,传播的内容就是信息,承载信息的就是符号。对传播内容的研究就是对信息以及符号的研究。

2. "SCI"三论的出现对科学技术和思维的发展起到了巨大的推动作用,同时也是我们学习和理解传播学的重要工具。

3. 符号学是研究符号的本质、符号的发展变化规律、符号的各种意义以及符号与人类多种活动之间关系的学科,是传播学的基础,也是传播学的方法论之一。

4. 网络传播时代,传统媒体的地位逐渐被新媒体所取代,大众传播的内容也随着互联网的发展不断发生改变,出现了新的形式和特征。

CHAPTER 4
第四章

传播内容论

重要的是讲述神话的年代，而不是神话所讲述的年代。

传播内容从来都是传播的中心环节。从古至今，人们一直强调内容对个人乃至社会的影响。在古希腊，亚里士多德提出：交流便是说话的人、所说的话和听话的人。这三个要素是交流的主要元素，其中内容便占据了三者的中心地位。在当代社会，人们更有意识地重视传播内容的作用，正如维纳所说："有效地生活就是拥有足够的信息来生活。"

传播本质上就是信息的流动，因此，信息就是构成传播的基本材料，是传播的内容。信息普遍存在，无时无刻不在流动；然而信息又是无形的，它必须借助一定的载体才能够进行传播。这种载体就是符号。我们人类社会进行的传播活动须借助各种形态的符号才能得以完成。由此可见，信息及其载体——符号是构成传播的最基本的材料和要素。

对于人类传播活动而言，并不是所有的信息都被人类需要、接受和使用，而不同媒介场景下的内容也会呈现出不同的形态，需要我们细细甄别。

第一节 信 息

"信息"不仅是当代自然科学和社会科学中的一个核心概念，也成为当代社会中出现频率最高的词汇之一。"信息技术""信息革命""信息社会"等都已成为当今最常用和最热门的词汇。从这种词语上的变化已经可以感受到"信息"这一概念给我们在认识世界等方面带来的冲击。对于传播学来说，信息概念的引入，不仅在认识论上形成了深刻的切入点，而且在本体论上为传播模式和传播理论的建立提供了坚实的根基。

那么，到底什么是信息？它的实质和特征是什么？它的辞典意义、传播学意义与社会语词意义有什么差别？这个抽象概念与丰富而复杂的人类社会形态的关系又究竟如何呢？

一、理解信息

（一）从一个例子谈起

我们先来看一段文字：

某位科学家经过长期的实验室工作，发明了一种仪器，可以精确解读和记录生物体内 DNA 中隐藏的基因信息。他打电话告诉自己的一位记者朋友，但一开始讲话便出现了电话线路故障，噪音很大，信息传递很不通畅。这位记者干脆赶到科学家的实验室进行了采访，写出了一篇信息量很大的新闻报道，发表后引起了广泛的社会反响。

在这段文字中，出现了三个"信息"，它可以代表我们当前对信息的三种主要理解方式。（表 4-1）

表 4-1　不同领域信息理解方式

例　子	种　类	研究领域
"DNA 中隐藏的基因信息"	生物信息	生物学
"电话线路传递的信息"	物理信息	通信科学
"新闻报道中的信息"	社会信息	传播学

在日常生活中，信息通常指的是消息、指令、密码、数据、知识等。在信息论等信息科学没有形成以前，人们较少使用"信息"这个概念；即使使用，一般也当作消息、知识、情报等的同义语，是指人们关于某种事物的认识，没有赋予它科学的定义。如一些辞典对这个词的总结：

《牛津字典》："信息就是谈论的事情、新闻和知识。"

《韦氏字典》："信息就是在观察或研究过程中获得的数据、新闻和知识。"

日语《广辞苑》："信息就是所观察事物的知识。"

这些都是对"信息"的社会语词意义的总结。直到当代信息通信科学诞生之后，"信息"才从模糊的感知上升为理性的认识。关于如何认识信息，《企鹅信息辞典》进行了较完整的概括：

用最准确的话来说，信息所处的位置介于原始事实（可指数据）和知识之间。数据一旦被置于情境脉络之中，与某一个特定问题和决定结合起来，便成了信息。在这个基础上，信息可以被界定为"被赋予了某种意义的事实"。这种意义只能被人类所赋予，只能被一种认知的意识所赋予。换句话说，信息是不能转送他人的，它只能自我接收，因为在被以如此意义认知和接收之前，信息从未产生。

有的信息学家认为，信息从它本身来说，可以被看作一种客观存在。它就像物质与能量一样，是一种客观存在；虽然它不像那两者一样"客观"。这些学者们指出，所有有组织的结构都包含信息，并且可能传递信息。例如，有机物世界中的 DNA，或者无机物世界中的硅片。

这个词被广泛应用于"信息技术"与"信息处理"的领域，指包括所有在电脑系统中反映事实、事件和概念的不同方式。它的这个含义比上面两种的应用要普遍得多。在此处，它的形式包括数据（例如数字和结构文本）、文本（例如文件）、图片和影像。①

《企鹅信息辞典》的定义分为三个层面。这三个层面恰好可以与我们前述例子中的三个"信息"——对应。

第一个层面源自人类原初的模糊认知，加以近代科学的理性改造，也正是传播学意义上的信息，"新闻报道中的信息"属于此义。第二个层面是较为广义的认识，更加强调信息在客观世界构成中的地位，带有一定的哲学意味，如"DNA 中的信息"。第三个层面则是相对的窄义，源自于通信科学，应用于当代的信息技术领域，是热门词汇之一，从"电话线路传递的信息"，到如今电脑储存和传递的信息，属于此类。

（二）客观世界中的信息的特征

客观世界中，信息是一切事物的普遍属性。它具有一系列基本特征，使其与物质、能量这两个基本构成要素区分开来。

1. 客观性

信息是物质运动、变化、联系、差异的产物。既然物质是客观的，物质运动也是客观的，一切事物在不断的运动变化中表现出的不同特征和差异也是客观存在的，因此，信息也是客观存在的。

2. 普遍性

事物的运动普遍存在，信息也就具有了普遍性。世界上任何运动着的事物无时无刻不在生成信息。只要有事物存在，只要有事物在运动，就存在着信息。信息无处不在，无时不在。信息是无限的。

3. 表达性

信息是事物运动及存在状态的反映。它一方面表达了物质运动的状态，表达了运动变化的方向性，表达了物质系统的组织程度、有序化程度以及系统朝着有序或无序方向发展的状况；另一方面表达了物质系统的差异性。没有差异就没有信息，而信息也是事物差异的表达。

4. 流动性

事物运动会带来物质与能量的传递和交换，同时，也伴随着信息的流动。事物运动所产生的信息，必然会向周围环境流动。这种信息的流动过程，就是信息的获取、传递、变换、存贮的过程。人类之所以能够获取信息，正是由于信息具有流动性。正

---

① Tony Gunton. The Penguin Dictionary of Information Technology[M]. London: Penguin Books ,1994: 147.

是由于信息可以流动、可以传递，人们才有可能认识和理解外部世界。信息扮演了主观世界和客观世界的桥梁作用。

除了以上的四大基本特征之外，信息还有一些其他性质。如有的学者认为，信息的特征包括：内容表述性、可传递性、可分享性、可选择性、新颖性、效用性、信息与载体的不可分性、片断性、可存贮和可积累性及衰减性等。

（三）人类社会中的信息的特点

客观世界中产生的信息进入人类社会及人的主观世界，就具有了一些不同的特点。

1. 客观性与主观性

人类社会的信息也是物质的属性，它也是物质系统（自然、社会）运动过程的表现。人类社会信息一部分来自于自然环境，这一部分无疑具有物质的属性；另一部分来自于人类社会本身，其中有的来自社会物质生产过程，来自一定的生产方式，而有的则来自于人类的精神活动与生产，如政治、法律、伦理、宗教等等，但是它们也是社会生产方式的反映。因此，人类社会的信息也具有了物质的属性。

然而，在人类社会中，不论信息是来自自然界还是人类社会本身，只要为人们所获取、利用，就必然经过人类大脑的加工。客观外界的信息经过人脑的选择、加工、处理，已经不是客观物质世界的信息的原型，而是经过人脑加工、在人脑中形成的，对客观现实信息的反映。客观物质世界的信息是第一性的，人脑中反映的信息是第二性的，是观念形态的，属于意识范畴。

2. 多样性与复杂性

比起客观世界中具有某种单纯化色彩的信息，人类社会的信息要更加丰富和复杂，它的接受、理解、使用过程具有多样性和复杂性。这主要是因为人类社会的社会形态、经济形态、文化体制、科技水平等存在差异；同时，同一社会中，人们的群体、个体差异也非常巨大。因此，社会及人们接受、理解、使用信息时存在着相当大的差异。这涉及对信息主观性、客观性的认识，涉及人的主观因素问题。

（四）信息的功能

在人类社会中，信息扮演着日益重要的角色。它发挥着不可替代的、重要的功能。

首先，信息具有认识功能。我们对客观物质世界的认识，无不依赖于我们对客观物质运动及存在的信息的收集、加工、处理和传播、交流。客观世界充满信息，人类的感觉器官对外界信息进行接收，通过思维器官将收集到的信息进行选择、归纳、提炼、存贮而形成不同层次的感性认识和理性认识。在这一认识过程中，人是认识的主体，客观世界及其信息是认识的客体。

其次，信息还具有社会功能。这表现在资源功能、启迪功能、教育功能、方法论功能、娱乐功能以及舆论功能等。[①]

二、"SCI"三论

我们会发现信息的定义和认识五花八门，信息的特征和功能也具有一定的多样性和复杂性。但无论怎样的定义和认识，大体都可归入《企鹅信息辞典》所归纳的三种层面中去。

近代信息通信科学是由"三论"组成的。所谓三论，指的是三门现代信息技术的基础性理论学科，即系统论（Systems theory）、控制论（Cybernetics）和信息论（Information Theory），简称"SCI"。

（一）系统论

在信息论、控制论形成的同时，系统论也逐步形成。20世纪20年代初，奥地利生物学家贝塔朗菲提出了一般系统论的基本思想。1937年，他首次提出了一般系统论的原理。1945年他发表了论文《关于一般系统论》，1968年发表了专著《一般系统论：基础、发展与应用》，成为系统论的代表作。系统论的核心观点是认为世界上一切事物、现象、过程皆是有机整体，并使用数学模型来分析整体及其组成部分的功能和属性，探讨系统、要素、环境之间的作用及系统的优化方式。

（二）控制论

香农曾经从美国数学家维纳的著作中受益良多，反过来，他的信息论也影响了维纳的控制论研究。1948年，维纳发表了专著《控制论，或关于在动物和机器中控制和通信的科学》，成为控制论的奠基之作，标志着控制论的诞生。他认为生物系统能够不断根据周围环境的变动而决定和调整自己的运作，这个过程也就是信息的通信过程。控制论的基本任务就是要在理论上找到技术系统与生物系统之间在某些功能上的相似性与统一性，以便在技术上研制出模拟智能的技术装置，即自动机或控制论机器。同信息论一样，控制论也属于一门技术科学。

（三）信息论

信息论是产生于20世纪40年代末的一门新兴学科。1948年，美国贝尔电话公司的香农发表了著名的论文《通信的数学理论》，1949年又发表了《在噪声中的通信》一文，这两篇著作奠定了现代信息理论的基础，而香农也被认为是信息论的奠基人。他将用于物理学中的数学统计方法和概率论移植到通信领域，研究信息处理和信息传递，从而提出了信息的概念，从量的方面描述信息的传输和提取问题，并提出了信息

---

① 倪波，霍丹. 信息传播原理 [M]. 北京：书目文献出版社，1996：5-7.

量的数学公式，还提出了通信系统模型和编码定理等相关理论问题。

（四）三论中的"信息"

三论的诞生虽然先后有别，但大体同时，它们在当时科技进步和人类思维进步的大潮流下达成了一定的默契。三论的学者们经常使用"信息"这个词，并对之做出了一些阐释。如：

20世纪20年代，哈特莱在探讨信息传输问题时，提出了信息与消息在概念上的差异，指出：信息是包含在消息中的抽象量，消息是具体的，其中载荷着信息。

香农（1949）：信息是两次不确定性之差。

韦弗（1949）：信息与你说的是什么没多大关系，而与你能说什么有关。

维纳（1950）：信息这个名称的内容，就是我们对外界进行调节并使我们的调节为外界所了解时，与外界交换来的东西。

我们可以从三个层面来理解三论中的信息概念。

1. 信息是构成客观世界的一个基本要素

客观世界由三种基本要素构成，即物质、能量和信息。如果在客观世界中，有一个东西，既不是物质，也不是能量，那么它就是信息。物质可以认为是由原子构成的，而原子是由原子核（质子和中子）以及围绕在它外面的电子构成的。这些最基本的微粒按照不同的方式排列组合，就形成了我们现在千姿百态的物质世界。同时，微粒之间的相互作用产生了能量的源泉。在物质和能量变化的同时，我们也发现，还有另外一种客观东西的存在，它使得物质和能量的变化拥有了秩序，也使得这种变化可以传递和表达。这种东西就是信息。

正因如此，虽然一切生物的DNA都是由同样的物质微粒构成，但是它的数量和排列顺序的不同，就造成了生物种类的千差万别。这种数量和排列顺序就是遗传信息。再举个例子，当一个原始人在岩洞的石壁上画下一幅画的时候，岩石的物质面貌发生了变化，作画的过程也涉及能量的变动。但是，无论是对于作画的原始人，还是后来观看这幅画的人来说，物质和能量的变化是不重要的；最重要的是，这种人类活动在传递一种东西，那就是信息。

2. 信息是两次不确定性之差

施拉姆举了一个例子说明这个概念。他说，我们会玩一种游戏，叫作"20个问题"。A先想好一个事物，B要问20个问题，通过这20个问题猜出答案是什么。[①]

例如，B第一个问题问："动物，植物，还是矿物？" A回答："动物。"

B继续问："是不是人？" A回答："是人。"

---

① [美]威尔伯·施拉姆，威廉·E.波特.传播学概论[M].陈亮等译.北京：新华出版社，1984：41.

B 再问："是一个特定的人，还是一种人？"A 回答："一个特定的人。"

如此这般，一问一答，B 要尽量在 20 个问题中得到最后的答案。

实际上，一开始，这个答案对于 B 来说可能是自然界的任何物质实体，换句话说，B 对于这个实体的了解等于零，这个实体的不确定性是无穷大的。随着每一个问题的推进，B 得到了一些东西，能够逐步消除他的不确定性。他所得到的东西，就是信息。从这个意义上讲，信息就是两次不确定性之差，也就是能减少或者消除不确定性的任何东西。

3. 信息是事物运动、变化、联系、差异的产物

如果要讨论信息的起源，大概跟讨论物质、能量的起源一样困难。但是，我们也可以大致发现，在当前的自然界和人类社会的变动中，总会产生大量的信息。事物的运动、变化、联系、差异产生了不确定性，为了与外部环境进行协调，它必然要进行表达，以减少这种不确定性。它与外部环境交换的东西，就是信息。

所以，信息是事物运动、变化、联系、差异的产物，也是这种变化的表达。它是可以流通、传递和繁殖的，这对于人类来说尤为重要。正因如此，它搭建了人类主观世界与客观世界之间的桥梁。

以上是系统论、控制论、信息论中对"信息"的认识。随着"SCI"三论影响的扩大，信息概念也广泛渗透到许多科学领域，这些领域都将其作为一个重要的概念乃至范畴进行研究。每门学科的研究领域、研究方法等的差异，也就导致了对信息的解释有不同的侧面和观点。到目前为止，对于信息，还没有一个较为公认的普遍适用的定义。

三、传播学中的信息

（一）信息的定义

虽然施拉姆认为，在传播学中"使用这个词（信息）时所指的意思，与香农和维纳在他们撰写有关信息理论和控制论的文章时使用这个词所指的含义没有多大的不同"[①]，但我们仍会发现，传播学作为一个社会科学研究领域，其信息概念与三论中的信息概念还是有相当大的差异的。

系统论、控制论、信息论中的"信息"偏重物理意义。而正如德国学者克劳斯（1961）在《从哲学看控制论》一书中所指出："什么是信息？纯粹从物理学方面看，信息就是按一定方式排列起来的信号序列。但光说这一点还不足以构成一个定义。毋宁说，信息必须有一定的意义，必须是意义的载体。……由此可见，信息是由物理载体与语义构成的统一整体。"[②]

对于传播学来说，"信息"更重要的层面恰恰不是物理层面，而是"意义"层面。

---

① [美]威尔伯·施拉姆，威廉·E.波特.传播学概论[M].陈亮等译.北京：新华出版社，1984：41

② [德]G·克劳斯.从哲学看控制论[M].梁志学译.北京：中国社会科学出版社，1981：68-69.

回顾前面的例子，我们发现："DNA 中隐藏的基因信息"和"电话线路传递的信息"都不是我们研究的对象，而"新闻报道中的信息"等饱含社会意义的信息才是这个研究领域关注的焦点。对于信息的分类，不同领域的学者也做出了不同的尝试。如下列对广义信息的分类（图 4-1）：①

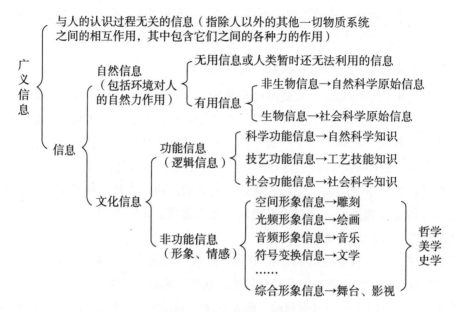

图 4-1　广义信息分类示意图

从中可以看出，信息的种类相当丰富。作为传播学，研究的是人类社会的信息活动，因此，传播学中研究的信息就是人类社会的信息活动，或称社会信息、文化信息。

至此，我们可以从传播学角度给对"信息"概念做个界定：

信息，是在一种情况下能够减少或消除不确定性的任何事物，它是人类的精神创造物。这种创造物是人大脑收集、加工、处理的结果，它可以是内储形态的人的精神创造物，也可以是外化形态的人的精神创造物。具体而言，它既包括人内向自我传播所用的材料，也包括外化出来的、用符号形态流通的消息、新闻、文献、资料、数据等。

（二）与信息相关的概念

虽然传播学的信息概念有自己的侧重，但它总归是建立在"三论"所提供的基本认识之上。正如袁路阳所说："传播学在理论上的最大贡献是借用系统论、信息论和控制论的理论模式，把系统、信息和反馈的概念引入对传播活动的研究，试图建立起关

---

① 　黎鸣 . 信息哲学论 [M]. 西安：陕西科学技术出版社，1992：25.

于人类传播规律的理论体系。"①

也就在引入信息概念的同时，三论中的其他概念也进入了传播学研究领域。以下我们就来分析这些相关概念对于人类社会传播的研究有什么意义。

1. 噪音

在香农看来，"通信的基本问题是通信的一端精确地或近似地复现另一端所挑选的消息"②。因此，他把通信（传播）的基本过程概括为一个信息通过信道在信源和信宿之间传递的过程，最完美的通信当然是"精确"的，而之所以绝大多数通信不可能做到完全的精确，正是因为"噪音"的存在。

所谓噪音，就是传播过程中的干扰。在人类社会传播中，这种干扰可能来自于机械本身，也可能来自于周围环境；它可能是物质层面的噪音，但更可能是意义层面的噪音。

2. 冗余信息

所谓冗余信息，即信息中包含的、不影响信息完整的、不容信源自由选择的那一部分。吴军曾经谈过语言编码中的"冗余"问题。他说："一本 50 万字的中文书，信息量大约是 250 万比特。如果用一个好的算法压缩一下，整本书可以存成一个 320KB 的文件。如果我们直接用两字节的国标编码存储这本书，大约需要 1MB 大小，是压缩文件的三倍。这两个数量的差距，在信息论中被称作'冗余度'（redundancy）。"

换句话说，人们在进行传播的时候，所发出的信号不是彻底精炼的，它所包含的东西除了能够消除不确定性的那部分之外，还有重复的（因此也是不能消除不确定性的）但可以使整个信息更完整、更适于传播的那部分，这就是冗余信息。

3. 反馈

控制论的核心概念是"反馈"。所谓反馈，就是将输出再回输到系统中去。系统通过反馈建立起输入（原因）和输出（结果）的联系，使控制器可以根据输入与输出的实际情况来决定控制策略，以便达到预定的系统功能。

反馈可以分为正反馈和负反馈。前者是指反馈回的信息输入后，系统得到肯定，逐渐扩大现有的运行规模；后者指的是反馈回的信息使系统检出偏差，进行纠正，从而实现系统目标。

4. 前馈

仅有反馈是不够的。在一些控制系统，尤其是比较巨大和复杂的系统中，还需要有前馈。反馈可以检出并纠正偏差，但其滞后性难以避免。因此，有必要在系统发生

---

① 李彬 . 传播学引论 [M]. 北京：新华出版社，1993：16.

② [美] 埃弗雷特·罗杰斯 . 传播学史：一种传记式的方法 [M]. 殷晓蓉译 . 上海：上海译文出版社，2002：119.

偏差之前，尽可能根据预测的信息，采取相应的措施，这就是前馈。这种"前馈—反馈"结合的系统能达到较好的控制效果。

大众传播中的前馈，"指的是在经济和社会发展中使用大众媒介时，事先通过调查研究等方式了解传播对象的需要，以改进传播节目的制作，增强传播效果"[①]。当前大部分受众调查都不仅仅是搜集反馈信息，而多半同时在搜集大量的前馈信息，以便于大众媒介工作的开展和改进。

5. 系统

贝塔朗菲认为："系统的定义可以确定为处于一定的相互关系中并与环境发生关系的各组成部分（要素）的总和。"这个定义强调，系统是由部分构成的整体，而整体大于部分之和；系统内部存在着有机关联；同时，系统又不断与环境发生信息的交换，处于有机变动之中。

如果我们把传播活动看作一个系统，它的各个组成部分是在大环境的制约之下起作用的。如果我们把人类社会看作一个系统，那么它内部和外部的信息交换，正是通过传播活动才能进行。

四、信息社会

人类社会的基本形态自 20 世纪中叶之后发生了重大的演变，包括社会生产形态、劳动分工、生活方式等。未来学家、研究者和大众媒体普遍将之称为"信息社会的来临"。

美国社会学家丹尼尔·贝尔在其"后工业社会三部曲"，即《意识形态的终结》（1960）、《后工业社会的来临》（1973）和《资本主义文化矛盾》（1976）中提出了"后工业社会"的概念。他指出，继农业社会、工业社会之后，人类进入了第三种社会形态，在经济方式、阶级结构和政治体制等方面都有了崭新的面貌。美国未来学家阿尔温·托夫勒在 1980 年出版《第三次浪潮》，阐述了社会面临"第三次浪潮"的深刻变化，与丹尼尔·贝尔的思路一脉相承。

1982 年，约翰·奈斯比特在《大趋势——改变我们生活的十个新方向》中进一步指出：世界在从"工业社会"转变为"信息社会"。他说："我们仍然认为自己是生活在工业社会里，但是事实上我们已经迈入了一个以创造和分配信息为主的经济社会。"他认为这个转折点发生在 1956—1957 年，主要标志有二：

1）1956 年，美国历史上第一次从事技术、管理和事务的"白领工人"超过从事体力劳动的"蓝领工人"；

2）1957 年，苏联发射了第一颗人造卫星，开辟了全球卫星通信时代，使地球缩

---

① ［美］威尔伯·施拉姆，威廉·E. 波特. 传播学概论 [M]. 陈亮等译. 北京：新华出版社，1984：9.

小成一个"村庄"。

这些论述，既是一种思想观念的更新，也是对自 20 世纪 50 年代"信息革命"之后当代人类社会现实的总结。

信息社会的发展起源于技术的创新。包括计算机技术、通信技术、传感技术等在内的新兴科技促使生产方式发生了巨大变化，这种"信息革命"不仅仅是技术范畴的事情，而是涉及整个社会方方面面的大事。它带来了经济增长方式的变化、经济结构的变化，还直接影响了社会与文化形态的发展方向。它首先在高度工业化的西方发达资本主义国家得到普及，随后延伸到全世界各国的发展进程中，并促成了全球经济和文化的互动。它的影响主要体现在：

首先，带来了产业结构的巨大变化。主要变化为：一是在现代信息技术基础上产生了一大批以往产业革命时期所没有的新兴产业，如计算机软件、硬件、电子产品及电子元器件、通信设备与器材、工业自动化等。二是传统产业体系步入衰退，利用信息技术对其进行改造成为传统产业获得新生的出路。三是服务业的发展使其在国民经济中占据越来越重要的主导地位。

其次，带来了生产要素结构与管理形式的变化。现代社会中，生产要素结构中的知识与技术的作用大大增强，已经成为"第一生产力"，而物质资料的作用以及资本的作用相对减弱。资本家控制隐形化，劳动者操作知识化、间接化，以及置身于直接生产过程之外，由此导致生产组织与管理形式发生变化，走向网络管理。

再次，加速经济全球化的进程。这一方面表现在现代信息技术本身发展的国际化，如信息技术的标准统一化、国际技术交流与合作增多、信息技术已成为各国激烈竞争的领域。另一方面，也表现在现代信息技术对整个经济全球化的推动，如信息技术改进了国际信息传递方式、传递速度加快、空间距离缩小、整体性增强，国际经济活动交往方式发生变化，跨国经营与发展更加便利等。

最后，导致社会结构的变化。生产结构的变化必然导致社会结构的变化。这体现在城市化的分散趋向、家庭社会职能的强化、职业结构中知识与高技术化职业的增多、工作方式与生活方式的变化等。

就其根本而言，所谓信息社会与之前的农业社会、工业社会的差异见表 4-2。

表 4-2 不同社会阶段核心产品、资源

	核心产品	核心资源
农业社会	农业产品	土地
工业社会	工业产品	资本
信息社会（后工业社会）	信息产品	知识与创意

正如奈斯比特所言，在信息社会里，"知识生产力已经成为生产力、竞争力和经济成就的关键因素。知识已经成为最主要的工业，这个工业提供经济社会生产所需的重要资源"。在信息社会里，价值不随劳动而增加，是随知识而增加的。

第二节　符　　号

信息既具有流动性，又具有载体性，换言之，信息要想从传播者流动到受众处，必须借助指代信息的中介，即符号，才可能进行。

一、理解符号

（一）对符号的理解和研究

符号在我们生活中普遍存在，我们天天使用它与外界进行信息交流。什么是符号呢？古罗马时期的基督教思想家奥古斯丁认为："符号是这样一种东西，它使我们想到这个东西加诸感觉的印象之外的某种东西。"

奥古斯丁正确地指出：符号对于人类来说重要的不是它本身，而且它之外的某种东西。但是，奥古斯丁的界定将符号与征兆或信号相混淆了。

所谓符号，并非简单地就是能使人想起这个东西加诸感觉的印象之外的东西。例如，"乌云密布、闷雷滚滚"，这些现象会让人想起"下雨"，但它们是下雨的征兆，而不是符号。征兆只是一个事物在发展变化过程中同质的合理延伸。如同征兆一样，信号也是如此，它是表示某物、某事、某条件存在与否的一种信息，它本身受时间、地点或其他条件的限制。例如，无线电波传递的信号是一种可以察觉和计算的物理量，它不是符号；或者，我们说"嘴唇开裂是人体内缺乏维生素 B 和维生素 C 的信号"，这也是事物状况的同质延伸，不是符号。

那么，什么是符号呢？符号最重要的特性就在于它连接着一个与自己不同质的事物，使人们看到它就想起这个事物。而这种连接不是必然的，是人们约定俗成的。

除了奥古斯丁之外，古代的学者如柏拉图、亚里士多德等人以及斯多葛派均论述过符号。随后，英国哲学家洛克在认识符号问题上做出了很大贡献。1690 年，他发表了《人类理解论》，指出符号就是"达到和传递知识的途径"，"我们如果想互相传达思想，并且把它们记载下来为自己利用，则必须为观念造一些符号"，"因为人心所考察的各种事物既然都不在理解中（除了它自己），因此它必须有别的一些东西，来作为它考察的那些事物的符号和表象才行"。符号学就是"考察人心为了理解事物、传达知识于他人时所用的符号的本性"。洛克的贡献在于指出了语言、文字作为符号在思维过程中的替代作用，并且把这种替代作用看成是传递知识的基本途径。他的这一观念对后代学者影响很大。

（二）符号的定义

符号究竟在传播中扮演着什么样的角色？如果要给符号下一个定义的话，它究竟是什么？

美国社会学家伦德贝格说："传播可以定义为通过符号的中介而传达意义（的过程）。"

波兰哲学家 A. 沙夫认为："人类传播过程，虽然在它的进程和作用方面是复杂的，却是一个显而易见的事实：人们是在行动中，即在合作中（因为所有的行动都是社会的行动），经过符号的中介传播明确的意义而进行传播的。"

这两种说法都强调说，符号是传播过程当中的中介。

美国哲学家莫里斯对符号的定义是：一个符号代表它以外的某个事物。

所有这些解释都指出了符号的基本特征：指代性。符号总是代表某一事物，它承载着一定的内容（概念、意义），是传播活动的基本要素。

通过对上述定义的认识，我们认为：符号就是用来指称或代表其他事物的象征物。

符号可以表示某物、某事等具体存在，也可以表示精神抽象的概念。因此，它是有意义的。它是一种有意义的象征物。它是传播者和受众间的中介物，单独存在于其间，承载着交流双方向对方发出的信息。

人类使用的语言文字是最典型的符号，它也是人类创造出来最具系统性的符号。例如汉语，据说是黄帝的史官仓颉所造，按许慎《说文解字·叙》："黄帝之史仓颉见鸟兽之迹，知分理之可相别异也，初造书契，百工以乂，万品以察。"意思是，仓颉看到地上残留鸟爪痕迹和野兽脚印，想到这些脚印可以让人分辨出不同野兽，因此创造了文字，以代表世界上不同的事物和意义。如果说，"鸟兽之迹"是一种信号，是事物同质的延伸；那么，仓颉造出的汉字，就是典型的符号，它是被创造出来指代某种事物的东西。

最早的汉字是象形字，如山、川、日、月、人、手等。后来又有了会意字、指事字、假借字、象形字等。这些字的笔画、读音构成了它的物质形态（能指），同时，它们又指向某种具体的事物或抽象的意义（所指）。同样古老的还有古埃及的圣书字、两河流域的楔形文字等。后两种文字逐渐湮灭，却发展出了另一套文字符号体系，即字母文字。语言文字是典型的符号，它与其他人类创造出来的符号系统一起，承担着人类传播中介的重要角色。

二、符号学与符号相关理论

（一）符号学

进入 20 世纪，作为人类交流中介的符号日益引起人们的重视。其中对传播学研究影响至深的有哲学领域的符号学（符号和语言哲学），以及社会学领域的符号互动论。

现代符号学理论源自于瑞士语言学家索绪尔和美国哲学家皮尔士。他们分别开创了不同的符号学传统，以至于学科名称都不一样：始自索绪尔的欧洲符号学被称为"semiology"，重视结构主义分析；而延续自皮尔士的美国符号学被冠以"semiotics"

的名称，侧重逻辑，带有浓厚的科学主义和实证主义色彩。此外，德国哲学家卡西尔则开创了符号学美学的重要传统。

（二）符号学相关理论

1. 索绪尔与结构主义符号学

1894 年，索绪尔最早提出了符号学概念。他 1906—1911 年在日内瓦大学授课，其课程笔记由学生整理，在他去世后以《普通语言学教程》为名出版。在这本书中，索绪尔曾说："我们可以设想有一种研究社会生活中符号生命的科学，它将构成社会心理学的一部分，因而也是普通心理学的一部分，我们管它叫符号学（Semiologie，来自希腊语 Semeion '符号'）。它将告诉我们，符号是由什么构成的，受什么规律支配。因为这门科学还不存在，我们说不出它将会是什么样子，但是它有存在的权利，它的地位是预先确定了的。"[①]

索绪尔指出了语言和言语的差别。他说，语言是一种抽象系统，存在于集体心智之中，成为每个社会成员别无选择的社会惯例；而言语是社会成员运用语言能力创造的具体产物。

索绪尔的另一个重要贡献是剖析了符号的结构，将它分为"能指"（Signifier）和"所指"（Signified）。能指是符号的外形，可能是某种声音、形象等。所指是符号背后指代的事物，可能是某种抽象的概念或意义。例如，"人"这个字的外形构成（一撇一捺）以及它的读音，就是这个符号的能指；它背后所指代的形形色色的人们，就是它的所指。

沿着索绪尔的足迹，叶尔姆斯列夫、雅各布森以及语言学的布拉格学派对语言等符号体系做了更进一步的研究；同时，他们的理论与结构主义思潮相结合，对人文社会科学诸领域都产生了广泛的影响，包括英国的伯明翰学派。这对于传播研究而言意义重大。

2. 皮尔士与逻辑符号学

皮尔士没有留下一部完整的著作。但是，他在大量的论文中对符号进行了深入的剖析，给符号概念下了确切的定义。所谓符号，"是某种对某人来说在某一方面或以某种能力代表某一事物的东西"。他指出，任何事物只要它独立存在，并和另一事物有联系，而且可以被"解释"，那么它的功能就是符号。

皮尔士认为，人类所有的经验都组织在三个水平上，可以分别称为第一性、第二性和第三性。第一性指的是可以独立的、不需涉及他者而存在的实项，第二性指的是依靠同他者相互作用而获得存在的实项，而第三性指通过连接其他实项而获得存在的实项。

[①]　[瑞士] 费尔迪南·德·索绪尔. 普通语言学教程 [M]. 高名凯译. 北京：商务印书馆，1980：37-38.

打个比方来说，男人、女人是第一性的，夫妇是第二性的，而婚姻登记处则是第三性的。在关于意识和经验的理论中，这三种水平分别对应感觉性、活动经验，以及符号。

符号就是依靠连接其他实项而获得存在的东西。它是三位一体的，包括依次发生的三重关系：

1）使联系过程开始的东西；

2）其对象；

3）符号所产生的效果（解释）。

例如："人"这个字的外形就是使联系过程开始的东西，它的对象包括形形色色各具特征的人类，而人脑海中会产生相应的解释。从广义上讲，解释便是符号的意义；从狭义上说，解释也常常是一个符号，它又有它的解释，如此往复，以至无穷。任何一个符号都可以将本身译为另一个符号，从而使自身得到更充分的展开。

皮尔士还从三个层面上划分了符号的三大类别和66个种属。随后，美国符号学家莫里斯等人对他的理论进行了系统化。

3. 卡西尔与美学符号学

卡西尔写有三卷本巨著《符号形式哲学》，在这部书中，他试图建立一个与传统的形而上学不同的符号哲学体系。

在他的著作《人论》中有一个著名的论断：人是符号的动物。卡西尔认为，人类只有通过符号活动才创造出使自身区别于动物的文化实体。这些符号活动包括语言交际、神话思维和科学认识等。人之所以与动物有异，原因就在于人具有符号化能力，即能够使用语言等符号，对客观世界进行概念化。这正如马克思的名言："蜜蜂建筑蜂房的本领使得许多人间的建筑师也感到自叹弗如，但最蹩脚的建筑师从一开始就比最灵巧的蜜蜂高明的地方，是他在用蜂蜡建筑蜂房以前，已经在自己的头脑中把它建成了。"[①]换句话说，人比动物高明的地方，就在于能够使用符号，在自己的脑海中实现概念化的过程。

人类精神文化所有的具体形式，包括语言、神话、宗教、艺术、科学、历史、哲学等，无一不是符号活动的产物。卡西尔思想的最大贡献在于，他提出了这些精神文化活动的符号性质，分析了艺术符号与日常符号的差别，并且指出"美必然地，而且本质上是一种符号"，它不是事物的直接属性，而是"人类经验的组成部分"。[②]

在卡西尔之后，美国哲学家苏珊·朗格在《情感与形式》等著作中也用符号原理来分析艺术和审美，对相关的美学问题做了更深入的研究。

4. 符号互动论

符号互动论是由社会学领域中的一个理论流派——芝加哥学派——所提出的。芝

---

① [德] 卡尔·马克思. 资本论（第一卷）[M]. 北京：人民出版社，1963：172.

② [德] 恩斯特·卡西尔. 人论 [M]. 甘阳译. 上海：上海译文出版社，1985：175.

加哥学派以 20 世纪二三十年代的美国芝加哥大学社会学系为中心，以斯莫尔、托马斯、杜威、库利、米德、帕克和伯吉斯等为主要代表人物，以当时美国城市环境中的移民、贫困、流浪、犯罪、卖淫等社会问题为关注对象进行经验研究，借鉴西美尔等欧洲学者的社会学理论和哲学思想，树立了一系列关于社群与民主、人类传播与交往、城市生态等议题的学术典范，不仅占据了当时美国社会学研究的主流，而且对传播学的早期发展提供了大量洞见。

其中，库利和米德研究语言等符号在社会的发展和维持中以及在形成个人精神活动等方面所起的关键作用，强调个人精神活动与社会传播过程之间的关系，被称为"符号互动论"。后来经过许多学者的补充和发展，符号互动论的观点进一步完善。①

它的核心观点包括：

1）社会是一个意义系统。对个人来说，介入与语言符号相关联的共认意义是人际活动，从中产生出引导行为使之遵循可预期格式的稳定而又共同理解的各种期待；

2）从行为学的观点看，社会现实和物质现实都是标明的意义构成，由于人们单独和集体地介入符号互动，他们对现实的解释既社会常规化，也个人内在化；

3）符号是结合人们的纽带，人们对其他人的看法以及他们对自己的信念，是从符号互动中产生出的个人意义构成。因此，人们对彼此和自身的主观信念是社会生活中最有意义的事实；

4）在一特定行动情况中，个人行为是受人们与那种情况相联系的看法和意义支配的。行为不是对外部来源的刺激的自动反应，而是对自己、他人及所处情况的社会要求所得到的主观构想的产物。②

简言之，符号互动论强调的是：人类之所以认识自我，形成群体，构成社会，都是通过符号交流而进行的。罗杰斯指出："芝加哥学派的学者构成了一个以人类传播为中心的人格社会化的理论概念体系……即后来被称为符号交互论的观点。"③ 这对于传播研究来说是非常重要的。

三、符号的特征与类型

（一）符号的特征

1. 符号的指代性

符号指向某种事物或意义，但并不是这种事物本身或其同质延伸。换句话说，符

---

① [美]查尔斯·霍顿·库利.人类本性与社会秩序[M].包凡一等译.北京：华夏出版社，1989；[美]乔治·赫伯特·米德.心灵、自我与社会[M].霍桂桓译.北京：华夏出版社，1999.

② [美]梅尔文·德弗勒，桑德拉·鲍尔－洛基奇.大众传播学诸论[M].杜力平译.北京：新华出版社，1990：40-42.

③ [美]埃弗雷特·罗杰斯.传播学史：一种传记式的方法[M].殷晓蓉译.上海：上海译文出版社，2005：119.

号与其所指代的事物之间没有必然联系。符号只是指称和代表某个事物，它只有与这个事物建立联系后，才获得了它存在的地位，但这种联系却不是必然存在的。

举例而言，汉语中的"人"和英语中的"human"都是一个符号，指代人这种高等动物。但是，既然同一个事物可能有两个符号，说明这种符号与其指代事物之间的联系并非唯一。关于"仓颉造字"，现代的语言学家曾经杜撰过一个有意思的故事，恰好能说明符号及其指称对象之间关系并非必然。

据说，仓颉造字后，受到黄帝的称赞和人民的景仰，因此逐渐狂妄自大起来。一个老人为了教训他，就前往他的住所去，问他说："仓颉，你造的字，有几个我不明白，特来请教一下。你造的'牛'这个字，为什么只有一条尾巴，而没有四只腿？而'鱼（魚）'这个字，反倒有四条腿？"仓颉一听，心里有点发慌。原来当初"牛"这个字是用来指代水中的游鱼，而"鱼"这个字用来指代田里的耕牛，却由于自己的马虎，张冠李戴了。老人又问："你造的'重'这个字，是'千里'，应该是出门之意；而'出'这个字，两山相叠，明明是形容物之重，这两个字怎么也弄反了呢？"仓颉更加汗流浃背，从此造字的时候更加兢兢业业，不敢出半点差错。

这个故事，当然是杜撰，但却恰好告诉我们符号的指代性不是唯一的、必然的，如果最初我们使用了另外一个样子的符号，现在的语言可能就是完全不同的情况了。所以，符号与其指称对象的关系，是人们在长期的经验中约定俗成的，是"来自公众对用什么符号代表某一意思的一致意见"（施拉姆语）。人们通过将符号指代某种事物而赋予了符号一定的意义，这种意义不是符号所固有的，而是人赋予的。

2. 符号的社会共有性

一种符号都是在特定的社会中经过历史的积累而创造、发展与丰富的，因此，符号具有社会性，是一定社会成员所共有的。正因为如此，一个社会中的所有成员可以利用共有的符号系统进行信息交流，从而协调行为，建立关系，进行互动。

虽然符号是社会共有的，但是并非所有方面都是社会共有的。符号包括符号形式（能指）和符号意义（所指）两个方面。符号形式是指人们感官可以感知的部分，如文字的字形与读音，如绘画图形、汽笛鸣叫、人体动作等。符号意义是指符号所包含的内容和概念。具体而言，社会中人们共有的是符号的形式、符号的指说对象和符号的部分意义，而非全部意义。

社会成员所感知的符号形式都是共同的，其所指代的目标对象也是人们知晓、并达成一致的。然而，符号的意义方面，社会成员的认识和理解却有相当大的差异。

符号意义可以分为表示性意义（或称辞典意义）和内涵性意义（或称引申意义）。前者指在符号与指说对象首次联系中产生的意义，适用于所有使用符号的社会成员。人们在这个层面上，可以有一致的看法，其意义是大家共通的。这是社会中信息传播活动的基础，否则人们无法进行基本的交流。后者指在符号与指说对象二次联系中产生的意义，它适用于一个或几个人，也可能适用于社会中的部分成员，这是社会成员的个体经验的产物。这种意义不能做到所有人共通，不过，在一定范围内，它为一部分人所共有。各种俚语、隐语、行话、切口、黑话，以至如今的网络语言，都可以表明符号的这种复杂的社会共有性。

由此可见，一方面，一个符号引起个人的反应是不同的，它是个人根据长期积累的全部经验作出的，所以对每个人来说都是独特的，从这个意义上说，意义是个人性的，绝不可能全部表达出来或同其他人的完全一样。另一方面，社会又必须要有一定的共同的表示性意义作基础，这样，社会成员才能在一起沟通；同时要有一定程度上的共同的内涵意义，这样社会才能和谐融洽地生活。

3. 符号的发展性

人类传播所使用的符号是发展的。一方面，人们每天都在创造着新的符号，以适应日益丰富的生产及生活实践。这些新的符号一旦进入社会传播领域，就会成为新的中介或象征物而被广泛使用，甚至还可能形成具有独立性的一套新的符号体系。另一方面，人们旧有的符号也在不断地被淘汰、改造和更新。有的保持原有的符号形式，但是被赋予了新生的意义；有的包含了原有的意义，却更换了新的符号形式。

人们创造出的新符号不断涌现，但是主要出现在语言符号领域。人们依靠不断创新的语言，对层出不穷的新事物进行描绘，目的主要还是为了相互区别，即命名行为；同时也不断增加对新的社会现象的认识，从而发展人类的知识与文化。例如，互联网（Internet）这个词，在 50 年前是不存在的，它是随着这一新兴事物的发展壮大而为人们创造并熟知的，现在已经成为人类生活中使用频率极高的词汇。同时，在互联网交流中，一些新的词汇诞生了，而一些旧的词汇被赋予了新的意义，例如"灌水"这个词，就专指在网络论坛中发无意义帖子的一种传播行为。

在其他符号领域，人们也在不断进行创造和更新。在 19 世纪末期电影诞生之后，人们开始用具象的活动画面和声音来讲述事件、传播观念，逐渐形成了专门的视听语言，它成为具有独立性的一套新的符号体系。这说明，人类传播使用的符号是在不断发展的过程之中的。

（二）符号的类型

符号现象是人类社会的普遍现象。为了更清楚而深入地认识符号，我们需要对符号进行分类，分别研究不同类型符号的差异。

索绪尔是近代最早对符号进行分类的学者。他将符号分为语言符号和非语言符号，后者包括聋哑人的体语、象征仪式、礼节仪式、军用信号、习惯等。他认为，语言是人类符号系统中最重要的。

皮尔士的分类则更加详细。他从三个层面对符号进行分类，共计三大类别，66 个种属。如果按照符号本身分类，可分成性质符号、实事符号、通用符号等；按符号同其对象的关系来分类，可分为图像符号、指引符号、象征符号等；按在解释活动中符号的状态来划分，可分为词类符号、命题符号、论辩符号等。

尽管对符号的分类有许多不同的方法和观点，但是基本的共识是，符号可以划分为基本的两大类：语言符号和非语言符号。传播学研究符号也是从这两个层面进行的。

1. 语言符号

人类社会中最重要的符号系统就是语言，它是人们进行交流、沟通的最主要的工具。语言是伴随着人类社会的产生而形成的，是人们在长期的社会交往中约定俗成的。它以语音和字形为物质外壳，以词汇为建筑材料，以语法为结构规律。

语言、意义、思想三者之间的关系是如此的不可分割。语言是思维的手段，是思想的直接现实，语言将人的思维活动和认识活动的结果用词、语、句记录下来、固定下来。总之，思想与语言是不可分的，传播与语言也是不可分的。因此，对于传播学来说，"理解语言原理是这一学科的核心"。

由于构成人类语言实体的是物质化的语音和字形，因此语言这一符号系统又可分为两个子系统：有声语言和无声语言。

2. 非语言符号

非语言符号是指不以人工创制的自然语言为语言符号，而是以其他视觉、听觉等符号为信息载体的符号系统。

虽然语言是人类最重要的符号系统，但是非语言符号同样在日常传播活动中扮演着不可或缺的角色。美国学者 L. 伯德惠斯特尔估计，在两个人传播的场合中，有65％的社会含义是通过非语言符号传递的。专门研究非语言符号的艾伯特·梅热比也提出了一个公式，说明非语言符号的重要作用。

沟通双方相互理解＝语调（38％）＋表情（55％）＋语言（7％）

公式中的"语调"与"表情"均为非语言符号，这个公式表明了人际传播中非语言符号所能传递的信息远远大于语言。但是，他也说明：语言可以传递任何信息，而非语言符号传播意义的范围就有限。传播主题越抽象，不用语言就越难表达。

非语言符号可以分为基本的两大类：视觉性非语言符号和听觉性非语言符号。

1）视觉性非语言符号：包括动态的视觉性非语言符号和静态的视觉性非语言符号。

动态的视觉非语言符号，包括体语（以及舞蹈语言）、运动画面、人际距离等。

体语是以人的身体动作表示意义的符号系统。体语一般包括手势、运动体态、面部表情、触摸、眼神等。体语在实际的传播活动中可以发挥替代、辅助、表露、调节、适应等功能。

运动画面主要是指电影、电视、网络视频等媒介中使用的一种符号系统。在这个二维空间中，运动画面利用其光影、色彩、构图以及画面的组接和转换等元素来传递信息。

人际距离的符号性是由美国人类学家 E. 霍尔提出的。他认为人际距离与人互动的结果，即人际关系，有很大联系。一般而言，关系越密切，距离就越近；距离越远，表明关系越松弛。他研究了不同文化背景下的人际距离，提出"空间也会说话"[①]。他继而提出人际距离可以据此划分为四个区域：亲密区、熟人区、社交区、演讲区。不同的人际距离对传播情境和传播内容起到了制约和补充的作用。

静态的视觉非语言符号，包括静止体态、象征符号、实义符号乃至衣着、摆设、环境、雕塑、绘画、图片等。

人际互动过程中，静止体态不仅能沟通双方的思想和感情，而且它的不同样式还反映出双方社会地位和审美的区别（戈夫曼语）。

象征符号代表某个抽象的意义，它往往是特定文化的结晶，如五角星、镰刀斧头等标志和徽记。

实义符号表达某个确定的意义，特征为简洁、形象、直观、易记，如狼烟、烽火、路标、信号旗等。

2）听觉性非语言符号：包括类语言和其他声音符号。

类语言是人类发出的没有固定意义的声音，它是一种类似语言的符号，但是又不像语言一样有明确的字形和读音，也不像语言一样有固定的语法规律可循。类语言包括辅助语言和功能性发声。

辅助语言是指辅助人类口头语言的声音要素系统，主要包括音调、音量、音速和音质。当声音要素系统中的诸要素在口头语言的传播过程中发生变化时，就会导致口头语言意义的变化。通俗地说，说话时的抑扬顿挫会使同一句话产生不同的意思。功能性发声是指人发出的哭、笑、哼、叹息、呻吟、口头语等声音。它们不具有固定意义，往往在不同的情境中表达不同的意义。

简言之，类语言是口语的附加或补充部分。

其他声音符号，如鼓声、口哨、汽笛、乐声等。在特定的传播情境下，某种单一的声音符号也可能担当起传播信息的重任。

总之，语言符号和非语言符号都是人类传播的重要材料。它们无所谓孰优孰劣，而是互相补充、互相渗透。我们可以考虑这两类符号的特性，以便更好地使用它们。

人类传播活动是在利用符号的基础上进行的。我们不仅在使用各种各样的符号，也在不同的层面上使用符号，换句话说，有时一种符号会指向另一种符号，最终才指向某个具体事物。这就要求我们对符号的特性和作用机制有更深刻的了解，才能更深入地理解人类传播。

---

① ［美］爱德华·霍尔. 无声的语言 [M]. 侯勇译. 北京：中国对外翻译出版公司，1995：145.

第三节　大众传播内容

一、大众传播内容的概念与特征

在本节中，我们所研究的传播内容不是泛指一切信息，而是特指人类社会所能够接受和使用的信息，尤其是通过大众传播媒介传递给用户的信息。

（一）大众传播内容的概念

信息、人类社会能够接受和使用的信息、大众传播的信息，三者关系如图 4-2 所示：

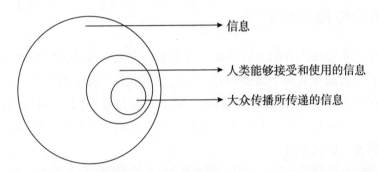

图 4-2　信息、人类社会能够接受和使用的信息、大众传播的信息关系示意图

大众传播的信息，即经过把关人搜集、整理、加工、传播的信息。其外化的形态包括：报刊上登载的文章、图片；广播、电视的节目；书籍、戏剧、电影；以及互联网上的新闻、娱乐及其他各种信息产品，等等。

（二）大众传播内容的特征

虽然大众传播的内容因不同的社会制度、不同的传播媒介、不同的把关者、不同的社会脉络而有所差异，但是与人际传播的内容相比，大众传播内容仍然有一定的共通特点。

1. 公开性

大众传播的内容是面向整个社会的，因而它必然是公开的，不具有隐蔽性和私密性。不过，因传播目的不同，公开的传播内容也会通过特殊的传播方式进行调整，或强化或淡化。

2. 开放性

大众传播的内容是连续不断地进入和输出的，因而它是变化的、开放的系统。大众传播的内容需要随着社会的发展变化而适时进行变化和调整。

3. 大众性

大众传播媒介面对的是大众，它传播的内容必然是以大众作为自己的诉求对象。因而，传播内容的主题和形式等方面都力图适应大众的接受。当然，进入 20 世纪 90 年代后，大众传播的分众化和专业化趋势日见明显，但就其根本来说，大众传播的内容仍然与诉诸小众的人际传播内容或艺术创作有根本性的差异。

4. 复制性

大众传播不是指向单个人的，而是同时传递给社会公众。因此，传播内容产品也不是一次性的、不可重复的，而是复制的。受众有可能同时或者先后享用完全相同的传播内容。

二、大众传播内容研究

正是由于大众传播内容的独有特征，尤其是西方大众传播内容在商业化进程中形成了某些特质，传播学者对于这些内容产品的分析形成了特定的方向。有些学者在其中寻找关键词出现的频率和现实被讲述的方式，进行定量的内容分析；另外一些学者则读解其中隐藏的深层次含义和基本的结构，作定性的文本分析。此外，还形成了独特的易读性测量的研究方向。

（一）易读性测量

既然大众传播内容强调其内容的大众性和形式的平易性，那么，这个行业便要求探讨这种大众性和平易性如何可能实现。易读性测量就是通过一种量化的方法，分析以文字为基础的大众传播内容（如新闻报道、广告宣传材料、产品使用手册、教科书、合同契约乃至文学作品等）如何更容易被人们理解。

1. 易读性测量的研究方法

早在 19 世纪末，就有研究者开始提供有关易读性问题的启示。舍曼（1888）分析了从英国诗人乔叟到美国诗人爱默森的各个时代，文学家们所写下的作品，发现其句子的平均长度逐步下降。但他并没有把句子的长度跟理解的难度结合起来。基特森（1921）则敏锐地指出了这一点。在 20 世纪二三十年代，语言学和教育学的研究者们就这个问题进行了更深入的探讨，并力图使用量化的方式来建立公式，其中影响力最大的是鲁道夫·弗雷奇所编制的"易读性测量公式"，它最早出现在他 1943 年出版的博士论文《易读风格的标志》中，几经修改，在 1949 年的《易读性写作的艺术》中成为目前广为人知的样子。

弗雷奇认为，一份传播内容若能容易为人所理解，最重要的两个维度，一个是降低在语言上的难度，另一个是提高内容中的"人情味"。对于前者，他又详细分解为句子难度和词语难度两部分，分别使用"句子中的平均字数"即句子长度，以及"字的平均音节数"来测量。对于后者，他使用"人称词的使用频率"来进行测量。最终，形成了一套流传甚广的易读性测量办法，它包括两个公式和两个查询表格。

1）易读性公式：

$$R.E.=206.835-0.846wl-1.015sl$$

其中：

R.E. ＝易读性分数

wl ＝每 100 字的音节数

sl ＝每个句子中的平均字数

最终分数在 0 ～ 100 之间，可从表 4-3 中查询其易读等级。

表 4-3　易读登记信息表

易读性分数	类型描述	阅读等级评估
90 ～ 100	很容易	第 5 级
80 ～ 90	容易	第 6 级
70 ～ 80	较容易	第 7 级
60 ～ 70	标准	第 8 ～ 9 级
50 ～ 60	较难	第 10 ～ 12 级
30 ～ 50	难	大学级
0 ～ 30	很难	研究生级

2）人情味公式：

$$H.I.=3.635pw+0.314ps$$

其中：

H.I. ＝人情味分数

pw ＝每 100 字中的人称词数

ps ＝每 100 句中的人称词数

表 4-4　人情味分数信息表

人情味分数	风　格
0 ～ 10	枯燥的
10 ～ 20	较有趣的
20 ～ 40	有趣的
40 ～ 60	非常有趣的
60 ～ 100	生动的

2. 易读性测量的应用与批评

在弗雷奇公式的基础上，后来的学者又进行了改进和改造，或者使其更精确和方便，或者使用电脑技术使其更易操作。也有学者针对广播提出了"易听法测量"。还有的学者提出了新的测量方式，如泰勒（1953）的"完型填空法"等。

最值得传播学者们注意的是，这套量化的研究方法也影响了当代的大众传播业。许多易读性测量的研究者们对包括报纸在内的大量大众传播内容进行了分析，得出的结论往往是：当代的新闻难以读懂。同时，这些研究者们也常常被邀请担任通讯社、报社等大众传播业的顾问。他们为之提出的建议就是：使用提高易读性的做法，以便使得自己更容易被人读懂，从而和电视等媒介进行竞争。如弗雷奇在担任美联社顾问期间，对1948—1950年美联社新闻报道进行了分析，并建议：美联社的记者应该更多采用短句、短词以及人情味的写法。他甚至建议新闻记者的句子不要超过19个词。

这里面隐含着两个问题值得回味。首先，大众传播对易读性的追求显示了这种传播类型的特质，但这种追求有可能忽略了更高层次的目的，如大众传播如何向公众展示一个复杂和丰富的社会，如何提高人们的知识水平和理解力水平而不是一味迎合它；其次，字词难度、句子长度和人情味写法可能是使易读性得以量化和计算的有效变量，但它们绝不是传播内容难易程度的仅有的衡量性要素，更不应该成为大众传播者在制作内容时唯一考虑的重要方面。

易读性测量自身的两个缺陷也值得探究。第一，它仅仅追求量化的方便，而无法揭示发生在读者和其他受众身上的复杂的认知过程。第二，它也没有办法对当前的多媒体传播景象做出有效的分析。

所以，易读性测量或许更适用于基础性的语言学分析。对于大众传播研究来说，仅探讨传播内容是否容易被理解是不够的，我们需要其他更能揭示传播内容的丰富本质的方法。

（二）内容分析

欲对传播内容进行更深入的研究，就要收集并分析各种媒介的传播内容资料，从中了解信息和传播者的意图之间、信息与受众之间的关系。如：通过内容分析，了解某一传播媒介的传播目的及其发展趋势；就同一内容，对不同媒介进行比较分析；研究不同国家传播媒介的宣传方式乃至整体的传播战术；研究受众对内容的理解，等等。

内容分析就是用一系列方法和技巧评价所有传播形式传播的内容。可以是定性分析，也可以是定量分析，或兼而有之。从方法论上来说，内容分析的特征是量化的。正如贝雷尔森所下的定义：内容分析就是"对传播内容进行客观、系统和定量的分析与描述的一种方法"。

早期的传播研究就是从对宣传品的内容分析开始的。第一次世界大战之后，拉斯韦尔进行了宣传分析；在第二次世界大战期间，他又指导进行了一系列美国战争宣传的研究。1942年，美国政府的战时情报局传播媒介署在拉尔夫·纳夫齐格博士的指导下，进行了一系列引人注目的内容分析活动，形成了系列的内容分析方法。他们通过抽样，持续研究了一批报纸和杂志的社论，按照一个拟定好的分类总表对这些内容进行了分类和分析。

此后，大众传播的研究者们也进行了大量的内容分析研究，使它成为传播研究中最具本学科特色的一种研究方法。

1. 内容分析的流程

对大众传播内容进行分析，需要经过抽样、确定类目与分析单元，以及信度、效度分析的过程。

1）抽样

第一步，确定研究对象的总体。总体与研究主题与研究目的有极为密切的关系。

第二步，抽取样本。依据随机原则，或用乱数表、抽签法，或电脑抽样。内容分析中，尤其是具体的大众传播内容分析多采用间隔抽样法。

2）确定类目与分析单元

抽样结束后，开始进入内容分析最主要的部分。类目是内容分析的基本单位，而分析单元则是内容分析的最小单位。类目与分析单元的确立与整个研究的设计有密切的关系，其形成或确立有两种方式，即根据理论框架或过去的研究成果形成或确立，或者根据研究者的需要自行确定。

关于一般传播媒介内容的分析，通常有一套惯用的分类方式。例如，将报纸新闻分成国际、国内新闻，社会、经济、政治新闻，新闻版面、评论版面、副刊，等等不同类目。分析单元通常以栏数或批数为分析单位，即 6 号字 9 个字高为一行，每 130 行为一段，即一栏或一批。分析单元也可以是具体的词语（单字、语干语句），也可以是定性主题、行动类型等。通常是计算在一特定内容种重复出现的次数。研究人员对一定篇幅或时间单位内出现的频率进行评价。

平面媒介的内容分析经常用某一个特别议题或观点在平面印刷中所占的栏目尺寸和数目来进行。电影、电视的内容分析则要难一些，可以用某一主题出现的频率作为一个便于分析的单元，也可以计算某一题目和主题占有的时间。电视和网络视频研究中，还可以对画面进行分析。

系统的内容分析往往可以揭示出受众不易明显察觉的媒介叙述的重点和趋势。

在确定类目和获取量化资料的时候，普遍适用的研究方法主要有两种，即题材分类法与符号编码法。

前者是迄今为止最为常用的内容分析法。这个方法就是将各类分析素材按照题材分为同研究有关的各种类型。特别是在长期的研究项目中，这种分类可以用来作为材料归档的标准。后者方法的历史较短，但是也已经走向成熟。它试图采用统计符号，即重要词汇出现频次的方法，简化题材分类的方法，以加快研究的速度。

例如，通过统计"中东"这一词汇出现的次数，并将它们换成褒（＋）、贬（－）或中性（0）的符号，人们以此确定被调查的传播媒介对中东问题的关注程度和倾向性。但是，由于词汇的多义性，在统计上述词汇出现的次数时有可能出现曲解。因此，要想确定一个统一的标准缺乏可靠的基础。不过，研究者们一般都既用词汇方式，也用短语、句子或段落作为编码单位，以避免误差。

3）信度、效度分析

信度指的是研究方法的可靠性，即是否能够保证反复测量得出的结论比较一致；而效度指的是研究方法的有效性，即所得出的结论是否能够解释预先提出的问题。定量研究一般都要对研究过程的信度和效度进行反思。

2. 内容分析的作用

利用内容分析方法对大众传播进行研究，可以对其进行系统、科学的分析，得到比较可靠的结论。

具体而言，内容分析可以有以下四项作用：

第一，分析某一传播媒介（或整个大众媒介系统）内容的短期和长期趋势。一项值得注意的研究成就是对两次世界大战中宣传的分析，结果发现，从"一战"到"二战"，宣传的趋势是较少诉诸感情，较少说教，而更多地注重报道事实。

第二，对于一个国家的各种传播媒介对同一问题的报道进行比较分析；对于不同国家的具有类似地位的同类媒介的内容进行比较分析。

第三，用以判明大众传播内容是否符合特定标准，如某项法规；研究传播媒介的传播技巧，即如何将复杂事物加以简化、高度概括等；研究某一方的传播战术，如歪曲事实、对比报道以及不均衡的报道等。

第四，用以了解科学、文化知识的传播情况以及观察社会文化、科学材料普及的过程。这种分析可以帮助传播者解决一种特殊信息在传播上的困难以及正确估计能够理解此类信息的受众的类型与数量。①

内容分析的方法可以使我们得到科学的、系统性的研究结论，但是，对于多义的符号交织成的复杂的传播内容，我们还要使用符号学—结构主义等方法来做进一步的探究。

（三）文本分析

传播内容可以被认为是符号化的"信息"，也可以被理解为是"文本"。约翰·费斯克认为："这两个术语常常可以交替使用，指由传播活动中必不可少的符号与符码所组成的某一表意结构。"②

一般而言，文本指的是具有独立性的某个传播内容，而信息往往是构成传播内容的

---

① Janowitz M. The study of mass communication. In: William A, Darity Jr. *International Encyclopedia of the Social Sciences* [M]. New York: Macmillan and Free Press, 1968: 41-53.

② ［美］约翰·费斯克等. 关键概念：传播与文化研究辞典（第二版）[M]. 李彬译. 北京：新华出版社，2004：291.

最小单位。两者更重要的差别在于，信息通常是"那些属于传播过程学派的社会学家、心理学家与工程师"所使用的东西，乃是"被传输的东西"，被视为理所当然；而文本更多是"源于符号学或语言学学派，因而隐含着这样的定义——'意义生成与交换的核心'。于是，一个文本便由一个运行于许多层面的符码网络所组成，从而能根据读者的社会—文化经验产生不同的意义。因此，文本是有问题的，需要进行分析的"。[①]

1. 文本分析的流程 [②]

文本分析需要回答的问题是：一个文本由哪些符号构成，这些符号指代着哪些东西？一个文本如何再现了某个人群、某种观念、某个行为过程？一个文本如何进行叙事，从而讲述了某种二元对立？文本与文本之间如何连接了起来？它们如何聚集成某一个类型，又如何建立了互文性？

对于文本分析而言，重要的不是进行科学的抽样从而找到能代表整体的样本；而是在某个文本中找到与其他文本共享的结构，以及共同生成的意义。

1）符号分析

文本分析方法对符号的见解，更多源于索绪尔及后来的结构主义者，而非皮尔士。索绪尔对符号的剖析强调了其内部结构，即能指和所指；也强调了其外部结构，即纵向聚合与横向组合。例如，"僧敲月下门"的"敲"字，其外形和读音构成了能指，而所指则是一种人类的动作；它与"推""开"等具有类别上的相似性，成为一种"纵向聚合"，而它和"僧""门"等构成了一种"横向组合"，使得这句话成为一个有意义的文本。对文本进行符号分析，就是要看其中的符号是如何从一系列纵向聚合中被挑选出来，并与其他符号构成了一个横向的组合，从而构成了一个意义的有机体。

符号分析不仅可以用来分析文字文本，还可以用来分析视觉文本，例如杂志封面、电影场景、电视画面等。

2）再现分析

再现可以被理解为一个基本的认知过程，即人们如何把一些不同的符号放在一起，从而使复杂的、抽象的概念变得可以理解并具有意义。大众媒介的内容对各种人群、人类行为、社会观念进行了再现，其中最常被分析的是一些人群的再现。例如，女性是如何在媒介中得到再现的？黑人呢？青少年呢？这些再现中隐含了什么样的意识形态？

李普曼的"刻板印象"对于这个分析而言意义重大。这个概念揭示了一个复杂的人群是如何被简化成一种脸谱的，而这种简化的背后存在着意识形态的操控和社会权力关系的再造。

3）叙事分析

一切文化实践都可以被看作是一种叙事，它把过去、现在和将来的事件素材组织

① ［美］约翰·费斯克等.关键概念：传播与文化研究辞典（第二版）[M].李彬译.北京：新华出版社，2004：291.

② ［英］利萨·泰勒，安德鲁·威利斯.媒介研究：文本、机构与受众[M].吴靖等译.北京：北京大学出版社，2005.

成一种叙事结构。大众传播内容无论从宏观整体还是从微观单个文本的角度而言都可以作为叙事来进行分析。电影、电视剧、新闻报道是叙事，即使是新闻评论和风光片也在使用某种叙事结构。

叙事分析的基本思路来自于结构主义。沿着索绪尔的思路，列维－斯特劳斯对神话进行了叙事分析，指出了叙事的基本结构是二元对立。普洛普的叙事功能论、托多洛夫的符号矩阵则进一步指出了各种叙事文本分享着一些共同的结构。从这些结构中，我们可以发掘意识形态是如何讲述二元对立的，它为文本的解读者建造了一个意义的空间。

4）类型分析

大众传播的内容不是个人创造，而是一种工业产物。商业化的生产要求媒介产品可以分门别类，根据某些特征划入某种类型。例如，一部电影可以被归为喜剧片、惊悚片或西部片，一个电视节目可以被归为谈话节目、游戏节目或选秀节目，一本杂志可以被归为时尚杂志、财经杂志或新闻杂志，等等。

进行类型分析，也就是在寻找文本与文本构成的模式。在这种模式背后，有媒介符号组成的惯例，也有商业操作的手法，同时也有意识形态的再生产。

5）互文性分析

文本与文本之间的连接不仅在于类型，还在于互文性。所谓互文性，指的是某个文本与其他文本所分享的模式、角色、内容、对白、道具等要素，或者直接衍生自其他文本。互文性使得文本不是单独存在，而是互相连接的。互文性分为水平维度和垂直维度两种互文，在大众传播内容产品中，几乎所有的文本都必然与其他文本产生互文。在广告中，互文尤为常见，我们经常可以发现一个广告在借用另一个流行文本的角色或者叙事。

互文性对于受众来说，可以更容易进行解读、获取某种意义，甚至得到一种特殊的愉悦。对于生产者来说，互文性可以便于生产和促销。而对于研究者来说，探讨互文性能够理解社会主流意识形态是如何在文本的连接中被加固的。

6）意识形态分析

无论是从哪一个角度和侧面对文本进行分析，最终都必将导向对文本背后的意义的探析，即意识形态分析。意识形态自马克思阐发之后，得到阿多诺、阿尔都塞等西方马克思主义者的进一步探究，而葛兰西则用"霸权"（hegemony）这个概念强调指出，意识形态不仅是社会统治阶级的意念的反映，同时也在谋求社会合意，从而成为控制社会的手段。

大众传播的内容，正是在某种程度上展现了统治阶级的意识形态。通过细致地对文本进行剖析，我们可以在看似客观中立的新闻报道、看似仅供娱乐的电视剧、看似杂乱无章的音乐电视背后，发现这种社会意识形态的深层操控。

2. 文本分析的作用

文本分析在量化的内容分析之外，开辟了理解大众传播内容的另一个方向。具体而言，它的作用主要体现在：

第一，它分析了含义复杂的符号运作的各种方式，为深入探讨大众传播内容的构成做了重要的工作，也为反思文化生产的基本规律打好了基础。

第二，它揭示了大众传播内容的深层含义，有助于剖析社会权力体系和意识形态观念的运作，并有助于进一步探究受众对此的种种解读。

第四节　网络传播时代的内容

随着数字技术、网络技术、计算机技术、移动通信技术等的发展，网络逐渐成为信息传播的主要阵地，人类社会进入了网络传播的时代。

在网络传播时代中，依托互联网媒介，出现了许多区别于传统大众媒体的新的媒体形式，包括以网络传播为主的新媒体，将传统媒体与新媒体进行融合的融媒体，以及融媒体的最终形态——全媒体。这些新的媒体形式相比大众媒体有着新的特征，因此也发展出了新的传播内容。

一、新媒体内容的概念

新媒体（New Media）是最早由美国哥伦比亚电视网（CBS）技术研究所的所长戈尔德马克（P. Goldmark）于 1967 年的一份电子录像商品开发计划书中提出的一个概念，他在技术书中将电子录像（EVR）称作"新媒体"。

直到目前，学界对于新媒体的概念仍然众说纷纭，没有形成一个统一的定义。[1]新媒体的新是相对于报纸、广播、电视等传统媒体而言的，因此，"新"只是一个相对的概念，在下一个新的媒体形态诞生以后，现在的"新媒体"也会变成"旧媒体"。

不过，在当下的环境中，我们仍然可以用新媒体来指代以数字技术、网络技术和智能技术为技术架构，以互联网为传播渠道，以计算机、手机、网络电视等终端为传播媒介的媒体形式。

新媒体的主要表现形式可以分为两个层次：第一个是 PC 端新媒体，包括搜索引擎、网络电视、各类网站（门户、新闻、视频等）、网络报刊以及其他需要借助个人电脑使用的媒体形式；第二个是移动端新媒体，包括微信、抖音、手机电视以及其他能够通过手机等移动端使用的媒体形式。[2]目前，这两个层次的新媒体已经有了一定的交叉与融合，可以同时在 PC 端和移动端使用，并且实现 PC 端与移动端的互联互

---

① 匡文波. 新媒体概论（第三版）[M]. 北京：中国人民大学出版社，2019：3-4.

② 匡文波. 新媒体概论（第三版）[M]. 北京：中国人民大学出版社，2019：8.

通。例如微信就有网页版、客户端版、平板电脑和手机的 App 版，并且可以同时登录，实现文件的自我传递、内容的同步浏览等功能。

新媒体内容，就是通过网络媒介生产和传播的内容。作为大众媒介之一的网络媒介，新媒体内容与大众传播内容本质上没有太大的差别，都是人类能够接受和使用的信息。大部分的新媒体内容都可以划分到大众传播内容，但又与大众传播内容有所区别。

网络媒介与传统大众媒介之间不同的特征，导致新媒体内容与大众传播内容之间也产生了较大的差异。由于网络媒介集合了所有大众媒介的形式，都是通过文字、图片、音频、视频等载体进行信息的传播，所以这种差异不体现在内容的形式层面，而是体现在内容本身以及内容的生产、传播和接收方式上。

二、新媒体内容的特征

新媒体内容的特征与大众传播有着明显的重合，大众传播的内容公开性、开放性、大众性、复制性在新媒体内容中也均有体现。除此之外，新媒体内容又衍生出了许多大众传播内容所不具备的新特征，表现为以下几个方面：

（一）互文性

互文性（intertextuality），也称为"文本间性"，是法国符号学家茱莉亚·克里斯蒂娃（Julia Christeva）提出的一个符号学理论，一般指不同文本之间的相互关系，每一个文本都是对其他文本的吸收与转化，它们互相参照并且互相牵连。互文性通常用于语言学和文艺学的研究。在网络传播中，内容互文性的典型表型形式为"超链接"（Hyperlink）或者超文本。超链接指的是一种能将网络中的任意两种元素连接在一起，并可以进行跳转的互动关系。用户通过点击超链接对象，就可以跳转到与当前对象相关联的其他对象。超文本是一种依托超链接形成的非线性的文本组织方式，模拟的是人类跳跃性的思维方式。

（二）互动性

人类的传播活动从本质上来讲就是一种互动行为，即便是在大众传播中，受众被动地接受信息也算作一种潜在的互动。而网络媒介的出现，再次将人类传播活动中的互动性展示在台前，无论是早期的聊天室、网络社区，还是现如今纷繁的社交媒体，其核心都是为了满足人的互动欲望。因此，互动成为新媒体内容的一种主要表现手法，内容的生产逻辑从单方面的输出转变为双向的互动，加强用户的参与感，从而提升传播效果与用户黏性。目前为止已经诞生了大量的互动内容作品类型，例如 H5 网页、网络直播、互动综艺、互动电影、互动剧、VR/AR 游戏等。此外，互动性的英文"interactive"在中文中也有交互性的意思，因此二者在语义上可以进行互换。但是交互性更多运用于计算机领域，指的是人与机器之间的互动，同时也是人与媒介之间的互动，它的基础是人工智能技术和物联网的发展。在当前新媒体内容的交互性主要体现在如人与智能语音助手的交互、人与智能穿戴设备的交互等等。

（三）体验性

新媒体内容互动性的目的，就是为了给网络用户带来最佳的体验，因此体验性也成为新媒体内容的核心，其最终效果就是给用户带来足够的沉浸感。新媒体内容的体验性主要表现在传播场景的建构之上，场景是否有效将直接决定着内容的体验。例如当前的手机游戏，即便是单机游戏，也大多会在游戏大厅或者游戏主页上设置一个诸如好友排名的功能，这就构建了一个虚拟的社群场景，使得玩家之间产生了连接，从而提升游戏体验；又如网络视频中的互动选项，有投票、答题等多种形式，给用户带来了强烈的参与感，多机位的选择同时也能给用户带来在场感；诸如《隐形守护者》等真人出演的网络互动影像游戏，将影视和游戏融为一体，让用户能够进入故事场景，化身为主角完成故事；而 VR、AR、MR 等虚拟现实技术，更是能让用户置身于场景当中，获得类似于真实的体验。

（四）再创化

再创化指的是新媒体内容可以在原有内容的基础之上进行二次编辑或者二次创作，实现内容的实时更改。在文字内容的方面，表现为稿件、帖子、评论等内容的修改或删除；在图片内容方面，表现为图片信息的修改、增添或擦除，例如微信转发图片时可以直接选择在图片上添加文字、线条、马赛克等；在影像内容方面，表现为大量的二次剪辑作品，以及诸如抖音等软件在拍摄好的视频或者直播画面上实时添加特效、美颜、滤镜等效果。这些是大众传播内容无法做到的。

（五）碎片化

随着移动社交媒体时代的到来，人们的时间被分割得越来越碎，人们在任何场景都能通过手机等移动媒介在网络中浏览内容，因此就导致了新媒体内容的碎片化，即内容的创作者，为了快速吸引用户的注意力，就必须改变原先内容的叙事结构，将吸引人的内容提前，并且大幅缩短篇幅，让用户能够短时间内接收完所有信息。短视频就是新媒体内容碎片化的最好代表。

（六）可视化

从可读化到可视化，是新媒体内容的发展趋势，即从静态文本的阅读，到动态视频的收看。在网络速度大幅提升、稳定性大幅加强以及视频拍摄制作和发布门槛的大幅降低之后，视频内容尤其是短视频呈现出了井喷的状态，成为新媒体内容最主要的形式。

（七）智能化

随着大数据和云计算技术、AI 技术的发展，人类正在迈入智能化时代。在新媒体内容中，智能化也是正在出现的新特征，主要表现在三个方面：首先，新媒体内容分发的智能化。新媒体内容经过大数据的收集和分析，能够根据用户的喜好得到"用户画像"，然后在智能推荐算法作用下，垂直、精准地将内容分发到对其感兴趣的用户面前；其次，新媒体内容生产的智能化。同样是在大数据和算法的作用下，可以根据不同的用户群体进行内容的定制，生产出该群体用户喜闻乐见的内容，实现内容的个性化，例如 Netflix 公司的网剧《纸牌屋》，就是以大数据和智能算法的结论生产出的内容，并且获得了成功；最后，新媒体内容生产者的智能化，即人工智能参与到内容的生产中。

（八）多样化

多样化指的是新媒体内容生产者的多样化。大众传播时期的内容生产大多是OGC（Occupationally Generated Content）的模式，即职业生产内容，大众传播内容的生产是这些生产者专业和职业，具备较高的门槛，因此生产出的内容大多比较专业。在早期的门户网站，OGC 的内容生产模式较为常见。

到了社交媒体时代，新媒体内容的生产不再被专业的媒体机构垄断，大量的用户可以参与到生产当中。用户生产内容最早也是由较为专业的人士来进行的，出现了 PGC，即专业内容生产的模式，生产者大多是在某些领域具备专业知识的人士或专家。

随着互联网不断地发展、内容生产门槛的降低，以及网络用户内容审美的分化，非专业用户也参与到了内容的生产当中，出现了 UGC，即用户生产内容的模式，指用户将自己原创的内容通过互联网平台进行展示或者提供给其他用户。

而随着人工智能技术的不断发展，新媒体内容的生产又出现了一个新的模式，即机器生产内容，（Machine Generated Content，MGC），指通过机器深度学习、多模态等技术的应用，使得机器能够辨别、分析、处理甚至理解音视频和文字图片内容，从而根据指令自动生成内容也可称为 AIGC。例如当前的新闻写作机器人、虚拟主播等。AIGC 将会是未来新媒体内容的一个主要的发展方向。而在未来的智能媒介时期，无论是 OGC、PGC、UGC 还是 MGC，对于内容的生产而言还是远远不够的，而是要依靠"人（创作者）—机互动"，乃至"人（创作者）—机—人（用户）互动"完成，从而实现传播内容的"众创"（Crowd-creativity）。

本 章 小 结

人类传播的基本材料是信息，它是不确定性的减少与消除。传播学中研究的信息是人的一种精神创造物。信息论、控制论和系统科学带动了信息技术的进步，引发了人类社会的信息化进程。

符号是承载信息的象征物。它是人类社会的创造物。它主要包括语言符号和非语言符号两大基本类型。

大众传播内容归根结底是信息。它的特征包括公开性、开放性、大众性和复制性。在西方国家，大众传播内容的低俗化引起了学者们的反思。

易读性测量体现了大众传播内容对大众性的追求。对于大众传播内容更深层的研究，可以使用内容分析和文本分析两种方法来进行。

新媒体较之传统媒体，体现出的是强烈的互动性。因此，新媒体内容的生产、传播逻辑也从根本上发生了转变，所有的内容都是为了人的交互服务。

网络传播时代，主流媒体承担起了社会治理的责任，出现了融媒体和全媒体的新形式，其传播内容也从以往的信息扩展到了社会服务。而主流媒体想要更好地参与社会治理，离不开智慧全媒体传播体系的建设。

思考题：

1. 什么是信息？信息的特征是什么？

2. "SCI" 三论都包括什么？都是由谁提出的？各自的含义是什么？

3. 如何理解信息社会？信息社会之后将会是什么？

4. 请尝试简述一个符号学的理论。请尝试用大众传播的内容分析方法分析一个感兴趣的案例。

5. 请简要概述一下什么是新媒体、融媒体、全媒体，三者的关系是什么？

第五章 传播媒介论

第一节 传播媒介

一、传播媒介的界定

二、传播媒介的发展

三、认识传播媒介的意义与原则

第二节 媒介理论

一、英尼斯：传播的偏向

二、麦克卢汉：媒介诸论

三、波兹曼：技术批判

四、梅罗维茨：媒介情境论

五、德布雷：媒介学与"媒介域"

六、基特勒：媒介物质性

七、齐林斯基：媒介考古与媒介变体

八、卡斯特：网络社会

第三节 智能传播时代的媒介

一、智能传播时代的新媒介技术

二、智能传播时代的媒介特征

三、智能传播时代的传播趋势

本章要点：

1. 传播媒介是传播过程的重要组成部分，没有了媒介，传播就无法进行。传播媒介经历了从单一到综合、从简单到复杂的发展过程。

2. 具体了解不同媒介理论家的媒介理论，有助于我们更全面地理解媒介。

3. 智能传播时代的媒介相较于以往有了全新的特点，需要我们去积极地认识它们、深入地了解它们并合理地使用它们。

CHAPTER 5
第五章

传播媒介论

我们塑造了工具，工具又塑造了我们。

传播媒介是传播过程的重要组成部分，也是大部分传播行为得以实现的重要物质手段。对于人类的信息传播行为来说，如果缺少了媒介，也就只能局限在非常狭小的时间和空间范围之内，能参与传播的人非常有限，能得以传播的信息量很少，传播的效率、速度也都非常低下。对于大众传播活动来说，传播媒介更是不可或缺的工具，而到了智能传播时代，媒介的外延更是被极大程度地扩张，向着"万物皆媒"的方向演进。

传播媒介研究的流派与方向众多，一方面涉及媒介工具本身的物质特性和符号传播特性，另一方面涉及媒介影响下的社会与文化。同时，在不同的社会、历史、文化语境的影响下，对于传播媒介的研究也呈现出了显著的差别。总体而言，媒介研究有一个宽广且复杂的体系。

但无论是什么样的媒介研究，其最终的落脚点还是人类的传播。

第一节 传播媒介

一、传播媒介的界定

媒介即中介或中介物，存在于事物的运动过程中。传播意义上的媒介是指传播信息符号的物质实体，如施拉姆所说："媒介就是插入传播过程之中，用以扩大并延伸信息传送的工具。"[①] 面向大众传播信息符号的物质实体，我们称之为大众传播媒介，包括报纸、杂志、广播、电视、电影、书籍、网络等。以传播新闻信息为主的物质实体被称为新闻媒介，它包括报纸、新闻性杂志、广播、电视等。

---

① [美]威尔伯·施拉姆，威廉·E.波特.传播学概论[M].陈亮等译.北京：新华出版社，1984：144.

　　媒介是一种复杂的事物，界定和认识它的角度有很多方面，施拉姆甚至把大众传播媒介出现之前的鼓声、烽火乃至宣讲人和集市都归入媒介之列。对当代的传播学研究而言，我们界定媒介，可以沿着以下的思路进行。

　　首先，媒介是一种物，而非人。为了扩大和延伸信息传送，传播者可能使用传播工具，也可能会借助某些代言人。但是，人与工具在传播过程中的地位和特性是迥异的，应当区分进行研究和分析。即便是在智能传播时代，将人类身体作为媒介界面的赛博格（Cyborg），虽然使得传播主体的主体性发生了根本性的变化，但也无法断言人就完全成了一种媒介。

　　其次，媒介与传播形式不同。传播形式归根结底是人们的传播活动，例如口头传播、书信传播等。这些活动可能会使用不同的工具即媒介来进行，例如，口头传播可能会借助电话，当代的书信传播可能会使用互联网等；同时，一种媒介工具也可能会服务于不同的传播形式，例如互联网可能同时应用于口头传播、书信传播等人际传播活动，也可能会应用于更复杂的大众传播活动。

　　再次，媒介与符号不同。符号是一种指称或代表其他事物的象征物，它本身是信息的载体，是传播内容的构成物。而媒介则是符号的载体，它并不指代其他事物，也并不直接构成传播内容。例如，文字是一种符号，而纸张是一种媒介，当传播者将文字书写在纸张上并通过大雁、驿站、邮局寄送给信息的接收者，就是一种书信传播形式。从这个角度看，鼓声、烽火本身在指代某种意义，它们是符号，而非媒介。

　　最后，媒介与媒体也应当区分开来。媒介是一种物质实体，是传播信息所使用的工具；而媒体是一种媒介组织，指的是拥有、使用并经营媒介的机构。因此，广播是一种媒介，而广播电台则是一种媒体。当然，在目前的使用情况中，媒介和媒体两个词经常被互换使用，这种使用方式源于这样一种认识：所谓的当代大众传播媒介，实际上是由物质工具和组织机构共同构成的一个系统。所以，当我们提到"广播媒介"的时候，往往也是同时在考虑它作为物质工具和组织机构的双重存在。

　　总之，传播媒介是传播过程中的重要渠道，它虽然本身不构成传播内容，但却是传播内容得以扩散的重要工具。

二、传播媒介的发展 [①]

　　传播媒介经历了从单一到综合、从简单到复杂的发展过程，这一过程与人类文明的进步是同步的。实际上，我们在第二章讲述的人类传播的演进，正是人类传播媒介的发展历史。

---

① ［美］威廉·麦克高希．世界文明史 [M]．北京：新华出版社，2003；李彬．全球新闻传播史：公元 1500—2000 年 [M]．北京：清华大学出版社，2005．

在人类创造出大众传播媒介之前，人类已经使用语言、文字及其他非语言符号传播了许多年。为了使这些符号能够突破时空的限制，向更多的人进行传递，人们发明了众多媒介。我国的古人将文字刻在竹简上，书写在丝帛上；古埃及人用树枝蘸着染料将文字写在一种宽而柔的草叶上；古罗马人将文字写在羊皮和黏土上。等到中国人发明的纸张传遍世界，人类的文字可以借助这种工具传递远方，也可以流传后世。

最早的文字传播是通过抄写来进行的，主要是书籍和书信，也包括最早的人类新闻媒介，如古罗马的《每日新闻》、古代中国的"邸报"等。直到资本主义商品经济开始兴起，意大利威尼斯等地出现了手抄新闻，传播工具也没有真正发生实质性变化。

为了进行规模化的复制，人类发明了印刷术。中国古代的雕版印刷在经过古腾堡的改造之后成为现代印刷术。它的发明不仅使得传播内容的大规模复制成为可能，也催生了真正的当代大众媒介。17世纪，在德国出现了近代报纸，这是人类第一种大众媒介的诞生，它是物质工具上的更新，更是传播系统的进步。

19世纪，新的媒介革命开始萌生，出现了记录影像的摄影技术和电影技术，它们是最早传递具象符号而非抽象文字符号的近代媒介。20世纪出现的广播、电视更使传播媒介发展壮大起来，人们对传播媒介的利用和依赖达到了空前的程度。随后，一系列新的信息传播技术不断改变着传播媒介的面貌，包括卫星、有线技术、数字技术等，而建立在电脑和网络基础上的互联网更是给当代人的生活带来了前所未有的冲击。

21世纪，伴随着通信技术、虚拟技术和智能技术的发展，媒介的含义也在进一步发生着转变。VR、AR等虚拟技术大大延展了媒介场景的内涵，时空的限制变得更加微弱；新一代信息传播技术使得人与物的联系更加紧密，人们获取信息的渠道不再仅仅局限于一个又一个的终端，而是可以与各种物质进行联通；大数据、人工智能等技术使得媒介的主动性大大增强，媒介可以实现与人的交互，成为更加"拟人性"的存在；同时，媒介在今后也将有可能成为人体的一部分，而不只是"人的延伸"，后人类（Posthuman）和赛博格／赛博人将会成为新形式的媒介；此外，在一些学者眼中，媒介的概念也不仅仅局限于传统意义上的物质实体，自然界的生物也被当作可以帮助人进行交流或者进行某种情感投射的媒介，抑或是一种作为技术的活体的存在，比如宠物、植物、昆虫，甚至于没有实体的"灵体"也已成为媒介的一种。"万物皆媒"的时代到来了。

总之，传播媒介发展变化的过程是与人类文明史同步的。在人类社会中，占据主导地位的传播媒介经历了早期符号媒介——手抄媒介——印刷媒介——电子媒介——网络媒介——智能媒介——"万物皆媒"的发展历程。

三、认识传播媒介的意义与原则

（一）认识传播媒介的意义

传播媒介是人们用来传递信息符号的中介物，是一种物质实体。我们可以使用它、控制它来进行传播，而传播媒介也以其自身的规律及特点反作用于整个传播过程。如果使用得当，传播媒介可以提高传播效果；如果使用不当，传播媒介反而会制约传播的意图。因此，我们必须认识和了解传播媒介的特点及其自身的规律，这样才能为传播工作做好准备，才能提高传播效果、实现传播意图。

具体而言，充分认识传播媒介可以使我们：

第一，把握传播媒介的特点及其规律，充分认识我们进行传播活动的物质手段。通过研究传播媒介，可以清楚地认识每一种媒介的优势、劣势及其运作的基本规律。

第二，遵循传播媒介的基本规律，不断改进传播工作。把握媒介的规律才能熟练地驾驭和使用媒介，如果对媒介特点认识不清甚至认识错误，那么传播活动必然会扬短避长，抑制了媒介的优势，缩减了传播的效果。

第三，认清传播媒介的发展方向，顺应进步的潮流。在传播的演进中，媒介的发展是最迅速的。随着科学技术的进步、经济水平的增长、媒介种类的增多、传播水平的提高，人类不断发明出新的传播工具，旧有的传播工具也不断提高其性能和效率。

总之，正确认识媒介的特点及规律，对于我们立足现实，更好地使用媒介、提升传播效果意义重大；对于我们面向未来，跟上媒介发展潮流也有重要的作用。

（二）认识传播媒介的原则

传播媒介是不断更新的。它由最初的单一媒介发展到今天的多种媒介，每种媒介又吸收、借用了其他媒介的优势。因此，我们认识传播媒介也应该多角度、多侧面地进行，只有这样才能全面把握各种媒介及其规律。

1. 施拉姆：认识媒介的八个原则 [①]

施拉姆曾经提出，认识和分析我们所使用的传播媒介可以从以下的角度进行：

第一，它们所刺激的感官。媒介为符号通过所提供的渠道是听觉的、视觉的还是其他。"能够同时与尽可能多的方面进行交流看来也是有利的"，但是，"一个人绝不可能从通向两种感觉器官的传播获得双倍于只通向一种感官传播的信息量"。

第二，反馈的机会。不同媒介的反馈速度及数量不尽相同。面对面的双向交流较大众传播而言，反馈的机会更多。大众媒介为了获得及时的反馈信息以调整传播行为，必须付出专门的努力。

---

① ［美］威尔伯·施拉姆，威廉·E.波特.传播学概论[M].陈亮等译.北京：新华出版社，1984：123-129.

第三，速度的控制。不同的媒介在其传播的可控性上有所不同。面对面的交流是双方共同进行的一种控制，而大众传播媒介的情形各有不同，广播和电视很少给受众提供对传播速度的控制权，但印刷读物的传播速度则可由读者自行控制。

第四，信息代码。不同媒介使用不同的信息代码。面对面交流中除了使用口头语言之外，还使用了其他许多非语言符号。印刷媒介以文字符号为主，易于做到抽象化；而视听媒介文字相对较少，易于做到具体化。

第五，增殖的力量。面对面交流的增殖需要付出极大努力。"大众传播则不然，它们有巨大的能力使单方面的传播增大无数倍并且使它在许多地方都能收到。它们能克服距离和时间引起的问题。视听媒介还可能超越发展中地区由于文盲而造成的障碍。"

第六，保存信息的力量。面对面的交流，以及电子媒介传播转瞬即逝，而"印刷品则始终在保存事实、思想和图片方面拥有极大的优越性"。电子媒介也日益走向专业化以增强其保存信息的力量。"大众传播的接受者力求掌握个人控制权的趋势将持续增强，而集中的形式将会改变。"

第七，克服弃取的力量。所谓弃取，即放弃某种传播内容；这里讨论的是传播媒介克服这种可能性的力量。比较而言，转换电视频道比取消面对面交流容易得多。"在其他条件相等的情况下，通过面对面的交流比通过媒介渠道更易于引起并集中注意力。"

第八，满足专门需要的力量。大众传播媒介满足社会的一般需要迅速而有效，其力量无可比拟，然而在满足特殊的和专门的需要这个方面则比较差，尤其是电子媒介更差。因此，"大多数以说服、教育为目标的运动都力图把大众媒介同个人的渠道结合起来，使其互相加强、互为补充"。目前看来，互联网在满足专门需要的力量上是最强大的。

施拉姆提出的以上认识媒介的八个原则，适用于包括人际传播在内的各种传播活动所使用的媒介，从这八个方面可以理解各种形形色色的媒介各具什么特性。

2. 认识媒介的两个基本观念

我们认识传播媒介的特点和规律是为了更好地把握和使用传播媒介。在这个过程中，我们有必要坚持以下两个基本观点：

第一，大众传播媒介各有所长，也各有所短。一种新型媒介并不会取代传统媒介，而是在互相竞争的格局中达成某种平衡甚至融合。即便是在当下的网络传播时代，传统媒介遭受到了前所未有的冲击，但并没有被完全取代，仍然有着其自身的优势。同时传统媒介也在积极地探索与网络媒介融合的道路，以在新的媒介环境中谋求更好地生存与发展。

第二，传播媒介既然各有所长，各有所短，那么，在人类对它们的使用过程中，必须取长补短，扬长避短。虽然网络媒介在当下的传播语境中占据了主导性的地位，但其也有着诸多的弊端，例如信息的分散、混乱、低质等；而传统媒介也有着网络媒介所不具备的优势，如信息的准确、权威、高质等。因此，在网络传播时期，人们的传播活动应当将网络媒介和传统媒介的优势联合起来，弥补不足之处，以达到更好的传播效果。

第二节　媒介理论

一、英尼斯：传播的偏向

哈罗德·英尼斯（Harold Innis）在20世纪40年代从对加拿大经济史逐渐转向了对人类文明史的研究。他在传播与媒介研究方面的代表作包括《帝国与传播》（1950）和《传播的偏向》（1951）。他认为，没有一样传播媒介是不具有时间和空间的偏向的，而这种或偏向时间或偏向空间的特性，影响了社会的知识状况、权力结构和政治形态。

他认为，偏向时间的媒介包括语言、石头、黏土、羊皮纸等，它们共同的特点是比较耐久，能够克服时间的障碍但是不适合流通和传播。这种媒介有助于树立权威、形成等级森严的社会体制，有利于传统和宗教的稳定性。例如，羊皮纸在西方宗教中的地位非常重要，它协助形成了一种权威感，并使得教会达成了对知识的垄断，并进一步实现了对社会的精神控制和政治控制。然而这种媒介的时间性使得它无法及于远方，也导致了社会的不均衡。英尼斯说："羊皮纸在西方的全面使用夸张了时间的重要性。基于羊皮纸的知识垄断也引来了新媒介的竞争，例如强调空间重要性的纸张。"

偏向空间的媒介包括文字、纸张以及更早期的莎草纸等。这些东西作为媒介的共同特点是虽然经不起时间的销蚀，但是非常轻便易携，可以克服空间的障碍。这种媒介有助于帝国的扩张、知识的扩散以及世俗政权的建立。它能够帮助中央政权控制更大的疆界，但是却有可能削弱中央的权威。他以中国历史为例说明："中国境内的传播由于用口述传承又有多种方言，所以颇受阻碍，但由于帝国使用同一种而且颇为简单的文字，所以可以弥补巨大的鸿沟。由于帝国组织强调空间概念，所以对时间的观念便较不重视，也较无能力处理朝代的承袭问题。"他认为，中国古代的政权虽然疆域辽阔，但改朝换代却比较频繁，起因就在于中国文字的空间性。

英尼斯认为，近代印刷术诞生之后的各种媒介，如书籍、报纸、广播等都是空间性的，它们有助于领土的扩张，却有可能导致西方文明的崩溃。在他看来，最值得留恋的文明景象就是古希腊时期的口语传统，因为它达到了时间性和空间性的平衡。

不过，由于英尼斯身处时代的局限，他并未能将媒介偏向的考察辐射到如今的互联网，没有预料到互联网能够将媒介的空间偏向和时间偏向融为一体，形成了一种"融合时空"，这也就让英尼斯的理论在互联网时代似乎失去了有效性。但是，英尼斯作为媒介环境学派的先驱，他的思想能带给我们的远远不止这些媒介理论，而是给了我们一个能够重新思考、全面审视互联网对人类社会和文化形态的调整和重构的作用的路径。正如英尼斯所言："考虑媒介对各种文明的意义，可以使我们更加清楚地看见我们自己文明的偏向。无论如何，对我们自己文明的特征，我们可能会抱更加谦虚的态度。"[①]

英尼斯最大的启发在于他把媒介的技术和物质特性作为整个文明构造的起点，这一点深深影响了后来的学者。麦克卢汉曾说："英尼斯是第一个从技术形态发展出一套历史变迁理论的人。和他相比，我的书不过是给他的著作写下注脚。"

二、麦克卢汉：媒介诸论

当然，麦克卢汉的研究不只是给英尼斯作注脚而已。在 20 世纪 60 年代，在美国任教的马歇尔·麦克卢汉出版了一系列畅销著作，包括《谷登堡星汉璀璨》（1962）、《理解媒介：论人的延伸》（1964）、《媒介即信息》（1967）等，引起了西方学术界的关注和争论。有人称之为伟大的思想家和预言家，也有人称之为文化的炼金术士和骗子，时至今日，争论仍延宕未休。

麦克卢汉认为，媒介的变革是整个人类文明进程的核心。每一种媒介工具都延伸了人的生存和精神，相反，媒介内容本身的影响却微乎其微。到 20 世纪后半叶，大众传播媒介已经将人类的触角延伸到世界各地，将人类重新部落化，直至形成一个"地球村"。

他的理论观点可以总结为三个方面：

（一）媒介是人的延伸

麦克卢汉认为，凡是延伸人体的东西，都属于媒介。印刷物是眼睛的延伸，电话和广播是耳朵的延伸，衣服是皮肤的延伸，车轮和道路是腿脚的延伸，电力技术是人的中枢神经系统的延伸等等。这种媒介的界定可谓宽泛，与一般的传播研究相去甚远；最值得当代传播研究关注的是他指出了媒介对人本身的改造作用，人的生存因媒介而发生了改变。

麦克卢汉说"一切技术都是肉体和神经系统增加力量和速度的延伸"，因此，"一切媒介都是人的肢体部分向公共领域的延伸"。他进一步指出，"人体任何一部分的延伸，不论是手、脚或皮肤的延伸都会影响整个心灵与社会。"[②] 例如，他认为印刷媒介

---

① [加] 哈罗德·伊尼斯. 传播的偏向 [M]. 何道宽译. 北京：中国人民大学出版社，2003：4.

② [加] 马歇尔·麦克卢汉. 传播工具新论 [M]. 叶明德译. 台北：台湾图书公司，1978：9.

就把一种"特殊的推理方式"强加到"人的视觉经验的结合方式上"。印刷媒介将复杂的现实生活转化为一系列不连贯的语言符号叙述出来，并把它一行行地印在纸上，使人们只能一行一行地、按顺序去阅读、理解、思考，而不能像现实生活那样立体地、复合地去认识。从这个意义上看，它造成了人类理性的最终形式。

（二）媒介即信息

麦克卢汉强调媒介对人的作用，而轻视传播内容本身的影响。在他看来，"所谓媒介即信息，只不过是说：任何媒介（亦即人的任何延伸）对个人和社会产生的影响，都是由新尺度引起的；我们的任何一种延伸（或曰任何一种技术）都要在我们的事务中引起一种新的尺度"。他认为，传统上人们将媒介与信息区分开来，是十分勉强的。传播媒介真正传递的是媒介的特性，传播媒介本身就是传播内容，而内容也就是一种媒介。例如，报纸的内容是文字表达，书籍的内容是言语，电影的内容是小说，这些均是媒介。人们在使用媒介时，特别注重内容，反而忽略了工具本身，这就像"媒介的'内容'好比是一片鲜美的肉，破门而入的盗贼拿它来分散看家狗的注意力。媒介的影响之所以非常强烈，恰恰是因为另一种媒介变成了它的'内容'"。

他在《媒介即信息》一书中特别强调了媒介传递的真正"信息"是它本身对受众的刺激与按摩，而不是它所传递的内容。也就是说，一种新的传播媒介一旦出现，这种媒介本身，而不是它所传递的具体内容就会给人类社会带来某种信息，引起社会的某种变革。

他在书中用"部落化""脱离部落化""重新部落化"来比照人类社会的口头传播时代、印刷媒介时代到电子媒介时代的发展。人类的这种变化，都是媒介本身而不是它的内容带来的。因此，媒介本身就带来信息，媒介本身就是信息。

（三）冷媒介与热媒介

麦克卢汉将媒介分成两类：冷媒介与热媒介。所谓热媒介，指的是能够"高清晰度"地延伸人体某个感官的媒介，而冷媒介恰好相反。"高清晰度"指的是媒介所提供的信息非常充分、完善，不需要人们调动更多的想象，对受众参与度的要求较低。他认为，"热媒介"主要是指电影、广播、照片、书籍、报刊等，"冷媒介"则主要包括电视、电话、漫画、谈话等。最明显的例子就是照片与漫画。照片提供了对于现实景象的逼真模拟，因此人们不需调动太多的想象力就可理解；而漫画则用线条勾勒出一幅画面，留下了极大的空白需要人们自己用想象去填充。

这种分类的最大意义在于将媒介本身的特性与人类社会与文明的变迁结合起来。麦克卢汉认为，近代人类社会最大的变化就是两个过程：首先是印刷媒介这种"热媒介"对人头脑的控制，对社会"部落"的解体；其次就是电视等"冷媒介"重新唤起人们的参与和体验，将人类重新"部落化"了。

这种分类是麦克卢汉理论中最令人难以索解也是最遭受抨击的一部分。冷媒介、热媒介之间的界限模糊，甚至彼此矛盾。例如，电视对现实的逼真再现，使得它更应被归入热媒介而非冷媒介之列。或许这种分类最大的意义，在于提醒人们媒介本身对信息理解的制约功能。

三、波兹曼：技术批判

20世纪70年代，英尼斯和麦克卢汉关于媒介技术与社会的思想传播到了美国，逐渐引起学界的重视。1970年，尼尔·波兹曼在纽约大学开设了"媒介环境研究"（Media Ecology Program）的专业，并设立了博士点，首次将麦克卢汉提出的"媒介环境"（Media Ecology，也译作媒介生态）的概念推向全世界，自此形成了继经验学派、批判学派后的传播学第三大学派——媒介环境学派，也称媒介技术学派。

尼尔·波兹曼作为媒介环境学派第二代的领军人物，以其独特的批判视角重新定位了媒介技术的研究，一生出版发表了25部著作和200多篇文章，其最著名的"媒介批判三部曲"——《童年的消逝》（1982）、《娱乐至死》（1985）、《技术垄断》（1992）对媒介技术的发展与社会之间的关系进行了深刻的反思，探讨了媒介技术对人的思想、认知、心理、行为等所造成的影响。此外，波兹曼作为一名文化研究者，其看待媒介技术的眼光也带有一定程度的人文主义关怀，发出了"死死地盯着技术的阴暗面，警惕技术对人造成的伤害"[①]的高呼，担忧媒介意识形态的消极偏向和技术的垄断对人的侵蚀。波兹曼的媒介思想主要分为三个方面：

（一）媒介教育

作为具有人文关怀的媒介、文化研究者，波兹曼对媒介教育的研究贯穿了他学术生涯的始终，而他也一直以"教育工作者"自居。

《童年的消逝》是波兹曼"媒介批判三部曲"的开篇，也是他第一次明确谈论媒介教育。波兹曼认为媒介环境既影响文化又创造文化，甚至媒介环境本身就是一种文化。文化的平衡是文化发展和稳定的前提，而当文化的平衡失调，就会影响文化系统的正常运行，甚至出现文化倒退的现象，而电子媒介的出现，正在逐渐打破这一平衡。所以，波兹曼就将目光转到了教育之上，他认为通过教育能够有效地制约技术的过度发展、缓解人们对技术的过度使用，从而稳固文化的平衡。

波兹曼的媒介教育思想主要体现在"教育恒温器"和媒介素养教育之上。

首先，波兹曼提出教育的最佳构想是"恒温器"，其作用是在文化"温度"失衡的时候起到调节的作用，避免社会文化过快或者过慢的变化。

其次，波兹曼同样也重视媒介在教育当中的作用，认为媒介的传播是教育发展的

---

① [美]尼尔·波兹曼.技术垄断：文化向技术投降[M].何道宽译.北京：北京大学出版社，2007：6.

基础。波兹曼认为只有对媒介达成真正的理解并时刻进行反思，才能让人们更好地利用媒介来获取有价值知识和信息。

因此，对于媒介的认知和使用、媒介信息的开发的和利用的教育同样也十分重要。波兹曼提出了一系列的媒介素养教育思想。他认为对媒介发展史的学习是媒介教育的基础，只有熟悉每一种媒介的发展源流，才能帮助人们更好地理解当下的媒介；媒介教育也应当注重对于批判思维的训练，在学习和使用媒介时保持冷静和清醒，认清媒介的偏向，减少媒介对人的影响。

（二）媒介即隐喻

波兹曼在《娱乐至死》中正式提出了"媒介即隐喻"的概念，并将其放在了第一章。波兹曼认为，麦克卢汉的"媒介即信息"的描述并不够准确，媒介并不能像信息一样对世界进行"明确具体的说明"，而是"更像是一种隐喻，用一种隐蔽但有力的暗示来定义现实世界……这种媒介——隐喻的关系，为我们将这个世界进行着分类、排序、构建、放大、缩小、着色，并且证明一切存在的理由"[①]。

在波兹曼看来，传播信息的不只是媒介的内容，更依赖于媒介的形式，特定的媒介形式会偏好特定的内容，而这些特定的内容则会逐渐改变人们的社会行为，甚至进一步地改变人类社会的文化特征。而媒介正是通过它的形式，将隐喻放置于人们日常生活当中的每一处，影响着人们的思想与行为。比如钟表和年历就是时间的媒介隐喻，赋予了我们行动的顺序；文字是大脑的媒介隐喻，开启了我们抽象思维的能力。因此，我们所身处的自然世界、我们的认知和观念、我们的文化，其实都是在媒介隐喻之下被建构出来的。

（三）技术垄断批判

在"三部曲"最后一部《技术垄断》中，波兹曼对待媒介的悲观主义色彩蔓延到了对技术发展的反思之上。在波兹曼看来，技术不仅是推动人类文明发展的工具和手段，其本身也带有一定的世界观和价值偏向，并且在产生着和媒介性质相关联的隐喻，这种偏向和隐喻在某种程度上对人类的文化产生影响，甚至技术本身最终将会成为一种新的文化。

波兹曼从技术演变的视角，将人类文化发展划分为三种类型：工具使用文化、技术统治（technocracy）文化和技术垄断（technopoly）文化，我们现在正在经历的就是技术垄断文化。

在工具使用文化时期，波兹曼认为技术主要有两个用途，一是解决物质生活里具体而紧迫的问题，二是如何为艺术、政治、神话、仪式和宗教等符号世界服务的问

---

① ［美］尼尔·波兹曼.娱乐至死［M］.章艳等译.桂林：广西师范大学大学出版社，2009：11.

题。^①但无论哪种用途，此时期的技术基本都不会侵害人类的文化，都不被认为是"独立自主"的，受到社会体制和宗教体制的管束，与世界观的形成具有一致性；

技术统治文化最早可以溯源到中世纪的欧洲，机械时钟、印刷机和望远镜的发明都对旧有的文化产生了冲击，但其真正意义上出现是在 19 世纪的美国。在这个时期，技术打破了权威，科学击败了神学，技术开始向文化发起攻击并想要将之取代。由于此时产业主义刚刚出现，还不足以影响人们的内心世界，也不足以完全撼动工具使用文化留下的社会结构，所以出现了传统世界观和技术世界观并存的局面。

进入 20 世纪，技术的飞速发展使得此时的美国进入了技术垄断文化的时期。波兹曼引用了赫胥黎在《美丽新世界》中对技术垄断的描述："技术垄断重新界定宗教、艺术、家庭、政治、历史、真理、隐私、智能的意义，使这些定义符合它新的要求。换句话说，技术垄断就是极权主义的技术统治。"^②在波兹曼看来，"任何技术都能够代替我们思考问题，这就是技术垄断论的基本原理之一……所谓技术垄断论就是一切形式的文化生活都臣服于技艺和技术的统治"^③。

无疑，波兹曼对于技术发展对人类社会运行所造成的影响的担忧是极其富有预见性的，他的媒介批判观念和人文主义思想对如今的我们依然有着极为重要的借鉴意义。"波兹曼的名字最紧密地和媒介环境学及其一切所指联系在一起。"^④他给我们提供了一个逻辑严密、内涵丰富、生命力强的多维视野，来帮助我们理解文化、媒介以及作为文化的媒介。

四、梅罗维茨：媒介情境论

（一）媒介情境论的源流

"情境论"（也称"拟剧理论"）由社会学家欧文·戈夫曼（Erving Goffman）在其著作《日常生活中的自我呈现》中提出，他认为人们在社会生活中的状态与戏剧舞台上的表演有着一定的相似性。每个人会依据所处社会情境的不同表现出不同的性格特征和举止行为，同时也像舞台上的角色一样，在"观众"面前和幕后通常会展现出两种不同甚至迥异的状态，他将其称为"前台行为"（onstage behavior）和"后台行为"（backstage behavior）。

乔舒亚·梅罗维茨（Joshua Meyrowitz）在戈夫曼的基础之上，将麦克卢汉的媒介理论引入到"情境论"当中，从而扩容了"情境论"的应用范围，将原本的静态的

---

① [美]尼尔·波兹曼.技术垄断：文化向技术投降[M].何道宽译.北京：北京大学出版社，2007：12.
② [美]尼尔·波兹曼.技术垄断：文化向技术投降[M].何道宽译.北京：北京大学出版社，2007：28.
③ [美]尼尔·波兹曼.技术垄断：文化向技术投降[M].何道宽译.北京：北京大学出版社，2007：30.
④ [美]林文刚.媒介环境学：思想沿革与多维视野[M].何道宽译.北京：北京大学出版社，2007：153.

场所研究延伸为动态的媒介研究，从一般的环境研究转向了媒介形成的环境研究，全面揭示了媒介技术影响下的社会现实。同时，也将麦克卢汉媒介对人的感官的影响延展到了媒介对环境的影响，他认为"新媒介通过改变各类社会人群所接触的场景类型，改变了我们对各种社会角色的认识"①。媒介技术的变化将会影响到媒介所处的外部环境，从而形成新的社会环境。电子媒介改变了人们社会生活中的"场景地理"，创造出归属感和共享感，也营造出疏离感和排斥感，从而使得人们的社会行为发生变化。

（二）媒介情境论的内容

"媒介情境论"的观点主要分为三个层面：

第一，情境是一个信息系统，而非一个固定的物质场景，是与信息场所的融合。信息系统指的是人们与社会信息和他人接触的某种行为模式，行为包括语言、表情、姿势、着装等。在这个信息系统中，媒介是关键要素，承载着内容。梅罗维茨认为，电子媒介的出现"打破了印刷媒介所塑造出来的专门、互不相通的信息系统"，削弱了自然环境与物质场所的关联，重新组织了社会环境，形成了以信息流通为基础的概念性的环境，"现在各不相同的人群却可以共享更多的信息，最终，一个公共的媒介情境出现"。

第二，独特的行为需要独特的情境，媒介能够改变情境，从而改变情境中的人的行为。在以往的社会情境中，每个人都会依据情境的不同而扮演"观众面前的一个特定角色，扮演具有一定程度的理想概念的社会角色"，②以形成特定情境下的特定社会身份。当情境分离成多个，或者场景之间的距离增加，则会造成人们行为的分离，场景间的距离越大，行为的差异性就会越大。此外，如果两个或两个以上的情境相互重叠，则会在一定程度上使社会角色产生混淆，从而扰乱人们的认知。

第三，电子媒介促使大量旧情境间的融合，打破了传统时空的隔绝和社会身份的限定，个人的社会交往具有了多样性。"电子媒介将许多不同类型的人带到相同的'地方'"，也能将来自不同经验世界的内容通过视听形象带给不同的群体。情境的融合也使得人们的"前台行为"和"后台行为"无法再像以往一样有着明显的区分，公共情境与私人情境的界限变得模糊，众多公众人物因为电子媒介的曝光而被"去神秘化"，而普通人也能通过电子媒介在公共情境中营造属于自己的私人情境。

此外，梅罗维茨还认为电子媒介也造成了群体身份的变化。首先，电子媒介打破了以往特定情境中群体的私密性，各个不同群体间的界限模糊了，前台与后台的融合也使得群体身份的认知产生了一定的差异化，而物质地点的消失也使得个体对群体的

---

① [美]约书亚·梅罗维茨.消失的地域：电子媒介对社会行为的影响[M].肖志军译.北京：清华大学出版社，2002：48.

② 同上，27.

融入变得更加容易；其次，电子媒介在一定程度上也打破了性别的固有认知，情境的改变使得男人和女人之间获取信息的渠道差异被无限缩小了，女性的社会地位得以提升；最后，电子媒介使得儿童群体过早地向成人群体转变，视听信息的增加使得儿童群体更容易接收到成人世界的信息，提前感受到成人世界的"后台行为"，情境的改变也使得儿童获取信息的来源不再局限于家庭和校园，从而使得儿童群体逐渐地成人化，这与波兹曼的媒介思想一脉相承。

当下，技术的发展使梅罗维茨的媒介情境论在智能媒介时代重新焕发出生机。5G等网络通信技术的发展，使得媒介情景的快速转换变为可能，人们可以更加快捷地通过媒介切换身处的场景，从而得到不同的媒介体验。在 VR 营造的虚拟现实中，人们能够彻底拥有一个或者多个虚拟身份，可以在不同的情境中扮演不同的角色；在 AR 投射的增强现实中，人们更是可以实现多种情境之间的联动与融合，真实与虚拟互构，从而达成与众不同的媒介体验。

五、德布雷：媒介学与"媒介域"

近年来，由于互联网等新媒介技术的快速发展，以丹尼斯·麦奎尔为主的美国大众传播模式和理论逐渐走向了衰落，而欧洲的媒介理论逐渐引起了全世界范围的学界的关注。

在媒介环境学派蓬勃发展并在世界媒介研究领域逐渐占据重要地位的同时，大西洋另一侧的法国，也出现了一种对媒介技术进行考察的方法，那就是雷吉斯·德布雷所提出的媒介学（Mediology）。

媒介学与媒介环境学，尤其是与麦克卢汉的媒介观，有着许多的相似之处。首先，它们没有过多地关注媒介内容、媒介效果和受众，而是将目光聚焦在了媒介本身；其次，它们都认为媒介本身并不是保持中立性的工具，而是会对人的理性以及感性行为产生影响，因此它们对媒介技术都秉持着一种"留观"的态度，时刻保持警惕。

媒介学与媒介环境学最大的不同则是体现在了媒介的"时空观"上。媒介环境学更多地关注当下空间中媒介与文化、社会和人的关系，而媒介学则是从历史的、历时的、持续的"传承"视角出发来理解媒介。[①]

（一）何为媒介学？

媒介学第一次出现在德布雷 1979 年的著作《法国的知识权力》中。按照作者的阐释，从学科意义来讲，媒介学不是媒介社会学，也不是符号学，与传播学的路数也

---

① 黄华.技术、组织与"传递"：麦克卢汉与德布雷的媒介思想和时空观念 [J].新闻与传播研究，2017（12）：36-50，126-127.

不同，因为它不聚焦孤立的个体，而是采用一种跨学科方法，论述范围或论据来源包括历史（技术史、书籍史、美学理论和历史）和信息传播理论。

媒介学的关键词是传递（transmission）而不是传播。按照德布雷的说法，"传播是一个长时段中的时刻（moment）和一个广大整体当中的碎片（fragment），习惯上我们把这个整体称为传递"。换言之，传播是在一个空间中完成，是在同一个空间——时间——领域当中的信息运动，是一个长长过程中的节点；而传递强调时间的维度，意味着是在不同的空间——时间——领域当中的信息运动，是基于参与者的能动性和环境要素的结果。不能仅仅将传递理解为一个被动的历史性过程，因为其中不仅包含基于技术平台的物质性流动过程，而且强调思维主体和物质客体的平等关系。

在德布雷的媒介学的概念中，"medio（中介、中间）近似于指特定技术和社会条件下，象征传递和流通的手段的集合"[①]。这个集合先于并大于当代媒体领域，如我们熟知的印刷媒介和电子媒介。还有更多的媒介，一张餐桌、一个教育系统、一杯咖啡、教堂里的讲道台、一个打字机、一套集成电路等，它们不是媒体，而是作为撒播的场地和关键因素，作为感觉的介质和社交性的模具而进入媒介学领域。

媒介学中的媒介可以分为四种词义[②]：

1）适用于人们使用的自然语言（英语或拉丁语）；

2）用来播发和感知的身体器官（发音的嗓子、比画的手、识别文字的眼睛）；

3）符号的物质载体（纸或者屏幕）；

4）输入和复制的技术手段（印刷、电子）。

在德布雷看来，人类文明史就是一部媒介史。德布雷很明确地把文化和技术当作两个核心："技术发明能够形成自己的系统，而一个系统永远都不只是技术的，而是技术——文化的。所以，媒介学的研究总是把包含技术史的文化史和文明史联系起来，以此作为这种研究的依托。"[③]媒介学想做的就是总结上述所有物质方式的传递，比如"媒介域"就可能包含所有词义的累积效应。

（二）媒介域（Médiasphères）

媒介学主张从信息的技术结构来考量如何产生传播的社会关系。在德布雷看来，所有人类社会的群体性符号（宗教、意识形态、文学、艺术等）活动中，人群的组织形式和获取信息、储存信息和流通信息的方式存在相关性，而且是自行演化的。换句话说，一种世界的再现形式可以修饰或改变人们的存在方式。[④]

"媒介域"是把一定历史时期的信息记录工具作为历史划分的工具，包括技术平

---

① ［法］雷吉斯·德布雷.普通媒介学教程［M］.陈卫星等译.北京：清华大学出版社，2014：4.

② ［法］雷吉斯·德布雷.媒介学引论［M］.刘文玲译.北京：中国传媒大学出版社，2014.

③ ［法］雷吉斯·德布雷.普通媒介学教程［M］.陈卫星等译.北京：清华大学出版社，2014：8.

④ 陈卫星.媒介域的方法论意义［J］.国际新闻界，2018（2）：8-14.

台（印刷车间、演播室、服务器、云储存等）、时空组合（时空是分离、固定还是移动）、游戏规则（获取或表达信息的方式或权限）。

作为"媒介域"概念的内核，德布雷有几条纲领性的观点，其简化的表达方式如下：

1）人类的思想活动不能脱离当时媒介技术的记录、传递和储存；

2）维持记忆的技术手段是第一位的；

3）占统治地位的传媒系统是一个时代社会组织的核心；

4）每个时代的媒介域都可能混杂着不同的技术载体；

5）每个时代传播方式的主旨就是对其时代进行定义或制造信任；

6）传媒系统的技术特征是理解每个时代象征系统的主要线索。

德布雷的媒介域概念有历史主义的架构，分为三个纵向层次：

首先是文字—逻各斯域（logosphère），是不加掩饰的神学时代。文字来自上帝，上帝口授、人类记录，然后人类去口授。人们用嘴唇读，在群体中读。《圣经》《古兰经》等宗教经典都旨在向所有人讲所有事，德布雷认为，这个阶段人类的精神没有发明，只是传递一个收到的真理。这一时期在写作或扩散的时候往往受口语文化影响。

其次是印刷—书写域（graphosphère），指代活字印刷时代。这一时代出现了大量的书写者与艺术家，人们开始用眼睛进行阅读。印刷技术把理性灌注在整个象征环境中。

最后是视听—图像域（videosphère），是指电子媒介时代。书籍从象征顶座被赶下台，人们开始注重视听等媒介，二进制的声音和图像控制一切，文档无限，实时播出，所有组织机构在视听组合中被分化重组，出现通过视听载体的非强制直播行为的社会化或普遍化。

总体而言，媒介域是把媒介技术的符号形式和关系结构作为整体来看，从而确定一个信息传播格局的存在方式或存在状态。这个概念涵盖信息和人的传递运输环境，包括知识加工和扩散方式，但也不绝对排除以往的媒介手段和媒介方式。媒介技术的演化是一个不完全淘汰、而应该是积累式的过程。①

六、基特勒：媒介物质性

在了解了德布雷的媒介学（Mediology）之后，我们将目光向欧洲其他的国家转移，此时会发现，位于法国东北方的德国，也出现了一条自成一派的媒介学（德语Medienwissenschaft）研究脉络。

与德布雷的媒介学有很大的不同，德国的媒介学在一定程度上受到了海德格尔和法兰克福学派的影响，结合文学、戏剧学以及音乐学的研究视角，关注大众媒介、公

---

① 陈卫星. 媒介域的方法论意义 [J]. 国际新闻界，2018（2）：8-14.

共传播，以及媒体美学和媒介史。[①]

德国媒介学派第一代的一位重要人物就是弗里德里希·基特勒（Fredirch Kittler），他是德国媒介学派的奠基人和媒介理论研究中领军性的人物。他的思想观念在学界广受欢迎，但同时也颇受争议，被称作"数字时代的德里达"。

基特勒从小便深受德国古典文学的熏陶，后长期从事文学教育工作。但基特勒却并未囿于文学研究传统，而是将技术、话语和权力当作自己理论探索道路上的主要武器。他从媒介环境学、媒介学以及媒介史的角度出发，以一种更为宏观和系统的视角来看待媒介，对当下的数字媒介与人和整个人类社会的关系做出一种跳出时间和技术限制的、更为深层次的解读和诠释。

基特勒对媒介的研究取向旨在恢复媒介本身的物质性。他通过分析媒介发展过程中的历史条件以及传播的结构来理解媒介，在著作《留声机 电影 打字机》中提出了"媒介决定了我们的生存处境"的概念——作为声学系统的留声机、作为光学系统的电影和作为书写系统的打字机，统一并改造了信息的存储、计算和传输系统，也就把身体与灵魂剥离出来，并在时间上改写了历史秩序。[②]这也是他最为重要的媒介思想。

在《光学媒介》中，基特勒通过举例古希腊哲学家用"白板"来隐喻人的灵魂以及20世纪的西方以"放电影"的说法来反映人濒死时的感受，进一步探讨人与媒介之间的关系，"直到媒介提供了模型与隐喻之后，我们才对自身的感官有所了解"[③]。对于计算机，基特勒认为"从书写或运算一直到成像或发声，任何东西都能够使用通用的二进制媒介进行编码、传输和存储"[④]。因此，基特勒说道："软件并不存在。"[⑤]认为史上根本没有软件，因为在软件下面还有硬件，硬件下面还有支撑硬件的基础设施，还有水、电这类生产硬件的物质。此外，基特勒从历史的视角出发，提出了媒介具有"时间轴控制"（time-axis manipulation）的特性，他认为数据处理是一个过程，在这个过程中，时间顺序在一个特定的空间经验下可以被挪动甚至逆转。[⑥]基特勒认为时间流逝无法被倒转，往往带给人的是最为真实的体验，是生存最基本的经验；但是媒介技术提供了一系列的手段，打破了时间的限制，将这种无法回溯的现象重新引导了出来。

可以看出，基特勒的媒介思想与麦克卢汉的媒介思想有着很大的不同。基特勒认为媒介只是一种传播的物质技术手段，本身没有意义，他更加关注技术的物质结构及

① 吴璟薇．中德新闻传播教育的比较与思考[J].中国新闻传播研究，2017（1）：97-105.

② 章戈浩，张磊．物是人非与睹物思人：媒体与文化分析的物质性转向[J].全球传媒学刊，2019（2）：103-115.

③ Kittler F. *Optical Media*[M]. Cambridge: Polity Press, 2009: 34.

④ [德]弗里德里希·基特勒．走向媒介本体论[J].胡菊兰译．江西社会科学，2010（4）：249-254.

⑤ Kittler F. There is no software[J]. *Stanford Literature Review*, 1992, 9(1):81-90.

⑥ Kittler F. Literature, Media, Information Systems[M]. Amsterdam: OPA, 1997：130-146.

其对文化带来的影响，而并非技术对信息传播带来的影响。基特勒并不认为媒介技术决定了人们的行为，而是从一个技术的视角，来看待一段特定历史情境下的社会结构和传播结构是如何变化的，在他看来，只有通过对后一阶段的媒介的使用，才能够对前一阶段的媒介进行系统分析。

不同的物质结构决定了不同的传播效果，同样的内容通过不同物质的媒介所产生的效果通常具有很大的差别。这与德布雷在媒介学中所讲的物质载体对传播的影响异曲同工，他和基特勒一样，都把信息的记录、传递和储存当作媒介研究的基础。但不同的是，基特勒是将媒介视作一种"文化技艺"，而德布雷则把媒介当作一种文化生态系统来考察。

"文化技艺"现已成为德国文化与媒介研究的核心概念与理论前沿。"文化技艺"的概念在德国先后经历了农业技术与媒介素养教育两个阶段的嬗变，直到20世纪八九十年代，基特勒在其著作中才将"文化技艺"用在了德国媒介学的研究当中。[①]媒介作为文化技艺，可以让人们选择、存储和生产数据和信号，基特勒提出用"文化技艺"的概念来分析处在不同社会背景下的技术。

基特勒将媒介放在整个文明制度的视野下来考察，并且依此提出了一个划时代的物质化路径的媒介史观：文化的历史就是媒介的历史，在不同的历史阶段当中，文化或文明的发展过程，都能从技术或者技术物质的使用来一一展现。这样的一种视角，为之后媒介考古学的发展奠定了坚实的基础。

七、齐林斯基：媒介考古与媒介变体

在基特勒之后，西格弗里德·齐林斯基（Siegfried Zielinski）的出现，为德国媒介学的研究打开了更为广阔的天地。齐林斯基自进入大学开始，就展现出了对媒介研究无比浓厚的兴趣，同时也展露出了在媒介实践当中的天赋。从大学时与同学一起尝试开创媒介研究专业，到与教授一起开设媒介研究的研究生课程，再到成为德国第一所艺术与媒介学院的创始人，齐林斯基为德国的媒介研究做出了无与伦比的贡献。

齐林斯基早期的研究以媒介历史研究为主，受到了库尔特·马雷克[②]的"电影考古学"（archaeology of cinema）与米歇尔·福柯的"知识考古学"（archaeology of knowledge）的影响，这种艺术—历史和文化—历史的考古学理念以及对政治的、文化的、技术的和社会的各个方面的话语分析方法，给齐林斯基未来的媒介研究提供了丰厚的理论基础。齐林斯基在攻读博士学位期间，受到了基特勒对于媒介物质研究的启发，"出于对仪器、物理、电工学以及机器构造的强烈好奇，全神贯注于一个物件

---

① 唐士哲. 作为文化技术的媒介：基德勒的媒介理论初探 [J]. 传播研究与实践，2017（2）：5-32.

② 以其笔名 C. W. Ceram 发表著作。

（artifact）……尝试站在媒介—物质学、技术、时间—哲学、经济学和文化视角的交叉口，去阅读和理解"①媒介的本质，自此逐渐将研究方向转变为了媒介考古学和福柯的谱系学的研究。

媒介考古学（media archaeology）是一种以媒介物质为中心的、回溯—前瞻式（analeptic-proleptic）②的研究取向。但与其他媒介考古学的研究者相比，齐林斯基反而更像一个反对者，他所倡导的媒介考古学"是一种抗争性实践，它不仅反抗它所察觉的正在渐趋一致的主流媒介文化，还反抗媒介考古学本身，或者说，它反抗的是现代媒介研究中所存在的同化和固化状况"③。1994 年，齐林斯基将"媒体（或视听）考古学"定义为"通过研究反抗性的地方话语和表达方式，以及基于技术的世界图片和画面，来消解基本上是线性和按时间顺序构建的历史的方法"④。他从根本上反对将媒介考古学作为一种固定的研究范式，而是将之视为一种媒介研究的历史视野。

齐林斯基在发表其媒介考古学奠基著作《媒介考古学》之前，就已经做了大量关于媒介历史的研究。他的《录像机的历史》（*Zur Geschichte des Videorecorders*，1986）和《视听：电影和电视的交互》（*Audiovisionen：Kino und Fernsehen als Zwischenspiele*，1989）从不同的角度对媒介历史进行了研究，前者探讨了媒介技术与社会制度、经济文化之间的关系，后者则是展示了不同媒介间的边界是如何一步步消失的，他更是将后者视为对媒介综合历史研究的一大贡献。

2002 年《媒介考古学》的出版，正式奠定了齐林斯基的媒介考古学思想。相比于基特勒对于媒介物质性的考察，齐林斯基则更加关注对媒介异质性⑤的寻访。在《视听》一书中，齐林斯基就借鉴了大量的异质性资料来佐证自己的研究；在《媒介考古学》中，更是注重对于异质性媒介（包括已经消失无踪的媒介抑或是没有实现的媒介设想）的收集。他在书中引用了美国作家约翰·麦克菲（John McPhee）提出的"深层时间"（Deep Time）⑥的概念，将之用来形容媒介交错发展的历程——"周而复始地

① [德]西格弗里德·齐林斯基.惊异发生器——多样的媒介思想[M].杨旖旎译.南京社会科学，2020（3）：104-108+131.

② [德]托马斯·埃尔塞瑟.媒介考源学视野下的电影[J].黄兆杰译.电影艺术，2018（3）：111-117.

③ [美]埃尔基·胡塔莫，[芬]尤西·帕里卡.媒介考古学：方法、路径与意涵[M].唐海江等译.上海：复旦大学出版社，2018：10.

④ Zielinski S. Medienarchäologie: In der Suchbewegung nach der unterschiedlichen Ordnungen des Visionierens [M]. EIKON: Internationale Zeitschrif für Photographie und Medienkunst, 1994：32.

⑤ 异质，源自希腊语 heteros，有着"差异""另类""偏离"的含义。异质性（Heterogeneity），是相对于同质性的一个概念，它不是一个自足的概念，而是一个否定性的概念。如果同质性体现为社会整一性、意识形态、文化表征系统、话语、体制等诸多的同化力量，那么异质性则是一种相对的反同化力量。在这个意义上，异质性必然包含着一种自反性。

⑥ 此概念在其著作《盆地与山脉》（*Basin and Range*，1981）中首次被提出，是对英国地质学家詹姆斯·赫顿（James Hutton）在《地球理论》（*Theory of the Earth*，1778）中提出的地质时间（geologic time）的概念的延伸。赫顿认为地球的历史不是一个直线的、不可逆转的发展过程，而是一种动态的循环过程，人类则是这个过程当中极其渺小、微不足道的一部分。

侵蚀、淤积、固结、隆起和再侵蚀"①。

"各种媒介，都是文明史中的特殊情况。"② 齐林斯基在《媒介考古学》中这么说道。他认为媒介考古的过程"不是在新事物里寻找业已存在过的旧东西，而是在旧事物里去发现令人惊喜的新东西"③，在深层时间的视角下，往往能够在历史当中看到当下的媒介存在的痕迹，"我们能在 16 世纪的那不勒斯找到电影的原始形态，在 13 世纪的马略卡岛发现带有人工智能意味的人造物，或者是在 11 世纪的中国找到复杂的机械计时装置。所有的先进媒体，都是时间机器或者说扩展版的时钟"④。

齐林斯基在媒介考古学的基础上再次生发出了"未来考古学"（Pro-spective Archaeologies）的概念，它是关于如何透过思辨推理（speculative reasoning）来完成时间穿越的一种考察方法，意图通过重构古老的媒介机器来获知过去以及可能的未来。齐林斯基将过去与未来都视为一种潜在空间（potential space）：过去的事物虽无法改变，但可通过不同的阐释来延伸出新的意义；而未来虽然不可获知，但可基于过去的经验与材料进行一定程度上的合理的"预知"，建立关于未来的模型。而处在探索过去和预知未来之间的当下，齐林斯基将之称为"惊异的发生器"（generator of surprises），这里的惊异来自于过去对未来的探寻，也源于不同学科间的碰撞。

齐林斯基不仅仅是一个优秀的媒介理论家，更是一个极富有前瞻性的媒介实验家和实践家，他对于媒介理论的探究和媒介应用的探索脚步从未停下。

德国的媒介研究与媒介理论，一方面发展出了具有自身特色的研究视角与理论，另一方面也从中观和宏观层面来理解媒介（如系统论、法兰克福学派与技术哲学、物质性研究等），探讨技术、媒介与社会的关系，受时间和技术因素影响不大，因而也更适合用来阐释新媒体时代的媒介与传播现象。

八、卡斯特：网络社会

如果说前述的一众媒介学者们或是囿于时代局限，或是源于研究旨趣，关注重点大都聚焦在印刷媒介、电子媒介或媒介物之上，只有少数人如齐林斯基的研究稍稍触及了一下网络媒介，那么这位来自于西班牙，至今仍然在国际学术界异常活跃的社会学家曼纽尔·卡斯特（Manuel Castells），则是对网络媒介有着最为深入和独到的理解，被英国著名杂志《经济学人》誉为"赛博空间第一位显著的哲学家"。

① [德]西格弗里德·齐林斯基.媒体考古学——探索视听技术的深层时间 [M].荣震华译.北京：商务印书馆，2006：5.

② [德]西格弗里德·齐林斯基.媒体考古学——探索视听技术的深层时间 [M].荣震华译.北京：商务印书馆，2006：2.

③ [德]西格弗里德·齐林斯基.媒体考古学——探索视听技术的深层时间 [M].荣震华译.北京：商务印书馆，2006：4.

④ 潘霁，李凌燕.媒介研究、技术创新与知识生产：来自媒体考古视野的洞见——与齐林斯基教授的对话 [J].国际新闻界，2020（7）：96-113.

要想理解卡斯特的网络社会，我们要先理解他眼中的"网络"是什么含义。卡斯特认为"网络是一组内部连接的节点，而节点是曲线图形内部相交叉的点"。① 可以看出，这里所讲的网络，并非互联网媒介，而是从互联网的特征所延伸出来的一种社会结构的形式，一个网状的系统，在不同的社会情境当中体现为不同的网络种类（如贸易网络、金融流动网络、信息技术网络等）。网络具有开放性的结构，能够根据不同的需要进行扩展和收缩，并且通过节点进行多维和多方向的通信，不受时间和空间的限制。而节点的体现方式是什么，则是要根据具体的网络种类而定。在卡斯特看来，尽管每个节点的重要性各不相同，但每个节点对于维持系统的整体运行而言都必不可少。

在卡斯特看来，网络社会产生的社会背景有三个层面，分别源于技术革命、经济重组和文化批判。技术革命从 20 世纪 70 年代的硅谷开始，信息技术在那里逐渐发展壮大，并将影响力逐渐扩散至全球；经济重组源于 20 世纪 70 年代的经济危机，信息和通信技术促进了资本主义的转型，产生了新经济形态；文化批判则是来自于 20 世纪 70 年代社会运动的蓬勃发展，这时的社会运动已经不再关注对于政治权力和意识形态的诉求，而是转向自由主义的文化运动（包括女权运动、环保运动、和平运动等），从而开始寻求个体的价值和群体的认同。于是，随着信息技术的发展，在信息资本主义的原始竞争世界中，基于层次结构的工业逻辑被效率更高网络逻辑所取代。"网络建构了我们的新社会形态，而网络化逻辑的扩散实质地改变了生产、经验、权力与文化过程中的操作和结果"。② 由此，网络社会产生了。

那么，网络社会究竟是什么？荷兰著名传播学者简·梵·迪克（Jan van Dijk）在其著作《网络社会》中对网络社会做出了如下的定义："一种新的社会类型，是一个在个体、群体和社会等各个层面上都以社会和媒介的网络为深层结构的社会。"③

而卡斯特显然走得更远。他在一次访谈中提到，网络社会就是一个"主要的社会结构和社会活动都是围绕着电子处理的信息网络组织起来的社会形态"，④ 并在其 2004 年出版的《网络社会：跨文化的视角》一书中将之扩展理解为"一个社会结构由基于微电子的信息和通信技术驱动的网络组成的社会"。⑤

网络社会与传统社会最大的不同之处在于，其信息管理过程是通过基于微电子的通信技术实现的，如互联网或移动电话。因此社会不必依附于一个如民族或国家的特定的地理空间，而只依附于信息和通信技术的"流动空间"。同时由于这种新的社会

① ［美］曼纽尔·卡斯特. 网络社会：跨文化的视角 [M]. 周凯译. 北京：社会科学文献出版社，2009：1.

② ［美］曼纽尔·卡斯特. 网络社会的崛起 [M]. 夏铸九等译. 北京：社会科学文献出版社，2003：569.

③ ［荷］简·梵·迪克. 网络社会（第三版）[M]. 蔡静译. 北京：清华大学出版社，2020.

④ The Network Society and Organizational Change. Manuel Castells Interview: Conversations with History. Institute of International Studies, UC Berkeley. 2001. http://globetrotter.berkeley.edu/people/Castells/castells-con4.html.

⑤ Castells M. The Network Society: A Cross-Cultural Perspective [M]. Northampton: Edward Elgar Pub，2004: 3.

网络非常善于复杂性管理，具有高度的活力和创新性，能够迅速适应不断变化的社会条件，使得信息的传播更富有效率；因此，卡斯特认为，网络使社会形成了新的架构，并且成为组织社会关系的主要方式。网络社会中社会的组织形式，人们的思维方式和行为模式，以及社会的权力结构和时空状态都发生了整体的变迁。网络社会的经济表现为全球信息经济（The Global Information Economy），而文化则是体现为"真实虚拟性"（Real Virtuality）的文化。

卡斯特认为社会的结构性变化使得社会生活与地点和时间的关系逐渐变小，从而提出了网络社会中两个非常重要的概念——流动空间（Space of Flows）和永恒时间（Timeless Time），他认为网络社会由这两个新的空间和时间形式组织而成。

"流动空间"指基于通信与信息技术发展所形成的新型空间形态，"是通过流动而运作的共享时间之社会实践的物质组织"①。其并不是指某一具体的地点，而是一种借助电子信息技术将不同空间组织整合的能力，电子交换的回路、节点与核心和占支配地位的管理精英（而非阶级）的空间组织这三个层次共同构成了"流动空间"。卡斯特认为我们的社会是环绕着"流动空间"建立起来的，"流动空间"打破了原有地方空间客观物质地域的限制，消除了不同空间的之间的"边界"，使得信息可以实现畅通无阻式的流动，"网络社会中大多数支配性功能（金融市场、跨国生产网络、媒体网络、全球管理的网络化形式、全球的社会运动）都是围绕流动空间进行组织的"。②

空间在某种程度上组织了时间，卡斯特在"流动空间"的基础之上提出了"无限时间"的概念，指"密集排列或瞬间即时排列的社会行为的先后顺序"。③"无限时间"造成了社会行为和社会互动的无序性，因为人们对时间的感知和使用变得更加复杂，生活的顺序也变得更为混乱，甚至随机化。在网络社会中，人们有可能同时出现在多个空间，或者在一个空间参与多个活动，例如人们可以在互联网上浏览信息的同时收听播客和更新自己的社交网络内容。"无限时间"并不是指线性时间（时间的顺序性）在网络社会中已经消失不见了，而是线性时间的重要性和影响力下降了。因此，我们首先要思考的并不是网络社会中同时进行的活动的顺序性，更重要的反而是这些活动是因为什么而被组合在一起的。

网络社会为人们提供了与来自不同地方的人进行即时交流和互动的机会，使人们能够建立起来自无数文化和意识形态世界观的社会网络。卡斯特对全球网络社会基本持肯定的态度，并对其未来保持乐观，在他看来，网络社会已经成为现代社会的一个基本单位，这最终会导致一个更有联系、更有生产力、更有接受性和更开放的全球性社会。

---

① [美]曼纽尔·卡斯特.网络社会的崛起[M].夏铸九等译.北京：社会科学文献出版社，2003：505.

② [美]曼纽尔·卡斯特.网络社会：跨文化的视角[M].周凯译.北京：社会科学文献出版社，2009：40.

③ [美]曼纽尔·卡斯特等.移动通信与社会变迁：全球视角下的传播变革[M].付玉辉等译.北京：清华大学出版社，2014：145.

总之，在全球人类社会联系越来越紧密、电子媒介依赖性越来越强的今天，对卡斯特网络社会理论的学习将有助于我们更好地认识与理解我们当下所处的时代以及我们所赖以生存的媒介环境。

第三节　智能传播时代的媒介

伴随着互联网进程的不断加深以及科学技术的不断发展，互联网技术和计算机技术与传统工业系统开始了深度融合。这种融合发展必然会改变以往的社会生产力和生产关系，也是生产技术的全面革新，同时也势必会对旧有的商业模式造成强力的冲击，更会对社会的创新能力提出更高的要求，人类社会的政治、经济、文化以及人的生理和心理也将会面临前所未有的转变。在新技术革命的影响下，人类社会正在步履不停地从信息化时代迈向智能化时代，以至于人们将其看作"第四次工业革命"（也称"工业 4.0"）。

在"第四次工业革命"的影响下，媒介的定义将会被改写，不再是以往的某种特定的技术形式，而是"万物皆媒"，人们能够真正意义上随时随地接触到各种各样的媒介物。在这样的一种环境下，人类社会的传播将会从虚拟的网络空间转回到真实的物理空间，形成二者无缝切换、全面融合的新传播样态。同时，媒介技术的智能化也会大大增加传播效率与传播体验，网络传播时代即将进入智能传播时代。

一、智能传播时代的新媒介技术

（一）5G

5G 是 5th Generation Mobile Communication Technology，即第五代移动通信技术的缩写。

2019 年中国 5G 商用牌照的发放标志着 5G 元年的到来，到了 2021 年已经开始被大范围使用，并逐渐向着个人用户普及。5G 的传输速率比 4G 提升了将近 40 倍，可以稳定在 1Gbps~2Gbps，最高峰值甚至可以达到 10Gbps 以上。5G 的空口时延可以低到 1 毫秒，是 4G 的十分之一，远远快于人的生理应激反应。5G 真正意义上实现了"大连接"，每平方公里可以有 100 万的连接数，让人与物、物与物之间连接和交互成为可能，同时也为数十亿设备的海量数据的收集、共享、传输以及分析和使用提供了一条宽阔的高速通道。除此之外，5G 还更加安全、高效，能耗也更低。

5G 技术的高速率、低时延、大连接等优势，被人们普遍看好，也让 5G 拥有了广泛的应用场景。

5G 是未来智能化时代的通信技术基础，它带来的是一个真正意义的融合技术下的融合网络。5G 不仅可以让人与外部世界的联系完全做到沉浸式交互，如在现实世界一般甚至超越现实世界，还支持万物互联，让人类社会首次真正实现完全连接，支持海量的人、物（含机器）、信息（含数据）、财（资金）的全面连接。借助人工智能技术，人类开始步入智慧时代，其所引发的社会变革正在发生。

（二）大数据（Big Data）与云计算（Cloud Computing）

在工业 3.0 时期，人类社会已经经历了"信息大爆炸"，到了工业 4.0 时期，信息数据更是迎来了几何倍数的增长，因此诞生了"大数据"的概念。大数据并没有一个明确的定义，我们可以参考麦肯锡全球研究所对其做出的描述：一种规模大到在获取、存储、管理、分析方面大大超出了传统数据库软件工具能力范围的数据集合。

大数据的特征有六点，简称"6V"：

1）Volume 大量，即大数据的数据采集、计算、存储量都非常的庞大。

2）Variety 多样，即大数据的种类和来源丰富多样。种类包括结构化、半结构化和非结构化数据，来源则是几乎一切网络上的内容。

3）Velocity 快速，即大数据的数据增长快速，对信息的收集和处理十分迅捷，进行的是实时分析而非批量式分析。

4）Veracity 可信，即大数据的真实度很难分辨，应当避免数据收集和提炼过程中发生的数据质量污染所导致的"虚假"信息。

5）Visibility 可见，即大数据的可视化，通过大数据分析使以往不可见的重要因素和信息变得可见，如人的性格、爱好等。

6）Value 价值，即大数据的价值密度相对较低，因此通过大数据分析得到的信息应该被转换为价值。

人类社会从来不缺乏数据，缺乏的是对数据的收集、整理和分析，因此，对人类社会向智能化社会发展具有推动意义的不是大数据，而是大数据技术。大数据技术是对海量数据的挖掘、分析与处理，同时也是对资源的聚合、配置、重组与创造。大数据真正的价值不在于海量数据的收集，而是找出海量数据中的内在逻辑，并给出相应的结论和措施。

大数据技术的核心就是对于数据的分析处理，即"运算"，也叫作算法；同时，大数据必须依赖"云"作为基础架构，才能顺利地运行。可见，云计算与大数据，就像一枚硬币的两面密不可分。

云计算同样也没有一个准确的定义，它是一种诗意化的比喻，将人们看不见摸不着的互联网比作一团飘浮在空中的云彩，对于数据的计算则在这片云彩中进行，而不需要用户亲自管理。此外，云计算还解放了用户的终端，将大量的服务放置于网络中进行，诞生了诸如云储存、云医疗、云金融、云教育等服务。

虽然大数据技术极大地方便了人们的生活，但其背后同样也隐藏着许多隐患：首先，个人的隐私和某些特殊行业的数据安全受到了严重的威胁；其次，对技术的理解和掌握不对称造成了信息的不对称，信息的不对称导致了权力的不对称；再次，大数据真实性和准确性的不稳定，将会影响社会的信任；最后，决策算法和数据的归属将会在一定程度上影响社会的治理。

在工业 4.0 时代，大数据成为第一生产力，是智能传播时代最重要的战略资源，美国政府甚至将其称为"未来的新石油"。由此可见，未来国家与国家之间、国家与大型互联网企业之间的数据争夺，将会成为一种新的趋势；而谁掌握了更多的数据，谁就能在未来的竞争中占据更多的主动权。

（三）物联网（Internet of Things，IoT）

物联网，也称作万物联网，是借助网络通信技术和各类平台，利用信息传感器、射频识别（RFID）、红外感应器、全球定位系统、激光扫描器等信息传感设备，按约定的协议，把任何物品与互联网相连接，进行信息交换和通信，以实现智能化识别、定位、跟踪、监控和管理的一种网络概念。

2005 年 11 月 17 日，在突尼斯举行的信息社会世界峰会（WSIS）上，国际电信联盟（ITU）发布了《ITU 互联网报告 2005：物联网》，正式提出了"物联网"的概念。

物联网是新一代互联网技术在智能化社会的延伸，也是智能化时代的重要技术基础；是信息化和工业化的融合；是物（包括产品、服务与地点等）与人之间建立起来的一种关系，也是连接物理应用与数字应用的桥梁和纽带。

物联网的主要技术支持包括射频识别、智能传感网、M2M（机器对机器）通信、云计算、云储存等，并通过传感器数据与控制信号来实现实体之间的相互索引、相互连接、相互通信和相互协同。

从传播学的意义上来看，物联网不仅是一种工业技术，更是一种新兴的媒介技术，它突破了传统传播学中以人为主的传播观念，将连接拓展到了人与物和物与物之间，在真正意义上实现了"万物皆联"，给人类社会的发展提供了无数新的可能。在物联网的作用下，机器的泛存在化使得人与媒介的互动呈现出越来越明显的智慧化特征，甚至超越传播活动的范畴。例如，新闻类 App 可通过手机定位技术智能推荐用户所在地的新闻、天气信息，乃至消费、娱乐、医疗资讯，并提供预约或查询的在线入口；苹果的 Siri、微软的小娜和小冰等人工智能助手不仅可以根据指令完成动作、搜寻信息，还能够进行语言表达和情感交流。

但是，物联网也存在一定的负面影响，即个人的隐私问题、工人失业问题、黑客威胁下网络安全问题（数字珍珠港）、复杂性导致的失控下的公共安全问题，这都需要我们时刻警惕起来。

（四）虚拟媒介技术：VR、AR、MR 与全息技术

1. VR

VR（Virtual Reality），中文名称为虚拟现实技术，又称灵境技术，是一种可以创建和体验虚拟世界的计算机仿真系统。

VR 通过计算机技术，在虚拟空间中生成一种模拟环境，这种模拟环境无限接近于真实世界，并通过一系列的可穿戴设备，提供给用户视觉、听觉、嗅觉、触觉等感官的模拟，使用户沉浸到该环境中。斯皮尔伯格导演的电影《头号玩家》中的"绿洲"系统，就是 VR 技术发展的最终形态。

2. AR

AR（Augmented Reality），中文名称为增强现实技术，是通过计算机系统提供的信息增加用户对现实世界感知的技术。

AR 通过把真实环境和虚拟信息实时叠加到同一个画面，将虚拟的信息应用到真实世界，并将计算机生成的虚拟物体、场景或系统提示信息叠加到真实场景，被人类感官所感知，从而实现对现实的增强，达到超越现实的感官体验。增强现实技术，不仅展现了真实世界的信息，还将虚拟的信息同时显示来，两种信息相互补充、叠加。

3. MR

MR（Mix Reality），中文名称为混合现实技术，是与 VR、AR 技术合并现实世界和虚拟世界而产生的新的可视化虚拟环境。

MR 通过将相机追踪以及实时内容渲染技术进行结合，创造了一个沉浸式的虚拟环境。将人置身于虚拟和现实的混合世界中，产生一个新的可视化环境，环境中同时包含了物理实体与虚拟信息，并且二者会进行实时的互动。MR 是 VR 和 AR 的高级发展形态，其最终的呈现方式将会与大多数科幻电影中所表现出来的现实与虚拟的互动效果达成一致。

4. 全息技术

全息技术（Holography），又称全息投影、全息 3D，是一种光学技术，通过干涉原理记录事物的光波信息（振幅、相位），并通过衍射原理将记录好的光波信息投射到物理世界当中，形成与原事物一致的三维立体图像。成熟的全息技术既可以投射出单独的物体，也可以模拟整体的环境，并且可以实现与人的互动。

（五）人工智能（AI）

人工智能是计算机科学的一个分支，是研究、开发用于模拟、延伸和扩展人的智能的理论、方法、技术及应用系统的一门新的技术科学。

从 1956 年达特茅斯会议开始，人工智能的发展已经走过了将近 70 年的历程。该领域的研究包括机器人、语言识别、图像识别、自然语言处理和专家系统等，其应用范围已经涉及了社会的多个领域，并出现了许多的成果，上文提到的 Siri、小娜和小冰乃至新近的 ChatGPT 都属于人工智能的一种。

根据人工智能的发展过程，可以基本把人工智能划分为三个阶段：

首先是人工智能的运算智能阶段。目前如火如荼的用户画像、数据分析、大数据深度学习、精准推送等都是媒体普遍运用的运算智能，这大大拉近了媒体与用户的关系，深化了生产与消费。但是这个阶段同样面临着不足，如运算智能带来的信息窄化、个性内容满足过度、普遍性信息消费不足等，以及社交群体日渐封闭而固化、社会群体的流动减少等。因此，运算智能的媒体需要升级。

其次是人工智能的感知智能阶段。此时的智能媒体能够感知用户的个体差异与群体特征，乃至社会环境。对不同时间、空间场景中的用户可以准确判断，进行虚拟与现实、个体与群体、内部与外部等信息的全面分析，从而将需求与供给智能匹配。这个时候的媒体具备了普林斯顿大学提出的"群智"理念，即基于网络的群体智能能力。

最后是人工智能的认知智能阶段。该阶段媒体可能进行情感判断与互动，可以与人进行"类人类"的全面交流，乃至成为人的一部分。以前，麦克卢汉说媒体是人体的延伸，这个仍然是外部的。以后，媒体就是人，人就是媒体，共同构成了一个复杂的巨系统。

（六）赛博格——媒介化的人

赛博格，也被称作生化人、改造人或半机器人，唐娜·哈拉维（Donna Haraway）将其定义为"一种控制生物体，一种机器和生物体的混合，一种社会现实的生物，也是一种科幻小说的人物"。[①]

正如我们在众多科幻电影当中所看到的那样，赛博格不同于仿生学（bionics）、生物机器人（biorobot）或仿生人（android）这些完全由人制造生产出来的机器人，而是一种将机械、芯片、仿生物以及各种以无机物组成的人造物，通过装配或者植入的手段与人类相结合的技术手段，从而对人体的能力进行增强或者拓展。例如美国 DC 漫画公司创造的人物"钢骨"，就是赛博格的典型代表：他在一次爆炸中失去了大部分的身体，濒临死亡，在外星科技的帮助下，他的父亲将他改造成了半人半机械的超级英雄。钢骨的英文正是 Cyborg。

人与机器混合的概念早在 20 世纪初就已经被科幻文学作品多次提及，赛博格一词则最早出现于 20 世纪 60 年代，由曼菲德·克莱恩斯（Manfred E. Clynes）和内

---

① ［美］唐娜·哈拉维.类人猿、赛博格和女人 [M].陈静译.开封：河南大学出版社，2016：314.

森·克莱恩（Nathan S. Kline）在《赛博格与空间》（*Cybergs and Space*）一文中首次提出，分别取自控制论（cybernetic）和有机体（organism）两个词语的前三个字母，是一项关于人类外太空的探索研究。在文章的标题下面，克莱恩斯和克莱恩就直接说明了赛博格的性质："改变人的身体机能以满足地外环境的要求，比在太空中为他提供一个地球环境更符合逻辑。"[①] 其目的是为了将人类从物理空间的限制中解放出来，通过"自我平衡系统"（Homeostatic System）实现对各种环境的自动适应。

唐娜·哈拉维在其 1985 年的文章《赛博格宣言》中做出了如下的论断："在 20 世纪末，我们的时代，一个神话般的时代，我们都会变成由机器和有机体组合而成的奇美拉（Chimeras）[②]式的、理论中的和幻想下的合成物。简言之，我们就是赛博格。届时，赛博格将会成为我们的本体论，也将赋予我们新的政治意义。赛博格是想象力和物质现实的浓缩形象，解构着历史转型中的一切可能性。"同时她指出，赛博格的出现使得人与动物、有机体与机器、物质与非物质体之间的边界已经变得模糊，[③]引发了全世界对于赛博格的反思。

麦克卢汉提出的"媒介是人的延伸"，用赛博格的眼光来看似乎更容易让人理解。或者更确切地说，在赛博格的语境之下，媒介成为人体的一部分；或者更可以说，作为赛博格的后人类，就已经成了一种新的媒介。在众多的科幻作品中，我们可以经常看到赛博格用人造眼获取信息、用全息投影展示信息、用身体内的部件进行远程通信等等内容，通过人体，已经基本能够实现几乎所有的媒介的功能。值得思考的是，由机械组成的口所讲出的话，还是传统意义上人所讲出的话吗？

智能传播时代的媒介技术，必然会给人类社会带来一个整体性的大变革。对这些智能媒介技术的使用以及其背后逻辑的反思，是智能传播时代人类数字化生存的重要课题。

二、智能传播时代的媒介特征

（一）平台化

平台化的意涵较为复杂，它不能被看作一个概念，而应该看作一个过程，一个作为基础设施的互联网对全球社会重构的过程。[④]伴随着互联网进程的不断加深，一个

---

① Clynes M E, Kline N S. Cyborgs and space. In: Gray C H, ed. *The Cyborg Handbook* [M], New York: Routledge, 1995: 26-27.

② 奇美拉是古希腊神话中的怪物，它拥有狮子的头、山羊的身躯和一条蟒蛇组成的尾巴。哈拉维借此来形容人与机器的混合。

③ Haraway D. A cyborg manifesto: Science, technology, and socialist-feminism in the late twentieth century. In: Hanks C, ed. *Technology and Values: Essential Readings* [M]. Hoboken: Wiley-Blackwell, 2009: 225-246.

④ 姬德强，杜学志. 平台化时代的国际传播——兼论媒体融合的外部效应 [J]. 对外传播，2019（5）：13-15+44.

又一个互联网平台出现了，这些平台聚拢了一个又一个作为网络社会节点的用户，从而产生了大量的数据，并且由于数据的大量积累，使得用户越来越离不开平台，社会的各个方面都开始了平台化的转向。

智能媒介的平台化，则是体现在对互联网平台的依赖。

首先，在智能传播时代，数据是最重要的资源。对于以大数据和算法为底层逻辑的智能媒介而言，想要不断地进化，就必须不断地进行测试和优化，这背后需要大量的数据进行支撑。因此，能够被其收集和分析的数据的多少是决定其价值大小的关键，也是决定智能媒介是否"智能"的决定性因素。

其次，在智能传播时代，智能媒介的硬件和技术水平已经不是最主要的竞争对象，作为能够影响用户体验感受的软件和服务才是最核心的竞争对象。只有大型的互联网平台，才有能力对大量的信息进行整合，给用户提供更加个性化、更加智能化、更加多元化的服务。

最后，在智能传播时代，由于智能媒介数量的爆发性增长，对于媒介的管控难度也将几何倍数地上涨。如果媒介的管控太过分散，即便有着协议、标准等内容的约束，也难免会产生一定的冲突，在某种程度上造成社会的混乱。因此，这就需要大型的互联网平台对智能媒介进行统一的管理。

所以，智能媒介的发展，必须要有大型的、生态级的互联网平台作为依托。

（二）泛在化

泛在化一词来源于拉丁语 Ubiquitous，意思是"无所不在的"，其范围涵盖了时间、空间、人与物等。媒介的泛在化指人们可以在任何时间、任何地点接触到各种形态的媒介。

泛在化的概念来自于泛在网（Ubiquitous Network），最早应用于 2004 年日本和韩国的"U 战略"，被定义为无所不在的网络社会，是一种由智能网络、最先进的计算技术以及其他领先的数字技术基础设施武装而成的技术社会形态。"无时无刻""无所不在""无所不包""无所不能"是泛在网的基础特征。帮助人类实现"4A"化通信，即在任何时间（Anytime）、任何地点（Anywhere）、任何人（Anyone）、任何物（Anything）都能顺畅地通信则是泛在网的最终目标。

随着 5G 技术和物联网的发展，媒介泛在化的技术基础得以实现，万事万物都可化作媒介，并且实现相互的连接。

智能传播时代媒介的泛在化具体体现在三个方面，即泛在连接、泛在感知、泛在应用。首先，泛在连接体现在连接的无界性，即人与人、人与物、物与物甚至人与信息、人与自然皆可进行相互的连接，并且没有数量的限制，可以同时连接多个终端，从而形成"大连接"；其次，泛在感知体现在感知的即时性，即通过大量传感器的铺设，可以实现对终端设备感知的无缝衔接，即便场景转换，感知依然是连续的。同时，不同智能媒介之间也可相互感知。最后，泛在应用体现在应用的多样性，即智能媒介的应用可以存在于多种场景、展现为多种形态、服务于多种用户。或许会出现通过身份识别，人们在不同的公共媒介物上实现私人化的应用的场景。在某种意义上，"万物皆媒""万物互联"的时代到来了。

（三）类人化

类人化（Humanoid）是智能向智慧进化的过程，是智能媒介的发展趋势，也将会是智能媒介的最终形态。这种最终形态不仅体现在机器人外形的类人化，也体现在人工智能通过对人类行为的感知和学习，实现思维方式和行为模式的类人化，从而使得智能媒介能够像人类一样与人进行交流。

大数据、云计算、物联网以及 AI 的深度学习（Deep Learning）技术的发展，都是在为实现智能媒介的类人化做好前期的准备，打下坚实的基础。目前，对话式语音识别和问答、机器的翻译和阅读理解、图像描述等应用已经较为成熟，但仍需要不断地进行更加深度的学习。

智能媒介的类人化趋势在现阶段已经有了较为丰富的展现。例如苹果的 Siri、小米的小爱、华为的小艺、阿里的天猫精灵、百度的小度等各种智能语音助手，新华社的"新小微"等 AI 合成主播以及新华社的"快笔小新"、腾讯的"梦想写手"、今日头条的"张小明"等写作机器人，都是智能媒介类人化的初步成果。

三、智能传播时代的传播趋势

（一）流动化的传播过程

第二章已经提到，网络媒介时期呈现出的是一种节点化的传播过程，这个传播过程模式也在互联网发展的不同时期发生着一系列的变化。到了智能传播时代，节点化的传播过程发展出了新的样态，形成了流动化传播过程。

在互联网发展的未来，即智能传播时代，节点的连接形态将会发生巨大的变化，呈现出移动节点和固定节点两种形态，因此会在节点化的传播过程的基础上，衍生出新的传播过程模式。在 5G、物联网等技术的作用下，节点的移动性和连接性将大大增强，节点之间的连接密度也会大幅增加，实现节点的流动，从而形成流动化的传播过程模式，可以称作"大连接"。在流动化的传播过程中，传播主体与客体的界限进一步消弭，传播渠道也从固定转变为流动，传播内容和效果也会根据节点的不同实现更加精准化的传播。流动化的传播过程具体表现为，作为移动节点的人和物（如汽车、工业流水线等等），在自身移动的同时，通过传感器的感知，实现与其他移动节点和固定节点之间即时的连接与断连，而信息则会根据节点的流动进行实时的更新。

此外，传播过程的流动化同时也在某种程度上使得传播过程变得无界化，人们随时随地都在进行着传播行为，这种行为既可以是自觉的，也可以是非自觉的。如果说互联网的发展消弭了传播的地理界限，智能传播则进一步消弭了媒介消费场景与生活、工作等其他场景的界限，与"无处不在"的传播相伴而行的是"难以发现"的传播。

（二）媒介化的传播主体

1. 媒介化的传播主体

这里的传播主体指的还是进行传播活动的人。在智能传播时代，人类也将成为一种媒介，参与到传播当中。

其实在网络传播时代，人就已经有了媒介化的趋向。人们通过社交媒体随时随地分享自己的生活、动态、想法、技能，无时无刻不在生产着信息。"人们的生活越来越多地以媒介中的存在感为目标，现实生活变成了媒介表演中的剧目或道具"[①]，每个人都以一种媒介化的方式生存在互联网当中，并彻底化身为一种可移动的媒介，在流动化的传播过程中随时生产与传播着信息。

2. 主体化的传播媒介

在智能传播时代，传播主体的定义也在发生着变化，可以是人，也可以是类人化的智能媒介。智能媒介在人工智能技术的帮助下，也能进行主动的、交互式的传播行为，也能在传播的活动中不断学习，从而实现不断地进化。

（三）共生化的传播形态

随着智能媒介成为智能传播时代中新的传播主体，以往的人际传播形态也同样会发生转变，出现人机传播的新形态，即人与机器之间的传播。

人机传播不仅仅包括人类与 AI 的直接对话，也包括与辅助人类生活的机器人的互动、与智能物联设备的互动，同时还包括对智能机器生产内容的接收等。尤其是社交机器人等人工智能媒介，可以通过对人类情感的深度学习，进化出情感智能，能够识别、理解和模拟出人类的情感，并通过数据分析，做出最合适的沟通选择，使得人与其实现情感上的交流。

此外，穿戴式的智能媒介，尤其是植入人体的赛博格媒介，更是可以将人机传播的内涵延伸到内向传播当中。例如当前的智能手环，就可以实时监测人的身体状态，从而让人能够随时感知自己的健康；而植入人脑的芯片更是可以作用于人的神经系统，感知人的情绪、心理等状态，并在一定程度上缓解甚至解决记忆力减退、中风、上瘾

---

① 彭兰.新媒体用户研究：节点化、媒介化、赛博格化的人 [M].北京：中国人民大学出版社，2020：246.

等神经系统的病症，同时更能模拟人体的生物信号，控制人体各种激素的生成，从而调整人的心理状态。人类理想中记忆和知识在人脑中的"复制粘贴"似乎也有了实现的可能。

在智能传播时代，人与机器的关系将会变得越来越紧密，人类的传播也越来越离不开机器的帮助，从而形成了"人机共生"的新传播形态。

（四）感受化的传播叙事

传播的形态直接影响着传播的叙事方式。在传播技术向着智能化发展的同时，传播内容和形式的重心也在朝着增强人们感受的方向不断演进，并形成感受化的传播叙事。到了智能传播时代，用户的感受再一次得到重视，传播的叙事策略也变得更加倾向于感受化，表现在以下两个方面：

第一，传播内容的交互感。如前文所提到的，智能传播时代传播过程的流动化使得信息的传播变得更加即时与精准，这是用户与智能媒介之间的实时交互所产生的结果；而在这种实时交互的作用下产生的传播内容，就如同人际传播的实时反馈，同样也具有强烈的交互性。这种传播内容的交互，是基于用户当下的感受所产生的，同时也只有具有交互感的内容，才能进一步地影响用户的感受。例如科幻电影《她》中的AI操作系统"萨曼莎"，就能够与使用者进行即时交互，并根据使用者的状态做出相应的反馈，从而调动使用者的感受。

第二，传播场景的沉浸感。除了内容之外，智能传播时代的场景也参与到了传播的叙事当中。从梅罗维茨的"媒介情境论"中，可以看到情境对于人类传播行为所具有的强烈影响，场景则是影响传播情境的主要因素之一。在不同的场景中、不同的情境下，人们的传播行为会发生不同的改变，传播场景与传播内容的割裂，将会深刻影响到传播的效果。在 MR、全息等智能媒介技术的应用下，传播场景的限制已经不复存在，人们可以根据不同的需要改变、切换、叠加不同的场景，从而使得自身能够完全沉浸在当下的传播情境之中，进而产生身临其境的感受。

（五）人工智能渗透到媒体行业的各个环节

人工智能对传播领域和媒体行业造成了广泛的影响，就全媒体内容全流程而言，人工智能必将渗透内容创作、生产、传播与消费的各个环节。人工智能对媒体行业的影响大致分为四个阶段：

第一阶段，是已经进入的传播环节，即实现传播的精准化，这是人工智能发展到运算智能阶段的重大应用成果，当下用户已经能够强烈体验到基于算法的精准推送内容和服务，实现了内容的高度易得性；

第二阶段，是正在进入的生产环节，即实现机器生产内容和人工智能生产内容，即机器深度学习技术、多模态技术等，使得机器能够辨别、分析、处理甚至理解音视频和文字图片内容，从而根据指令自动生成内容。尽管当下机器生产内容尚且简单，但未来可期；

第三个阶段，人工智能大举进入内容消费场景，这要等到 5G 普及，物联网到来，各种场景丰富多样，需求与供给匹配更加高精度，人工智能也进化到感知智能阶段。它能够感知每个用户在每个场景中诞生的每个需求，甚至能准确判断用户潜在需求和新需求，同时又能够高精度抓取供给，智能匹配给用户。该阶段的人工智能已经有了用户意识；

第四阶段，人工智能终将进入内容创作环节。这只有人工智能发展到认知智能阶段才可能实现。人工智能＋内容创意创作表现为人—机—人的对话，从而产生众创（crowd-creativity）行为和众创成果。这是人机集体智慧，为人类想象力和创造力打开全新的世界。

本 章 小 结

媒介是介入传播过程之中，用以扩大并延伸信息传送的工具。对它的研究一方面要侧重其物质特性，另一方面也要从它的发展历程中总结规律。

认识媒介可以从多个角度进行，媒介各有所长，各有所短，它们发展的趋势是互相竞争和互相融合。对于用户来说，选择媒介要考虑报偿的保证和费力的程度。

不同的学派、不同的研究者对于媒介的理解都有着各自独特的视角。媒介环境学派的学者思考媒介的工具属性对人类文明进程的影响；法国的媒介学则是从历史的视角重点考察了媒介的"传承"；德国的媒介理论家们则是把媒介物质与社会、媒介技术与文化当作了研究的重心；而网络媒介的研究者，更加关心的是网络媒介给社会带来的变化。

每一次传播媒介技术的发展，都将会给人类社会带来巨大的变革。智能媒介也是如此，它的发展宣告着智能传播时代与我们的距离越来越近，认识、理解并运用好智能媒介技术，将会帮助我们更好地拥抱智能传播时代的到来。

思考题：

1. 传播媒介的内涵与外延是什么？
2. 传播媒介的发展都经历了哪些阶段？与传播的发展有什么关联？
3. 施拉姆的认识媒介八原则分别都是什么？
4. 你对哪一位媒介理论家更感兴趣？为什么？
5. 请谈谈你对智能媒介的理解与思考。

第六章　传播受众/用户论

本章要点：

1. 受众的概念正在发生变化，从传统的被动受众逐渐演变为主动的用户，成为生产与消费相结合的产销者。

2. 良好的网络互动能够使用户获得身份认同、社会支持，以及群体智慧创造的大数据社会福祉。

3. 在21世纪，用户实践和技术能力的新颖配置改变了我们对媒体组织和机构的理解与信任方式，更使我们深入思考如何参与社会互动以及如何建立社会关系。

传播受众 / 用户论

以移动化为中心的发展走向，塑造了新的媒介生产流程与新型受众。

受众是媒介产品的消费者，也是媒介内容的接受者。进入网络时代，受众的属性与价值都已逾越传统定义，同时在内容创造与传播过程中扮演着愈发重要的角色。

数字化浪潮汹涌的时代，受众变身为积极参与信息生产和消费的"产销者"，根据自身品味和偏好，主动筛选符合已有认知和价值观的信息，参与到互联网互动当中，构建身份认同，形塑社会支持，践行群体智慧，为后续人工智能大规模应用夯实基础。

毋庸置疑，互联网有助于用户收获丰富的在线参与体验，实现自身价值，但与此同时也可能成为个人隐私侵犯和数据泄露的温床。因此，我们在享受数字化福祉同时，也要做好准备应对随之而来的挑战。

第一节 受 众

一、传统受众

（一）受众的定义

一般来说，受众（audience）的概念多用于大众传播的情境之下。大众传播过程中的受传者即受众，或称阅听人（中国港台地区学者多有此类译法）、接受者、传播对象，是对大众媒介信息接受者的总称。具体可以包括报刊书籍的读者、广播的听众、电影电视的观众以及互联网的网民等。他们能够决定一条传播内容、一家传媒机构甚至是传播者本身的发展前途。

美国社会学者戈夫曼以及其他致力于拟剧论研究的学者，较早地使用了"受众"的概念来分析人们的日常互动行为，他们将接触活动分为男演员、女演员和受众。显而易见，受众的初始用法经过扩展之后，开始被用来描述发达工业社会中的所有成员，他们对媒介产品的使用以及与媒介产品的互动，构成了"现代社会成员的一个起码标记、甚至可能是一种需求"。

在20世纪40年代，早期的传播学研究者如赫尔塔·赫佐格（Herta Herzog）、保罗·拉扎斯菲尔德和菲兰克·斯坦顿（Frank Stanton）等已经在他们所做的研究中，或多或少地涉及了积极的、寻求满足的受众研究。1947年，美国传播学者布卢默将受众称为"mass"，意指其为"乌合之众"，因为根据他的分析，受众具有多、杂、散、匿等特点。

（二）受众的特征

作为个体的受众千差万别，但作为整体的大众传播受众是具有一些共性的。受众特征有社会的、个体的和心理的等不同层次。主要有以下几种特征：

第一，每种大众传媒的受众都是由具有共同经验的个人组成，由于社会环境、社会角色、文化背景、民族特征等不同，在传播活动中显示了不同的特征。传播过程中，传者、受众和传播内容三者之间，除受众对社会信息有独立的价值判断外，传者与受众的利益是否一致，也会影响到传播效果。

第二，受众作为群体中的个体，受到人际传播和社会联系的影响，并按照现实与自身的习惯有意识地选择信息。一般而言，群体的规模越大、组织力越强、受众对群体的依赖性越强，群体利益对受众传播行为的约束力也越强。

第三，受众个人心理结构的差异，表现在对信息内容的选择、认知等方面均有所不同。受众的社会性特征决定其存在从众心理、逆反心理和移情等。受众的信息接受活动具有强烈的自主性，并不轻易被传播者所左右和支配。

第四，受众由成分复杂的一大批人构成，且不是一成不变的。由于性别、年龄、个性、经历、兴趣、爱好、智力水平、预存立场等的不同，受众对不同的传播内容有着明显的选择偏向。这就使传播受众出现分众化，特定的传播媒介、特定的新闻信息只能传递给特殊的受众群体。

（三）受众即商品

作为商业媒介，大众传媒的广告收入是其最主要的经济来源。通常我们认为，大众媒介通过出售广告时间或空间给广告商，以获得经济收入，这些广告时间（如电视广告时段）及空间（如报纸广告版面）就是媒介机构出售的商品。然而，西方传播政治经济学理论泰斗达拉斯·斯迈思（Dallas Smythe）提出的观点大相径庭——"受众商品论"（Audience As Commodity），并提出"免费午餐"（Free Lunch）概念。他在1977年发表的论文《传播：西方马克思主义的盲点》中指出，大众媒介的运作过程，就是媒介公司生产受众，然后将他们移交给广告商的过程。大众传媒广告时段或版面价值是传播产生的间接效果，它们不是广播电视或者报纸媒介生产的真正商品。媒介的节目编排是用来吸引受众的，这和以前的小酒店为了吸引顾客饮酒而提供的"免费午餐"没有什么差别。[①] 根据他对广告驱动下大众传播商品形式的研究，受众的人力（注意力）才是经营大众传播媒介的主要产品。"受众商品论"运用马克思政治经济学的观点，解释了广播电视的广告时段和报纸版面空间具有价值的原因。我们都知道同样大小的广告版面及同样长短的广告时段在价格上有着巨大的差异，例如中央电视台黄金节目时间的广告价位就远远高于地方电视台，这主要取决于其收视率，也就是受众的多少。

斯迈思的观点极具启发性，拓展了我们对于受众的认识。根据这种说法，受众成为了商品。任何大众媒体，只要拥有了受众，就拥有了市场。作为商品，受众资源的分配也应该是由市场来完成的。

（四）受众理论

1. 个人差异论

德弗勒在《大众传播理论》中指出：

1）人们的心理结构是千差万别的；

2）人们的先天条件和后天知识形成了个人之间的差异；

3）一个人的心理构成不同于其他人，是他在认识客观环境时获得的立场、价值观念和信仰所造成的；

4）个性的千差万别来源于人们在认识客观事物时所处的不同社会环境；

5）人们认识客观世界的重要产品之一，就是在理解客观事物时带有成见。

个人差异论的主要理论贡献在于提出了"选择性和注意性理解"。德弗勒认为，由于个人兴趣、态度、信仰、价值观的不同，接受信息时反应不同。符合受众固有观念的信息受注意和理解，否则会被忽视或曲解，直到符合其原来的立场。

因此，传播者要善于了解、利用来自受传者的经验、态度、立场等，并从尊重受传者的角度来进行传播活动。

2. 社会分化论

该理论是在个人差异论的基础上发展起来的，是对其的扩展和修正，又名社会类别论或社会范畴论。它与个人差异论的区别在于后者是从心理学角度出发，强调了受众个体在心态和性格上的差异；而社会分化论是从社会学角度出发，强调了人的社会群体性上的差异。这是由美国传播学者赖利夫妇于 1959 年在《大众传播与社会系统》中首先提出的。这一理论认为，社会现实中的受众，在接受媒介和选择内容的过程不但有"个人差异"，还有共性。受众是生活在各种不同的社会群体中的个体，必然在

---

① 胡正荣.媒介的现实与超越 [M].北京：北京广播学院出版社，2004：3.

行动时受到群体规范和群体压力的影响。

受众可以根据年龄、性别、种族、文化程度、宗教信仰以及经济收入等人口学意义上的相似而组成不同社会类型的群体。这些因人口学因素相同或相似而结成的群体，又有着相似的性格和心理结构，在人生观、价值观等方面也有着较为一致的看法。相同社会类型的成员常常行为类似；而不同社会类型的成员趋向于选择不同的媒介内容，并以不同于其他社会类型成员的方式去解释同一信息，有选择地记忆，并采取不同行动。大众媒介应该考虑到不同群体的受众对信息接收倾向性的差异，以及受众的接受理解会受到所属群体的引导，有针对性地选择信息、制作节目或安排内容，这样才会使自身别具特色和吸引力。

3. 社会关系论

与前两种理论不同的是，社会关系论强调的是群体关系在传播活动中的作用。它将注意力放在了群体压力、合力对个人接收传播信息产生的影响上，认为受众所属团体的压力和合力对于受众接受信息时的态度及行为产生的影响很大，而媒介通常难以改变人们固有的信念和态度。

这一理论是拉扎斯菲尔德、贝雷尔森和卡茨等人的研究成果。他们认为，个人差异论和社会分化论都忽视了受众之间错综复杂的相互关系，而这种社会关系对于受众研究是极为重要的。受众的社会关系对受众有着巨大的影响，在受众的媒介接触中，社会关系既能加强也能削弱媒介的影响。事实上，媒介的效果经常为受众的社会关系所削减。社会关系主要包括人际网络、群体规范和意见领袖等，具体到受众的社会关系则主要有他们所处的工作单位、社会组织以及各种非正式的群体等。社会关系论为大众传播和人际交往提供了一个结合点，而结合的桥梁就是社会关系。

4. 文化规范论

文化规范论与前三种理论有所不同。前三种理论是以受众为出发点来探讨媒介与受众之间的关系，而文化规范论则以传播媒介为出发点，认为大众传播的内容会促使接收对象发生种种变化。受众的文化规范论认为，受传者能够从媒介内容中学到新的观点，这种观点可能加强或改变原有看法。这种理论强调大众传播间接和长期的效果。

可以说，现代社会里，大众传播充当着文化的选择者和创造者的角色，传播媒介为社会树立了文化规范。而人们在社会文化之中生活，久而久之，就会形成与这种文化相符合的社会观、价值观。在这一点上，文化规范论与"议程设置"理论有一定的联系。但还有许多学者认为，大众传播改变人们生活习惯、制造新的社会文化规范只是少数情况，多数情况下，大众传播所起的是加强现有社会文化规范的作用。

雷·埃尔登·希伯特等人将上述四种理论概括起来就是：人们就是传播工具的广大受者中的一员，每个受传者对传播的内容信息的反应不相同。但是，具有相同经验和相同的社会关系的受传者有相似的反应；更重要的是，人们作为受传者，必须受到整个传播经验的影响。①

5. 社会参与论

该理论由美国学者 J. A. 巴伦在 1967 年发表的《对报纸的参与权利》一文中最早提出。他指出：为了维护传播媒介受众的表现自由，保障他们参与和使用信息传播媒介的权利，公民对传播媒介的参与权必须在宪法中得到确认。

社会参与论的主要观点可以归纳如下：

1）大众传播媒介应是公众的讲坛，而不是少数人的传声筒；

2）时代在发展，受众在变化，许多人已不满足消极地当一名接受者，一种试图传播的自我表现欲正在增长；

3）让受众参与传播正是为了让其接受传播，因为人们对于他们亲身参与形成的观点，要比他们被动地从别人那里听到的观点容易接受得多；

4）参与传播也是受众表达权、讨论权的具体表现。

6. 使用与满足

使用与满足理论又名满足需要论，它是从受众需要和接受信息的原因出发进行的研究。这一理论的代表人物是卡茨、麦奎尔、E. 罗森格伦、G. 布卢姆勒等。这一理论认为，受众是有着特定"需求"的个人，他们接触媒介的活动是基于特定的需求动机的，从而使自己的特定需求得到"满足"。每个人的需求各不相同，在这样情境下，大众传媒所传递的信息就不可能同时被所有的受众所接受，受众总是从中挑选出可以满足自己的信息。研究表明，受众通过使用媒介而获得的满足至少来自三个方面：媒介内容、媒介接触本身以及接触不同媒介时的情境。

二、网络时代的受众

（一）用户的勃兴

受众具有一种被动的属性，在媒介发展的早期其被动性更是被广泛认同，例如 20 世纪早期的"皮下注射论"就认为大众传播拥有不可抗拒的强大力量。前者的说法忽视了受众的主动性，于是发展出了"受众反馈"以及"积极受众"理论。上述理论体现的是对现有媒介产品（内容）体验的反馈，强调的是受众在被动接受中的"主动"解码。

在网络时代，每个人都有机会以不同的方式参与传播过程的任一环节。互联网不仅为受众提供了一个创作平台，还可以使其接触到自己感兴趣的内容。在网络时代，传播者与受众的界限越发模糊，互联网用户（User）被广泛应用于定义新媒体的使用者；而当前的环境中，用户不仅存在反馈式互动，更重要的是用户自身能自主选择、

---

① 张隆栋. 大众传播学总论 [M]. 北京：中国人民大学出版社，1993：13.

自主参与、自主生产，是接收、生产与消费的结合，也就是产销者（Prosumer）。与传统受众相比，用户在获得更多的权利的同时也面对诸多挑战。

（二）用户参与

在大众传播时代，受众参与成为 20 世纪新闻行业的一个常用术语。报纸和广播公司在一个多世纪以来一直对受众进行测量，目的是向广告商证明他们已经接触了多少消费者以及某出版物适合哪些人口群体。随着互联网的兴起，受众的概念已经演变为用户，并且用户的参与度得到了提高。在线新闻提供了新的互动机会，从而促进了这种发展。现在，消费者拥有从大量媒体中自由选择信息的能力，争取用户注意力的斗争变得越来越重要。

对已发布内容的回应可以通过在网站上发表评论、在社交媒体上发帖、积极寻求提示或关于新闻报道中涉及的主题的离线讨论会议来组织。这不仅使新闻消费者感到自己参与了新闻工作，而且为人们感兴趣的新闻报道提供有价值的投入。尤其是在社交媒体上，记者和敬业的编辑与新闻消费者互动，并尝试建立有关新闻的对话。

对于新闻业中的许多人而言，参与可能仅仅是为了确保新闻消费者的忠诚度，可以将其商品化并出售给广告商。其他人则对参与有更全面和理想的观点，并认为不仅是要让公众参与新闻活动，还应激活他们参与公共生活。与新闻互动是公民参与公共事务、形成特定社区和整个社会的重要前提[①]。因此，它是新闻业声称具有社会和民主功能的重要指标。在某种意义上，参与是意义创造、价值创造和与公众话语联系的前提。

（三）用户的数据安全与隐私

由于互联网产品的广泛应用，用户的个人数据和私人账户易被窃取，给用户和社会发展带来了很大隐患。特伦斯·克雷格（Terence Craig）和玛丽·鲁道芙（Mary E. Ludloff）指出[②]，数字化时代给个人的通信隐私、行为隐私和人身隐私带来了空前挑战。

在通信隐私方面，虽然普遍认为电话、短信、电子邮件和各种网络通信属于隐私，但很多国家在数据保留技术与相关政策法规层面已经有可能对它们进行长期监控。在行为隐私方面，用户的很多行为数据已经被采集并用于预测行为，如购买意向、商业信用、保险方面的风险乃至有无实施犯罪或恐怖行为的潜在可能性等。在人身隐私方面，虽然以往在社会中的日常活动具有相对的匿名性，但各种影像监控设备、具有人脸识别功能的数字照片和跟踪软件无疑正在改变这一情况。

个人信息与数据保护作为互联网治理体系的组成部分，也是构建良好互联网秩序的重中之重。近年来发生的个人行踪记录遭售卖、"朋友圈"信息被盗用、电商数据外泄、隐私信息刷屏等现象表明，大数据开发利用中的信息安全问题渐成隐患。

---

① 邱林川，陈韬文 . 新媒体事件研究 [M]. 北京：中国人民大学出版社，2011.

② Craig, Ludloff. *Privacy and Big Data: The Players, Regulators, and Stakeholders* [M]. O'Reilly Media, Inc.，2011.

（四）用户权利

对受众权利加以探讨和研究的历史可以追溯到 20 世纪 20 年代。当时，西方传播开始使用"知晓权"对其进行初步探讨。1948 年 10 月通过的《世界人权宣言》正式明确提出受众的知晓权、表达权和隐私权的问题。概括而言，受众权利有：

1. 知情权

受众享有知悉社会各方面真实情况的权利。受众有权通过传播媒介了解作为一个社会成员所应获得的种种事实的消息情报，有权得知政府、行政机构等有关公共信息和国内外每天发生的重大事件或有意义的事情。国家和传播媒介应为公民享有这项权利提供法律和实际业务的保障，方便信息向受众流动。

2. 参与权

受众享有参与和借助传媒来表达意见、传递信息、展示作品、点播节目等权利。现代社会的受众认识到自己在传播活动中的主体地位，希望在接受信息的同时传播信息，成为大众传播积极的参与者。传播机构应公平对待并依法保护受众享有、使用媒介及服务的权利。

3. 讨论权

受众享有对社会问题发表意见的权利，这一权利对稳定社会、提高社会政治生活质量很有意义。通过有效渠道及时交流意见是公民参政论政的条件，是受众享有社会民主权利的体现；同时，自由交流讨论的权利可以保证集体行为的真正一致，并影响到权威人士和决策机构所作的决定。

4. 隐私权

受众享有对个人与公众利益和公众事务无关的私生活进行保密、不受新闻媒介打扰和干涉以及个人的名誉和利益不受侵害的权利。由于大众传媒的失实报道、不公正报道或评论而使公民名誉、利益受到损害或隐私受到侵犯的事时有发生。目前，我国已经初步形成了对权利较为完整的成文法保护体系。受众保护自己免受新闻侵害有了法律保障，有权要求向损害自己权利的传播机构要求赔偿。

5. 监督权

受众享有对大众传播机构进行督促的权利。通常，受众可以根据法律条文、道德规范、行为准则等标准，写信、打电话、停止订阅、舆论声张等多种形式对新闻媒介和新闻传播者进行监督，促使其寻找适合国情、民情的途径和按照受众能够接受的方式行事。[①]

---

① 邵培仁. 传播学导论 [M]. 杭州：浙江大学出版社，2000：314.

6. 被遗忘权

被遗忘权（right to be forgotten），也叫作"被遗忘的权利"。这是《通用数据保护条例》在被修正后增加的最为引人注目的权利。被遗忘权可以概括为：数据主体有要求数据控制者删除其个人数据的权利，控制者有责任在特定情况下及时删除个人数据。简单来讲，如果一个人想被世界遗忘，相关主体应该删除有关此人在网上的个人信息。

欧盟《通用数据保护条例》（General Data Protection Regulation，GDPR），在2018年5月25日正式生效。该条例旨在要求处理个人数据必须要有合法理由，包括数据主体的同意、履行合同需要、履行法定义务的需要以及数据控制者的合法利益等，核心目标是将个人数据保护深度嵌入组织运营，真正将抽象的保护理论转化为脚踏实地的行为实践。

第二节　用户行为与心理

考虑到受众的重要地位，媒体专业人士和学者都对受众行为产生极大的兴趣。在行业中，预测受众行为是媒体经营能力的核心。研究人员花了多年时间研究解释用户规模和忠诚度的因素，受众行为对于理解媒体系统的运作以及塑造社会的能力至关重要。另一个原因是媒体环境本身。受众的行为从这种环境中出现，并且多年来发生了巨大变化，曾经看似严谨的理论模型难以适用于数字媒体。

在分析受众行为时，两种理论模型特别常见。如果听众成员彼此排斥并且可以自主运作，那么通常的惯例是称他们为"普通"受众。如果媒体用户可以互相看到并以某种方式协调他们的行动，那么他们将被视为"网络"受众。无论哪种方式，受众行为都是宏观层面的现象。与市场或公众不同，受众群体具有自己的动态属性。分析受众行为的目的不是解释任何人的行为或想法，而是在于解释有多少受众有意愿支付信息内容，或者一群人如何将有限的注意力从一种媒体产品转移到另一种媒体产品上。

一、用户的选择

（一）选择性心理

人不可能全部接受所有作用于其自身的信息。美国学者沃纳·赛弗林指出：因为受众"根据本身的背景来理解信息的内涵意义。他们会依据以往的经验、文化素养、需要、心境与态度等进行选择性理解。他们对于信息还进行选择性接受和选择性记忆"。早在1960年，美国传播学者克拉伯（Joseph Klapper）在《大众传播的效果》一书中，就将受众的选择性心理归纳为选择性注意、选择性理解和选择性记忆三个层面。

1. 选择性注意

选择性注意是指认识结构、社会类型和有意义的社会联系所产生的，与这些因素有关的媒介内容注意力的方式。从媒介选择上来讲，受众一般选择自己习以为常和喜爱的媒介；从传播内容上来讲，受众一般选择能够支持其信念和价值观的信息，以减轻认知上的不和谐；从传播形式上来看，不同的人也有不同的选择取向。

心理学认为，注意是心理活动对一定事物或活动的指向或集中。人注意力集中的过程也是一个人对信息进行取舍的过程，人自然地接受同自己已有观点或者立场一致的内容，接受对自己和所属群体有利的信息，排斥不一致的内容、回避有害或不利的信息。受众不可能，也没有必要全盘接受媒体传播的一切内容。

2. 选择性理解

选择性理解是指具有不同心理特征、文化倾向和社会成员关系的人们会以不同的方式解释媒介内容。

1964 年，贝雷尔森和斯坦纳提出，理解是一个"复杂的过程，人们在此过程中对感受到的刺激加以选择、组织并解释，使之成为一幅现实世界的富有含义的、统一的图画"。这则定义指出了一个人在理解过程中的主动性。理解受一系列心理因素影响，其中包括基于以往经验的假设、文化背景、动机、情绪和态度等。

概括而言，一方面，由于受众个人生活环境、经历等的不同，信息的外在刺激在人的头脑中产生的反应不同。另一方面，当所传播信息与人们的需要、经验和诉求等结合时，受众就对信息产生了较深层次的理解。

1976 年，戴维森（B. Davison）等提出，选择性理解至少有四层含义：

1）习惯性；

2）求得心理和谐一致；

3）功利性的，即选择满足需要、获得愉快的信息；

4）可得性。[①]

许多实验和日常生活的经验也表明：需要、态度、情绪、习惯等心理因素都对理解有着不可低估的影响。

3. 选择性记忆

从理论上讲，人们感知过的事物都会以某种形式保存在人的脑海中，一旦遇到新的刺激还能被激发和再现。在实际生活中，由于记忆的主观性，只有那些对自己有利或愿意记住的东西才会印象深刻并时时想起。选择性记忆是在受众心理需要、态度、情绪、信息传播环境、传播形式和刺激强度等因素的共同作用下产生的。

---

① 陶涵. 新闻传播学新名词辞典 [M]. 北京：经济日报出版社，1997：147.

1947年奥尔波特（Allport）和波斯特曼（Postman）对谣言流传的研究及1958年科勒（Kohler）和琼斯（Edward Jones）对种族隔离政策赞成与否的研究表明：受众在无数信息的"轰炸"面前，特别听得进去的是有利于加强和保护自己原有观点的信息，而无视或忘记那些与自己的观点不同或相反的信息。莱文（Levine）和墨菲（Murphy）在同年所作的实验也证明了这一点。

有的人认为，选择性记忆也可以分为三个阶段：信息输入、信息存储和信息输出。由此，受众不但成为信息的接收终端，还可以成为向他人转述信息的传播者。

除选择性心理外，受众的逆反心理（Reversal Psychology）也非常值得重视，受众对外来的威胁自己态度体系的信息有一种抑制心理。一般有五种表现形式：

1）对威胁到自己态度体系的外来信息不予理睬；

2）驳斥外来的论点；

3）歪曲或从相反的方面理解外来信息的内容；

4）贬损信息来源；

5）寻求社会支持自己的态度体系。

大众传播过程中产生的逆反心理，有时会使传播效果为零，甚至引起反效果。对传播者而言，应该对受众逆反心理产生的原因及表现形式等进行研究，提供客观、公正、符合受众需要、形式多样的信息，防止受众逆反心理产生，提高传播效果。

（二）选择程度

1. 理性选择

社会科学的主要关注点是目的明确、理性的参与者。"理性选择"这一经济学概念被应用于受众行为研究，认为个人完全了解自己的选择，并且总是选择效用最大化选项。

2. 有限理性

受众即使倾向于理性地选择，信息和知识的不完善也使其不可能进行真正的理性选择。这被称为"有限理性"问题。诺贝尔奖获得者赫伯特·西蒙（Herbert Simon）推动了这一概念的普及，并得出结论：在大多数情况下，人们并没有实现理性的最大化。他们只能在信息不完善的情况下竭尽所能。

当涉及数字媒体使用时，这种情况会更加明显。不仅信息数量如此之多以至于无法完全理解知识，而且大多数媒体产品都是"体验产品"。也就是说，只有经历了这些经验之后，才能对其进行全面判断。例如，观众可能知道某个特定节目即将上映，但不确定在观看新节目之前是否会很喜欢。有限理性以及用户应对这种合理性的策略又涉及另一个层面：注意力的配置。

二、用户的偏好

了解用户的媒介偏好是大多数受众行为理论赖以建立的基础。社会科学通常认为用户的偏好是外生的[①]，也就是说，它们是在媒介系统之外发展的，而用户在转向媒体时只是带来了这些偏好。不过，用户与媒体的接触会产生新的品味和兴趣，而且，这些接触不仅是预先存在的偏好造成的。刚开始时，人们的喜好可能没有太大变化，但随着时间的流逝，即使是渐进式的转变也可能是必然的。如果媒体确实培养了原本不会存在的偏好，那么偏好就有能力改变用户行为。

受欢迎程度是遍布推荐系统的另一个系统偏差。搜索引擎通常通过指向网页的入站链接数对结果进行排名：视频网站上的视频、在线音乐平台上的歌曲或在线出版物中的故事通常会报告哪些产品最受欢迎。从众心理会使一部分用户在看到其他用户做出选择时也会效仿，从而形成赢家通吃（Winner-Take-All）的市场。

假设用户是根据他们的偏好采取行动，这些行为很可能是用户所在的社会结构的产物。当用户试图从难以想象的庞大数字媒体产品中"获取"他们想要的东西时，他们通常依赖于用户信息机制，例如搜索和推荐系统。这些由数据驱动的机制提供的指标可以影响人们的选择，并开始收集用户留下的"数字痕迹"。该模型被认为比大多数方法更活跃。除了广告的偏好外，广告或编辑者和程序员的行为等许多因素都可以影响用户的观看和听觉。为此，传媒机构一直依赖市场信息制度，例如电视收视率和其他指标，来制定和测试受众构建策略。

此外，市场信息现在包括来自推荐系统的数据，用户可以使用该系统来找到他们想要的东西。利用这些"大数据"来源可能会以用户自己无法理解的方式影响受众行为。像爱奇艺或淘宝这样的内容与商品提供商将根据用户浏览足迹、点赞过的内容、购买过的产品定制出符合用户偏好的推荐机制。社交媒体管理用户的"cookies"（某些网站为了辨别用户身份而储存在用户本地终端上的数据），以推荐与用户品味最接近的内容，照顾用户的偏好。

这种个性化的追求逐渐演变成为一种围绕用户偏好的相关性竞赛。新一代的互联网过滤器关注的是用户可能喜欢的东西，以及实际的行为，并试图为用户制造一个符合用户偏好的场域，这个场域里充满由互联网算法推断出的用户可能喜欢的内容。总之，这些引擎创建了一个用户所属的独特的全局信息，这就是"过滤泡"（Filter Bubble）[②]。"过滤泡"是基于用户个人同意，这些泡泡不是有目的的理性行为者做出选择的直接结果，而是基于数据驱动的结构为用户构建、但用户却看不见的系统。"过滤泡"为互联网的发展和信息流通提供了前所未有的动力。

---

① Lichtenstein S, Slovic P. *The Construction of Preference* [M]. Cambridge:Cambridge University Press，2006: 808.

② Bruns A. Are Filter Bubbles Real? [M]. John Wiley & Sons,2019: 160.

三、用户的注意力配置

流行的内容与个性化设计结合是吸引用户注意力最常使用的策略。流行内容吸引用户的眼球，个性化设计将用户注意力持续锁定于定制的内容产品中，都对用户的关注产生越来越重要的影响[①]。

大多数用户几乎不会考虑他们说的语言或生活中的地理位置如何影响他们使用的媒体，而几乎所有用户都依赖于搜索引擎；由新闻源和推荐系统提供的所有数字资源，迅速成为用户应对有限理性的重要方式。

用户的注意力之所以是稀缺的资源，还因为注意力不易持续却易受到干扰，且关注的范围也是有限的。微软的一项研究发现，人们注意力跨度从 2000 年的 12 秒下降到 2009 年的 8 秒。"鸡尾酒会效应"解释了这样一种情况：参加聚会的人会调出背景噪音并将其视为杂音，以便专注于谈话对象；但是，如果他们愿意，可以窃听其他人的对话，到那时，他们不再关注对话伙伴了。这证明了人类只能专注于一种注意力流，而不能分散注意力。

在解释用户行为时，人们容易陷入两个困境。

首先，要么忽略、要么大大简化了用户操作的媒体环境。他们将媒体被动地概念化，认为其提供的是人们主动选择的东西。

其次，在解释人们的媒体选择时都偏重用户的偏好，但他们始终认为这些是人们引入媒体环境的"外在"偏好。偏好只是存在，或者源于人们的心理需求或他们在社会中的地位。然而，用户的"内生"偏好则通过媒体本身，可能在塑造用户行为方面起着重要作用。

四、用户心理的转变

随着信息传播的不断发展，受众（用户）的心理也在不断变化：希望通过媒体获取更多信息并更好地了解世界，是传统媒体时代受众的主要心理；而在新媒体和融合媒体时代，用户对信息传播形式和质量都有更高的要求，也希望能够参与信息传播过程。

用户心理的重点是用户行为与媒体和技术的相互作用。用户心理不仅限于大众媒体或媒体内容；它包括各种形式的媒介传播和与媒体技术有关的行为，例如使用、设计、影响和共享行为。由于技术的进步，用户心理研究使用各种批判分析和调查方法来开发用户对媒体体验的感知的工作模型。这些方法可用于整个社会，也可用于个人。

互联网为用户带来了前所未有的创造性自我实现机会；同时，它以前所未有的方式扩大了交流的视野。由于数字革命，新的消费平台和新的内容交付渠道出现了，包

---

① Beller J.The Cinematic Mode of Production: Attention Economy and the Society of the Spectacle [M]. UPNE,2012: 352.

括数字交互和移动技术的广泛使用。任何互联网用户都可以在日益普及的社交网络中制作和发布内容，并且该活动已成为许多非专业人士的业余爱好。

用户越来越发现，将真实与虚拟分离非常困难，而且由于媒体、计算机和电信行业的发展，个人对新媒体的心理依赖已成为一个需要进一步验证的问题。

由于传媒业的双重性质，它对整个社会，特别是个人的价值产生了重大影响。因此，媒体内容的工业化生产是现代社会精神生活的重要组成部分。阿多诺认为，精神创造力的个体过程与文化产业的工厂式生产之间的矛盾在现代媒体的实践中越来越频繁地出现，并转化为公共、文化、教育和市场的冲突。结果，媒体行业提供的现代技术平台为新的生活方式奠定了基础，在这种生活方式中，数字媒体的消费和生产已成为新闻和娱乐媒体的主要形式，甚至常常组织人们的参与。寻找更有效和更狭窄的目标受众渠道的广告商的利益也得到了更好的满足[①]。新的数字媒体已成为定义市场驱动的社会文化环境中个人的心理观点的关键力量。

在第二次世界大战后的经济复苏过程中，世界上许多发达国家的选民对政治和参与政党活动的兴趣持续下降，同时对职业和个人生活的兴趣越来越高。社会学家称这个过程是向个体化的社会转变。这个过程反映在受众的信息需求上。

第三节　用户作为在线内容的生产者

用户生成内容，也称为用户创建内容（User Created Content），是用户于在线平台（例如社交媒体和社交网络）上发布的任何形式内容，例如图像、视频、文本和音频。

用户生成内容可用于广泛的应用程序，这是内容生产民主化和传统媒体层次结构扁平化的一个案例。英国广播公司（BBC）在 2005 年为其网站采用了用户生成内容平台，CNN 也开发了一个名为 iReport 的类似用户生成内容平台。

社交媒体用户可以提供主要目击者的内容和信息。企业将越来越多地利用 UGC来推广其产品，因为这被认为是改善品牌形象和提高销量的一种经济有效的方法。由于低成本和低进入壁垒等新的媒体和技术能力特征，互联网是创建和分发用户生成内容的简便平台，在互联网出现之后，事件信息可以得到快速传播。

一、用户参与内容生产的动机

用户生成内容所带来的好处是显而易见的，这些好处包括低成本的创作或推广[②]，

---

① Adorno T W, Rabinbach A G. Culture industry reconsidered[J]. *New German Critique*, 1975(6):12-19.

② 喻国明，刘淼. 媒介动机如何影响人们的媒介使用——基于"全民媒介使用与媒介观调查"的描述与分析 [J]. 新闻爱好者，2020（6）：10-15.

但是，这对内容贡献者的好处并不是那么直接。由于用户生成内容具有很高的价值，许多网站都采用激励措施来鼓励其生成。这些激励通常可以分为隐性激励和显性激励。

（一）隐性激励

这些激励不是基于任何有形的物质来回馈创建内容的用户。社会激励是隐性激励的最常见形式。这些激励措施使用户作为社区的活跃成员具有荣誉感。这可能包括用户之间的关系，例如社交网络上的好友或关注者的增加。

社交激励措施还包括能赋予用户与其他人联系起来的功能，如在短视频分享平台、微博等网站上，用户可以优先使用特定产品或服务。其他常见的社会激励措施是网站中的身份、徽章或级别，这是用户达到一定参与级别后所获得的象征性奖励。

隐性激励也可以分为识别和整合。识别动机具有很强的外部标准化和行为目标（例如社会身份）的内在化，即用户将遵循一些主观规范和图像来约束和实践其行为。整合具有较强的外部标准化和目标内部化，并且主体经常将其实际行为与环境的主观规范进行整合，因此具有自我约束和自我实现的效果，例如归属感。

（二）显性激励

这些激励措施是有形的奖励。显性激励的外部动机更倾向于经济和物质激励，例如从事一项任务的报酬，这种奖励内部化程度很小，并且缺乏相关的外部规范和约束。主要方式包括财务付款、赠品、优惠券、代金券或积分赠送。大多数人都容易理解直接明确的激励措施，并且无论在线平台规模大小，都具有直接的奖励措施。电商平台或者带有支付功能的社交平台都以略有不同的方式使用这种类型的财务激励措施来鼓励用户参与和互动。

显性激励的缺点是可能导致用户受到过度正当化的影响，最终认为参与内容生产的唯一原因是显性激励，这减少了其他形式的社会动机或利他动机的影响。

二、用户参与内容生产的价值

（一）用户生成内容作为新闻来源

由于移动设备的发展和能够提供内容的用户数量众多，新闻在自媒体平台上传播的速度比其他媒体类型更快。

2009 年 1 月，美国航空 1549 航班在哈德逊河紧急降落。这是在大都市地区白天发生的事故。有关事故的消息是目击者通过社交媒体传播的。飞机坠毁的第一条消息来自推特用户汉拉汉："我刚刚看到飞机坠毁在哈德逊。"然而有关该事件的第一份官方报道在飞机坠毁 30 分钟后才播出。这个例子说明，通过社交媒体信息传播比通过报纸、电视或广播传播更快。

（二）用户生成内容促进道德消费主义

用户生成内容使人们能够传播有关道德问题的信息。道德消费是人们在日常消费行为中所体现出来的一种对人类自身的关怀和对整个世界兼顾的下意识举动，这里的"道德"既可以针对公司，也可以针对消费者，它最本质的含义在于：对人类、动物和环境不造成伤害或剥削。

用户在集体消费行为的帮助下说服行动主体采取可持续和负责任行为的尝试被称为道德消费主义。道德消费主义的用户生成内容关注的领域包括社会福利、自然保护和动物福利（如环境报告、核电、气候变化、污染、动物测试、工厂化农业），以及经济问题（如供应链政策、营销、产品可持续性）等。

（三）用户生成内容与在线口碑

对于消费者而言，口碑是获取产品信息的来源之一。由其他没有商业利益的消费者提供的产品信息被认为具有较小的偏见，因此更为真实。他们被认为是用户决策过程中有价值的信息来源。用户对产品或服务的用户生成内容是传统口碑的在线版本。

用户在社交媒体平台上与他人分享他们的产品体验和意见。在各种类型的社交媒体平台（例如博客、论坛和社交网络）中都可以找到产品体验和意见，但是评估和评论平台尤其致力于此。它们可以帮助用户找到符合他们需求的产品。

社交媒体影响有购买决策的用户。在某些情况下，用户对在线口碑传播的信任甚至超过了亲朋好友的信息。在评级和评论平台上与其他用户共享有关产品和服务的信息的可能性扩大了人们可以共享的体验圈。以前，人们与亲身认识的人分享经验；如今，可以与感兴趣的所有人在线共享经验。因此，有关产品和服务的正面和负面信息传播得越来越快。在线口碑是一种额外的信息来源，可让用户独立于生产商或零售商对产品或服务信息作出判断或决策。

（四）用户生成内容的市场研究价值

用户发布的经验和意见对于市场研究也很有价值。分析社交媒体中的用户意见以了解消费者是社交媒体监控的核心目标。社交媒体会监测在具体时间段内相关的营销信息（例如品牌形象、趋势、客户喜好或情感）来分析用户生成内容，分析结果可以帮助改善产品设计和客户支持服务，从而更好地开展活动和开展公共关系活动。

（五）意图决定用户生成内容的价值

用户生成内容成为独立且未经过滤的新闻的替代来源，能够揭露不法行为，发布举报新闻，表达怨恨和抗议；也能够传播良心企业的信息，或揭露不负责任的行为或信息，以根据其道德信念生成相关的内容。

用户生成内容传播真实有效的信息和正确的道德观念，但与其他任何媒体一样，用户生成内容可用于相反的情况。用户生成内容如果发布不实信息或误导性信息操纵舆论，即使意图是具有善意的，也会对社会造成危害。

第四节　用户在线互动及其社会效果

一、用户参与在线互动的积极效果

自我披露、身份认同、社会支持和群体智慧已在网络环境中得到了广泛的研究。这些过程不仅发生在技术媒体上，而且显示出群体对维持和建立紧密关系的预期。

（一）自我披露

自我披露是关系形成和维持的关键组成部分。从机制上讲，它是人际关系过程模型的核心；从概念上讲，它与亲密关系密切相关——实际上，自我披露是最常见的亲密关系定义。自我披露也与偏好息息相关[①]。自我披露的难易程度不同可能会产生不同的影响，从而改变自我披露和亲密关系之间的联系。

在线自我披露具有重要的社会功能，能增进个体的自我认识，有助于问题的解决，促进与他人关系的建立和发展，还有益于自身的生理和心理健康。选择性自我表达的能力不仅可以使自我表达更容易，而且可以更深入、更认真地进行，从而无须担心呈现自我的消极面，自我表达似乎就不会那么令人恐惧和不可控。这证明了个人更有能力面对其真实的想法，并在与他人在线互动时成功地将其描绘给他人。

1. 增进自我认知

通过在线自我披露，用户可以获得自我澄清（self-clarification），因为在向其他用户表露自己的观点、想法、态度和感受的同时会使自己感到明了。通过自我披露也可获得自我认同，用户在与他人分享信息时会获得他人对自己的反馈，因此通过自我披露个体可对自己有新的更深入的认识。

2. 有助于问题解决

自我披露后经常会伴随着对自己的问题，尤其是内疚感的处理能力的提高，一旦人们开始表露自己的经历，一般会意识到原来事件并没有原先想象的那么糟糕、令人郁闷或难为情，从而增强对生活的控制感。

---

① Derlega V J, Metts S, Petronio S. Self-disclosure [M]. Sage Publications, Inc,1993：152.

3. 促进人际关系的形成和发展

自我披露有利于亲密关系的形成和发展。通过人际关系的建立和发展，获得人际支持；而人际支持对处理压力事件、更好地适应社会生活是非常有利的。

（二）身份认同

互联网身份，也称为在线身份或互联网角色，是互联网用户在在线社区和网站中建立的社交身份[①]，它被认为是对自己的积极建构。

尽管有些人选择在线使用真实姓名，但更多互联网用户会选择匿名，通过化名来识别自己的身份，这些化名会显示出大量的个人可识别信息。在某些在线环境中，包括互联网论坛、在线聊天和大型多人在线角色扮演游戏，用户可以通过选择头像（图标大小的图形图像）直观地表示自己。头像是用户表达其在线身份的一种方法。通过与其他用户进行交互，已建立的在线身份获得了声誉，这使其他用户可以确定该身份是否值得信任。

在线身份通过身份验证与用户相关联，身份验证通常需要注册和登录。某些网站还使用用户的 IP 地址或跟踪 cookie 来识别用户。用户可以在社交网络空间中表达和公开自己的身份。例如，人们通过在社交网络服务和在线约会服务中创建用户个人资料来明确定义其身份。通过在博客和其他社交媒体上表达意见，他们定义了更多的默认身份。

个人身份的披露可能会带来某些与隐私有关的问题。许多人采取策略来帮助他们控制在线个人信息的披露。

在线身份概念的出现在学者中引发了探讨。社交网络服务和在线头像使身份的概念复杂化，在线活动也可能会影响用户的离线个人身份。

当用户在网络社会领域与其他用户群体互动时，其在线身份会得到重塑。随着在线活动的积累，用户的在线身份越来越由其发布内容的写作风格、词汇和主题来定义。

（三）社会支持

社会支持是通过人际互动和联系而获得的利益和资源。社会支持被确立为一种高度有益和积极的资源。它与降低死亡率有关，并在各种指标上提高了幸福感。获得社会支持的请求通常包括确认请求者需要帮助，也就是承认困难或情绪困扰。

用户间提供的社会支持决定了在线互动的积极结果。越来越多的现代研究集中在通过社交网站，特别是用户生成内容提供社会支持。在线社会支持非常类似于离线社会支持[②]。

---

① Hornsey M J. Social identity theory and self-categorization theory: A historical review [J]. In: *Social and Personality Psychology Compass*, 2008,2(1):204-222.

② Bambina A. Online Social Support: The Interplay of Social Networks and Computer-Mediated Communication [M]. Cambria press,2007:304.

这种社会支持不是随机提供的，而是发生在适当的情况下。当用户自我表达负面情绪时，其他用户也会做出回应，发布表示安慰、鼓励的话语，在精神上支持处于情绪低落的用户，不论用户间是亲密的朋友还是陌生人，这种社会支持在网络与现实生活中都发挥了积极的作用。

（四）集体智慧

集体智慧的最新定义可以在《集体智慧手册》中找到。作者将集体智慧定义为"以智慧的方式实现集体行动的个人群体"[①]。例如新知识的产生、共识决策和智能行为模式的出现，任何类型的人类群体活动都可以属于集体智慧的范围。从集体智慧的正式定义中可以看出，它是在社会心理学科学背景下创造的一个术语。结合网络时代的背景，或者更具体地说，在 AI 领域，如何能更贴切地阐释集体智慧的概念？集体智慧本质上是在线网络用户基于互联网的集体智慧，具有以下显著特征：

首先，基于互联网的知识生产来自在线平台上在线组织和社区中的大量个人。从历史上看，任何来自网络基础设施的社会组织都可以促进集体智慧的产生。例如，传统的学术团体或实验室团队是组织科学家在研究项目中共同努力的有效渠道。互联网的普及进一步扩展了集体智慧的形式，并使在线社区和虚拟组织爆炸性增长发展。

其次，集体智慧将人群和机器功能无缝地交织在一起，以解决具有挑战性的计算问题。从计算的角度来看，将机器和人类智慧无缝地大规模集成提供了新的可能性，可以将其视为混合启动的智能系统。在这样的系统中，人工智能机器和人群可以相互补充，以充当增强型人工智能系统。

随着参与人群的规模扩大，协调大量人群的工作流程以处理复杂任务越来越具有挑战性。人工智能可以成为推动者，以更有效、更熟练、更准确的方式帮助人群行动。人工智能扮演着"人群的组织者和中介者"的角色，以激发个人的活动，评估他们的技能水平，为他们分配子任务并汇总他们的任务结果。在线社区的平台上，人工智能可以实现个人之间的知识共享和管理，以进行大规模协作。

二、用户参与在线群体互动的潜在风险

（一）消极情绪传染

当情绪发生在群体层面时，个体往往在群体的情绪体验中逐渐趋于一致，进而聚合成群体情绪。时下，群体情绪在表达社情民意、民众心声方面似乎发挥了前所未有

[①]　Malone T W, Bernstein M S. Handbook of Collective Intelligence [M]. MIT Press, 2015:232.

的重要作用，在一定的社会空间内呈现出更强的能量和集聚。① 用户群体的在线互动是情绪传染的原因之一。事实上，思想、情绪和行为都具有传染性，每个人都很容易受到环境中一些无意识诱因的影响。从众、比较、嫉妒、颓废、抑郁、贪婪、压力、消极情绪等因素都在背后操纵着社会传染。②

随着现实社会的个体情绪在网络空间的传递，具有类似经历或体验的个体基于网络空间内的互动，通过情绪共情、情绪感染、行为夹带、替代性情绪经验、社会认同等一系列社会化过程，形成网络空间内一定范围的共享情绪。

于是，具有广泛关注度的社会性事件的发生、发展伴随着各类媒体的爆点引发着群体情绪的一次次高涨，不断地更新和重塑着社会价值观念、社会群体以及个人的认知和情感等思想意识。

（二）社会比较

社会比较是在线互动的一个危险后果。由于许多平台媒体都非常适合进行社交互动，即使在用户自身知道比较不必要或无意义的情况下，社会比较也会迅速或可能自动发生。

社交网站可以对用户的自我表现进行出色的控制。用户可以只选择和发布愿意呈现的信息，并通过软件功能将其美化。选择性的自我展示可确保浏览社交网站的人将自己的个人体验与其他用户的最佳版本进行比较，通常是向上的比较（与在某种程度上被认为是比自身优越的人相比）。向上的比较可能对动机或抱负有用，但对于自我评估而言，个人更喜欢向下的比较（与状况较差的人比较），因为与上级的比较可能会由于差距的产生在情感上造成痛苦。

（三）信息茧房

信息茧房概念是由哈佛大学法学院教授凯斯·桑斯坦在其 2006 年出版的著作中提出的。信息茧房的概念类似于回音室效应，指在一个相对封闭的环境中，一些意见相近的声音不断地以夸张或其他扭曲形式重复，令处于相对封闭环境中的大多数人认为这些扭曲的故事就是事实的全部。③

桑斯坦指出，在信息传播中，因用户自身的信息需求并非全方位的，用户只注意自己选择的东西和使自己愉悦的信息领域，久而久之，会将自身桎梏于像蚕茧一般的"茧房"中。

①　Hatfield E, Cacioppo J T, Rapson R L. Emotional contagion [J]. *Current Directions in Psychological Science*, 1993, 2(3): 96-100.

②　彭兰．"信息病毒"的群体免疫研究 [J]. 当代传播，2021（1）：21-26.

③　Jamieson K H, Cappella J N. Echo Chamber: Rush Limbaugh and the Conservative Media Establishment [M]. Oxford University Press, 2008: 313.

本 章 小 结

分析受众的心理和行为是传播学的关键研究领域。随着互联网技术的发展，国内外学者持续深入对受众的研究而贯通到网络用户。

本章探讨了受众向用户变迁的过程，解析了影响用户行为的因素，以及行为背后的心理活动。网络用户不再仅仅是信息的被动接受者、信息再加工的传播者，或是传播活动的直接回应者。互联网赋予了用户搜索、选择、参与、创造等权利，使其通过自主发布信息内容实现网络活动参与并实现用户价值。

良好的网络互动能够使用户获得身份认同、社会支持以及群体智慧创造的大数据社会福祉。然而用户在享受互联网带来的满足时，还需要警惕个人的数据安全与隐私威胁，更需要思考网络活动可能带来的风险和负面影响。

对网络用户进行更深入的探索，还需要系统地研究互联网技术变革性过程中，用户权利与风险的边界，用户如何最大限度地实现价值、获得满足。

思考题：

1. 哪些特征决定了受众和用户之间的区别？
2. 哪些因素会影响用户的行为与偏好？
3. 技术革新对媒介所生产的内容产生了哪些影响？
4. 互联网时代，如何满足不同用户的需求？
5. 中国网络用户进行群体在线互动面临哪些风险与挑战？

第七章　传播效果论

本章要点：

　　1. 大众传播研究包括传者、内容、渠道、受众和效果五部分，其中研究历史最长、争议最大、最有现实意义的是传播效果研究。

　　2. 传播效果研究主要集中在大众传播在改变受众固有立场、观点上有多大威力方面，但也涉及了大众传播对社会及文化所造成的影响。

　　3. 传播效果研究根据时代背景可以划分为枪弹论阶段、有限效果论阶段、适度效果论阶段和强大效果论阶段，每个阶段都有其代表性的研究与理论。

　　4. 随着时代的变迁，传播效果研究仍在并不断被充实和发展，今后的传播效果研究将趋向于强力效果论，即广义上的强效果论。

CHAPTER 7
第七章

传播效果论

　　大众传播理论之大部分（或许甚至是绝大部分）研究的是效果问题。

　　大众传播研究包括传者、内容、渠道、受众和效果五部分，其中研究历史最长、争议最大、最有现实意义的是效果研究。大众传播的研究一般都基于传媒可以产生某种效果这一假设，通过效果研究可以检测其他四方面的功能及状况。效果研究主要集中在大众传播在改变受众固有立场、观点上有多大威力这一方面，但也涉及了大众传播对社会及文化所造成的影响。

第一节　传播效果的基本认知

　　所谓传播效果是指传播者发出的信息经媒介传至接收者而引起接收者思想观念、行为方式等的变化。这个术语如今也用来描述媒介研究的一种特殊传统。①

　　传播效果研究始于第一次世界大战，时至今日经历了不少曲折。在《大众传播研究中的里程碑——媒介效果》一书中，梅尔文·德弗勒（Melvin L. DeFleur）等人描述了 20 世纪 20 年代到 90 年代间七十年来传播效果研究的详细过程，列举了规模较大、成果较显著、具有里程碑意义的 13 次效果研究，分别为：

　　1）潘恩基金会研究：电影对儿童的影响；

　　2）火星人入侵地球：广播给美国带来恐慌；

　　3）人民的选择：政治选举中的媒介；

　　4）大众传播实验："二战"中对美国士兵的劝服；

　　5）传播与劝服：寻求魔法钥匙；

---

① [美] 约翰·费斯克等. 关键概念——传播与文化研究词典（第二版）[M]. 李彬译. 北京：新华出版社，2004：91.

6）个人影响：传播的两级流动；

7）里维尔工程：信息传播的质量与途径；

8）诱惑天真无邪的心灵：连环画大恐慌；

9）儿童生活中的电视：早期电视研究；

10）暴力与媒介：骚动的年代；

11）电视与社会行为：公共卫生署长的报告；

12）新闻媒介的议题设定功能：告诉我们想些什么；

13）电视与行为：（第一部分）媒介对暴力和对有利于社会的行为在认知、情感方面的影响，（第二部分）媒介对美国健康、家庭、社会信仰和制度的影响。[①]

一、传播效果的内涵

传播效果是指传播者发出的信息经过一定媒介渠道的传送到达受众，使受众的思想、态度、行动等产生程度不同的变化。传播效果有微观效果与宏观效果双重含义：前者指带有说服动机的传播行为在受传者身上引起的心理、态度和行为的变化；后者指传播活动尤其是大众传播媒介的活动对受传者和社会所产生的一切影响和结果的总体。由于种种因素的制约，受众对信息接受的效果与传者的初始动机可能相同或不同，相同程度的则效果较好。

英国传播学者麦奎尔认为，对概念的内涵层次的划分有助于对传媒效果的深入探讨。他认为，传媒效果有以下几个层次的内涵：

从外在形态来看，可以分为媒介的"效果"（media effects），指大众传播已经产生的直接结果，而无论其是否符合传者的期望；媒介的"效能"（media effectiveness），指大众媒介有关预期目标的功效；媒介的"效力"（media power），指媒介在给定条件下，可能发挥的潜在影响，或可能产生的间接效应。[②]

从内在性质来看，可以分为心理效果、政治效果、文化效果和经济效果等方面。

从媒介影响力的作用来看，则有对个人、群体、社会、文化等方面的影响。

此外，媒介效果从呈现状态上来讲，还有显现效果（从受众情绪、态度、行为等方面可以明显看到或感受到的改变）和潜在效果（隐藏于受众脑海中，日积月累地深化发展，得以逐步显现）。

从持续时间的长短来讲，还有即时性效果和延时性效果等。

麦奎尔在《大众传播理论》中，按照英国学者戈尔丁（Golding）提出的时间和意图两个要素相组合的模式，绘制了一个媒介效果类型图（见图7-1），很有借鉴意义。

---

① ［美］梅尔文·德弗勒.传播研究里程碑（第二版）[M].王嵩音译.台北：台湾远流出版公司，1993：15-19.

② 张国良.传播学原理[M].上海：复旦大学出版社，1995：210.

图中，横轴表示效果的时间性——短期效果还是长期效果；纵轴表示效果的意图性——有意图的效果还是潜移默化的效果。这样，麦奎尔将效果分为四种类型：

有意图的短期效果。包含宣传（宣传者为了达到某种企图而操纵信息的方式）、个人反应（个人对有意施加影响的信息所表现的接纳或抵抗）、媒介宣传（带有劝服性质或启蒙目的的宣传活动）、新闻学习（暴露于大众媒介新闻之下的短期认知效果）、框架（影响受众理解问题的角度和看法的媒介效果）和议程设置（媒介对新闻报道主题或议题的重视程度影响受众对议题重要性的认知）等问题。

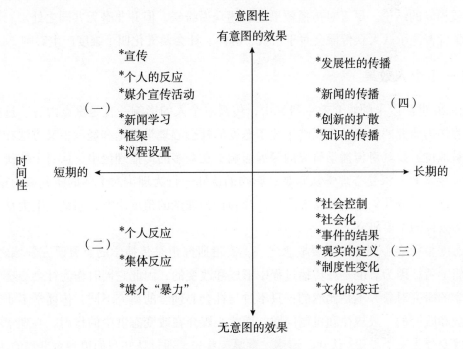

图 7-1 媒介效果类型图 [①]

无意图的短期效果。包含个人反应和集体反应，前者是个人对媒介刺激所产生的无计划性或难以预测的效果；后者指某种个人水平的、同时为多人体验而导致的无规律或非程序性集合行动。还有媒介"暴力"等效果形式。

无意图的长期效果。包含社会控制、社会化、现实的定义和制度性变化等效果。前三者指媒介内容可以通过潜移默化的影响使人们对社会中现存的意识形态、行为规范、社会现实等产生认同；后者则表示现存制度在无意中会顺应媒介的发展，媒介尤其能影响制度中的沟通机制。

有意图的长期效果。包含发展性的传播、创新的扩散和知识的传播等形式。前两者都是为了长期发展而有计划地利用媒介或其他宣传手段；后者则指在各社会集团间

① ［英］丹尼斯·麦奎尔. 大众传播理论（第六版）[M]. 陈芸芸等译. 台北：台湾韦伯文化国际出版公司，2003：562.

的知识传播及新闻与启蒙领域内媒介活动的结果。

以上的传播效果类型代表了不同层次、时间范围、复杂性和其余某些情况的效果过程，运用这样的思考模式，可以帮助我们从众多的研究文献记载中，清楚地描绘出主要媒介效果的概念地图。

二、理解传播效果的四个维度

传播效果研究中，学者们从不同角度入手，采用了不同的研究方法，得出了许多相近或相异的结论。尽管对传播效果的表述众说纷纭，但并非毫无共同之处。一般而言，学者普遍承认大众传播会对于个人、群体、社会及文化四个维度产生影响。

（一）个人效果

在20世纪以来的媒介效果研究中，传播对个人的影响一直是重点内容。选择这一内容作为研究的重点，正反映了关于态度的社会心理学理论和经验主义方法在战后的显赫地位，及其对传播学研究的深远影响。在众多的传播理论中，从对个体研究的关注程度来看，深受心理学认知观点影响的认知—行为理论对个体的研究最为重视，因此，这一部分我们将主要从态度、认知和行为理论的角度出发，归纳一下大众传播对个人效果的主要研究。

态度是社会心理学的重要概念之一，态度研究也是传播学的重要研究领域之一。从逻辑上看，因为态度是在传播过程中形成和改变的，因此它同时作为社会心理学和传播学的研究对象并不是偶然的；只不过与社会心理学的研究不同，传播学不研究态度形成和改变的一般规律和机制问题，而关心媒介在改变态度中的作用。心理学将态度的改变分为三个步骤：认知、情感、意愿。首先，通过认知我们得到对事物的认识；然后，我们产生对事物的态度，即情感；最后，我们根据态度对事物采取行动，即意愿。对应的是传播效果模式的产生（如图7-2）。传播学的各个研究阶段和研究者对模式中的各部分及其关系关注程度不一，态度研究的发展过程也大致经历了从行为主义到认知观点的转变。

态度研究经历了从一开始认为仅仅提供信息就能导致态度改变，到随后出现认为说服性传播基本无效的悲观观点的过程。现在研究认为，媒介对人们态度的影响是一个复杂的然而是可以得到解释的过程；人们对外部信息做出的认知反应的性质和程度对于态度改变的影响，可能比媒介信息本身更重要；态度的改变可以通过不同的途径完成，例如中心途径和边缘途径；态度改变的情况不同，这些不同体现在态度改变的难易程度、改变以后的稳定性、抵抗外界影响的程度、对行为的预测力等方面。

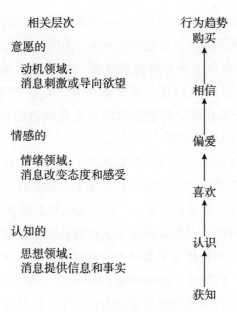

图 7-2　传播效果阶梯模式 [①]

1. 刺激—反应

刺激—反应理论（stimulus-response theory，S-R）是由美国行为主义心理学的创始人华生（John Broadus Watson）提出的，他为了便于对行为做客观的实验研究，将行为以及引起行为的环境因素，以"刺激"（S）和"反应"（R）来说明，亦即华生认为心理学的任务即在确定刺激与反应之间联系的规律，以便预测行为和控制行为。在他看来，大脑不过是个在感觉器官与反应器官之间起联络、传导作用的器官罢了，内在主观的意识并不具心理学探究的意义。

大众传播效果研究的早期研究理论之一认为，大众传播媒介发出的信息能轻而易举让观众接受，这种理论被形象地称为"枪弹理论"或"皮下注射理论"。这种观念的基础就是刺激—反应模式。

早期的传播学者认为，受众在"刺激—反应"机制作用下任凭传播内容摆布，只要把价值、思想与信息直接"注射"到每个被动的、原子式的受众个体身上，就能产生一种直接的、不经任何中介环节的效果，因此，媒介效果的实现完全取决于媒介所传播的内容。

2. 认知效果

认知心理学派主要就是提出了一些解释学习者如何接受、处理和运用信息的模式，来引导我们从不同的观点去了解许多熟悉的学习行为。传统上，行为主义心理学

---

① [美]沃纳·塞弗林，小詹姆斯·坦卡德.传播理论——起源、方法与应用（第四版）[M].郭镇之等译.北京：华夏出版社，2002：14.

研究的是刺激——或称输入，和行为反应——或称输出之间的关系。认知心理学研究也承认刺激和反应之间的关系，但是它更进一步，强调二者之间的信息处理过程。

广义的认知心理学包含了下述理论和流派：格式塔学派、勒温的拓扑心理学、皮亚杰学派、信息加工认知心理学。从文献来看，在这四个理论流派中，对传播研究形成一定影响的认知心理学理论和流派主要是勒温的拓扑心理学（topological psychology）和信息加工认知心理学。

勒温的拓扑心理学的影响，表现在勒温的团体动力学的影响和在他的影响下所创立的认知一致性理论对传播研究的影响。信息加工认知心理学的影响，表现在对受众处理媒介信息过程的研究、社会认知研究、对儿童认知发展影响的研究等。

在勒温的影响下，海德、费斯廷格创立了社会认知心理学理论，其中被传播学研究广为引用的，主要是海德的认知平衡理论和费斯廷格的认知不和谐理论，海德还被公认为最早提出了认知一致理论（consistency theory）。这些理论主要观点是认知的不一致能产生动机，从而导致态度的改变或行为的发生。这些理论第一次从认知的角度探讨动机，改变了已有的认识即只有生理状态能够产生行为的驱力。

3. 海德的认知平衡理论

海德（Fritz Heider）的认知平衡理论可用 POX 模型来表现：P 代表的是人，即分析的对象；O 代表的是另外的某人；X 即一个物质的客体、观念或事件。海德关注的是在一个人（P）的心目中，这三个实体间的关系是如何组成的，研究人们的知觉行为一致性如何影响我们对他人或客体的反应。在海德的图表（图 7-3）中，"如果三者关系在所有的方面都是正面的，或者，如果两种关系是反面的，一种关系是正面的，那么，平衡状态就会存在"。除此之外，所有的组合都是不平衡的。

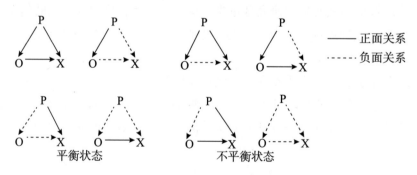

图 7-3　根据海德平衡定义的平衡状态和不平衡状态举例。①

在海德的理解中，喜欢的程度无法区分，其中的关系不是正面的即是负面的。他还假设，平衡的状态是稳定的、不受外界影响的，而不平衡的状态被假设为不稳定

---

① Zajponc R B. *The Concepts of Balance, Congruity and Dissonance* [M]. Public Opinion Quarterly 24: the University of Chicago Press, 1960: 280-296.

的，个人会产生心理紧张。这种紧张只有在状态发生变化、达到平衡时才能缓释。这个论点便是传播者对该理论感兴趣之焦点所在，因为它包含着一个态度改变和抗拒态度改变的模式。由于不稳定，不平衡状态便容易向平衡状态改变；由于稳定，平衡状态便抵制改变。

很多支持海德平衡理论的学者又进一步进行了研究，其中纽科姆和奥斯古德在海德平衡模式上又分别发展出了对称理论和调和理论。

纽科姆（Newcomb）于1953年提出的ABX模式是对1946年海德的理论的扩充。ABX模式涉及两个人及二者之间的传播，纽科姆将两个人以A和B（而不是海德的P和O）来表示，保留了X，代表A与B对客体所持的态度。跟海德一样，他假设，人类有对和谐的需要，即他所称的坚持倾向对称的张力（persistent strain toward symmetry）。如果A与B对X的意见不同，则这种倾向于对称的力量有赖于A对X的态度有多强和A对B的吸引力有多大。当A对B的吸引力增加，A对X的态度增强，便可能导致：（1）A竭力达到与B对X态度的对称；（2）很可能达到对称；及（3）A很可能加强对B有关X的传播。当然，最后一点正是我们所关心的。

以海德和费斯廷格的理论为思想根源，以纽科姆的模式为基本模式，韦斯特利—麦克莱恩发展了传播研究概念模式。这个模式基于大众传播和人际传播的主要区别，对纽科姆模式进行了修正。

4. 费斯廷格的认知不和谐理论

在所有一致理论中最具普遍性、而且产生了最大部分实验数据的理论，是费斯廷格（Leon Festinger，1919—1989）的认知不和谐理论（theory of cognitive dissonance）。不和谐理论认为单独考虑知识的两个要素，如果一个要素的对应部分总是追随另一个部分出现的话，这两个要素便处于不和谐的关系中。与其他一致理论一样，不和谐理论认为，不和谐由于产生心理上的不舒服，会促使人试图减轻这种不和谐感，以达到和谐。在研究中，不和谐理论产生了几个相当有趣的结果，特别是在作决定和角色扮演方面。

在作决定时，不和谐理论预测，只要被拒绝的选择包含了可能导致接受的特征，或被挑中的选择包含了可能导致拒绝的特征，就会产生不和谐的心理。换句话说，按照预测，越难作出的决定，越可能在决定后产生不和谐（决定后的不和谐）。这个理论也预测，越是重要的决定，决定后的不和谐便越强烈。很多研究报告证实了这些假设。其中一种有趣的结论是随着被迫顺从而来的态度改变，即使它并不直接与大众媒介有关，但也是值得提及的。角色扮演就是人们在要顺从自己私下所不赞同的团体规范时，不得不这样做的例子。

不和谐理论中最有趣之处是对信息的寻求与躲避，通常称为选择性接触和选择性注意。有些研究者提出，个人一般不选择或拒绝全部消息（即选择性接触），因为我们无法在事先就知道消息的内容。另一些人观察到，我们通常是被那些在主要议题上与我们意见一致的人或媒体所包围的。一些研究者主张，更典型的情况是，人们会注意到贴近他们态度、信仰或行为的那部分消息（即选择性注意），而不会注意违背自己所强烈坚持的立场，且会导致心理上不舒服或不和谐感觉的那部分消息。但几位学者在为他们的研究归纳结论时认为，几乎没有什么证据支持那样的假说，说个人将避免或选择性接触所有与其信仰相反的消息。目前只能说，在选择性接触的研究方面，最后的定论有待研究。

总之，目前的研究显而易见地表明，各种认知一致理论都包含很多含义，先是人们如何看待世界、看待传播，然后又如何使用、歪曲、忽略或忘记大众媒介的传播内容。这些理论以抽象的规律进行的研究，既可应用于媒介的参与者，又可应用于媒介的消费者。

5. 宣传与说服

在现代西方社会中，宣传一词的使用通常是非常谨慎的，它通常和某些政治目的相联系，暗示着某些人蓄意地控制信息从而操纵受众的行为。宣传通常被认为是具有极大威力的，我们最初对大众传播效果的思想是来自对宣传所做的各种分析。传播理论中的两个重要领域是根植于有关宣传的早期思想的，其中一个是态度改变，即什么是改变人们态度最有效的方法？宣传研究对这个问题提供了一个初步的解答；第二个领域是有关大众传播普遍效果的理论，即大众传播对个人或社会产生了什么样的效果？这些效果是如何发生的？[①]

公认的最早的宣传定义，是拉斯韦尔在其经典著作《世界大战中的宣传技巧》中所概括的。几年后，拉斯韦尔又提出一个稍有不同的定义，认为宣传是通过操纵表述以期影响人类行为的技巧。这些表述可以采用语言、文字、图画或音乐的形式进行。事实上，拉斯韦尔的两个定义都包含了说服的全部内容。心理学家罗杰·布朗（Roger Brown）为说服下的定义是设计操纵符号以促使别人产生某种行为。接着他指出，当某人判断说服行为即说服的目的对说服者有益，但并不符合被说服者的最大利益时，这种说服就被贴上宣传的标签。换言之，断定一种说服行为是不是宣传，并没有绝对的衡量标准——那是某人的个人判断的结果。就所使用的技巧而言，说服与宣传如出一辙。只有当行为对信源而不是对接受者有益时，这种行为或消息才被称为宣传。

近年来，说服理论研究领域的一个较新进展，是创造了一些说服模式，这些模式强调说服是一个过程。主要的过程模式有三个：麦奎尔的信息处理理论；安德森（Norman Anderson）的信息整合理论和佩蒂（Petty）、卡西欧皮（Cacioppi）的详尽细节可能模式。

---

① [美] 沃纳·塞弗林，小詹姆斯·坦卡德. 传播理论——起源、方法与应用（第四版）[M]. 郭镇之等译. 北京：华夏出版社，2000：106.

6. 社会化

从最宽泛的意义上讲，社会化（socialization）是指把生物人改造为积极参与某个社会的成员而进行的所有那些错综复杂与多重面向的过程与互动，简言之，就是指我们成为社会人与被改造成社会人的途径，是学习在社会中生活的那种漫长而复杂的过程。

人们普遍相信，媒介在儿童早期社会化和成人的长期社会化中占有一席之地，虽然这在本质上是难以证明的。部分原因是社会化本身属于一种长期的过程，部分原因是媒介的效果会和其他社会背景，以及家庭的不同社会化模式产生交互作用。

媒介社会化的论题一般有两个方面：一方面，媒介能够强化并支持其他社会化制度；另一方面，媒介也可能被当成一种威胁——"由父母、教育者和其他社会控制制度所设定的价值"。麦科隆（McCron）指出两种理论的基本分歧在于：一种理论强调社会规范的共识本质，另一种则将媒介与其他意图将支配阶级的价值加诸从属团体身上的社会控制机构等量齐观。后者强调社会的核心冲突以及透过意义的抗拒与协商而产生变迁的可能性。

关于儿童使用媒介的早期研究，已经证实了儿童从生活中学习经验，并将之与自身经验连接起来的倾向。对于媒介内容的研究也使我们注意到，社会生活影像的系统化呈现能够对于儿童的期望与渴望产生强而有力的形塑力量。

早期的正统的社会化观点认为，它基本上关注的是儿童与儿童时期；它是所有儿童经历的一种早期的"全面训练"或"形塑"。这种观点在许多方面支撑着传统社会学与心理学的研究。其后，这种观点越来越受到批评、反对与补充，在成年之后的继续社会化过程中，大众媒介仍然扮演着十分重要的角色，充当着个体与周围世界的纽带。通过媒介宣传，人们扩大了视野，更加直观、准确地接受着社会生活中群体的共同信念、生活方式、语言、道德准则和各种技巧。大众媒介这种长期、间接的影响一直存在于个体和群体之间。这里我们主要从群体传播和大众传播的角度来探讨一下传播在社会化的过程中产生的影响以及如何产生影响。

（二）群体效果

荷兰哲学家斯宾诺莎（Baruch de Spinoza，1632—1677）早在三百年前就已经指出，人类是一种社会动物。他的这一论断又被现代心理学极大地强化。现代心理学研究显示，其他人对我们的态度、行为，甚至对我们的感觉都有很大的影响。影响我们的那些人是我们所属群体中的其他人，这些群体或大或小，或者正式，或者非正式。他们对我们接受社会化有很大的影响。

对群体影响人类行为的科学研究始于20世纪30年代，主要是社会心理学家谢里夫（Muzafer Sherif）进行的。另一位社会心理学家阿西（Solomon Asch）在群体压力和一致性方面也做了某些值得注意的工作。在群体研究方面另一个重要人物是勒温，他是群体动力学这一领域的奠基者。

1. 谢里夫的群体规范研究

很多人也许不了解，他们的社会规范实际上是武断的、没有什么道理可讲的约定俗成；直到看见在不同文化下的不同规范，他们才会了解，原来社会规范可以是别的样子。谢里夫想要研究的就是规范形成的过程，他发现了一个可以达此目的的理想实验环境。他设计的研究围绕所谓自动移动光效果的现象进行。一个人被安排在完全黑暗的房间里，一点很微小且静止的灯光出现了，这时，这个人通常会看见灯光在移动——这是因为神经系统对昏暗的灯光过度补偿的结果，于是，神经系统将刺激传送到大脑，而这种刺激效果往往是眼睛在注视一个移动物体时才会产生的。这是一个极度含糊的情境，因此给谢里夫提供了一个极好的机会，向他提供研究群体规范的条件。几乎每个人都看到了灯光的移动；但是，由于它实际上并没有移动，因此，没有人真正知道它移动得有多远。

谢里夫设计的实验，首先让受试者分别单独待在黑暗的实验环境中，估计灯光移动的距离，在经过反复试验之后，每个受试者通常都会停留在自己的一套标准上。下一步，谢里夫又将几个受试者安排在同一实验环境中，对他们一块儿进行试验，并且彼此可以听见估计的距离。在这种情况下，在实验几经重复之后，不同的估计值变得越来越相互接近。最终这个群体建立了自己的标准，这个标准接近几个人所估计的不同标准的平均值。在实验的第三步里，谢里夫让那些曾在群体环境中实验过的人，再次分别单独进行实验。结果，这些人通常还会遵循在群体中参与形成的规范。

谢里夫的实验显示，在不确定的环境下，人们依靠别人的指导；同时，群体的影响能够超越群体的存在，出现在没有群体的环境中。社会中的很多环境就像谢里夫的实验那样，充满了不确定性，在与人类有关的领域中，一些最重要的事情——政治、宗教、道德——很少有确定的东西，它们的形成过程很像谢里夫所做的实验那样，其中群体对人们的态度具有极大的影响力。

2. 阿西的群体压力研究

与谢里夫探讨在高度不确定的环境中群体作用的研究不同，阿西则研究在相对明朗的环境中，群体压力会起到怎样的作用。阿西想要研究群体的压力，以及人们的倾向——是顺从压力，还是摆脱压力。

阿西设计了一个实验环境，表面上是调查受试者对一些线条长度的判断，实际上，是想研究在群体压力介入环境时会出现的情况。在实验中，他让8个受试者组成一组，参加判断线条长度，事实上，这8人中只有一个是真正的受试者，其他人都是配合实验者。研究者告诉他们在作出一两次正确的答案后，便开始给出一致的错误答案。受试者可以听到，所有其他的人都会给出相同的答案，虽然这个答案看上去是明显错误的。阿西的研究结果向我们表明了一个惊人的事实：有些人情愿追随群体的意见，即使这种意见与他们从自身感觉得来的信息相互抵触。

谢里夫和阿西的研究实验显示，即使是以前人们从未彼此见过的偶然群体，仍会发挥很大的影响，那么，基本群体（如家庭或工作群体）中的群体力量看来可能更为强大。

3. 勒温的群体动力研究

勒温是对传播研究做出重大贡献的学者，他的研究包括著名的守门人概念；同时，他也是一位伟大的老师，他的学生包括费斯廷格、巴法拉（Alex Bavelas）、利皮特（Ron Lippitt）和卡特赖特（Dorwin Cartwright）等学者，他们都继承了老师的衣钵，在心理学方面做出了重大贡献。

在第二次世界大战期间，勒温参与了一项研究计划，其目的是利用传播改变人们对事物的某些习惯。计划中的一组实验是，勒温和他的同事说服家庭主妇尽量使用以往不常采用的牛羊的内脏做菜，以此作为支持战时国家行为的一部分。实验中设计了两种环境——一个是在演讲会中，一个是在群体决定的条件下。演讲会中有三组人，有人向她们说明那些以往不受欢迎的肉类部分的营养价值、经济上的好处以及烹调方法，并赠送食谱。在群体决定的条件下也有三组人，实验开始时只给受试者最基本的信息，然后开始讨论，在群体成员的参与变得充分积极的时候，再提供给她们更进一步的信息——烹饪技巧和食谱。实验结束后，研究者的调查结果显示，那些听了演讲的主妇只有3%采用了她们以往不曾食用的肉类部分，而那些在群体决定条件下参与的妇女却有32%试用了。

4. 社会认同模式

在认识到人们受他们所属的各种宽泛类型群体成员身份的影响后，研究者进一步发展出关于群体影响的一种模式，称之为社会认同模式（social identification model）。这个模式指出，对群体成员身份的认同主要是一种认知的过程，这个过程通常是人们在回答"我是谁？"这样的问题时产生的。这个问题可以根据个人所属的或所确认的群体的立场来回答。因此，一个人从其赞赏和确认归属的群体中获得一种社会认同感。不仅如此，这种社会认同感似乎并不经常起作用，而是不时地在某种特定的情境中出现，又在某种特定的情境中消失。它一旦出现，个人的言行会试图与他所属的社会类别的规范一致，并配合相关的情境行动。

传播学者普赖斯曾提出，大众传播在带来社会认同以支持舆论形成的过程中，扮演着很重要的角色。第一，大众传播媒介通过描述哪些群体对哪一特定议题存在争议，从而显示出哪些群体特征与议题有关。第二，媒介通过描述各种群体是如何对该议题作出反应的，可以指出每一个群体所持的意见，并且告诉认同该群体的人们应该遵守的规范。第三，群体的意见规范在受众心目中的感觉很可能被传播夸大。第四，人们自己承担起维护这种被认为是群体规范意见的责任，并且更可能去表达这种夸大的规范。正是这个时候，对不同议题的舆论可能表现得更坚定、更具体了。

（三）社会效果

在媒介效果研究中，受众个体的"微观"研究一直是最主要的分析单元；但通常，理论和政策议题需要纳入更宏观的分析单元，如果将宏观社会实际的研究，仅建立在从个体受众成员那里收集的微观数据基础上简单合计，是有问题的。社会后果不能只从个体的平均变化中加以推断。对个体发生作用的，不一定对社会也发生作用，反之亦然。

尽管社会与文化的关系是密不可分的，且也无法单独存在，大多数的媒介理论也都同时与"社会"及"文化"有关，必须同时以两者的角度来解释；但我们还是将文化留待下一小节讨论。首先讨论大众传播与社会的关系，意味着社会有其优先的地位。本小节讨论的社会领域代表了物质基础（经济和政治的资源与权力）、社会关系（存在于国家的社会、社区、家庭等之中），以及由社会所规范（正式或非正式的）的社会角色与职业。而下一小节将要讨论的"文化"领域则主要代表的是社会生活的其他基本层面，尤其是符号表达、意义及实践（社会习俗、处理事情的既有方式以及个人的习惯）等。

1. 创新扩散

扩散（diffusion）的定义为"散播关于创新消息的一种特殊传播样式"。扩散研究就是对社会进程中的创新（新的观点、实践、事物等）成果是怎样为人知晓并在社会系统中得到推广的研究。最早的有关创新扩散理论的研究可以追溯到"二战"期间一位法国社会学家和法律学者加布里奥（Gabriol Tarde）的理论和观察，他首先提出了创新扩散理论中的一些关键概念，如意见领袖、扩散的 S 曲线、社会经济地位在人际扩散中的作用，只不过他当时并没有使用这样的名称。

在所有扩散研究中最有影响的一个实证研究是瑞安和格罗斯对于在美国艾奥瓦州的农民中推广杂交玉米种子的研究。这一创新于 1928 年开始在艾奥瓦州农民中推广，此后引发了历时 20 多年的农业创新和一场农场生产方式的变革。

在所有扩散研究中最负盛名并被受尊敬的研究大概要推罗杰斯了。在 1962 年出版的《创新扩散》一书中，罗杰斯从技术革新的信息是如何传播、扩散的角度出发，探讨了大众传播及人际传播在技术革新的普及过程中所发挥的不同作用。对新技术（包括新观点、新生活方式等）的推广和采纳，其实质是把变化引入采纳者——个人、群体乃至整个社会生活和文化之中。从这一意义上来说，对技术革新如何普及的研究，也就是对传播如何影响社会和文化变迁的研究。此书先后于 1971 年、1983 年修订再版，进一步完善了有关扩散研究的理论。

2. 国家发展

发展传播学理论将大众传播视为世界经济与社会发展中有力的工具，认为媒介能有效率地传播关于现代性的信息，并且有助于将民主政治制度、实践及市场经济，传送到世界上经济落后且社会传统的国家去，尤其是那些第三世界国家。和发展经济学一样，发展传播学理论的出现是"应决策人的需要，因为他们要建议政府该如何去做以使自己的国家摆脱长期的贫困"。[①]

这种理论最早可以追溯到第二次世界大战之后尤其是"冷战"期间兴起的思想与研究。"二战"结束后，美国和苏联成为占统治地位的世界大国。两国都试图利用自己的经济、军事和文化（包括传播）实力达到实现国家利益的目的。国家利益主要包括国家安全和势力范围的扩大。势力范围一词又意指强大的国家把自身的意愿通过经济、文化和军事的手段强加给其他国家的能力。美国及其盟国都试图通过资本主义现代化的方式来推动和支持现实社会的进步。在发展传播学的演变过程中，有若干理论流派，有关发展传播学的文献主要介绍了 3 种发展模式，这 3 种模式对"二战"以来该学科的发展产生了很深的影响。学者们分别称之为：主导模式（或现代化模式）、依赖模式（或依赖性批判）以及交互模式（或参与性模式）。

"二战"结束后，两种思潮在发展和人类进步的话题中一争高下：借助资本主义进行现代化还是借助共产主义进行现代化。这两种思潮的对立影响到国际社会内部发展传播学的实践。不过，超级大国间的紧张局势并没有阻碍发展传播学的发展，相反，它有助于强化发展传播学的理论和实践。现代化理论的理论家们认为通过引进新思维和新做法，可以加速成为现代化社会的进程，而现代化就代表了进步。有影响的现代化学者如丹尼尔·雷纳（Daniel Lerner）、威尔伯·施拉姆和罗杰斯都强调了传播在发展进程中的重要性，而大众媒介特别是广播被看作是加速行为和结构变革的重要手段。

大众媒介对国家发展的贡献有几种形式。它能够促进许多新兴科技与社会创新被传播，并且被人们广泛采纳，这些都是"现代化"的基础。它可以教导人们识字，还有其他重要的科学技术。大众媒介能够激励"心智状态"，使之偏好现代性，尤其是想象另外的生活方式的可能性（即所谓的心理流动性移情能力）。勒纳（Lerner）将西方式的媒介描述成"流动性的扩大器"（mobility multipliers），更是"心理流动性"的"魔术扩散者"。另外，大众媒介还被认为是新兴国家（从前的殖民地）促进国家统一及民主政治参与的基础，尤其是透过选举的方式。

大众媒介成为发展机制的主要方式可以简要归纳为[②]：

---

① [美]叶海亚·伽摩利珀.全球传播[M].尹宏毅等译.北京：清华大学出版社，2003：126.

② [英]丹尼斯·麦奎尔.大众传播理论（第六版）[M].陈芸芸等译.台北：台湾韦伯文化国际出版公司，2003：111.

1）传播科技知识的窍门；

2）激发个人的变迁与流动；

3）散播民主（等同于选举）；

4）刺激消费者的需求；

5）在识字率、教育、卫生、人口控制等层面提供帮助。

到20世纪60年代，现代化的方式受到了来自各个方面的攻击——既有行动上的，又有意识形态上的。依赖性批判理论家们提出现有的国际经济关系模式——也就是由工业化所主导的模式——造成了世界上发展中国家经济不发达的局面，而被发展中国家内部所用来推动现代化的广播和其他大众媒介系统，实际上破坏了建立平等发展格局的可能性。人们认识到，与大众传播所能达到的程度相比较，地方权力结构、传统价值观与经济限制的影响力更大。虽然在"发展中国家"媒介仍然是一项实现变迁的主要工具，但由于它对社会内部结构的依赖，以及庞大成本的关系，媒介的发展受到严格的限制。此外，随着大众传播的全球化，媒介的发展还与文化帝国主义以及依附（dependency）等负面字眼相联系。

批判性理论也受到了批评，因为它只对现代化模式进行了批判，却没有提出解决的方法。不过该理论提出的问题对当代发展传播学产生了一定影响，它将重点放在基层研究的一些成功实践上，吸引大家注意到了在发展传播进程中缺乏真正的参与。

3. 舆论

什么是舆论（public opinion）？这是一个几代哲学家、法学家、历史学家、政治理论家以及新闻学家为之困惑而又努力寻找答案的问题。对于舆论概念的探究从来没有停止过，人们得出的舆论的概念也越来越多，20世纪60年代中期，一位普林斯顿大学的教授H. 柴尔兹（Childs）曾担任了收集舆论定义的工作，他从众多文献中汇集了50种舆论的定义。学者们的论战主要围绕着概念的两个部分展开，即"公共的"（public）和"意见"（opinion）。这里，我们也不想就舆论的概念为大家将其50种定义一一列举，但在相关的作品中，所有被描述为普遍意见、公共许可、公共适宜的事物，与经验调查中的舆论实际上属于同一事物。

提到关于舆论的研究，就不得不提到沃尔特·李普曼（Walter Lippmann）和他1922年出版的《舆论学》，传播学的集大成者威尔伯·施拉姆将其推崇为新闻传播学的奠基之作之一。这本书里他提出了"两个环境"理论，是传播学史上的一大贡献。"两个环境"理论指的是，人类生活在两个环境里，一个是现实环境，一个是虚拟环境。前者是独立于人的意识经验之外的客观世界，后者则是人类意识或体验到的主观世界。

4. 宣传活动

前面我们已经探讨过宣传，并且对于"宣传"的定义是相当中性的版本；而实际上，宣传的内涵意义经常是负面的。这与早期宣传的运用通常与战争相联系不无关系，从亚历山大大帝到罗马帝国，再到美、法大革命与拿破仑远征期间，特别是大众媒介发明后的第一次世界大战期间，宣传活动已经成为战争中一个必要元素，而且精密的宣传技巧在 20 世纪中对宣传与大众媒体造成了负面的影响。第二次世界大战之后，宣传又成为东西方意识斗争的主要武器，并且达到了科学精密的新层次。尽管"冷战"时期结束，宣传活动在国际事件上仍然持续着，而且已经掺杂了更多的政治、宗教及经济的观念。

对于宣传活动（propaganda campaign），我们应该承认以下事实：宣传活动基本上倾向于处理符合既有规范与价值且经过良好制度化的行为。为了让受众了解宣传在当代社会的形态以及如何操作的过程，麦奎尔总结了宣传活动过程的典型要素及其顺序 [①]：

1）集体的来源；

2）社会所允许的目标；

3）若干通道；

4）许多信息；

5）对于目标团体的不同接触；

6）过滤条件；

7）不同的信息处理；

8）达成的效果。

由于宣传活动过程中的复杂性，宣传活动可能产生的效果是多样的。一项成果或者有效的宣传活动，将视预计的效果和达成效果的相符程度而定。有些可能是短期的，有些可能是长期的；有些可能是有意促成的，有些可能是意料之外的。罗杰斯和斯多瑞（Rogers & Storey）曾做出过一个相关的结论，认为由于传播效果和传播过程中的概念化转变情况，人们已经认识到传播是在一个复杂的社会、政治、经济背景下进行的，因此，无法预期传播会产生什么样的效果。

总的来说，在社会生活的许多领域中，尤其是政治和商业，宣传活动已经变得高度制度化了，而且也已经产生了系统化的宣传技巧和根本特质。目前，大多数已得到研究的宣传活动是在竞争的情况发生的，而我们对于为了非竞争性目的而进行的宣传活动则所知甚少。研究中已经了解到传播者和接收者之间关系的依赖性，并讨论过个人效果层面，但对于媒介来源的吸引力、权威性及可信度的重视程度还不够。[②]

5. 谣言

谣言（rumour）是指非正式的、未经认可的话语，是某个传播系统中历经若干发

① [英] 丹尼斯·麦奎尔. 大众传播理论（第六版）[M]. 陈芸芸等译. 台北：台湾韦伯文化国际出版公司，2003：582.

② [英] 丹尼斯·麦奎尔. 大众传播理论（第六版）[M]. 陈芸芸等译. 台北：台湾韦伯文化国际出版公司，2003：588-591.

展阶段而未加证实之信息的最终结果。造谣者是谣言诞生的始作俑者，尤其是一些产生恶劣影响的谣言，更与造谣者的目的紧密相连。没有造谣者，也就没有谣言。以造谣者的动机来划分谣言的类型，是探寻谣言起源的最佳方式。

当人们的某些愿望得不到满足时，就会产生埋怨之感。表现出来的埋怨就是牢骚，这种牢骚如果是直接针对埋怨对象，就是斥责、诉苦；但若不直接面对埋怨对象，就很容易转化成为谣言。与牢骚型谣言完全情绪化的无目的议论不同的是，攻击型谣言有着很明显的目的性及对象性，造谣者在造谣之前就已经认真地研究了攻击对象及其所在环境的情况，然后有的放矢地提出某种谣言，以此来达到伤害攻击对象的目的。与攻击型谣言的消极攻击目的相比，宣传型谣言更容易迷惑人，造谣者也更理直气壮。宣传型谣言是造谣者为了实现某种积极的政治性、社会性目标而编造的谣言。有时造谣者并无主观先觉的意图，只是根据某种偶然的社会、自然迹象，加上自己缺乏判断力而形成的错误认识并传播来，形成误解型谣言。另外，还有牟利型谣言，造谣者为了谋求个人的出名或经济利益，自行编造一些耸人听闻的假象并广为散播。

事实上，谣言的传播是通过多种媒介的，而信息每经过一个阶段，准确性就常常发生某种偏差。谣言的基本特征在于，信息的接收者并不考虑它是否准确，因此力图将这种信息传播到某个社会网络的下一环节。经过若干这样的偏差，结果自然同最初的信源大相径庭。

根据传播理论的研究发现，口头传播是最常见也是最适合谣言传播的方式；但从效果上看，大众媒介传播的影响要广泛、深刻得多，大众媒介的传播活动，改变了传统上对谣言的理解，即谣言总是同人们面对面接触相关。由于这种与某些大众媒介相关的、几乎同时进行的信息传播，将谣言当作事实加以报道便使这种信息实际上合法化了，并使之成为某个社会的口头或文字传统的组成部分。这种合法化过程消弭了谣言特有的转瞬即逝，成为历史中在所难免的不准确信息，甚至有人将谣言比作民间传说。

6. 恐怖主义

恐怖主义是一种古老的政治或社会现象，从根源上看已有两千多年的历史；而与古代相比，现代国际恐怖主义的发展更加迅速。从理论基础上看，当前的恐怖活动的特征不是以往的"输出革命"或者"左翼""右翼"的极端理论，而是以民族隔离和宗教极端主义以及反全球化的浪潮作为其主要的理论来源，但对于恐怖主义和恐怖分子的称谓常被称为寻找意义时的陈词滥调。[①]

恐怖主义的成形主要被归因于大众媒体对于恐怖主义的报道——"宣传的氧气"（oxygen of publicity）的刺激。英国前首相撒切尔夫人就曾尖锐地指责，新闻媒体的

---

① ［美］沃纳·塞弗林，小詹姆斯·坦卡德.传播理论——起源、方法与应用（第四版）[M].郭镇之等译.北京：华夏出版社，2000：111.

宣传报道是恐怖主义活动赖以存在和发展的"氧气"①。暴力常常是（恐怖主义者）为了使用大众传播媒介而采取的手段，甚至暴力信息本身也是这样。因为媒介报道暴力，所以无可避免地会涉入这种过程，并且传播恐怖主义的信息。在媒介对于恐怖主义的报道中，有若干可能性的互动，包括对恐怖主义本身、对政府、对公众以及恐怖主义受害者所产生的效果等。这些潜在的效果等于是在帮助恐怖主义或权威当局。

尽管这个议题的目标非常显著，但是相关研究所发现的效果不够清楚。施密德（Schmid）的研究发现一些证据，显示警察强烈地相信"媒介现场报道恐怖主义的行动会鼓动恐怖主义"，而媒介从业者原则上持中立的看法。不过，皮卡德（Picard）却驳斥了这种看似造成传染效果的证据，认为这是伪科学，而且威胁了媒介自由。这样的争执并没有定论，充其量也只能说，两种论点看起来难分伯仲。值得注意的是，拒斥媒介报道恐怖行动的后果，将会更加难以评估。

7. 建构现实

人们进行传播是为了解释事件并与他人交流，于是通过传播现实得到社会的构建。现实的社会性建构（the social construction of reality）是 20 世纪一个重要的知识领域。

现实的社会性建构这一思想最早体现在哲学家阿尔弗雷德·舒茨（Alfred Schutz）的这些话中："我日常生活的世界绝不是我私人的世界，而是从一开始就是一个主体间的世界，使我与我周围的人共有、由他人经历和解释的这样一个世界：简而言之，它是我们所有人的共同世界。在这个世界里，在我生存的任一时刻，我发现我自己的那个独特的生平情形只不过是在很小程度上算是我自己创造的。"②

一言以蔽之，我们的意义和理解，是产生于我们和他人的交流过程之中的。这一思想最著名的支持者就是《现实的社会性建构》一文的作者彼得·伯格（Peter Berger）和托马斯·拉克曼（Thomas Luckmann）。在符号互动理论的作用下，在舒茨、伯格和拉克曼的研究基础上，现实的社会性建构已成为社会科学中一个受人尊敬而又得到广泛接受的思想。

社会学家盖伊·塔奇曼（Gaye Tuchman）在她所著的《制造新闻》一书中，指出新闻是对现实的社会性建构。塔奇曼认为，制造新闻的行为，就是建构事实本身的行为，而不仅仅是建构事实图景的行为。她断定，新闻是法定机构的同盟者，同样使现状合法化。塔奇曼将新闻专业主义与新闻组织及公司资本主义的出现联系在一起，"通过新闻的常规运作，通过认定新闻专业工作者具有裁定知识、表述新闻事实的权利，新闻使社会现状合法化了"。她提出，新闻是一种社会资源，对这种社会资源的建构限制了我们对当代生活的分析性思考。

---

① Brigitte Lebens Nacos. Terrorism and the Media [M]. New York: Columbia University Press, 1996:53.

② Alfred Schutz. On Phenomenology and Social Relations [M]. Chicago：University of Chicago Press,1970:163.

正如所有的理论那样，社会建构领域也不完全是一致的，而且有各种各样的版本。^①但大多数版本的理论在以下观点上有共同之处：长期的媒介效果的产生是"无意的"，这是媒介组织倾向、职业实务、技术现实以及特定新闻价值观、框架与各式的系统运用所造成的结果。^②

（四）文化效果

文化是某种集体的、和他人共享的东西（没有全然的个人文化）。文化必然具有某些图形及非意图性的符号表达形式，还具有某些模式、次序或规律，因此也具有某些评估的面向（只要和文化所规定的模式具有某种程度的共同性）。随着时间的演变，文化具备（或已经具备）动态的连续性，所以，传播也许是文化最普遍和最根本的属性。因为，没有传播，文化便无法发展、生存、延续并广泛地传承。对于大众传播研究来说，文化的这些特征，具有某些明显的含义，因为大众传播无论在生产或应用的各个层面，都具有文化的面向。

基本上，我们可以从三个观点出发来观察文化：人、物（文本、文化制品）与人类实践（社会性的行为模式）。我们可以把焦点放在人上，把人视为具有文化意义的媒介文本的生产者，或者是"文本的诠释者"，从文本中人们可以获取文化意义，并且使其与社会生活其他部分产生关联性。我们也可以把焦点放在"文本"和"文化制品"（电影、书籍、报纸文章等）本身，或是它们的符号形式及可能的意义。还可以研究媒介产品制造者或者媒介使用者的实践。不管在媒介经验之前、之后还是媒介经验中，媒介受众的组成和行为（围绕在媒介选择与使用周围的实践）都是符合文化模式的。

从早期的大众传播研究开始，以特殊的"文化理论"角度来研究大众媒介的状况已经开始发展，这种发展尤其是在人文学科（文学、语言学、哲学）的影响之下进行，和"主流"传播学较为强调的社会学角度并不相同。尽管这两种传统在思想和方法上仍有基本的差异，不过在某些观点，或是某些议题上，它们是彼此融合的。

1. 大众文化

从历史研究来看，媒介理论首先要讨论的"文化"议题，意指新兴的大众文化（popular culture）。大众是新兴的社会集群形式，大众传播使大众文化成为可能，而大众又通常被视为没有属于本身的文化。这种特有的"媒介文化"的兴起，也刺激了对"大众文化"本质的再思考。

---

① 主要的三个版本的介绍参见：Klaus Krippendorff. The Past of Communication's Hoped-For Future[J]. *Journal of Communication*,1993(43):34-44.

② [英] 丹尼斯·麦奎尔 . 大众传播理论（第六版）[M]. 陈芸芸等译 . 台北：台湾韦伯文化国际出版公司，2003：611.

　　早先"大众文化"的语意却暗含轻蔑的贬义，因为它所指代的多数民众，是与贵族阶级、富人阶级或知识阶级相区别的。例如，沃伦斯基（Wilensky）就把"大众文化"和"高级文化"（high culture）相对比。

　　对于大众文化的定义，颇为广泛。西方马克思主义法兰克福学派本雅明、霍克海默、阿多诺等理论家都曾对大众流行文化下过定义；英国新马克思主义伯明翰学派霍加特、威廉姆斯、霍尔、汤普森以张扬大众文化起家，成为当代大众文化研究的奠基人；英美理论家杰姆逊、费斯克以及法国学者布尔迪厄、鲍德里亚等也对当代大众流行文化说了不少观点不同、意义却都十分深刻的话；还有一大批媒介通俗流行文化理论家、批评家，他们对当代大众文化研究的理解与思考构成了大众文化研究的重要部分。

　　威廉姆斯在《关键词》一书中界定大众文化的四种含义，第一种就是"众人喜好的文化"。

　　以霍克海默和阿多诺为代表的大众文化观，认为大众文化与商业自然有着无法也毋庸避讳的关系，大众文化即商业消费文化，是那种用于大量消费的、为商业目的"有意迎合大众口味"而大批量生产的消费品，是"商人雇用技术人员创造的"。在文化研究的领域中，欧洲文化又与美国文化形成鲜明对立，欧洲人说大众文化，那往往是美国通俗艺术的意识形态或美国文化的代名词，是指"美国特有"的"不安分守己"的通俗文化，是从美国传播到世界各地的文化。美国是大众文化的"家园"，在所有大众文化中"规模最大"，它向世界"预示"了老态龙钟的贵族文化的"消亡"。

　　而费斯克（Fiske）则不完全同意法兰克福学派把批判的矛头指向文化工业对大众意识的控制的观点，不同意把大众只看作被动受控的客体，而认为大众文化中也隐含着一种积极能动的自主性力量。他提出重新理解大众文化，重新审视大众传媒，在某种程度上肯定了大众文化的启蒙性和独创性。他认为，民间文化是从下面长出来的，是人们自发的土生土长的表达，是根据自己的需要创造出来的，"几乎没有得到高雅文化的益处"。通俗文化是地地道道的人民的文化，是为人民服务的文化，作为工人阶级的文化是现代资本主义内部象征性反抗的主要表现形式。问题出来了，谁有资格列入"人民"的范畴，资格由谁来确定？霍尔说，大众文化就是一个争论和确定关于"人民"的政治构成以及他们与权力集团关系的场所。在这里，他们有可能团结起来，组成相对于权力集团的人民。

　　费斯克是对大众文化的正当性进行辩护、拥护的最得力者之一。费斯克认为，同样的文化产品可以用不同的方式来解读，即使该文化产品中可能含有特定的主流意义。他将媒介文本定义为"受众解读与欣赏后的产物"，而将文本意义的这种多元性定义为"多义性"（polysemy）——某事的大众化可被视为其正面价值或负面价值的标志，这取决于你对"民众"的看法。他又将跨越不同媒介产品的意义交互连结（模糊了精英与通俗文化之间的界限），或是不同媒介和其他文化经验的意义相连结产生的部分称为"互文性"。

对费斯克而言，大众文化的主要好处就是"它很通俗"，而且名副其实"属于人们"，并以人们的权力作为根基。他指出，"通俗性在这里就是一种文化形式，是一种有能力满足消费者要求的方法……对于一种受到欢迎的文化商品来说，它必须能够满足不同人们的兴趣，就像它满足生产者的利益一样"。大众文化必须和需求相关，而且要能反映需求，否则将遭受失败，而通俗文化（在市场上）的成功，可能就是文化"既能和需求相关，又能反映需求"的最好验证（在实务上，成功的准则凌驾于任何内在品质的观念之上）。费斯克不认为"文化资本界限的划分依循经济资本界限的划分方式"，相反地，他主张有两种经济的存在，而这两者具有相对自主性：其中一种是文化经济，另一种是社会经济。在阶级社会中，即使大多数的人都居于从属地位，但在文化经济中，他们也具有某种程度的"符号权力"（semiotic power）。这是指，人们具有依据他们本身的喜好来塑造意义的权力。

其实，在文化研究领域，政治一直尾随着这个概念的用法。承认阶级与文化具有某种关系，就引发出深层的问题。首先，关注范围不再局限于诸如文本这种明显的文化制品，而扩大到实践、生活方式与"生活化文化"——特别在人种志的亚文化研究上尤为突出。其次，重新发现了"文化政治"（culture politics），这个概念常与葛兰西（Gramsci）的著作及其"霸权""民族—大众"（nation-popular）等概念相联系。最后，关注阶级促使人们进一步思考存在于阶级与性别、种群关系间的复杂关系。采用"新葛兰西主义"霸权理论观点的人，将大众文化视为社会被统治群体的反抗力量与社会统治集团的"兼并"力量之间斗争的场所。这里的大众文化既不是自上而下的统治阶级意识形态的强制文化，也不是与之对立的自发的自下而上的"人民"文化，而是两者交战的场所，是以反抗与兼并为标志的领域，是葛兰西所称的"折中平衡"的内运动。

那么到底什么是大众文化呢？归纳来看，我们今天所说的大众文化是一个特定范畴，它主要是指兴起于当代都市的、与当代大工业密切相关的、以全球化的现代传媒（特别是电子传媒）为介质大批量生产的当代文化形态，是处于消费时代或准消费时代的，由消费意识形态来筹划、引导大众的，采取时尚化运作方式的当代文化消费形态。它是现代工业和市场经济充分发展后的产物，是当代大众大规模地共同参与的社会文化公共空间或公共领域，是有史以来人类广泛参与的、历史上规模最大的文化事件。

今天，在文化研究的领域中，后现代主义、后女权主义和后殖民主义成为大众文化批判理论中的重要分支。它们虽然在"大众文化到底是什么？"的问题上没有达成共识，但是它们争论所产生的许多文化话题，比如西方社会中的现代文化产品音乐、动画、时尚和亚文化的生活方式，以及电影、电视的讨论，已经对社会的方方面面都产生了影响。在媒介研究领域，文化分析的方法已经成为实证研究和现象研究的一种必要手段。

2. 商业化

文化商业化（commercialization）或商业主义（commercialism）曾深埋于早期的大众媒介批判中，在当前媒介政策的脉络下，又得到了更进一步的激烈讨论。对于商业化的批判特别地与对通俗文化的维护相对立，因为文化产品的通俗性常常是其商业上获得成功的条件之一。尽管在某些用法中，这个词通常是温和派的马克思主义批判的一个符码，而且可能是贴近"中产阶级"的（甚至是自负的、精英主义的），但它也表达出某些和当代媒介产业动力以及媒介文化变迁相关的概念，而且它非常贴近商品化的批判。

文化商品化（commodification）的概念可以说是检视文化商业化及其运作的最为得力的工具之一。商品化的理论起源于马克思的《资本论》一书，在这本书中，马克思指出物品是透过"交换价值的获取"以进行商品化，并非仅仅因为它具有使用价值。从同样的方式来看，文化产品（以形象、观念和符号为表达形式）在媒介市场上以商品的形式来进行生产和销售。文化产品可以使消费者获得心理满足、娱乐，以及获得在世界上所处位置的虚幻观念，结果经常掩盖了社会的真实结构以及我们从属于这种结构（虚假意识）的事实。

尽管在某种程度上，"商业化"的术语可以客观地指称特定的自由市场环境，不过它同时可以用来暗指那些批量生产并以商品形式销售的媒介内容所造成的后果，以及媒介供应者与消费者之间的关系。从这个观点来看，撇开广告事务（商业宣传）不谈，商业化的内容比较倾向消遣、娱乐（逃避主义）、肤浅、缺乏原创性，而且流于标准化。

大众媒介的商业化的表现之一就是"小报化"（tabloidization）现象。"小报化"一词源自某些国家里较小型的通俗报刊（或称马路报）。康奈尔（Connell）曾探讨了英国的小报，虽然他并没有发现具有说服力的证据显示小报中的报道和"大型报"（broadsheet）有根本差异，但他指出"煽情主义"的新闻报道已经取代了"理性主义"的报道，而且在小报的报道中更强调叙事。伯德（Bird）在监视美国电视新闻"小报化"现象时，从研究中得到结论：电视新闻确实有一种个人化和戏剧化的倾向，这种倾向确实使得新闻更容易接近大多数人，但这种现象也导致人们从新闻中实际学到的东西变得琐碎化。

事实上，同样的市场环境也能够提供各式各样的、高品质的文化产品，但媒介生产的商业化环境确实也阻断了许多创新和创造的可能性。根本问题是，盈利已经变成唯一的考量动机了。

另外，某些对于商业化后果的批判，是针对它对民主所造成的影响。比如新闻娱乐化的普遍倾向：早在新闻大多仍属于资讯性质时就有许多的讨论，人们认为这些会造成对政治参与的忽视与疏离。自然也有人提出相反的论点，认为通俗文化有其正面的效果，而且也并无证据证明"媒介是造成这种文化倾向的原因"。

3. 暴力与性

或许在大众传播的研究领域中，没有哪个议题比媒介中描述的暴力与性的内容研究更有社会意义了。从媒介内容描述的暴力和色情的情况中所凸显出来的媒介效果实际议题，已经成为相当多研究者的研究对象，因此，在此有必要单独提出来讨论。

在媒介效果的研究历史上，有关暴力议题的研究远远多于其他媒介效果的研究，据统计超过 3000 项。有相当一部分主要担忧的是媒介经常呈现的犯罪和攻击性内容可能带来的负面影响，尤其是电视媒介。从 20 世纪 50 年代电视媒介在美国迅速成长开始，有关学者、政府部门就一直将电视媒介产生的效果作为研究的重要议题，进行过多次长期而大规模的媒介效果研究；在诸多研究中，最具代表性的是美国国家暴力起因和防止委员会在 1969—1970 年进行的媒介暴力研究，其出版的研究报告《暴力与媒介》更是成为大众传播研究的经典之作。

有关电视暴力对人们行为可能带来的效果，主要的假说还是相当一致的，但也有人提出不同的假说。其中一个是关于净化作用的假说（catharsis hypothesis），它提出，戏剧主人公侵犯行为替代性地表达了人们内心的暴力倾向，因而通过观看电视暴力，可以降低采取实际侵犯行为的冲动。不过，在调查电视暴力效果的数以百计的研究中，只有极少数是支持净化作用假说的，主要的假说还是支持暴力情节刺激暴行的假说。

沃特勒（Wartella）等人总结出有关电视暴力学习与模仿过程的三种主要假说模式。

第一种是班杜拉（Albert Bandura）的"社会学习理论"（social learning theory）发展出的模仿假说（imitation or modeling hypothesis），根据这个理论，人们从电视上学得了侵犯行为，然后再到外面去照样模仿。

第二种是博克维茨（Berkowitz）"预示（primary）效果"的存在，当人们观看暴力时，会激发或引发其他相关的思想与评价，这会导致人们在人际环境中更倾向于运用暴力。

第三种是休斯曼（Huesmann）的"脚本理论"，"脚本"指引人们如何对事件进行反应，也因此得以控制人们所表现的社会行为，电视正是以这种"侵略性脚本"进行制码而导致暴力的。根据这个理论，除了模仿和改变的效果假说之外，还有免除抑制假说（disinhibition hypothesis），认为长期暴露于暴力的描述下会导致一种普遍的"感觉迟钝"，以致抵抗暴力的能力降低，而增加了对暴力行为的容忍度，也就是说，电视暴力可能教导了一种普遍的规范，即暴力是一种与他人交往中可以被接受的方式。

沃特勒等人还指出，除了个人与电视描述的暴力内容之间的关系，还有许多变量影响很重要，比如收视情境，尤其是单独观看或是和父母一起观看的情况。

在媒介暴力议题得到系统研究的同时，在人类性行为方面的关注程度也远大于人类的其他行为。人们注意到在性欲、刺激和行为之间存在着神经内分泌和心理上的联系，另外还能产生攻击性行为。性刺激可能增强攻击性，同样地，攻击性刺激可能增强性体验。攻击性行为和性刺激之间的这种关系更说明了媒介色情内容效果研究的重要意义。

无可置疑的是，有关性暴露内容的传播并不是新鲜事物，古已有之，现在的性暴露色情内容只不过是通过新的媒介手段对传统素材进行的改编。但是，现代媒介为性暴露的内容提供了轻易获取的手段，造成了现在这种混乱的局面。"对于无节制地描绘色情内容的关注重新复苏，主要的原因就是简易的新科技手段。"色情内容的消费已趋于公开化，成为任何人可支付的或轻易获得的娱乐方式——儿童和成人可一视同仁。这促使了人们重新关注有关媒介色情内容的影响。

那么观看性暴露内容到底会产生什么样的效果呢？对于大多数人来说，观看或者收听有关性暴露的内容会引起性兴奋，但是并不像大家设想的那样，根据色情内容暴露程度的不同可以准确衡量出刺激程度的差异；事实上，刺激的程度主要跟个人情况的差异有关。当然，性暴露内容也会带来负面的效果，对于性的认知、态度和价值观都会有很大改变。长时间接受性暴露媒介的内容的人，会对性行为的态度变得更加缺乏约束，在道德观、家庭观上都可能产生变化，尤其可能对妇女持有偏见，还可能产生性冷淡或强奸的倾向。性暴露内容的使用还可能会带来模仿、受压抑和性犯罪。正是由于性暴露内容可能产生模仿效果，因此事实上是无法得到验证的，因为科学家无法为了观察研究而冒险向未成年人展示性暴露内容的材料。

另外，为了解除性压抑而使用性暴露内容的做法也受到了广泛的批评，因为在性暴露内容中描述的行为通常是与日常生活中的性行为规范相违背的，而当接受性暴露内容的人得不到满足时，就可能产生强奸或是其他粗暴的性行为。而由于伦理和法律程序上的约束，又限制了性犯罪领域的实证研究。[①]

4. 性别研究

尽管长期以来传播研究（甚至包括激进批判倾向的传播研究）中存在"性别盲目"的问题，但随着女性主义的发展，已经有人提出了"文化女性主义媒介研究计划"（culture feminist media studies project）。这个计划较早期的媒介性别议题，像是

① Michael B Salwen, Don W Stacks. *An Integrated Approach to Communication Theory and Research* [M]. Lawrence Erlbaum Associates: Publishers, 1996:201-202.

"媒介所呈现的女性""刻板化"与"性别角色的社会化"（这些议题在过去与现在都是许多媒介内容的特色）等问题谈论得更为深广。

现在与性别相关的媒介研究数量已经非常庞大，研究的面向除了部分遵循着社会阶级与种族等理论前沿的路线，大部分都具有属于自身的面向，包括重视遵循弗洛伊德式精神分析理论的观点。这些面向所关注的焦点，一方面主要放在当接收者接受男性与女性相关的影像（电影、电视、照片）时，其本身性别角色的"定位"问题；另一方面则关注媒介在散布和"女性在社会中的位置"相关的父权意识形态时所扮演的角色。

以性别为基础的研究途径也引发了一项思考：媒介的选择与诠释是否能够为女性提供某些手段、要素来改变或抵抗这个性别结构仍然还不平等的社会？为何女性似乎会被具有明显父权信息的媒介内容（例如言情小说）吸引？利用对立的解读和抵抗的潜意识来解释，有助于重新评价这种吸引表面上的意义。还有人解释说，无论差异的原因和形式如何，不同的性别媒介文化会引起不同的反应，而且性别差异会导致从媒介中获取意义的不同模式。

可以说女性主义运动不仅是一个政治计划，也是文化计划，而在关于政治影响力或者非通俗文化的文化媒介研究中，女性主义媒介研究也无可避免地引起争论。其中的部分原因是大量的研究关注的焦点集中在通俗文本类型上，比如肥皂剧和脱口秀等以女性观众为导向的节目。很明显地，早期研究者所关注的问题，尤其是通俗的媒介内容（像是爱情故事、儿童故事、女性杂志），都刻板地带有显著的父权与保守主义的意识形态，或是迎合于男性的"性趣"。

5. 文化变迁

文化变迁是指社会文化特质和文化模式发生转变，特别是结构性转变的过程。大众媒介对于长期的文化变迁的影响，一直都是无法测量的，因为实际的运作过程具有高度互动性，而且经常是开放性的。不过，我们却可以从媒介涉入社会、文化事件与变迁的方式中学到很多东西。前面所描述的结论，已经为大众媒介对于长期文化变迁的显著性效果设定了若干可能性，而同样的背景不必再次赘述。尽管关于"大众媒介对文化影响"的许多观点已经获得发展，至今并没有许多稳固的效果证据被提出来，但我们倒不必提出质疑，因为媒介已经是"现代"社会文化整合的一部分。

其他多数相关的传播技术理论，都把焦点放在了既有媒介信息形式或内容所可能产生的影响，以及因此而衍生的、能够让人们获取的意义之上。关于"变迁的媒介技术可以影响文化过程"的普遍性观点，呈现在图 7-4 中。此图所说明的主旨是：技术对于文化实践不可能造成直接的冲击，而只是透过相关机制（这里指大众媒介）的中介而产生作用。

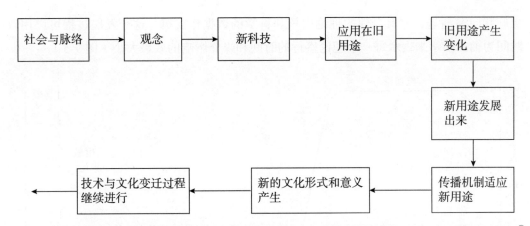

图 7-4　传播、技术与文化变迁的互动次序：技术发源于社会，并且根据应用的形式，对社会产生作用 ①

6. 社会控制与意识构成

这里我们似乎可以将前面讨论过的一些媒介效果放在这个标题下来观察，例如社会化的观念，它牵涉社会控制的要素；有关"现实的构建"，它倾向以"支持既存秩序"的方式来运作。不过要决定"社会控制"何时是有意的，何时又是无心的，却不是一件简单的事。一般来说，这要视所采用的社会理论而定。

一个普遍得到认同的观点是，媒介会透过个人或机构的选择、外在的压力以及庞大受众的希望与需求等因素的混合影响，而在无意之中支持一个社群或国家中的主流价值。一种立场带有较为强烈的批判性的观点，基本上将媒介视为保守的，这是由市场力量、运作要求以及既存工作事务共同构成的结果；甚至有一种观点认为，媒介是压抑意见、转移焦点或限制政治社会脱离常规的手段，会积极地投入代表统治阶级（通常也包括媒介拥有者）或是中产阶级的行列，将媒介视为资本主义合法化的工具。

尽管这些理论在其精确性、对于控制机制运行方式的详细阐述，以及媒介"有意的目的"和权力的属性等方面各有差异，但它们所引用的证据却大同小异，其中大部分都和内容的系统性倾向有关，而甚少与效果相关。赫曼和乔姆斯基（Herman & Chomsky）则以一种"宣传模式"（propaganda model）发展出有关长期系统性效果的"混血批判理论"，这个理论指出，资本主义国家的新闻必然经过若干"过滤器"的"过滤"，尤其是媒介会与其他经济、广告、新闻宣传、主流的社会意识形态相结合，并依赖于官方的资讯来源。

第二节　传播效果研究诸论

1981 年，塞弗林和坦卡特（Severn & Tankard）对传播效果研究的轨迹作了四方面概括，分为"枪弹论""有限效果论""适度效果论"和"强效果论"，指出这些理论呈

---

① ［英］丹尼斯·麦奎尔. 大众传播理论（第六版）[M]. 陈芸芸等译. 台北：台湾韦伯文化国际出版公司，2003：143.

螺旋状向前渐进，并有合理的理论内核和科学的数据作支撑。这个发展过程可以用以时间为轴的图示来表示每一个理论盛行的时间和媒介影响的效果大小（图7-5）。

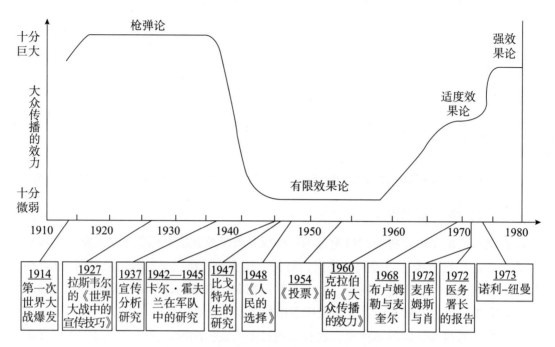

图7-5 有关大众传播效果的各种模式的变迁①

一、枪弹论阶段的相关研究

枪弹论（bullet theory，即子弹论），也叫"皮下注射"论或"刺激—反应"论，是盛行于20世纪20—40年代的一种媒介威力强大的理论。这个名称并未被早期研究大众传播效果的学者所使用，而是对当时广泛持有的一种观点的形象描述。

枪弹论是有关媒介—受众关系的一种机械而简单的模式，认为软弱的受众像射击场的靶子，无法抗拒子弹的射击。"效果强大的刺激得到大众个体成员一致的注意力，这些刺激激发了内心欲望、冲动或个人很难自我控制的其他过程"。受众消极被动地等待和接受媒介所灌输的各种思想、感情、知识或动机。大众传媒有着不可抗拒的巨大力量，受众对大众传媒的信息产生大致相同的反应。"刺激—反应"机制和媒介效果强大的信念是该理论形成的基础。20世纪初，在孔德、斯宾塞等人的社会有机体思想和韦伯等人的工业化社会理论基础上形成了大众社会理论，认为媒介可以对社会影响巨大。

第一次世界大战中，交战双方利用大众传媒展开心理战，精心设计的宣传信息充斥了国家的新闻报道。协约国的战争宣传非常成功，以至于战后有人认为德国的投降

① [美]沃纳·塞弗林，小詹姆斯·坦卡德.传播理论——起源、方法与应用（第四版）[M].郭镇之等译.北京：华夏出版社，2002：309.

是因为受到了协约国宣传的欺骗。拉斯韦尔在 1927 年出版的《世界大战中的宣传技巧》一书中肯定了宣传在战争中的作用和效果。第二次世界大战前，纳粹德国以武力为宣传的后盾大搞恐怖活动，一时发生巨大效用。由于人们担心某些人也利用大众传媒进行希特勒式的煽动，特别是 20 世纪三四十年代，伴随着电子媒介在美国的迅速发展而产生的忧虑与悲观，"枪弹论"流行开来。

枪弹论的主要观点就是将传播效果绝对化，将传媒的作用不分时间、地点、对象、环境地夸大。"它虽然在一段时间内广为流行，但未得到真正一流学者的拥护，只是一种记者的'发明'（指贬义）"。20 世纪 30 年代末，有关传播效果的研究资料已经表明，传播媒介如枪弹不可抗拒的理论并无根据。1964 年，雷蒙德·鲍尔（Lymond Bauer）发表的《顽固的受众》为枪弹论唱了最后的挽歌。该文章认为受众是传播过程中平等的伙伴，对宣传的枪弹可以接受也可以排斥，受众拒绝倒下。20 世纪 40 年代以后，枪弹论逐渐被抛弃了，"被代之以更多地考虑到传播的人类特性而更少归因于这一过程的物质资产的力量的理论"。①

枪弹论的理论框架支撑着大量有关受众与媒介效果的早期研究，主要的研究成果包括潘恩基金会研究、火星人入侵地球等。

（一）潘恩基金会研究

20 世纪 20 年代中期，对突然侵入美国人生活中的新媒介——电影，人们纷纷指责其对社会的发展带来的负面影响。1928 年，美国电影研究评议会在民间慈善机构——潘恩基金会的协助下，邀请一群心理学家、社会学家和教育学家共同研究电影对儿童的影响。研究从 13 个不同的角度出发，探讨电影内容及其对不同组成的受众产生的效果。研究结果表明，电影对儿童有巨大影响，可以直接改变人的态度，而持枪弹论的学者认为，态度的变化及等于行为的变化。

虽然，这项研究发现已不足以揭示现代媒介的影响，在现代仅具有历史价值，但它确是实证的传播研究发展史上的重要里程碑。在当时所有可能的科学的研究方法都排上了用场，包括精密的实验室实验法、内容分析、问卷调查、自然环境实验法以及布鲁默发明的自传式记录方法，扭转了早期宣传策略的研究，并预见了意义理论和模仿理论在今天的地位，引导出态度变迁、睡眠效果、使用与满足理论、模仿的影响和媒介建构社会事实等理论。

（二）火星人入侵地球

1938 年 10 月 30 日，美国哥伦比亚广播公司根据科幻小说《星球大战》改编的广播剧播出时，在全国引起大恐慌，至少有六百万正在收听的听众十足相信这件事，

① [美]威尔伯·施拉姆，威廉·E. 波特. 传播学概论 [M]. 陈亮等译. 北京：新华出版社，1984：202.

其中至少有一百万人受到惊吓而产生恐慌行为，或躲藏，或惊叫，或祷告，或逃到郊外。事后，普林斯顿大学广播研究中心立即对其进行调查，研究发现：信息在一定时间、地点和条件下，对某一类特定受众有很强的影响，这些因素的综合作用可以使某一效果极为突出和明显。这个结果也强化了人们对媒介效果的恐惧感。但同时，该研究证明受传者自身与社会条件等因素与传播影响的作用有很大关系，因此它开启了日后研究选择性影响的方向。

二、有限效果论阶段的相关研究

有限效果论（the limited-effecfs theory）也可以叫作"最小效果定律"，在纽约大学教授约瑟夫·克拉伯（Joseph T.Klapper）所著的《大众传播的效果》一书中得到了非常精彩的描述，但这一说法却是由他的妻子纽约大学教授霍普·克拉伯（Hope Lunin Klapper）创造的。约瑟夫·克拉伯对大众传播的效果提出了5个普遍原则：

1）大众传播本来并不是对传播对象产生效果的一种必要的充分的因素，而是通过中介因素和影响的关系来起作用；

2）这些中介因素赋予大众传播以一种加强现有条件的能动作用，而不是唯一的因素；

3）当大众媒介对改变现状起作用的时候，必须具备以下两个条件之一：其一，中介的因素不起作用而媒介的效果是直接的；其二，通常起加强作用的那种中介因素本身就是促进改变的；

4）在某些有后效的情况下，大众传播似乎产生直接的后果，或是直接服务于某种心理物理学的作用；

5）大众传播的效能，无论是作为一种辅助还是起直接效果的能动者，都是受媒介和传播本身状况的各个方面的影响的。

其中提到的中介因素包括选择过程（选择性理解、选择性接触和选择性记忆），以及群体过程、群体规范和意见领袖。克拉伯认为，媒介宣传的实现必须经过中介因素，由于传者难以对中介因素实施控制，因此，他的预期效果不可能完全实现。

有限效果论是对早期"大众传媒威力论"（枪弹论）的否定，它认为，传播活动是传受互动的过程，受众是具有不同特点的个体，不是应声而倒的靶子。大众媒介的效果由于媒介性质及其在社会中的地位而大受影响。媒介不是影响受众的直接和唯一因素。大众媒介透过许多中介，在其他多种格局影响下发生作用，对受众的影响是有限度的。

有限效果论中包括个体差异论、社会分类论、社会关系论、多级传播论、中介因素论、意见领袖论等许多理论。其中较关键性的研究有霍夫兰的劝服研究、反对成见的漫画、拉札斯菲尔德的《人民的选择》等。总的来讲，早期效果研究是以说服性传播研究为主，这些研究都是具体的、短期的、针对受众个人的直接研究，对传播转变受众态度（克拉伯认为大众传播对受众态度的影响应为效果研究的重点）的力量作了保守评价。从拉扎斯菲尔德等人在伊利县所做的选举调查开始，传播学者们才真正开始用科学的方法探索传播的效果问题。

（一）劝服传播理论

许多世纪以来，说服一直是很多人感兴趣的话题。从亚里士多德第一次在他的经典著作《修辞学》中试图分析有关说服的问题开始，人们从来没有间断过对说服问题的热烈讨论。特别是当大众传播变得日益广泛之时，人们开始更加系统地研究说服问题了。在早期的宣传研究中，通常都要涉及说服问题，众所周知，当时说服意味着态度的改变，而之所以要小心地研究说服问题，主要原因是对煽动战争的恐惧，在第二次世界大战中，纳粹就利用大众传播的宣传赢得人民的热情，压倒他们的理智。

第二次世界大战前夕，由霍夫兰及其同事完成的对美国士兵的说服研究，可以说是"当代态度改变研究最重要的起源"。在第二次世界大战期间，美军开始前所未有地大规模使用电影和其他大众传播形式进行宣传，以训练并鼓舞美国士兵的士气。研究通过让士兵们观看一部名为《我们为何而战》的系列影片来观察士兵们态度改变的效果。研究中对一部名为《不列颠之战》的影片花费的功夫最多，这部影片的主要目的是向美国人灌输对英国盟军的更大信心。霍夫兰及其同事设计的研究主要确定三个方面的影响：从影片中获得对特定事实的知识，获得对英国之战的特定观点，接受军人角色及培养作战意志。研究的过程很简单，只是建立了一个观看影片实验组，和一个不看影片的控制组，在一周之后，要求两组回答一份问卷。研究结果表明，影片在传达有关1940年英国空战的事实信息方面非常有效，在改变对空战行动事实的特定看法上也有些效果，但是在激励战斗意志或形成同仇敌忾方面实际上却没有效果。因此说明，这部影片在鼓舞军心方面的目标上是失败的。在对另外几部影片的研究中也发现了同样的结果。

霍夫兰及其同事又转向了第二种形式的研究：同样的消息以两种不同的方式来制作，其不同点仅在一个变量上，即给予单方面的信息或正反两方面的信息，然后对它们的效果进行试验。这其实是一个老问题，是宣传分析研究中所确认的宣传技巧中洗牌作弊的效果。霍夫兰及其同事面临的是一个真正的传播两难矛盾，当时，在德国战败之后，很多美国军人显然都认为战争即将结束，但是军方希望这些军人了解，还有一场打败日本的艰巨任务摆在面前。研究中，研究人员准备了相同主题的两种不同表达方式的广播消息，其基本主张是认为战争至少还得持续两年以上。单方面的消息提出的论据是日本军队的数量和日本人民的决心；正反两方面的消息从另一个角度提出对唯一敌人作战的好处，但重点强调战争的长期性。实验将分三组进行，一组听取单方面的消息；二组听取正反两方面的消息；三组作为控制组不听任何消息。在播放消息之前，先让受试者做了一份初步的测试问卷，估计太平洋战事持续的时间；在实验后，再让这三组接受另一份表面上形式不同于第一次问卷、实际再次要求受试者评估太平洋战事持续时间的问卷。研究结果表明，与控制组相比较，接受两种表达形式消息的人意见都发生了明显的改变；但是，没有显示哪一种表达方式比另一种更为有效。因此，霍夫兰及其同事又进一步对被试者的态度及其个体差异进行了测量，结果显示：单方面消息对最初赞同该消息者最为有效，而正反两方面消息则对最初反对消息者最为有效；而且，单方面消息对受教育程度较低者最为有效，而正反两方面消息对受教育程度较高的人最有效。

战后霍夫兰带着一些知名的研究学者回到耶鲁大学，继续从事态度改变方面的研究，并完成了超过 50 项的实验研究。1953 年出版的《传播与说服》，描述了这些研究的理论架构和一些成果，也是这项研究的第一册①，摘录了说服性传播态度改变的研究。

耶鲁研究在传播史上占有重要地位。其研究的发现帮助我们更了解说服的过程——这是大众传播研究中很重要的课题之一。研究中提出的一些概念，如"可信度"、对宣传的"免疫力"、恐惧诉求、"睡眠者效应"等，都是引导后来进一步研究的起点。耶鲁研究在研究方法上也有创举。研究者将实验心理学所使用的方法加以修改，凭借各种技术把影响态度的因素独立分离出来，以适合于研究传播的效果。《传播与说服》一书可以说已经成为传播研究的开山始祖。②

（二）"两级传播"与"意见领袖"理论

1940 年，对美国而言是个时代的分界点。它是经济恐慌的最后一年，也是进入第二次世界大战前的最后一个和平年。所以，1940 年的总统选举特别受瞩目，而媒介在选举中的角色也日益重要。在洛克菲勒基金会和哥伦比亚大学广播研究中心的支持下，拉扎斯菲尔德带领他的助手和学生贝雷尔森（B. Berelson）等人，以颇具代表性的俄亥俄州伊利县的居民为调查对象，对选民以及影响他们行为和看法的因素和媒介的宣传在改变决策上所扮演的角色等问题进行了历时半年的调查研究。研究发现，在选举过程中只有 8% 的人改变了态度，而在这一过程中，媒体宣传的主要效果只能在选民既有的政治倾向下进行同化、维护或催化，而不能轻易改变受众的原有态度。对选民投票起决定性作用的是其社会经济地位、宗教信仰、居住地区及他人的影响等。

其调查报告《人民的选择》，肯定了媒介效果的有限性：媒介总的趋向不是带来变化而是鼓励维持现状，"出于同样的尺度，它们也不会提出有关社会结构的本质性问题"③，但承认在某些条件下也有重要作用，其条件为：当只有一种观点垄断了媒介；当媒介的努力与"疏导"性的改变相结合而进行一种小的和特定的改变；组织面对面

---

① 另外的两本书：*The Order of Presentation in Persuasion* (1957)，*Personality and Persuasibility* (1959)，精炼并且扩展了《传播与说服》的研究结果。

② ［美］梅尔文·德弗勒. 传播研究里程碑（第二版）[M]. 王嵩音译. 台北：台湾远流出版公司，1993：175.

③ ［美］威尔伯·施拉姆，威廉·E. 波特. 传播学概论 [M]. 陈亮等译. 北京：新华出版社，1984：206.

的交流来辅助媒介宣传。事实上，实现这些条件很难，尤其是第一个条件。

该研究更重要的意义是提出了"两级传播"理论（two-step flow theory），发现了在人际交流中对他人态度产生影响的"意见领袖"（opinion leader）。调查发现，媒介信息通过"意见领袖"的"过滤"和"加工"后到达与意见领袖有社会接触的个体。"概念往往先从无线电广播和报刊流向舆论界的领导人，然后再从这些人流向人口中不那么活跃的部分。"即形成大众传播→意见领袖→受众的传播过程，这一过程被称作"两级传播"。两级传播比直接的大众传播更具有说服力，经过意见领袖再加工的信息针对性更强，更容易被受众接受和相信。

拉扎斯菲尔德在《人民的选择》中提出了两级传播理论后，对其传播中的第二阶段，即对意见领袖及其对跟随者的影响进一步进行了研究：从1945年开始，又花了近十年的时间，从四个角度——市场的意见领袖、流行资讯的意见领袖、公共事务的意见领袖、看电影的意见领袖来探讨"人"在信息传播的过程中扮演的角色。该研究的报告《亲身影响：个人在大众传播流程中扮演的角色》使人际传播的过程受到充分重视，从而彻底改变了当时对大众传播过程的整个想法。大众传播不再被认为只是个刺激而使受众产生反应过程的媒介。

当然，此后对于"两级传播"理论，很多人提出了批评意见，他们主要认为：意见领袖与其他受众往往并无明显界限；某些场合手中可直接获取信息，不存在中间人；意见领袖的主要信息来源有时是人际渠道；受众交换信息时往往难于区分意见领袖和跟随者；有时意见领袖不能影响他人；影响过程可能不止两个阶段；对缺少媒介的传统社会或对发达社会中充满危机与不安定的环境，该理论不适用，等等。

1971年，罗杰斯等人在《创新扩散》一书中，将两级传播理论进一步扩充为"多级传播"（muti-step flow theory）。认为媒介信息传至受众的过程中有多种方式、多种传播渠道，可能由多级中介环节组成信息传播链。

但无论是两级传播，还是多级传播，意见领袖都扮演着非常重要的角色。意见领袖是人群中那些首先或较多接触大众传播信息，并将经过自己再加工后的信息传播给其他人的人。意见领袖介入传播过程，加快了信息传播并扩大了影响。他们具有影响和改变他人态度的能力。意见领袖的特点是：他们在社交场合较为活跃；与受其影响者处于同一团体并有共同爱好兴趣；通晓特定问题并乐于接受和传播这方面的信息。

施拉姆对传播过程给予了更为全面地描述，他指出，信息与概念在社会上川流不息，大众传媒对它施加着巨大影响。所有的人在不同时刻可能以不同方式影响着这个流程。

三、适度效果论阶段的相关研究

适度效果理论出现于20世纪60年代到70年代初，在《传播理论：起源、方法与应用》一书中赛弗林和坦卡特谈到该理论时指出：

首先，有限效果论过分贬低了大众传播的效力，其实在某些情况下，大众传播可能有相当显著的效力；

其次，以往的研究注重于探求大众传播对于态度及意见的影响，如果探求其他应变量，也许就会发现大众传播具有更大的效力；

再次，以往的研究在构想方面只着眼于一个方面，即只问"大众传播对受传者产生了什么影响"，却忘了问另一个重要问题，即"受传者要大众传播做什么"；

最后，以往的研究只研究了大众传播的短期效力，几乎完全不研究其长期效力。

现当代的效果研究，摆脱了"传者中心论"的局限，开始以受众为中心进行研究，并着力于研究大众传播的长效作用。赛弗林和坦卡特认为该理论的研究包括信息寻求（创新与扩散）理论、使用与满足理论、议程设置理论和文化规范理论等一系列研究。

（一）使用与满足理论

使用与满足理论（the uses and gratifications approach）主要研究了媒介受众的一种取向，这一取向的核心主张是，受众成员对媒介产品的消费是有目的的，满足某些个人的、经验化的需求，即人们观看电视与电影或阅读报纸与书籍等，实际上都在不同程度地使某些需求获得满足。

该理论根植于美国 20 世纪 40 年代的有关研究。1944 年，赫尔塔·赫佐格对 2000 多名广播"肥皂剧"的妇女听众分别进行了长期和短期的调查采访，探究听众对满足的需求与获得。他发现妇女听众一部分是为了发泄感情，一部分是为了忘记自己的苦恼，一部分是为了获得处事经验的指导而收听节目。

逐渐地，这种探究模式已发展并被描述为一种受众—媒介之间关系的理论。施拉姆在谈到这一模式时指出，"很明显，大众媒介的效果部分是为传播对象怎样使用它们来决定的"[①]。即如果大众媒介满足受众接触媒介时的动机需要，则传播是有效的。

卡茨（Katz）在 1959 年对贝雷尔森"传播研究看来将要死亡"的说法做出回应的时候首次提出了该理论。卡茨指出，正在死亡的领域是将大众传播视为说服的研究，直到当时，大部分的传播研究皆致力于调查这样的问题：媒介对人们做了些什么？（What do media do to people?）卡茨建议，如果这个领域将研究的问题改成人们用媒介作了什么？（What do people do with the media?）就可以解救自己，免于死亡。他举出了在这方面已经完成的一些研究，而这其中的一个研究正是贝雷尔森本人做的，那就是他于 1949 年所做的"失去报纸意味着什么？"（What "Missing the Newspaper" Means?）的研究。

这一研究是在报纸投递工人罢工的两周期间，访问人们对失去报纸的看法。研究

---

① ［美］威尔伯·施拉姆，威廉·E.波特.传播学概论 [M].陈亮等译.北京：新华出版社，1984：210.

发现，人们离开报纸感觉自己好像"离开了世界"，或是同已经习惯的生活脱了节，或是失去了了解世界的手段，绝大多数人表示，新闻是他们最怀念的内容，他们被迫寻找其他新闻来源，并不得不寻找新的消磨时间的办法。

1964 年，布卢姆勒（Blumler）和麦奎尔以使用与满足理论作为总体研究策略，对当年的英国大选中的政治节目的作用进行了研究，以解答在以前的选举研究中提出的挑战性问题，如大众媒介的选举宣传对选民的影响效果很小，等等。研究发现，受众将政治节目作为自己了解有关政治事务的信息来源，这便对早期研究认为人们使用大众媒介主要是为了加强原有态度的结论提出了怀疑。

使用与满足理论近期的新发展着眼于，将受众行为在形式和程度上的差异概念化地认作积极的、主动的和消极的、被动的两种，并将其行为或活动作为可能对媒介效果产生影响的变量来处理的方法。

总之，使用与满足的取向着眼于个人"需求"在社会与心理方面的起源与动力，每种媒介都被理解为在提供一套独一无二的内容与属性，产生不同种类与不同范围的满足。这种取向提供了一种独特的方法，从而使我们能够探讨不同的媒介受众成员如何以完全不同的方式解释和使用媒介的内容。然而，它也招致了许多批评，其核心内容有：这种取向包含对个体与心理的过分强调，结果可能会忽略或无法完全考虑社会结构的基础以及受众需求与满足的性质。施拉姆认为，使用与满足理论还远远不能成为一种理论，但他指明了形成理论可能采取的某些方向。

（二）创新与扩散理论

创新与扩散理论也叫采用扩散理论，是由埃弗雷特·罗杰斯（Everett Mitchell Rogers）于 20 世纪 60 年代提出的一个关于通过媒介劝服人们接受新观念、新事物、新产品的理论，侧重于大众传播对社会和文化的影响。

罗杰斯在《创新扩散》一书中，为了修订有关创新决定过程的早期理论，考察了2000 多份关于创新扩散的实证研究报告以及 3000 多种出版物。其中最有影响的一个实证研究是瑞安和格罗斯在美国艾奥瓦州的农民中对于 1928 年开始推广的杂交玉米种子的研究（Ryan & Gross，1943）。

他们的调查包括四种主要的扩散元素：一项创新；通过特定渠道传播；经历一段时间；在一个社会体系的成员之中流通。瑞安和格罗斯的这种研究模式已经成为创新扩散研究的经典范式。其实施步骤如下：

1）访问约 259 位农民以确定他们何时及如何采用杂交玉米新种，又是在何时如何获得玉米新种及其耕作方面的信息；

2）经过一段时间的计划采用率；

3）农民被确定归入采用者行列的依据是其采用玉米新种的时间；

4）在创新决策的过程中，确认各种传播渠道扮演的不同角色。

在 1943 年瑞安和格罗斯发表的该研究的论文中，研究结果表明：大众传播可以较为有力地提供新的信息，而人际传播对改变人的态度与行为有利。人们接触新事物的过程最终以常见的 S 型曲线表现出来。

1955 年，美国农业社会学家委员会在他们的研究基础上，提出了类似的"采用过程"五阶段论，将人们接受新事物的过程分为发觉（获得信息）、感兴趣、估价、试验和采用五个阶段。20 世纪五六十年代，大量实验证明，对新概念的估计是贯穿于整个扩散过程中的，人们在采用创新之后仍有可能改变决定。罗杰斯进一步指出"创新扩散"的过程包括的五个阶段：

1）知晓——接触某种新事物，并对其功能有所了解；

2）说服——对该事物形成赞成或反对的态度；

3）决定——进一步思考、讨论和寻求有关的信息，并确定采用或拒绝该事物；

4）实施——投入新事物的运用；

5）确认——寻求与之相关的补充情报，强化或改变原有决定。

创新与扩散理论中有两项较为重要的结论值得注意：

第一，在创新扩散的过程中，相对来说，大众媒介渠道和外地渠道较之于人际渠道和本地渠道的传播，对于早期采用者比晚期采用者更有影响；

第二，无论在发达国家还是发展中国家，传播的过程通常呈 S 型曲线，即在采用开始时很慢，当其扩大至总人数的一半时速度加快，而当其接近于最大饱和点时又慢下来。

美国 1946—1960 年拥有电视机的家庭在总户数中所占百分比的曲线很好地说明了这一点。（图 7-6）

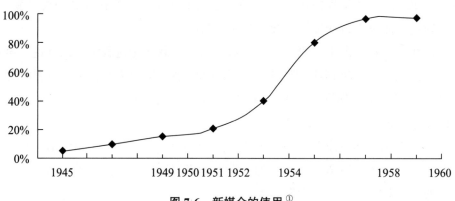

图 7-6　新媒介的使用 [①]

在《创新扩散》的第三版中，罗杰斯把论述重点从单一方向的传播活动转移到传播过程中参与者的信息交换。作为一种理论构建，罗杰斯使用了香农和韦弗的信息不

---

① ［美］威尔伯·施拉姆，威廉·E.波特.传播学概论［M］.陈亮等译.北京：新华出版社，1984：217.

确定概念；与此同时，为了用以区分对创新采用率不同的个人或其他决策单位，罗杰斯把创新的采用者分作五类：

1）创新者——大胆，热衷于尝试新观念，比其同事有更多见多识广的社会关系；

2）早期采用者——地位受人尊敬，通常是社会系统内部最高层次的意见领袖；

3）早期众多跟进者——深思熟虑，经常与同事沟通，但很少居于意见领袖的地位；

4）后期众多跟进者——疑虑较多，之所以采用创新通常是由于经济需要或社会关系不断增加的压力；

5）滞后者——因循守旧，局限于地方观点，很多人比较闭塞，参考资料是以往经验。

创新扩散的传播渠道在本质上既可以是人际的，也可以是大众媒介的；信息来源既可以是本地的也可以是外地甚至全球的。外地传播渠道来自所调查的社会系统之外；本地渠道则来自所调查的社会系统内部。研究表明，在扩散过程中，这些渠道扮演着不同的角色。大众传播渠道可以迅速抵达广大受众，传播信息，改变立场不稳的态度。人际渠道则可以实现信息的双向交流，而且在解决接受者对信息抵制或冷漠的问题上比大众媒介更为奏效。人际渠道的信源可以补充信息，或澄清要点，也许还可能跨越心理的和社会的障碍（如选择性接触、注意、理解、记忆；群体规范、价值观等）。在创新扩散的过程中，大众媒介渠道和外地渠道在获知阶段相对来说更为重要，而人际渠道和本地渠道在劝服阶段更为得力。相对来说，大众媒介和外地渠道较之于人际渠道和本地渠道，对于早期采用者比晚期采用者更为重要。

在创新的扩散中，变革代表（change agents，也称变化中介）在评估和试验阶段扮演着关键角色。所谓变革代表，是一种职业人士，他们试图朝他们认为有利的方向影响人们的采用决定。变革代表常常启用地方意见领袖（local opinion leaders）来协助某项创新的扩散，或者阻止被视为有害创新的采用。变革代表通常比其试图影响的个人有着更好的教育背景和社会地位，这些都使他们易于影响对象。为了克服这样一些障碍，变革代表经常需要从本地人那里获得帮助，因为他们与变革代表竭力影响的人有更多的共同之处。

总之，创新与扩散理论在有计划地推广新技术、新观念而采用大众传媒或其他力量方面是较为有效的。但由于缺少反馈环节和与实际情况不完全吻合等问题，也存在一些局限性。

（三）议程设置理论

议程设置（agenda setting）用来说明媒介有意无意地建构公共讨论与关注的话题。这一说法最先是由马克斯韦尔·麦库姆斯（Maxwell McCombs）和唐纳德·肖（Donald Shaw）于1972年提出的，但其实这种观点早在此之前已经出现在政治学的有关文章中。早在 1922 年，李普曼（Lippmann）在《舆论学》中就曾指出，在某种意义上，大众传媒把"外在的世界"变成了"我们头脑中的图画"。

1972 年，麦库姆斯和肖发表了关于议程设置理论假设的第一项系统的研究成果，他们对 1968 年总统竞选期间的议程设置进行了研究，研究假定大众媒介为每一项政治竞选活动设置议程，并影响公众对政治议题显著与否的态度。他们对北卡罗来纳州教堂山的一个社区的选民进行了调查，并将研究的重点放在对投票尚犹豫不决的选民上，因为犹豫不决者的态度最容易被议程设置所左右。研究的结果表明：大众媒介确实具有议程设置的功能。在特定的时间和地点，选民们讨论和关心的主要问题，恰是这一时期该地区主要新闻媒介所突出报道的问题。

总的来说，议程设置主要基于两个观点：

1）各种媒介是报道世界上新闻不可缺少的把关人；

2）人们需要有把关人帮助决定那些超出他们有限感受的事件和问题中，哪些是他们值得关心和加以注意的。

在议程设置理论中，议程就是媒介对当前问题进行报道的选择，对选中的事情进行不同程度的公开报道。该理论强调，大众传媒对事物和意见的强调程度与受众的重视程度成正比，受众会因媒介提供的议程而改变对事物重要性的认识，对媒介认为重要的事件首先采取行动。麦库姆斯等人还发现，媒介议程与公众对问题重要性的认识并不是简单的吻合，这与其接触媒介的频率有关。经常接触大众传媒的人的个人议程与大众媒介的议程具有更多的一致性。

议程设置理论研究中一个著名的案例就是《华盛顿邮报》关于"水门事件"的报道。记者由报纸内页上一条不显眼的消息入手，抓住线索不放，"花了几个月的时间，实际上把这个消息塞进其他新闻媒介的议程中，最终引起公众的注意"。从而使"水门事件"的报道成为当年乃至更长一段时期内重大的政治新闻，最终导致了尼克松总统的下台。自 20 世纪 70 年代初以来，议程设置理论始终是传播理论领域中的主导概念之一，它展现了大众媒介影响社会的一种新的方式，这种方式不同于态度改变理论的方式。而且，有迹象表明，它对社会的影响是显著的。

"议程设置"概念一经提出，在传播学界引起了很大反响，使之成为传播效果研究的一个重要领域，在这方面很多学者都进行实证研究。

其中，美国的学者芬克豪泽（G. Ray Funkhouser）对新闻报道与公众对事件重要程度的感知两者之间的关系研究就验证了"议程设置"理论的部分假设。他分析了 20 世纪 60 年代美国社会公众舆论和媒介内容之间的关系，以及媒介内容和实际生活的关系。研究结果表明，公众对事件重要程度的认识与媒介对该事件的报道频率有着明显的对应关系，但是新闻媒介在报道事件的过程中未能很全面地告诉公众事件发生的全貌。

麦库姆斯和肖在 1968 年大选期间的教堂山研究中，确实验证了媒介议程与公众议程两者之间存在的密切联系，但该研究并没有指出，这两者之间的因果关系。按照该理论假设隐含的意义，有可能是媒介议程左右着公众议程；不过，若说公众议程影响了媒介议程，似乎也能解释得通。作为探究议程设置的第二个步骤，麦库姆斯和肖策划了 1972 年总统大选期间的夏洛特研究（Shaw & McCombs，1977），专门研究议程设置的因果方向。此次研究采用了比教堂山研究还要大的样本量，并且选用固定样本连续访问的方法，即在大选的不同阶段，研究者对同一样本做多次访问，因此，研究者可以对前因后果作出比较和判断。不过，研究结果并不如我们所期望的那么一目了然，该研究的成果只能说为议程设置的因果关系提供了一些依据——那就是，媒介（至少是报纸）在影响公众议程方面确有其效果，而不是相反，即公众议程影响了媒介议程。

　　对于因果关系的研究，研究人员发现最有效的方法就是实验。耶鲁大学的研究员艾英格（Shanto Iyengar）和他的两位同事对此专门做过几项实验来分析媒介议程与公众议程两者之间的因果关系。他们的实验方法大体是这样的：把电视网的新闻节目制成录像带，移花接木地对其内容做一些调整，删除节目中的某些报道，换成其他一些报道。这样，研究人员就可以控制新闻报道的内容，可强调报道中的某些事件，而弱化其他一些事件。研究人员让受试者在不同的实验环境下收看这些改动过的新闻节目，而后要求他们按重要程度对报道中各个新闻事件排序，经过处理的新闻事件自然也包括在内。研究结果显示，研究人员通过调整所强调的内容确实提高了受试者对该事件的重视程度，验证了媒介影响公众议程的因果关系。

　　艾英格和金德其后发表的一些其他试验成果，又进一步提供了证实议程设置理论的更多证据。其中，他们发现，收看电视新闻可以显著影响观众对什么问题是国内最重大问题的感知。艾英格及其同事还发现，电视新闻报道能以一种特殊的方式影响总统选举。通过为竞选活动设置议程，媒介为选民设定评估总统候选人的评价标准，他们称这一过程为铺垫作用（priming）。

　　后来一些有关议程设置的研究曾试图通过采用固定样本在一段时间内连续访问两次的方法发现议程设置的因果方向，但研究结果表明，议程设置的效果非常微弱。这与麦库姆斯等人的夏洛特研究和蒂普顿等人（Tipton，Haney& Baseheart，1975）的研究不谋而合。朱克（Harold Gene Zucker）指出，麦库姆斯在报纸方面发现的议程设置研究，之所以会得出时间上的因果关系结论，是因为它们基于一个错误的假设——所有的议题都可以引起议程设置的效果。（Zucker，1978）

　　朱克认为，议程设置是否能产生效果，议题的强制性接触（obtrusiveness）可能是一个重要因素。在一个特定议题上，公众的直接经验越少，他们为获取该方面信息就越是被迫依赖新闻媒介。有些议题，如失业，公众能够直接亲身体验，这样的议题就是强制性的。而有些议题，如污染，公众不能直接体验，就可称为非强制性接触（unobtrusiveness）问题。朱克曾做过一个研究，用于比较三个强制性议题与三个非强制性议题在为期 8 年多的时间里，媒介和公众对这些议题的重视程度。研究发现，就三个非强制性接触议题而言，新闻媒介的集中报道要先于该议题在民意测验中重要程度的提升；而对于三个强制性接触问题，新闻媒介的集中报道没有出现在公众重视这类问题之前，相反，媒介的报道和公众的重视似乎是齐头并进的。该研究结果说明，对非强制性接触议题的报道可能会产生议程设置效果，而对强制性接触议题的报道则可能没有效果。

朱克的研究还有其他一些有趣的启示。他认为，议程设置的效果应当在接触媒介和不解除媒介的人身上都能体现出来。因为议程设置的效果绝大多数出现在非强制性接触的议题上，人们感知这类议题效果的途径就是接触媒介，或是与接触媒介的其他人交流，因此，议程设置和两级传播可能会交织在一起，从而产生效果。

后来又有学者在比较具体议题（concrete issues）和抽象议题（abstract issues）产生的议程设置的效果方面进行了研究。雅各德和多齐尔（Yageda & Dozier，1990）把抽象度界定为一个议题难以理解或感受的程度，并且假定具体议题比抽象议题更易于产生议程设置的效果。他们就四个议题进行了测试，其中有两个是抽象的——联邦财政赤字、核军备竞赛；另外两个具体的——滥用毒品、能源危机。通过受试者分析，验证了前两个议题比后两个议题更为抽象。然后，他们挑选了一个抽象议题——核军备竞赛和一个具体议题——能源危机，对若干周的《时代》杂志进行了内容分析，以判定媒介对这两个议题的重视程度，同时他们还用盖洛普民意测验来检查公众对这两个议题的重视程度。研究结果发现，对于具体议题——能源而言，媒介和公众议程之间确实存在显著关系；但在抽象议题——核竞赛上，则不相关。这项研究说明，对于抽象问题媒介可能不具备为公众设置议程的能力。

尽管议程设置理论的假设假定每个受众成员都能接触到强调某个特定议题的媒介消息，但令人惊异的是，几乎所有的议程设置研究都存在没有真正检查过受众接触的情况。之所以如此，部分原因是很少有研究是在受众个体的层次上考察议程设置；更为主要的是，议程设置研究是把公众样本视为一个整体，并且研究所得——公众对问题重要程度的评估也是一种总体估算。然后，研究者再将公众议程与作为整体的媒介议程——对议题重要程度的总体评估做一个对照。

最近的几项议程设置研究都增加了对受众接触媒介的直接考察，并以此作为研究过程中的一部分。汪达和吴（Wanda & Wu，1992）曾检验过这样一个假设：个体受众接触新闻媒介越多，媒介新闻报道的议题显著程度就越高。他们为此做了一次调查。研究分析的结果表明，个体受众接触新闻媒介越多，他们就越倾向于注意媒介大量报道过的议题。

另外，还有一些研究提出了一些值得关注的议程设置效果。如乔治·华盛顿大学的鲁宾孙及其同事对电视新闻网所做的大型研究，为议程偏颇（bias by agenda）的观点提供了佐证（Robinson，1985），议程偏颇指的是媒介对议题进行的突出报道反映了它对一个特定思想喜爱与否的态度；斯通（Gerald Stone，1981）和麦库姆斯还有一些其他的学者对议程设置的时滞问题（question of time lag）进行了研究，考察媒介对公众的影响从发生到产生效果所需的时间；学者朗格夫妇（Lang & Lang，1983）在研究"水门事件"期间报纸与民意之间的关系时，又提出了拓展议程设置概念的观点，建议将议程设置改为议程建构，这个概念认为，一个问题从新闻报道到成为公众议程的过程需要一段时间，并要经历数个步骤；并提出一个媒介建构议题方式。

过去的许多研究都显示了媒介议程及其对公众已成可能产生的影响。但谁来设置议程的问题事实上是一个更大范围的问题，即什么东西左右着媒介内容的问题，而对这一问题的答案显然更多。这一问题被涉及时常被称为媒介社会学（media sociology）的内容，也是最近许多研究理论探讨的主题。

在某种程度上，媒介只是将社会中发生的议题和事件原封不动地简单传递，但是，这样的传递却是挂一漏万。芬克豪泽认为，除了实际事件的真实流程之外，媒介影响公众对某一议题关注的程度取决于一些机制（mechanisms），他提出 5 种机制：

1）媒介顺应事件的流程；

2）过度报道重要但罕见的事情；

3）对总体上不具有新闻价值的事件选择报道其有新闻价值的部分；

4）伪事件，或称制造具有新闻价值的事件；

5）事件的总结报道，或按具有新闻价值事件的报道方式来描述无新闻价值的事件。

最近的研究认为，影响媒介议程的重要力量来自其他媒介的内容，特别是精英媒介。丹尼利恩和瑞斯（Danielian & Reese，1989）称这一现象为媒介间议程设置（intermedia agenda setting）。

尽管人们对议程设置做过许多研究，但我们还不完全了解议程设置的过程。许多这方面的问题都集中于个人的信息处理活动上，我们需要在这一层次进行更多的研究，以推动对议程设置全方位的把握。

（四）涵化理论

电视媒介的兴起与其强大的吸引力，是许多关于社会经验效应理论化的来源。其中一项不断被提及的主题就是"透过当代主流媒体语言和图像，我们的经验被名副其实地中介"的程度如何①。在大众传播领域将这方面的研究称为涵化理论（cultivation theory，有人译为教养理论）。

这一领域的研究最早是由宾夕法尼亚州大学安南博格传播学院（Annenberg

---

① [英]丹尼斯·麦奎尔.大众传播理论（第六版）[M].陈芸芸等译.台北：台湾韦伯文化国际出版公司，2003：144.

School of Communication）的格伯纳及其同事发展起来的。他们对电视效果进行的研究可以说是有史以来最长期、最大规模的研究。格伯纳及其同事的出发点是，电视已经变成美国社会的文化中心，不仅作为家庭的中心成员，更在多数时间内承担叙述者的角色。

据调查结果显示，一般观众平均每天看电视 4 小时，大量看电视的观众看电视的时间比这个平均数还要多得多。格伯纳及其同事认为，对大量看电视的观众来说，电视实际上主宰和包容了其他信息、观念和意识的来源。所有接触这些相同信息所产生的效果，便是格伯纳等人所称的涵化作用，起到了形成共同的世界观、共同的角色观和共同的价值观的作用。

如果涵化理论是正确的，那么电视便可能对社会产生重要然而却不受注意的效果。例如，大量看电视会让人感到世界是一个不安全的地方，电视可能正在引导大量看电视者感到一个"罪恶的世界"。而充满恐惧的人也许会欢迎采用镇压的手段，以减少焦虑。格伯纳及其同事认为，这可能是电视所造成的最主要、且影响最广的涵化效果之一。

涵化理论研究显示的证据也指出，大量看电视者和少量看电视者的不同，在很多其他变量（年龄、教育程度、新闻阅读和性别）交叉的情况下也会显现出来。也就是说，研究者也意识到，在看电视多少与对世界的不同看法之间存在的相关性可能实际源于其他的变量，曾试图控制这些变量，然而并未让其他研究者满意。因而遭到一些批评。

为了对赫希（Hirsch）及其他人的批评作出反应，格伯纳及其同事重新审查了涵化理论。他们又提出了两个新概念——主流化和共鸣。这是考虑到，对不同的社会团体而言，大量看电视会有不同的结果。格伯纳说，主流化（mainstreaming）发生于不同社会团体的大量看电视者，他们的意见趋同。例如，高收入与低收入的大量看电视者均认为，罪行恐惧对个人而言是一个非常严重的问题。然而，在同一类别中的少量看电视者，并没有一致的看法。低收入者中的少量看电视者对罪行恐惧的看法，与高收入者和低收入者中的大量看电视者一致，而在高收入者中少量看电视者并不认为罪行恐惧是一个问题。共鸣（resonance）发生于人口中的某些特定种群，涵化效果在那里非常突出。例如，较之少量看电视者，男性与女性中的大量看电视者一致认为，犯罪是一个非常严重的社会问题；但最赞同这个看法的是大量看电视者中的女性，因为她们是特别易受罪犯攻击的对象，因此与电视中呈现的高犯罪世界的描绘产生了"共鸣"。

后来又新加入的主流化与共鸣概念对涵化理论是很大的修正，涵化理论不再是宣称电视对所有大量看电视者都具有统一和跨界（across-the-board）的效果了。它现在的主张是，电视与其他变量是相互作用的，看电视只对某些次级团体的人有很强的效果，而不是对其他所有人都有影响。格伯纳也承认，在很重要的一点上赫希是对的——当同时控制了其他变量时，归于电视的剩余效果就微乎其微了。然而，考虑到大多数人（至少，在美国是这样）长期充分接触电视的累积效果，这种影响仍不容忽视。

鲁宾和泰勒等人（Rubin & Taylor，1988）又对涵化理论主张的因为大量有规律地收看电视而产生的普遍跨界效果提出了进一步的质疑。在对观众的调查中，他们发现了观看电视对社会真实理解的效果，但其效果是因节目而异的。例如，看日间连续剧的观众倾向于对利他主义与相信他人方面的问题打分较低，看晚间剧场的观众（通常是关于强力角色控制他人的内容）倾向于对政治效率的问题打分较低，看动作片和冒险片的观众更关心他们本身的安全。

他们发现，较之接触电视，年龄、性别、社会经济地位，还有看电视的意图（有计划地看电视）和电视内容的真实感是更能预测对他人信任度的指标。这些结果为电视观众的主动性提供了一些证据，也就是说，观众是主动地评估电视内容的。

涵化理论最近的一个改进是将可能的效果分为两种类型的变量：第一级信念和第二级信念。第一级信念（first-order beliefs）是指对外在世界事实的信念，例如，对一年中暴力受害者比例的看法。第二级信念（second-order beliefs）指的是从以上事实推论得出的关于期望与倾向的信念，例如，世界是安全的还是危险的地方等问题。这两种信念可能是相互联系的，第二级信念可能来自对第一级信念的推论。但是，一些研究显示，第一级信念和第二级信念并不总是有明显相关的。

有证据显示，观看电视影响到第一级信念，但第二级信念则受观看电视和其他因素的综合作用的影响，例如邻里的影响。又有人指出（Saito，1995）第一级和第二级信念都可能在个人和社会层次产生，从而创造出一种四重的涵化可能效果模式（fourfold typology of possible effects of cultivation）。

对涵化理论有许多批评意见，批评者的主要论点是，期待整体的电视观看会产生涵化效果的结论是不合理的（Saito，1995）。据此，一些涵化理论的研究者也指出，涵化理论可能不支持总体上的电视内容，但可能适用于特定种类的电视节目（Potter，1993）。麦克劳德和他的同事称这种假设为扩展的涵化假说（extented cultivation hypothesis）。

麦克劳德和他的同事在一次对犯罪行为的媒介影响研究中测试了原来的涵化理论和经过修正的涵化理论的两种假设。他们检验了可以解释公众对犯罪率曲解的有关媒介效果的三个假设：原来的涵化理论假说（提出总体的电视观看可能与犯罪率的认知相关）、修正的涵化理论假说（提出观看虚构类罪行节目和其他特定类型的电视内容可能与犯罪率的认知相关）和新闻折射假说。新闻折射假说（news refraction hypothesis）提出，地方新闻内容的接触可能强烈影响对罪行等问题的理解，因为这种消息（特别在电视中）具有高度可感觉的现实性，其内容又"接近家园"。研究发现了支持新闻折射假说的证据，但是，对原来的涵化理论和经过修正的涵化理论的两种假说都没有得到支持的证据。研究者的结论是，整体来说，在充满罪行的地方电视新闻最强烈地意味着罪行危机，并增进了人们的虚构体验。

检验电视节目的一致性和新闻来源的一致性，也成为对涵化作用的效果进一步研究的一个大有前途的话题。格伯纳研究小组（1994）曾指出，电视内容的一致性来自电视节目制作的集中化和追求大量观众的经济动机。夏皮罗（Shapiro，1995）称其为涵化理论的文化制度模式（cultural-institutional model），并认为涵化理论很少对这一方面进行研究。

涵化理论本来的设计是适用于电视媒介的观看，但是探索在其他媒介中是否发生着同样的过程，也是非常合理的。近来研究者也开始考虑新媒介技术对文化过程的效果。一些学者指出，如有线电视和家用录像机最可能打破观众对同样电视节目内容的大量接触，而这正是涵化理论的基础（Potter，1993；Perse，Ferguson &McLeod，1994）。多布罗（Dobrow，1990）发现，大量看电视的观众才使用家用录像机去看他们已经喜爱的同类节目，而少量看电视的观众使用家用录像机去看他们可以接触的多样化内容。她的结论是，家用录像机可以提高、而不是降低涵化过程的效果。而格伯纳研究小组（1994）认为，家用录像机用于改变观看节目的时间，实际的结果可能是降低了观众观看节目的多样性。

涵化理论的一个有趣的发展是将其应用于研究色情文化的方式可能产生的效果。女权主义的学者认为，色情文化是涵化效果的一个代表，对关于女性及性角色的文化信念具有广泛的效果。普雷斯顿（Preston）采用涵化理论的思路检验了长期接触色情文化的效果。研究结果显示，较之少量接触者，高度接触色情文化的男人更倾向于对性别角色、性别特征和性感具有高度成见。而妇女实际上显示了相反的效果，对于性别和性感特征的成见，增加色情文化的接受量，与不接受这些成见相关。

四、强大效果论阶段的相关研究

强大效果论（powerful-effects theory）最初是由德国传播学者伊丽莎白·诺利-纽曼（Elisabeth Noelle-Neumann）在其1973年发表的论文《重归大众传播的强力观》中提出的。20世纪70年代以后的强大效果论不是枪弹论的恢复，而是在适度效果论基础上发展起来的。与早期的媒介万能说不同，它从受众的角度出发，探讨媒介所带来的间接、潜在、长期的影响，同时将传播过程置于整个社会政治经济环境中进行多元化的宏观分析。

塞弗林和坦卡德在《传播学的起源、研究与应用》中归纳说，一部分研究已趋于同意如果根据传播理论的原则审慎地筹划节目或运动，大众传播能发挥强大的影响力。如：在一段时间内重复的信息比单一信息有效（有例外）；认定并瞄准某些受众；运动目标明确，制作的信息必须联系到这些目标；传播理论的有关观点在形成主题、信息和媒介中都可以运用等。该理论中最为著名的研究是由诺利—纽曼提出的"沉默的螺旋"（spiral of silence）假说。

（一）"沉默的螺旋"理论

"沉默的螺旋"的概念起源于一项大型的民意理论体系，该体系由伊丽莎白·诺利—纽曼历时多年发展并验证。纽曼在 20 世纪 70 年代早期提出假说时，试图阐释 1965 年大选产生的疑惑——即使人们的选举意图没有改变，但估计某一方将获胜的人还是会增多。她将在舆论生成过程中起重要作用的一个因素，称之为"沉默的螺旋"。

早期心理学家奥尔波特认为，一个人自己的意见在极大程度上依赖于他人的想法，或者更确切地说是依赖于他人意见的理解。"沉默的螺旋"即部分地依赖于这一思想。诺利—纽曼指出，在某一特定时期内，大众媒介所鼓吹的某些观点在社会上占有优势，为了避免在重要的公共议题上产生孤立，许多人会受到他们所处环境的主流或非主流意见的影响。

如果他们感到自己是处于少数意见的群体时，会倾向于隐藏自己的观点，相反，如果人们感觉自己属于主流意见时，会比较愿意表达。结果，被认为属于"主流"的意见就越强势，而属于"另类"的意见就会更加弱势。这就形成了所谓的"螺旋"效果。（参见图 7-7）。

这个过程不断把一种意见确立为主要的意见，持非主流观点和态度的人，在大众传播的压力下，随时间推移，变得越来越少。沉默的螺旋理论假定，个人具有一种准统计学感觉官能，借此他们确定"哪些观点和行为模式是他们的环境所允许和不允许的，哪些观点和行为模式越来越强，哪些越来越弱"。（图 7-7）

图 7-7　大众传媒所表达的优势意见和对异常意见的人际支持逐渐减少，合并形成了"沉默的螺旋"，其中表达优势意见或不愿表达异常意见的人数日益增加 [①]

纽曼从大众传播、人际传播和个人对社会中的看法三方面以及这三方面的交互作用来帮助理解意见的形成，她指出大众传播的三个特质：积累性、普遍性和共鸣性有

① Denis McQuail , Sven Windahl. Communication Models for the Study of Mass Communication [M]. London: Longman,1981:68.

机结合在一起，便对民意的影响产生了的巨大效果。大众传播的共鸣性是指由不同的新闻媒介共同形成的关于某事件或问题的统一印象。形成共鸣性的因素有广泛公认的新闻价值观、共同依赖的某些信源，或对竞争媒介过于细致的研究和为赢得同事与上司的赞许而做出的努力等。

在沉默的螺旋中大众传播扮演了非常重要的角色，这是因为，它是人们寻找并获得舆论传播的来源。作为最容易近用、评估主流意见的来源，大众媒介在人们试图确定大多数人的意见时，起着重要的作用。里默和霍华德（Rimmer & Howard，1990）试图测试这方面的假设，即人们是否使用大众媒介评估多数人的意见。他们对一种据信可以致癌的有毒废料 PCB 进行了一次公众意见的调查，测试受试者对几种大众媒介的使用，以及受试者对大多数人对 PCB 意见的了解，看其感觉有多准确。他们发现，在媒介的使用和准确估计大多数人对 PCB 的立场之间没有相关。研究结果并没有支持大众媒介在"沉默的螺旋"中扮演重要角色的假设。

具体来说，大众传播能以三种方式影响"沉默的螺旋"：

1）对什么是主导意见形成印象；

2）对何种意见正在增强形成印象；

3）对何种意见可以公开发表而不会遭受孤立形成印象。

大众传媒正是在这种潜移默化的累积过程中渗透，并与受众的从众心理、适宜的传播环境等配合，使大多数人依照大众传媒所表现或指引的方向来认识事物、形成意见和采取行动。

纽曼认为，是否愿意对议题发表意见，主要取决于人们对意见气候的理解——如果意见气候与个人的意见相左，人们则会继续保持沉默。而保持这种沉默的驱动力据说是害怕孤立。这方面有拉索莎进一步的研究（1991）对此提出了质疑，怀疑人们对敌对意见气候的恐惧是否真得有那么强。拉索莎进行了一次调查，测试对政治的直言不讳是否不仅受到个人对意见气候的感知——像诺利-纽曼提出的，同时也受到其他变量的影响。经回归分析的结果显示，直言不讳是受到人口变量（年龄、教育程度和收入）、自我的实力、对新闻媒介政治信息的注意和对自我位置的信心程度影响的，而与个人和议题的关系或对新闻媒介的一般使用并没有关系。因此得出结论，当人们面对舆论时，并不像诺利-纽曼理论中所主张的那样无助，而是存在一些条件，可以用来打败"沉默的螺旋"的。

另一项由卡尔森等人进行的，有关政党支持、经济形势与报刊社论方向之间随着时间推移而产生关系的研究，其结论指出，政治意见最初可能受到经济状况的影响，其后便会受到媒介内容的影响。他们的资料倾向于支持诺利-纽曼的假设，还有其他"强大效果论"的观点。

由于有关"沉默的螺旋"理论假设的佐证薄弱，且各案例存在着不一致性，因此，我们并不惊讶于"沉默的螺旋"理论仍旧停留在假设模式的阶段。另外，"沉默的螺旋"理论其实已经大幅超出媒介效果理论的研究范围，而涉及若干其他领域的问题，因此，需要进行联合调查才能更进一步地深入研究。

（二）"知识沟"假说

信息是一种资源。现代社会生活中若信息匮乏，人们就会寸步难行，信息的价值也就自于此。有一句古老的格言，"知识就是力量"，其含义就是说，知识可以给予人们施展才干和利用机会的能力。

然而，很明显，知识像其他财富一样，在社会中的分布也不均衡。有资料表明，通常情况下，大众传播在尝试把信息传送到信息闭塞的人们那里的方面具有优势，从而改善人们的生活或推动民主进程；但是，这种尝试并不总是如策划者所期望的那样行之有效。实际上，大众传播可能扩大了不同社会阶层成员之间的知识差距，也称为知识沟（gap in knowledge），这一现象被称为知识沟假说（knowledge-gap hypothesis）。

该理论最早是由蒂奇诺、多诺霍和奥里恩（Tichenor，Donohue & Olien）在 1970 年的一篇名为《大众传播流动和知识差别的增长》（*Mass Media Flow and Differential Growth in Knowledge*）的论文中提出的。该论文指出随着大众传媒向社会传播的信息日益增多，社会经济状况较好的人将比社会经济状况较差的人以更快的速度获取这类信息。因此，这两类人之间的知识沟将呈扩大而非缩小之势。图 7-8 大致表示了知识沟假说：

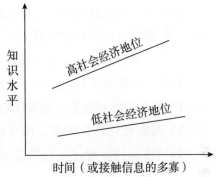

图 7-8　知识沟假说

该假说预计，由于信息的不断输入，社会经济状况好的或差的人均能长进知识，但是社会经济状况好的人将获得更多的知识。这就意味着，穷人与富人之间的相对知识沟将会扩大。蒂奇诺、多诺霍和奥里恩指出，在人人都感兴趣的领域，如公共事务和科技新闻，知识沟特别容易出现；而在与某种兴趣有关的特定领域，如体育和园艺，知识沟出现的可能性就较小。

为了检验知识沟假说，蒂奇诺、多诺霍和奥里恩提出了知识沟发生作用的两种表述方式：

1）在一段时间内，当媒介已对某个话题做过大量宣传之后，文化程度较高的人将比文化程度较低的人以更快的速度吸取该话题的知识；

2）在特定的时间里，较之未大量宣传的话题，在媒介大量宣传的话题上，所获知识与教育程度应该有更高的相关性。

事实上，蒂奇诺和其同事的研究数据为这两种表现形式都提供了佐证。

同时，蒂奇诺、多诺霍和奥里恩还指出了该假说得以存在的 5 个理由：

　　1）社会经济状况好的人和社会经济状况差的人在传播技能上是有区别的。他们的文化程度通常存在差异，而人们基本的信息处理能力如阅读、理解、记忆等均需要到教育打下的基础；

　　2）在现存的信息数量或先前获得背景知识等方面也存在差异。社会经济状况好的人基于其所受的教育，可能对某个问题早有了解，或者也可能通过以往的媒介接触而对此有更深入的了解；

　　3）社会经济状况好的人可能有更多的相关社会联系。也就是说，这类人可能与同样了解公共事务和科技新闻的人们有交往，并且可能与他们就此类问题展开过讨论；

　　4）选择性接触、接收和记忆的机制也可能在发挥作用。社会经济状况较差的人可能找不到与他们的价值观和态度相协调的涉及公共事物或科技新闻的信息，于是他们就可能对此类信息兴味索然；

　　5）大众媒介系统自身的本性就是为较高社会阶层的人所使用的，印刷媒介上的许多公共事务和科技新闻以及印刷媒介本身就是以较高社会阶层的人的兴趣和口味为取向，一切均以他们马首是瞻。

　　那么，如何缩小甚至消除知识沟呢？蒂奇诺、多诺霍和奥里恩在后来的一项研究中，提出了对知识沟假说的进一步修订：

　　1）当人们感到在某个地方议题上存在冲突时，对该议题的知识沟可能会缩小；

　　2）在多元化的社区里，由于存在各色各样的信源，因而知识沟有扩大的趋向；而在同质性的社区里，人们的信息渠道虽不正式但相同，因此知识沟扩大的可能性较小；

　　3）当一个问题对本地的人们有迅捷且强烈的影响时，知识沟就和容易缩小。

　　一般来说，一个议题引起社会关切的程度是一个重要变量。若如是，则知识沟就有希望得到缩小甚至消除。

　　知识沟缩小的一个重要证据是卡茨曼（Katzman）对电视儿童教育节目《芝麻街》分析所得的数据。《芝麻街》于1969年首播，是政府实施学前启蒙项目的一个尝试，其目的是通过电视帮助贫困家庭里的学龄前儿童。这个节目完成了一个大胆而新颖的使命——通过新奇的节目模式，加上信息和娱乐的内容，吸引众多儿童观众，并促使他们经常收看。卡茨曼通过对四种收视量下不同家庭环境的孩子进行测试打分，研究结构表明，对于经常收看该节目的孩子来说，知识沟的缩小确实越来越明显，而且，家境贫困但经常收看节目的孩子的进步得分要比家境好但不常看节目的孩子进步得分高（参见图7-9）。

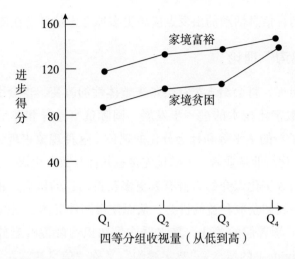

图 7-9　在四种收视量下家境富裕和家境贫困的孩子收看《芝麻街》后的测试得分情况[①]

这一研究和其他一些研究结果表明，在消除知识沟方面，电视有其独到的作用。电视即使不能完全消除知识沟，至少也能抑制知识沟的扩大。夏普（Sharp）发现，这类电视节目的观众往往是那些与该社区有切身利害关系的人，而这类人中社会经济状况层次高低都有，其数量孰多孰少，难分伯仲。夏普的研究指出，个人动机是寻求信息的一个重要因素，而且当寻求信息的动机非常强烈的时候，知识沟会缩小而非扩大。

多项研究都已证实，信息有时会扩大知识沟，而有时则可缩小知识沟，这点毋庸置疑，但这一过程中，最为关键的一点就是兴趣或动机。因此，可以说传播过程中出现的知识沟不仅是纯粹的知识差距，这种差距同样存在于人的态度及外在行为上。鉴于此，罗杰斯曾倡议，将这种现象重新定义为传播效果沟（communication effects gap）。他还认为，社会经济地位及其相关变量不是造成知识沟的唯一因素，在对政治兴趣盎然的人与兴趣索然的人之间，年长者与年幼者之间，同样也存在显著差距。

总体来说，人们的动机和所认识到的效用会影响其对信息的寻求和学习，而这些因素大多是来自于社会，并非来自媒介，不过，不同的媒介可能以不同的方式发挥作用。与电视相比较，印刷媒体可能更容易导致知识沟的扩大。而以电脑为基础的新兴传播形式，也倾向扩大信息传播者和信息接受者之间的差距。信息传播者具有更好的传播技巧和传播来源，因此，其信息的丰富程度更加超越信息接受者，而导致更大的知识沟差距。

如果接触媒介是缩小或者消除知识沟的一个关键因素，那么关于填补知识沟的问题仍有成堆的事情有待关注。有些媒介要比另一些媒介更容易接触到，而社会作为一个整体，有必要采取措施确保全体社会成员都能均衡地获得信息，否则，我们将看到知识沟日益扩大的社会景象。正如布林达·德温（Brenda Dervin，1980）对知识沟假说提出

① ［美］沃纳·塞弗林，小詹姆斯·坦卡德.传播理论——起源、方法与应用（第四版）[M].郭镇之，等译.北京：华夏出版社，2000：280.

的批评所提醒我们的，信息活动的出发点应该更多地考虑信息潜在使用者的需求。

（三）"数字鸿沟" 理论

新媒介技术的出现，将会给人类社会带来整体性的改变，也会引发一系列新的问题。随着全球化与数字化技术的进一步发展，国际贫富差异和数字化技术接触度差异，使得社会出现了新的不平等和社会分化的现象。这种现象表现为，部分经济实力较强的人群或者数字化行业从业者，能够优先接触并拥有数字化媒介，因此就比那些较为贫困且无法接触到数字化媒介的人群有着更多获得信息的机会，也能够利用数字化技术享受到更多的便利和获取利益的机会，从而使得两种群体之间的差距越来越大。

这一现象引起了学者们的关注，将之看作是知识沟假说的延伸，并提出了"数字鸿沟"（Digital Divide）的概念。"数字鸿沟"又称"信息鸿沟"，即"信息富有者与信息贫乏者之间的鸿沟"，其概念最早出现在美国著名未来学家阿尔文·托夫勒（Alvin Toffler）在 1990 年出版的著作《权力的转移》一书中。他认为由于新兴科技的不断出现，新的数字落差也随之产生。不同国家、地区、行业的人群之间对信息、网络技术的应用程度不同，引发了信息落差和知识区隔的出现。

1999 年，美国国家远程通信和信息管理局（NTIA）在名为《在网络中落伍：定义数字鸿沟》的报告中定义：数字鸿沟指的是一个在那些拥有信息时代的工具的人以及那些未曾拥有者之间存在的鸿沟。国际电信联盟（International Telecommunication Union，ITU）则将数字鸿沟定义为由于贫穷、教育设施中缺乏现代化技术以及由于文盲而形成的贫穷国家与富裕发达国家之间、城乡之间以及年青一代与老一代之间在获取信息和通信新技术方面的不平等。

美国比较政治学家皮帕·诺里斯（Pippa Norris）认为，数字鸿沟表现在三个方面：

1）全球性鸿沟：指发达社会和发展中社会之间在进入网络方面的差距；[①]

2）社会性鸿沟：指每个国家中由于种族、性别、年龄等造成的信息富有者和信息匮乏者之间的差距；

3）民主性鸿沟：指那些使用和不使用数字资源去从事、动员或参与公共生活的人们之间的差别。

国内学者曹荣湘在诺里斯的基础之上将数字鸿沟划分为五种：国际鸿沟、种族鸿沟、语言鸿沟、性别鸿沟和代际鸿沟。[②]此外，薛伟贤和刘骏则是将知识鸿沟划分成了技术鸿沟、经济鸿沟、知识鸿沟和社会鸿沟四个层面，分别探讨了不同主体新兴信息技术接入差异、经济不平等和贫富差距、新兴信息资源利用差距以及阶层和社会分

① Norris P. Digital Ditide? Civic Engagememt, Informatiom Poverty, and the Jmtermet World-wide [M]. New York: Cambridge University Press, 2001: 4.

② 曹荣湘. 解读数字鸿沟——技术殖民与社会分化 [M]. 上海：上海三联书店，2003：4-8.

化的问题。[①]

具体来说，数字鸿沟体现在包括信息传播基础设施建设、信息传播技术的拥有与信息传播技术的使用等多个方面，大致如下：

1）互联网的接入与使用渠道，在此资金壁垒是信息沟产生的主导因素，而这一壁垒又来源于社会各阶层经济差异；

2）数字化时代需要掌握的信息技能，不同群体之间利用互联网的能力高低不同，享受和利用的实惠也有所不同；

3）互联网内容，谁主导了网上产品，谁拥有话语权，决定了谁能更好地从网络中受益；

4）个人上网的动机和兴趣，兴趣与动机与前面三者之间也有着千丝万缕的联系。

当下，数字鸿沟现象广泛存在于国与国、地区与地区、产业与产业、社会阶层与社会阶层之间，不仅是一个国家内部不同人群对信息、技术的拥有程度、应用程度和创新能力差异造成的社会分化问题，而且更为尖锐的是全球数字化进程中不同国家因信息产业、信息经济发展程度不同所造成的信息时代的"南北问题"，其实质是信息时代的社会公正问题。它涉及当今世界经济平等、对穷国扶贫和减免债务、打破垄断和无条件转让技术等诸多重大问题，影响着国家、社会、群体发展的方方面面。

同时也必须了解到，讨论数字鸿沟不应只考虑在信息技术拥有和接入方面的差距，还应该考察不同人群在使用信息技术方面的差别。单纯提供电脑或上网的环境，并不一定能真正消除数字鸿沟，仍然存在信息技术的使用质量和效率上的差别，即"二级鸿沟"。主体的互联网使用能力和技能、对内容的兴趣以及互联网内容的适应性，都影响着"二级鸿沟"的弥合。眼下，网上信息质量参差不齐的同时，内容又有细分化垂直化的趋势，不同群体由于不同的数字素养和兴趣取向，在信息获取和使用上会出现更大的差异。

总之，数字鸿沟是一个复杂的、多维度的现象。随着媒介技术的不断发展，数字鸿沟的表现形式也在不断地发生着变化，也不断地会有新的鸿沟出现，涉及人类社会的各个层面，如城乡差别、数字代沟、数字素养等。因此，对于数字鸿沟所造成的影响以及如何消弭数字鸿沟的研究，将会是一个持久的议题。

中国人民大学教授陈力丹等指出，数字鸿沟既存在于信息设备的技术领域，也存在于信息资源的应用领域；它既存在于多个不同国家、不同地区之间，也存在于同一社会的不同社会群体之间。数字鸿沟是伴随互联网和新媒体技术产生的一种社会不平等现象，与社会各类不平等因素之间有着相互作用的关系。信息技术接入前和信息资源接收时的社会不平等因素造就了数字鸿沟，数字鸿沟可能会深化社会结构方面的不

---

① 薛伟贤，刘骏.数字鸿沟的本质解析 [J]，情报理论与实践，2010（12）：41-46.

平等现象。① 因此，想要有效缩小数字鸿沟，必须要在加强信息基础设施建设的同时，强调培养公众的数字和信息素养。

（四）"信息茧房"理论

在传统媒体时代，媒体机构面向大众生产新闻，并依赖人工编辑的方式进行分发，并无明确的受众细分意识。伴随着信息技术尤其是算法技术的日趋成熟，以用户的个人特征为标准进行信息筛选，并向用户推荐与其兴趣和价值观高度匹配的个人化信息，由此形成"千人千面"的内容消费形态。由此，"信息茧房"（Information Cocoons）这一现象开始再次进入人们的视野，用以批评算法分发所导致的信息接收窄化、信息结构失衡问题。

"信息茧房"是指人们关注的信息领域会习惯性地被自己的兴趣所引导，从而将自己的生活桎梏于像蚕茧一般的"茧房"中的现象。该概念最早出现在美国法学教授凯斯·桑斯坦（Cass R. Sunstein）于 2006 出版的《信息乌托邦》一书中。在互联网的出现之初，麻省理工学院的传媒与科技专家尼古拉斯·尼葛洛庞帝（Nicholas Negroponte）就预言了 "the Daily Me"（我的日报）—— 一个完全个人化的报纸的出现。在 the Daily Me 上，每个人都可以在其中挑选他喜欢的主题和看法。

桑斯坦非常认同"我的日报"这一提法，并在此基础上提出了信息茧房的概念，即伴随网络技术的发达和网络信息的剧增，我们能够在海量的信息中随意选择我们关注的话题，完全可以根据自己的喜好定制报纸和杂志，每个人都拥有为自己量身定制一份个人日报（daily me）的可能。这种"个人日报"式的信息选择行为会导致网络茧房的形成。当个人长期禁锢在自己所建构的信息茧房中，久而久之，个人生活呈现一种定式化、程序化。长期处于过度的自主选择，沉浸在个人日报的满足中，失去了解不同事物的能力和接触机会，不知不觉间为自己制造了一个信息茧房。

信息茧房的危害可以归结为以下三个方面：

第一，信息茧房将引发网络群体的极化。信息茧房使得分化聚类的群体内成员沉浸在贴近自己观点的"蚕茧"中，拒绝接收其他人的合理看法与观念。生活在"信息茧房"中的人们会面临信息的单一化，接触的都是自己认同的事物，易产生狭隘、盲目自信等不良心理，甚至会演化出一些极端行为。

第二，信息茧房将导致社会黏性逐渐削弱。网络技术的赋权使得人们作为信息消费者的角色被无限放大，公民只关注自己所喜爱的信息。在对媒介和信息的自我选择中，每个人都选择性接收贴近自己喜好的内容，而不接触自己不喜欢或与自己观点不同的内容。这种模式的反复叠加，使得人们接受的声音只能是信息回声。这种"回音壁效应"下人们难以克服自身知识的局限，更难以在社会生活中形成有价值的基本共

---

① 陈力丹，金灿. 论互联网时代的数字鸿沟 [J]. 新闻爱好者，2015（7）：33-37.

识，从而使传统大众传媒的社会整合功能日益消散，在很多方面，它会降低而非增加个人自由，也会造成高度的社会分裂，让个人和团体更难相互了解。

第三，信息茧房会剥夺用户潜在的言论自由。理论上，网络交流主体可以自由地发布各种信息，但是事实上，往往只有少数网络精英的信息能够进入公众视野，少数精英对信息的垄断到导致了多数人话语权的丧失。虽然实现了网络交往的平等，但是加剧了话语权的不平等。

考虑到信息茧房的消极影响，如何寻求多重路径下的"破茧"成为亟待解决的问题。

首先，要在算法优化方面发力。从面向个人的算法角度看，要尽可能减少信息茧房效应，就要在算法设计时深入理解与考虑用户行为与需求中的矛盾。要通过算法的优化，实现及时预测甚至促成用户行为与需求的迁移或拓展，提高算法精度，突破信息茧房。除了在个性化内容推荐方面优化算法外，算法开发者也需要更多地探索用算法来促进具有公共价值的内容的生产与推荐。

其次，要推动内容供给侧的改进。对于主流媒体来说，应当继续坚持公共信息等专业内容的生产。社交媒体时代，人们分享更多的信息，往往和情绪、态度、立场相关，但是主流媒体仍然需要坚持对真相的追求，坚守在新闻报道中的专业主义原则。与此同时，需要在一定程度上调整内容生产和传播策略，使自己生产的内容到达更广泛的用户，帮助用户完整了解所处的社会环境。

最后，要注重用户个人媒介素养的提升。媒介素养的培养，需要帮助人们认识"信息偏食"带来的影响，推动人们改变信息获取的行为模式，尽力克服惰性，以更积极的方式来获取信息。需要提高人们在兼容异质人群和异质信息、意见等方面的素养。需要提高人们对算法风险的知觉意识和防范能力。

第三节　传播效果研究的未来走向

20世纪60年代以来，传播效果的研究在纵横两方面进行扩展。学者们一方面继续对说服性传播进行研究，另一方面对事实性信息的传播展开探索。研究理论从效果强大到有限到适度再到强效的重提呈现着一种螺旋状的渐进。

但是，由于传播学自身尚未形成一个完整体系和研究工作中存在的实际问题，给传播效果研究带来了一些难度，表现在研究对象庞大复杂、研究方法和工作范围的狭隘及研究经费的欠缺等方面。

大众传播的效果是长期的、间接的、社会的和潜移默化的。因此，今后的研究工作要将各部类的研究结合起来，注意对传者和媒介的研究；将对受传者的测试与对传播信息的归纳整理结合起来，并有所扩大；注意连续研究积累成果，加强研究工作的连续性和系统性，以看到传播问题的规律性特征。

在 20 世纪最后 20 年，效果研究的重点主要在媒介的长期、潜在和间接效果，中介因素、文化模式、传播模式、传播环境、社会制度等，今后仍将作为研究扩大的范围。以美国为代表的效果研究的两个方向，即"受众—效果"（从心理学入手探讨受众对媒介影响的制约因素）方向和"内容—效果"（从媒介内容分析入手探索媒介对现实及其含义的塑造功能的社会构造）方向也将延续，并不断被充实和发展。

具体而言，今后的传播效果研究将趋向于强力效果论，即广义上的强效果论。

本 章 小 结

威尔伯·施拉姆认为，大众媒介的传播效果是长期和潜移默化的。

大众传媒日夜不停地向人们传送着信息，人们将提供消息的大部分责任托付给媒介，并要求其从整个世界来提供信息。于是，"传播"决定着人们寻求和发出信息的方式，决定着人们大部分生活的方式和如何支配时间，决定周围环境在人们头脑中的图画及自身形象。虽然这些效果不是可以立刻看出的，却丝毫不能怀疑其强大。

大众媒介的发展使个人可以方便快捷地了解身外的世界，受众所希望获得的国内国际范围内的政治、经济、军事、外交、文化、社会生活等方面的情况大多由大众传媒所获得。离开了传媒的生活，便如同与世隔绝。

除对个人造成影响外，大众传媒会对群体、社会和文化发生作用。总的来讲，这就是广义上的强效果，是长期和潜在的效果。受众、传媒和社会相互作用，彼此独立而又统一、相互制约和促进着对方的发展，把握好它们之间的关系对于传播效果的研究意义重大。

思考题：

1. 对于传播效果应当如何认识？具体可以从哪几个层次切入？
2. 对于传播效果的研究经历了哪几个阶段？
3. 传播效果研究不同阶段的代表性理论有哪些？代表人物是谁？
4. 如何认识传播效果研究的未来走向？

第八章 传播与社会

第一节 社会中的传播

一、传播与社会的关系

二、大众媒体时代传播的社会功能

三、新媒体时代传播的社会功能

第二节 传播与社会新议题

一、平台社会与平台媒体

二、数字化生存

三、数字劳动／数字劳工

本章要点：

1. 传播与社会的关系密不可分，二者呈现出的是一种互动式的关系。

2. 不同时期的传播有着不同的社会功能，大众媒体时期与新媒体时期的社会功能有着明显的区别。

3. 随着媒介与社会的不断发展，传播与社会也会不断产生新的议题。平台社会与平台媒体、数字化生存、数字劳动／数字劳工，是当下较为热门的三个议题。

传播与社会

一种新媒介的长处，将导致一种新文明的产生。

"社会不是坚实的结晶体，而是一个能够变化并且经常处于变化过程中的有机体"。[①] 在这个有机体中，传播就像是神经元，不仅是社会的一种重要构成部分，同时也时刻在影响着社会的发展。一方面，社会结构和社会运行方式在影响着传播的方式和效果，另一方面，传播的内容和方式也在不断地塑造和改变着社会的认知和理解，形成了一种相互形塑、相互制约、共同演进的动态平衡的互构关系。

近年来，随着媒介技术的迅速更新换代，不仅传播形态日益呈现多元化趋势，人类社会也正在发生着前所未有的变革。这些变化在丰富人类生活方式的同时，也带来了许多新的议题和挑战，因此更需要我们以全局性的思维方式去发现、思考和应对。

第一节 社会中的传播

一、传播与社会的关系

（一）传播创造了社会

"社会是人类生活的共同体。"[②] 马克思主义认为社会是人类互动的产物，是全部社会关系的总和，"生产关系总和起来就构成所谓社会关系，构成所谓社会"。[③] 人们想要生存，就必须进行物质资料的生产活动，而在进行生产劳动的时候，就必然会与他人进行互动，建立起一定的交互关系，这种互动，就是传播。

---

① [德] 马克思，恩格斯. 马克思恩格斯选集（第 2 卷）[M]. 北京：人民出版社，1995：102.
② 郑杭生. 社会学概论新修 [M]. 北京：中国人民大学出版社，2019：55.
③ [德] 马克思，恩格斯. 马克思恩格斯选集（第 1 卷）[M]. 北京：人民出版社，1995：345.

早在人类社会出现以前，传播活动就已无处不在。"人类是传播的动物，传播渗透到我们所做的一切事情中，它是形成人类关系的材料"[1]。远古时期的人类通过简单的声音和手势进行交流，以告知彼此食物或是危险的存在；也会通过简单的沟通达成合作，共同进行狩猎或者抵御自然灾害；同时还会对战利品进行简单的交换，以此达成更加深入的联合。远古时期的人类通过物质的传递和信息的传播将彼此连接在一起，催发了人类社会性的诞生，产生了社会关系，进而形成了人类社会。

正如杜威所言，"社会不仅因传递（transmission）与传播（communication）而存在，更确切地说，它就存在于传递与传播中"。[2]詹姆斯·凯瑞进一步延伸了杜威的观点，他认为"传播是人类共处的基础所在；它产生了社会联结（social bonds），无论真情还是假意，它把人们连接在一起，并使相互共处的生活有了可能，正是因为分享信息的凝聚力（binding force）在一个有机的系统内循环，社会才成为可能"。[3]

社会学中的人类社会有六大特点：社会由人群组成；社会以人与人的交往为纽带；社会是有文化、有组织性的系统；社会以人们的物质生产活动为基础；社会系统具有心理的、精神的联系；社会系统是一个具有主动性、创造性和改造能力的活的机体。[4]不难发现，人类社会的这六大特征，都直接或者间接地与人类的传播活动相关联。可以说，人类社会基于人类的传播活动而产生，社会的运行也离不开传播。

由此，传播与社会的关系可以总结以为以下几个方面：

1. 传播促进了人类社会关系的形成

社会学对人类的社会关系有多种分类方法：从社会关系的水平和层次上看分为个人关系、群体关系和社会制度三个层面。个人关系是人与人之间的直接联系或互动，群体关系是社会组织层次上所产生的社会关系，社会制度则是社会关系的综合体系；从人际关系的角度分为亲缘、地缘和业缘三个方面。其中亲缘关系来自于血统或生理的联系，地缘关系划分以人类社会的区位结构或空间与地理位置的关系为依据，业缘关系的形成的基础则是广泛的社会分工的出现。[5]在此之后，又出现了依靠共同兴趣爱好所形成的趣缘关系。无论哪一种的社会关系的形成，都离不开人类的传播活动，即便是作为人类先天联系的血缘关系，也会在之后的传播活动中发展出新的形态。

2. 传播构成了人类社会交往的纽带

交往是人类日常生活中最基础的需求，也是构成人类社会的必要条件。马克思和

---

① [美] 威尔伯·施拉姆，威廉·E. 波特. 传播学概论 [M]. 陈亮等译. 北京：新华出版社，1984：20.

② Dewey J. Democracy and Education [M]. New York: Macmillan, 1916: 5.

③ [美] 詹姆斯·凯瑞. 作为文化的传播："媒介与社会"论文集 [M]. 丁未译. 北京：中国人民大学出版社，2019：21.

④ 郑杭生. 社会学概论新修 [M]. 北京：中国人民大学出版社，2019：57-58.

⑤ 郑杭生. 社会学概论新修 [M]. 北京：中国人民大学出版社，2019：65-70.

恩格斯从三个方面论述了交往对社会的作用：首先，交往在一定范围内形成一种社会凝聚力，它本身是一个部落或民族独立存在的黏合剂。这种现象特别在人类早期的活动中更为明显；其次，不同社会形态之间的交流，缩短了社会发展的进程，增强了社会的活力。平日孤立状态下需要几十、几百年才能充分表现出来的社会矛盾，由于交往打破了孤立状态而往往很快暴露出来，从而使人们产生一种改革的需要；最后，交往一旦展开，就会冲破阻力，最终发展为世界的普遍交往，使各个民族的交往日渐同步化。① 人类的生活离不开交往，尤其在媒介技术已然成为社会基础设施的当下，对社交媒体的依赖使得人们日常生活的大部分时间都在与他人的交往中度过，这种交往实现的途径就是传播。

3. 传播创造了人类社会的文化

人类社会的形成有赖于人类在物质生产中所进行的传播活动，这些传播活动同时也创造了人类的文化。艺术是人类最早的文化内容之一，自冰河时期就已经有所显现。学界对于艺术的起源一直以来都有着众说纷纭的观点：古希腊哲学家德谟克里特提出的"模仿说"，认为艺术起源于对自然界的模仿，亚里士多德更是认为模仿是人的本能；德国哲学家席勒和英国哲学家斯宾塞将艺术的起源归因于人们在物质生产之后的"游戏"行为，以发泄旺盛的精力和打发无聊的时间；意大利美学家克罗齐从表现情感的角度解释了艺术的起源，苏珊·朗格同样也认为艺术是人类情感的符号形式；此外还有起源自"巫术""劳动"等的艺术起源论，认为远古壁画和远古舞蹈等艺术是在对神的祭祀和生产劳动的实践中被创造出来的。② 无论是哪一种艺术起源论说，其背后都是以人类的传播活动作为驱动。人类通过与自然的互动创造了艺术，并通过传播的手段将之扩散到其他人群当中，从而形成了一种广泛的共同认知，继而形成了文化，彻底地与其他生物区分开来。

4. 传播加强了人类社会心理的、精神的联系

在芝加哥学派的代表人物帕克看来，传播是"一个社会心理的过程，凭借这个过程，在某种意义和某种程度上，个人能够假设其他人的态度和观点；凭借这个过程，人们之间合理的和道德的秩序能够代替单纯心理的以及本能的秩序。传播将一种移情带入一个人的传播伙伴，因而使得社会的社会性成为可能"③。文化的传承与发展离不开人类社会系统心理的、精神的联系，这种联系同样也是维系社会生存与发展的必要条件。人类在进行物质生产的实践中，创造了一系列便于沟通的符号，诸如语言、手势、绳结、壁画、文字等，这些符号正是早期的传播媒介。人们通过这些传播媒介，将世界一步步地抽象化，增强了人们认识世界的能力，在脑海中形成了精

① 陈力丹.精神交往论 [M].北京：开明出版社，1993：4.

② 彭吉象.艺术学概论 [M].北京：北京大学出版社，2006：23-32.

③ ［美］埃弗雷特·罗杰斯.传播学史：一种传记式的方法 [M].殷晓蓉译.上海：上海译文出版社，2012：191.

神世界。同时，这些传播媒介也加强了人们在精神上的互动与联系，通过彼此的交流，使得人们对世界的认知趋于统一，形成了共同的社会心理，从而使得人类社会变得更加牢固。

（二）传播推动社会的发展

社会的发展是多种因素共同作用下的结果，传播则是其中极为重要的一环，更是人类文明得以进步和延续的最基础条件。每一次人类社会的大的转变往往都是伴随着传播技术——媒介技术的发展而产生的，每一个阶段的历史，其背后都有着一个占据主导地位的媒介在无时无刻发挥着影响，引领着社会的发展。媒介技术与社会发展的关系体现为两个方面：

1. 传播媒介推动了人类社会结构的变迁

纵观人类社会的发展历史，口语的出现将人类与其他生物彻底区分开来，逐渐摆脱了原始的野蛮生存状态，促进了原始社会的形成；文字的发明使人类拥有了历史，人类的文明得以形成和延续，人类社会逐渐开始了脑力和体力劳动的分工，并从部落生活转向了城邦生活，形成了一种新的社会结构；印刷媒介的发明，使知识可以大范围的普及，从而引发了一系列的社会变革，人类步入了近代大众社会，社会结构从传统型转向了现代型；电子媒介则在印刷媒介的基础之上缩短了传播的时间与空间距离，电话、电影、广播、电视等大众媒介的出现，打破了媒介与社会身份和地位的关联，使得媒介的接触和使用真正意义上地普及到了大众当中，大众化的社会结构得以形成。网络媒介的诞生与发展，一方面改变了大众传播的格局，信息的生产不再完全掌握在媒介组织手中，人际传播与组织传播也有了新的舞台；另一方面也在原有的现实社会的基础上产生了一个处于赛博空间中的虚拟社会，即网络社会，人们可以同时在两套社会系统中维系着自己的社会身份，参与社会活动，在人们的极度依赖下，媒介在此刻逐渐转化成了维持社会运行的基础设施；伴随着媒介技术的深度发展，人类社会正在经历着又一次的变革，大数据、物联网、AI等智能媒介技术的逐渐成熟，预示着人类社会正在向智能化社会迈进。

2. 媒介技术促进了人类社会文化的发展

上文提到，人类的传播活动导致了人类社会文化的产生；但除此之外，传播媒介的发展，同时也在促进着人类社会文化的演进与繁荣，主要体现在以下三个方面：

首先，传播媒介的发展使得人类的文化能够更好地得以延续。从口语媒介到互联网媒介，人类的文化的存储一步步摆脱了时间和空间的限制，流动性和传播性也大大增强，这使得人类文化的延续变得越来越方便和完整。

其次，传播媒介的发展使得人类的文化变得更加繁荣。从口语媒介到互联网媒介，一步步打破了人类的文化扩散的壁垒，不同文化间得以相互交融，而更多的人也有了接触更多元文化的机会。

最后，传播媒介的发展也在创造着人类的文化。从口语媒介到互联网媒介，每一种媒介的出现，都必然会创造出新的文化形式，例如文学、影像艺术、青年亚文化等。正是在媒介的作用下，人类的文化变得越来越多元，也越来越璀璨。

（三）传播媒介是社会系统中的一个组成部分

马克思认为社会是一个"有机整体"，由诸多相互联系、相互作用的不同要素构成，[①]形成了一个巨大的系统，其中又包含有许多子系统，传播媒介就是社会的子系统之一。

作为社会系统组成部分的子系统，它的结构、形态、运行方式必然会受到当时社会整体环境的制约，并且都为社会发展服务，传播媒介系统也是如此。技术社会学将技术看作是一种社会现象，技术的产生受到社会环境的影响，"技术目的性总是暗示着每个技术对象的自发适应先于它存在的社会要求"。[②]虽然上文提到传播媒介推动了社会的发展，但从另外的角度而言，传播媒介技术又何尝不是为了满足社会发展的需要而被发明创造出来的，并且在无法满足当时社会的要求的情况下不断地进化。例如口语的诞生是为了满足人类社会交流的需要；文字的发明是为了满足社会文化延续的需要；印刷媒介则是为了满足人们对于知识日益增长的渴求，同时也是对社会权力分配不公抵抗的产物；而人们对于信息传输的速度和效率的不满催生了电子媒介的出现，同时电子媒介的移动化也满足了不断加快的社会生活节奏。

社会系统中的每个子系统都有着自己独特的社会功能，在社会运行中发挥着独特的作用，并在发挥作用的同时与其他的子系统产生关联，彼此依赖又互相制约，共同推动着社会的发展。马克思将社会系统分为经济系统、政治系统、社会生活系统和思想文化系统四个子系统。其中思想文化系统的发展受到经济系统的影响，文化系统同时又能在某种程度上影响政治意识形态，而政治系统也能在某种程度上决定经济系统的发展走向，三者的相互作用下又同时对社会生活系统产生影响。传播媒介系统也与政治、经济、文化、社会生活系统有着或多或少的关联，并且受到它们的制约。德弗勒认为，"每种媒介出现时，都面临了一系列独特的社会、经济和政治情况，它们形成了这种媒介在社会上独特的采纳方式"，[③]相同的媒介在不同的社会环境中拥有不同的运作方式，产生不同的效果，尤其是大众媒介，往往都被当作是一种实现社会控制的工具。

总体来看，传播与社会之间呈现出的是一种互动的关系，相互依存，同时又相互制约。传播，尤其是传播媒介技术在对社会的发展起着积极的助推作用的同时，也在

① [德]马克思，恩格斯.马克思恩格斯选集（第2卷）[M].北京：人民出版社，1995：102.

② 陈卫星.西方当代传播学学术思想的回顾和展望（下）[J].国外社会科学，1998（2）：7-11.

③ [美]梅尔文·德弗勒，桑德拉·鲍尔-洛基奇.大众传播学诸论[M].杜力平译.北京：新华出版社，1990：139.

某些方面造成了消极的影响；而社会的整体环境以及政治、经济、文化等因素也在某种程度上左右着传播的内容和过程。

二、大众媒体时代传播的社会功能

李普曼在他的《舆论学》的开篇讲了一个例子，有助于我们理解离开大众传播的生活会是什么样子。

1914 年，有一些英国人、法国人和德国人住在一个海岛上。那个海岛不通电报，英国的邮船六十天才来一次。9 月里，邮船尚未到来，岛上的居民仍在谈论不久前报纸上报道的关于即将审判凯劳克斯夫人枪击加斯顿·卡尔默特的事。因此，9 月中旬的一天，全岛的居民都聚集在码头上，比往常更急于想从船长那里知道判决的情况。可是，他们了解到的却是英国和法国订立了神圣同盟，向德国开战已六个多星期了。在这不可思议的六个星期中，岛上的英、法居民和德国居民实际上已经是敌人了，但他们相处得还是像朋友一样。①

李普曼就此提醒我们：传播，尤其是大众传播，给人们提供了其生存处境的映象，很多时候，我们不是生活在真实环境中，而是生活在一个大众传播塑造的"拟态环境"中。如果大众传播的反映出现了延迟或偏差，我们采取的行动也会相应受到影响。大众传播在当代人类社会中发挥着重要的功能，由此可见一斑。

那么，具体而言，大众传播的功能包括哪些方面？传播学发展早期的学者们从自己所处的学科领域出发进行了探讨。

（一）学者们的早期探讨

1. 拉斯韦尔的观点

1948 年，传播学的四位先驱者之一哈罗德·拉斯韦尔在《传播在社会中的结构与功能》②一文中提出了对传播功能的经典论述。他认为，大众传播最明显的功能包括：

1）对环境进行监视；

2）使社会各部分为适应环境而建立相互关系；

3）使社会遗产代代相传。

他解释道："外交官、使馆官员和驻外记者是专门研究环境的代表性人物，编辑、新闻工作者和演说家是内部反应的起关联作用的人，家庭和学校里的教育者传递社会遗产。"实际上，大众传播在这三个方面都在发挥作用。首先，大众传播时刻注视着世界上的最新变动，将之向自己的受众和社会进行传达；其次，大众传播在社会内部调节着各种关系，凝聚着各种人群，控制着各种行为；最后，大众传播也在把人类积

---

① ［美］沃尔特·李普曼.舆论学 [M].林珊译.北京：华夏出版社，1989：1.

② 张国良.20 世纪传播学经典文本 [M].上海：复旦大学出版社，2003.

累下来的文明和文化成果向更广的范围进行传承。

拉斯韦尔从一个政治学家的角度出发观察大众传播，他的结论看上去也最适用于政府和政治家。

2. 赖特的观点

美国学者查尔斯·赖特在《大众传播：功能的探讨》一书中从社会学的角度对此进行了探究。他修正了第二个功能，即"协调关系"，认为大众媒介在内部起到的作用更多是"解释和规定"，他也用社会学名词"社会化"来代替第三个功能"传承遗产"。在拉斯韦尔的观点之外，赖特还增加了第四个功能：娱乐。①

这一点在更早的心理学研究中已经得到了关注。美国学者威廉·斯蒂芬森在《传播的游戏理论》中讲到，所有的传播分为两种：工具性的传播和游戏性的传播，前者带来的是产品，而后者带来的是愉悦。他说："工作是对付现实，是谋生，是有产品的。相反，游戏基本上是没有产品的，除非是为了提供自我满足。"②

在很多情况下，我们会发现这种结论是有合理之处的。当我们在观看大部分电视节目的时候，能够得到多少对于现实的真实理解和对于文化的可靠传承？更多时候，我们是在用它来消磨时间，获得一种放松、快乐或者逃避的感觉。

3. 拉扎斯菲尔德和默顿的观点

在 20 世纪 40 年代，保罗·拉扎斯菲尔德与罗伯特·默顿在美国哥伦比亚大学的应用社会研究所进行了长期的合作。他们也对大众传播的功能做了探究。

在社会学领域中，默顿是结构功能主义理论的代表人物之一，他区分了社会系统中的"正功能、反功能"和"显性功能、隐性功能"。他认为，任何有利于一个社会系统的适应调整的结果，皆谓之"正功能"；相反，任何阻碍社会系统的适应与调整的结果，皆谓之"反功能"。社会系统中的参与者所企求或寄望的社会功能，称为"显性功能"（manifest function）；社会系统中的参与者不了解或未企求，但仍存在于社会者，称为"隐性功能"（latent function）。

从这个观点出发，拉扎斯菲尔德和默顿在 1948 年的《大众传播、大众鉴赏力和有组织的社会行动》一文中指出了大众传播的各种功能，其中尤其强调的是两种隐性功能，即授予地位的功能和促进社会准则实行的功能；以及一种负功能，即麻醉精神的功能。

他们说："为数众多的传播品只能使人们对社会问题的关心停留在表面，而这种表面性常常掩盖了群众的冷漠态度"，"他们用于参加有组织的行动的时间越来越少"，"他与现实政治生活只有间接的联系"，"他逐渐地误以为对当代的种种问题作些了解

---

① ［美］威尔伯·施拉姆，威廉·E. 波特. 传播学概论 [M]. 陈亮等译. 北京：新华出版社，1984：32.

② ［美］威尔伯·施拉姆，威廉·E. 波特. 传播学概论 [M]. 陈亮等译. 北京：新华出版社，1984：27.

也就是为这些问题采取某种行动"。

4. 施拉姆的总结

"传播学之父"施拉姆对前人的研究进行归纳、分析和总结后,认为大众传播具有四项社会功能:①

1)大众传播是社会雷达,具有寻求、传递和接收信息的功能,用于监视社会环境;

2)大众传播具有操纵、决定和管理功能,对受众进行诱导、劝服、解释信息,并引导起作出决定;

3)大众传播具有指导功能,也就是教育功能;

4)大众传播具有娱乐功能。

可以看出,施拉姆总结的基本上是大众传播在社会系统中的正功能。

(二)大众传播的正功能

结合以上探讨,我们可以认为,大众传播在当代人类社会中主要具有以下正功能:

1. 传播信息

向受众连续不断地传播大量的信息是大众传播的第一功能,也是大众传播实现其他功能的基础。大众传播所处理的信息是人的精神产物的外化形式,包括正在发展变化中的客观事实及文学、艺术、科学、广告等其他信息形态。大众传播媒介收集、储存、整理和传递这些信息、数据、资料、图片等以供个人或组织、社会了解周围环境,认识自己所处的地位,以确定自己的应对策略。

2. 引导舆论

舆论是社会公众共同的、强烈的、持久的意见、态度与信念的总汇。从一定程度上说,舆论代表着民意。

舆论是一种无形的巨大力量,代表着一种强烈的倾向、愿望和要求。舆论可以自发形成,也受到外力的引导。

大众传播媒介是一种能引导受众的有力工具。这种引导体现在两个方面:

1)设定舆论的议程;

2)引领舆论的方向。

舆论的发生发展以社会公众共同关注的问题存在为前提。传播学的议程设置理论及其他相关研究表明,大众传媒对某些问题的着重强调和这些议题在受众中被重视的程度成正比。

---

① [美]威尔伯·施拉姆,威廉·E.波特.传播学概论[M].陈亮等译.北京:新华出版社,1984:34.

3. 教育大众

人们获得新知识、新技能的途径有两种：一种是经过正规的学校教育，通过教师课堂上的传授来获得；另一种则是通过与各种媒介的接触来获得。大众传播媒介通过传播文化知识、科学技术等内容，不但保存和发展了文化遗产，也促进了个人的社会化过程。

4. 提供娱乐

人需要工作、学习，也需要休闲、娱乐。现代社会中人们的生活节奏普遍加快，在紧张繁忙的工作之余，更渴望在休息的时候能有一些健康、正当的娱乐活动，而大众媒介内容则是人们进行娱乐的主要手段。闲暇的时候，人们听音乐、看报纸、读杂志、看电影、看电视、上网，通过这些文化娱乐活动，一方面放松自己，另一方面提高自身的艺术鉴赏力。

大众媒介还是大众文化的主要塑造者和传播者。"下里巴人"的大众文化与"阳春白雪"的高雅文化一起，满足着人们在审美和娱乐方面的各种需求。

（三）大众传播的负功能

任何事物都要一分为二。大众传播可能在社会系统中起着正面的功能，但也存在不可低估的消极影响，即它的负功能。

1. 李普曼的"拟态环境"与"刻板印象"理论

1922 年，美国政论家、学者沃尔特·李普曼撰写了《舆论学》一书，后来被誉为舆论学的开山之作。杰里米·汤斯达尔在 1970 年的《媒介社会学读本》序言中曾说："二十多年来的传播学经验研究，其视野竟不出李普曼《舆论学》一书的边界。"可见这本书的重要价值。李普曼在书中提出的许多理念影响深远，其中"拟态环境"和"刻板印象"两个概念对于我们思考大众传播的负功能有重要价值。①

所谓拟态环境（Pseudo-environment），或译为虚假环境、假环境，指的是大众传播媒介创造出来的、来源于真实环境却又不尽一致的一个媒介环境，是一种间接的感知，却常常被社会公众当作真实世界而接受下来。这种拟态环境的映象进入人的脑海图景，进一步影响了人的态度和行为。

现代社会中，人们已逐渐习惯并依赖于媒介带给人的世界，通过媒介的选择来了解客观事物的变动。然而媒介只能部分再现真实世界，大量的事实被筛选掉了，被选中的事实也经过了加工。即使传播者尽力进行客观、真实的反映，也不能避免这个世界的偏差。正如李普曼所说，我们"需要知道的世界和确实知道的世界，往往是十分矛盾的两回事"。

---

① ［美］沃尔特·李普曼. 舆论学 [M]. 林珊译. 北京：华夏出版社，1989.

所谓刻板印象（stereotype），或译固定成见，指的是对某一类人或事物产生的比较固定、概括而笼统的看法。人们在认识事物的时候，常常会进行概括、归纳和推理。例如，"人"是什么？我们会选取这个高级动物的一些特征来进行描述，刻画出一幅具有特征的剪影。同样，由于大众传播者不可能对世界上的所有事物进行完全一致的反映，所以对某个人群、某种事物进行报道的时候，经常会选取一个典型。这种典型又反过来会影响社会公众对于这个人群或事物的认识。这种人类的普遍认识过程和大众媒介的反映机制相结合，可能会造成对某个人群的"刻板印象"。

在现代社会中，大众传播媒介要为大部分刻板印象的形成负责。例如，在美国，黑人常常被认为具有音乐和体育的才能，但却缺乏智慧、意志和领导才能，而且大多数黑人家庭是贫穷的。这与美国黑人在电视和电影中所呈现的形象有很大的关系。在对某种性别、某个阶层、某个年龄群、某种宗教的信仰者、某个职业的从业人员等人群的认识中也往往存在类似的刻板印象。

李普曼的"拟态环境"和"刻板印象"概念揭示了大众媒介运作的基本机制，也提醒我们，大众传播在实现其正面功能的同时，也埋下了遮蔽人们视线的可能性。

2. 拉扎斯菲尔德和默顿的"麻醉精神"说

1948年，拉扎斯菲尔德和默顿在《大众传播、大众鉴赏力和有组织的社会行动》一文中指出了大众传播的一大消极功能：麻醉精神。

他们认为，大众传播的产品把人们吸引到对事物的关注和讨论上，而不是对这些事物采取相应的行动。的确，大众传播媒介可以将人的感受延伸到一个更为深广的空间，人们不断地通过媒介增进对社会的认识和了解。但是，人们由于花了很多时间在媒介接触上，而且满足于这种间接的接触，便不再积极地参与公共事务，而是消极旁观。另外，由于信息大量涌入造成了信息过剩，使人们对信息产生了一种冷漠的态度。

美国学者把一些人称为"电视人""沙发土豆"，日本也有一种说法"容器人"，就是指那些将闲暇时间完全用于大众媒介，将自己的思想、感情、喜怒哀乐等完全与媒介内容相连接的人。他们的思想、观念乃至行为方式都源于电视，极端自我内化、心理封闭，无法应付现实世界的种种变化，而完全变成了一种收集媒介信息的"容器"。大众传播媒介成了"最高尚、最有效的一种社会麻醉品"，"中毒的人甚至都不了解自己的病端"。

综上所述，大众传播在现代社会系统的运作中存在一种与生俱来的隐患。对于研究者和实践者来说，当务之急便是认识这种负功能和消极方面，并通过媒介素养教育及其他方式来抑制它们，使得大众传播能够为社会带来更多正面的影响。

三、新媒体时代传播的社会功能

作为大众传播媒体新形态的新媒体，其本身已经继承了大众传播的社会功能。但由于网络媒介的特性，新媒体从大众传播继承的社会功能有了全新的内涵和诠释。同时，新媒体也拥有了大众传播所不具备的新的功能，对社会的运行和发展产生着新的影响，具体有以下三点：

1. 社会治理

网络传播时代，新媒体已经成为国家进行社会治理的重要工具。在大众传播时期，虽然有着诸多的主流媒体为国家的政策做宣传，但与普通老百姓之间的关系还是割裂的，无法取得较好的宣传效果，也无法得到真实的反馈。而一层一层的行政结构，又导致中央和地方难以实现上下贯通。作为全媒体形式的县级融媒体中心则很好地解决了社会治理"最后一公里"的问题。县级融媒体中心构建的 App 等媒体平台，通过对县域信息的推送、社会资源的整合和社会服务的提供，使老百姓的问题得到"一站式解决"，方便了老百姓的生活；而政府也能通过媒体平台，收集老百姓的意见和建议，了解老百姓的需求。县级融媒体的应用，能够使县域的一县之长，坐在办公室中就可以轻易知道老百姓在买什么、用什么、议论什么、吐槽什么、需要什么，帮助决策者真正实现"耳聪目明"的功能，制定更加贴合实际的政策，更好地进行社会治理。

2. 社会交往

不同于大众媒体，新媒体还拥有帮助人们进行社会交往的功能。首先，新媒体给人们提供了新的社会交往渠道。在新媒体之前，人们的社会交往基本还是依靠面对面或者电话，而新媒体则打破了这一局面，人们的社会交往不再局限于现实中，还可以通过电子邮件、网络社区、社交平台、社交软件等渠道进行社会交往；其次，新媒体给人们带来了新的社会交往方式。在新媒体中，人们既可以通过社交软件进行聊天、语音和视频通话这种即时性的交往行为，也可以在贴吧、微博等社交平台中进行发帖、评论等非即时的交往行为。同时，新媒体还使得人们可以进行大规模群体性的交往活动，人们可以加入到多个网络群体当中，与其他的群体成员进行随时的交流；最后，新媒体改变了人们的交往理念。在互联网的虚拟空间中，身份的隐匿性导致了人们不用像在现实生活中一样拘束，原本在现实中会比较"社恐"的人，在网络中可能会化作一位"社交达人"。相比于现实，在互联网中人们也更愿意结识陌生人。此外，互联网社交成本的降低、社交压力的减小，也导致了新媒体社会交往很难像现实中一样维持稳定的社会关系，人们的交往理念变得更加随心化。

3. 文化包容

与大众传播所形成的大众文化不同，新媒体传播体现出的则是一种文化包容的社会功能。在新媒体传播中，所有的文化形态都可以在其中找到一席之地，并且拥有自己的群体。新媒体对于文化呈现出了无与伦比的包容性，不仅有大众文化、主流文化，更有着诸如青年亚文化、"土味"文化等在互联网环境中诞生的文化形态。此外，新媒体传播还在不断地创造着新的文化，有的是昙花一现，而有的却能够长久留存。

第二节　传播与社会新议题

一、平台社会与平台媒体

先看一则案例：

2021年2月7日，国务院反垄断委员会发布并实施《关于平台经济领域的反垄断指南》，这个指南的目的就是预防和制止平台经济领域垄断行为，保护市场公平竞争。4月10日国家市场监督管理总局依法对阿里巴巴集团控股有限公司在中国境内网络零售平台服务市场实施"二选一"垄断行为作出行政处罚，并公布了对于阿里巴巴集团的行政处罚决定书，责令其停止违法行为，并处以182.28亿元的罚款。从长达26页的行政处罚书可以看出国家对网络电商平台的监管领域与方向，它也是监管和规范平台经济发展的标志性文件。一石激起千层浪。其实，垄断与竞争及其监管不仅发生在互联网行业，从整个经济发展史看，垄断与竞争、准入与退出一直是相伴相生的问题与现实。

（一）平台社会

伴随着互联网的持续发展，人类社会经历了从信息社会到网络社会的转变，每个人都作为一个节点共同维持着网络社会的运行。但由于近年来信息通信技术和数据技术的发展，大型互联网公司（例如美国的 FAANG，中国的 BAT[①]）通过对用户数据的挖掘和控制，对每个节点展现出了极为强大的控制力。它们提供的产品与服务，几乎全面覆盖了公众数字生活的各个层面——基础操作、搜索、社交与消费，且经由各自的技术架构与服务条款重塑了用户数字生活的基本方式。它们用这种方式，将用户聚拢在自身所构建的互联网平台之上，使得人类社会展现出了平台化的趋势。

1. 平台社会的概念

平台的概念十分复杂，不同学者对什么是平台有着不同的见解。

传播学者、社会学家塔尔顿·吉莱斯皮（Tarltion Gillespie）认为"平台"一词有多种含义：既有计算和建筑的概念，也可以在社会文化和政治意义上被理解为政治舞台和行动设施。[②] 他还提出平台本身可能不生产内容，"但它对内容做出的筛选

[①]　FAANG 分别为脸书（Facebook）、苹果（Apple）、亚马逊（Amazon）、奈飞（Netflix）和谷歌（Google）英文首字母的缩写；BAT 为字节跳动（ByteDance）、阿里巴巴（Alibaba）和腾讯（Tencent）的英文首字母缩写。

[②]　[荷] 何塞·范·戴克. 互联文化：社交媒体批判史 [M]. 赵文丹译. 北京：中国传媒大学出版社，2018：25.

至关重要"。[①] 马绍尔（Mashell）则认为，"平台是一种'中介'（intermediaries），其所有者的目的是聚集尽可能多的内容，从而影响数据朝着特定方向流动，并最终在用户处获取利润，以及在媒介市场生态中拥有更大的掌控权；而究其实质，大多数平台企业是具有商业属性的私人机构"[②]。而在布雷斯纳汉（Bresnahan T.）和格林斯坦（Greenstein S.）看来"平台已经不仅仅是一个搭建连接和创造扁平化信息产销机制的外部工具，而且成为拥有重新配置各种相关要素的能力，为企业和用户创造新的应用的基础设施"[③]。

荷兰学者何塞·范·迪克（José van Dijck）、托马斯·波尔（Thomas Poell）和马丁·德·瓦尔（Martijn de Waal）对社会的平台化进行了深入的研究，并联合出版了《平台社会：连接世界中的公共价值》一书，提出了"平台社会"（Platform Society）的概念。

他们对平台的理解有三个维度[④]：

1）平台既不是中立的，也不是没有价值的结构，它们在架构中带有特定的规范和价值观，尤其对社会信息流通的公共话语与价值准则（如传统新闻业的转型）、健康传播与传统教育、国民经济发展（数字经济和网络经济权重增大）、国家机器运转（治理议题）和国际政治博弈（全球平台与地缘政治）等造成了深刻的影响；

2）宏观层面，平台已经成为当今社会的基础设施，正在不断向其他社会组织扩张，从经济、社会、政治、文化等各个方面对人类社会进行着深度渗透；

3）微观层面，平台支配着人们每天的日常生活，其中包括个性化、社会名誉的建构、趋势预测以及资源调配。

社会的平台化也在改变着政府、平台与用户之间的关系，如政府与平台之间存在着监管之争，平台与平台之间的覆盖率之争，平台与用户之间的数据权之争，乃至全球市场与（超）国家政府之间的地缘政治权力之争等，并使三者关系出现了新的博弈张力，形成了一种"平台生态"（Platform Ecosystem）。

范·迪克预见到了平台生态系统所存在的隐患，即平台高度私有化所带来的风险。在这个由私有化平台占据主体的平台生态中，政府和非政府组织等各种公共机构不得不依赖这种私有化平台来传播信息，并与用户互动。更为严重的是，如果各种公共机构或公共信息服务不接入这些平台生态系统的话，就根本无法从这些已经形成垄断的私有化核心平台中获益，因为这些平台系统通过垄断，已经逐步形成了独特优

① Gillespie T, Custodians of the Internet: Platforms, Content Moderation, and the Hidden Decisions That Shape Social Media [M]. New Haven: Yale University Press, 2018:18-19.

② Mansell R. Platforms of power. *Intermedia*, 2015, 43(1): 20-24.

③ Bresnahan T, Greenstein S. Mobile computing: The next platform rivalry [J]. *American Economic Review*, 2014, 104(5): 475-480.

④ José van Dijck, Thomas Poell & Martijn de Waal. The Platform Society: Public Values in a Connective World [M]. Oxford: Oxford University Press, 2018.

势。这些平台很有可能正在成为政府、公民、社会之外的第四极。

当然，政府与其他公共组织可以自建互联网平台，从一定程度上可以解决过度依赖平台所带来的问题，但如果不融入核心平台生态系统的话，平台并不能够从核心平台系统的固有功能中获益，因为平台生态系统已经建立显著优势：全球连接性（Global Connectivity）、遍在的可访问性（Ubiquitous Accessibility）、网络效应（Network Effects）。

（二）平台媒体

社会平台化后的另一个结果就是媒体的平台化，特别是由互联网巨头在平台生态体系中构建起来的媒体平台，或称平台型媒体或平台媒体。

2014年2月7日，美国社交网站 Sulia 的 CEO 乔森纳·格里克（Jonathan Glick）在科技投资新闻资讯网 ReCode 上发表了一篇题为《平台媒体的崛起》（*Rise of the Platishers*）的文章，首次提出 Platisher（平台媒体）的概念。格里克认为，平台媒体是一个能同时满足用户和广告商快速生产内容，并且具有综合信息处理、差异化的品牌推广和提供独家内容等"编辑基因"的互联网平台。

虽然格里克是"平台媒体"的首创者，但杰罗姆2014年引用的 *Digiday* 的一位撰稿人所下的定义却产生了更为广泛的影响，他认为"平台媒体是指既拥有媒体的专业编辑权威性，又拥有面向用户平台所特有开放性的数字内容实体"[①]。

总结一下，所谓平台媒体就是一个数字化、网络化、智能化的内容与服务实体。这个实体具有资源的广泛聚合性，内容与服务的多元开放性，用户深入渗透性，乃至市场的垄断性。

目前，平台媒体主要分为两种类型：[②]一类是以今日头条、一点资讯、天天快报等为代表的资讯定制类的平台媒体。另一类是以微信、微博为代表的网络社交类的平台媒体。

对于平台媒体的到来与发展，我们应该用更加辩证的眼光去看待。

一方面，平台媒体带来了媒体功能的升级和结构的迭代。从传统的媒体相对单一的信息传播功能，升级到了信息传播、服务延伸；从传统的媒体相对单一的内容生产与传播结构，升级为内容与服务的供给机构。

另一方面，值得警惕的是市场化的平台媒体正在呈现出范·迪克等学者在他们的研究中所描述的各种症状，从全球范围看，这种倾向日益加重。如平台媒体与政府的博弈，平台媒体与用户有关数据权的博弈，平台媒体对社会、经济、文化的第四极般的重塑与建构等。

---

① [美]杰罗姆.平台型新媒体（Platisher）是有效的商业模式吗？[J].钛媒体译.中国传媒科技，2014（Z1）：71.

② 张志安，姚尧.平台媒体的类型、演进逻辑和发展趋势[J].新闻与写作，2018（12）：75-77.

二、数字化生存

先看几个案例：

1999 年 9 月 3 日至 6 日，由《人民日报》网络版等国内十家新闻媒体及梦想家中文网共同主办的中国首届"72 小时网络生存测试"活动，在京、沪、穗三地同时举行。背景各异的 12 名志愿者，将在完全封闭、没有水和食物的环境中，靠主办机构发给的 1500 元人民币现金，并依靠网络提供的一切，进行一次 72 小时的生存测试。他们能否依赖网络获得帮助，并在网络世界里健康地度过 3 天呢？网络上的社群关系、购物交易、休闲娱乐等功能将经受检验，国人也将首次经历一次"数字化生存"的体验。[①]

2016 年 6 月 6 日，上海国际信息消费节组委会正式发布"72 小时无网络"VS"72 小时有网络"生活测试征集令，此次 72 小时无网络生存测试将邀请市民体验者参与，年龄横跨"60 后""70 后""80 后""90 后"。他们将被分为两组，第一组按照"无网络"原则，只保留语音和短信通信方式；第二组则是对照组，只能使用手机的移动互联网，而不能使用其他的传统通信方式。两组人员将按照各自的日常生活与工作模式，持续 3 天分别接受测试才能完成任务，该节目届时将向网友在线播映。[②]

2020 年 8 月 17 日，黑龙江哈尔滨，一位老人乘公交车时因没有手机，无法扫健康码，被司机停车拒载。因迟迟不下车，老人遭到车上乘客的谴责。老人不知所措，直到民警接警后赶来将老人带离。[③]

（一）数字化生存

"数字化生存"一词，最早由尼古拉斯·尼葛洛庞帝（Nicholas Negroponte）在其 1995 年的著作《数字化生存》（*Being Digital*）中提出，他认为数字化生存代表的是一种生活方式、生活态度以及每时每刻都与电脑为伍。[④]

数字化生存有四个强有力的特质，分别是分散权力、全球化、追求和谐和赋予权力。[⑤]

当代人们的生活，尤其是年轻人，已经离不开互联网。人们通过网络社交、工作、学习、娱乐、购物、发表意见……除了特定的生理需求，几乎一切的人类活动都可以在互联网之上进行。就如上文案例中所展示的，短短的二十年间，人们已经从 1999 年的无法依靠网络生存，到了现如今的无法不依靠网络生存，数字化生存逐渐

---

① 人民日报. 关你 72 小时——饿与孤独谁更恐 ?. http://www.people.com.cn/item/wlcs/newfiles/A105.html，1999-09-03.

② 俞凯. 上海"72 小时无网络生存测试"招募参与者，将在线播映. https://www.thepaper.cn/newsDetail_forward_1479844，2016-06-06.

③ 寅微. 老人无健康码遭公交司机拒载. https://www.sohu.com/a/413986911_309317，2020-08-20.

④ [美] 尼葛洛庞帝. 数字化生存 [M]. 胡泳等译. 海口：海南出版社，1997：7.

⑤ [美] 尼葛洛庞帝. 数字化生存 [M]. 胡泳等译. 海口：海南出版社，1997：269.

演变成为数字化生活。甚至在此基础之上，出现了将互联网当作其赖以生存的工具的"数字游民"（Digital Nomad），他们依靠互联网创造收入，不受地理空间的限制，可以在全国乃至全球的范围随意移动，让"高收入"与"低消费"的组合成为现实，也成为诸多年轻人向往的生活方式。

尼葛洛庞帝在书中回顾了数字化技术的历史，并对数字化技术的未来以及有可能对人类社会造成的影响做出了预测。

他在书的开篇就这么说道："计算不再只和计算机有关，它决定我们的生存。"[①] 他还在书中提出了"我的日报"（Daily Me）的概念，描述一份为个人口味定制的虚拟日报[②]；他也谈到"未来的建筑将像电脑底板一样'智慧随时待命'（Smart Ready），也就是为未来电器之间的信号共享而预设线路和遍布连接器"。[③] 从当下的环境来看，尼葛洛庞帝的预言竟然如此之精准，大部分都已经实现。

尼葛洛庞帝过于积极地看待数字化生存追求和谐的特质，他认为数字科技将地理的束缚打破，从而成为一股能够把人们吸引到一个更和谐的世界之中的自然动力。[④] 但不幸的是，他却没能预见到现在的数字化生存，并不像自己所设想的那样"和谐"。

在当下的社会环境中，人们的传播活动具有强烈的目的性，只是在需要的时候进行物质上的互动，这在某种程度上加深了人与人之间交流的隔阂。例如，人们在开车时习惯使用导航，这对于人们到达目的地的而言无疑是最佳的选择，但这样的做法，却减少了路途中与人交流所可能产生的意外之喜。同样的，在我们现在的社会中，几乎已经找不到健全的邻里关系。数字化生存减少了人们线下社交的需求，人们丝毫不关心周围的人，也很难主动与陌生人沟通，更没有兴趣帮助别人解决问题。此外，即便与朋友一起外出，大家围坐在一起，也各自捧着自己的手机，看似在场却时时刻刻在离场；看似在消除孤独感，实则造成了更加严重的"群体性孤独"。

（二）疫情后的中国数字化生存

从世界范围来看，中国是一个数字化程度极高的国家，移动支付、人脸识别、电子商务等技术的发展，使得中国人民能够"一部手机行天下"，充分地享受到数字化生存的利好。

但 2020 年的疫情，却将数字化生存的弊端展露出来。在所有社会基础设施都在不断向新技术靠拢的同时，没有能力进行学习的老年群体，逐渐成为被社会"排挤"的边缘群体，成为"数字难民"（Digital Refugees），移动支付、网上挂号、网约车以及如健康码等各种各样的码，都给老年人的生活造成了极大的困难。此外，即便老年

① [美]尼葛洛庞帝.数字化生存[M].胡泳等译.海口：海南出版社，1997：15.

② [美]尼葛洛庞帝.数字化生存[M].胡泳等译.海口：海南出版社，1997：181.

③ [美]尼葛洛庞帝.数字化生存[M].胡泳等译.海口：海南出版社，1997：248.

④ [美]尼葛洛庞帝.数字化生存[M].胡泳等译.海口：海南出版社，1997：271.

人们能够化身"数字移民"（Digital Immigrants），在某种程度上进入数字化的空间，但是大量的谣言、虚假信息、诈骗信息等，也给老年人们的数字化生存带来了更多新的风险。尼葛洛庞帝也早早地预见到了这一点，他断言道："人类的每一代都会比上一代更加数字化。"[①] 代际鸿沟成为数字化生存中最难逾越的鸿沟。

老年人的数字化生存问题，受到了国家的强烈关注。2020 年 11 月 24 日，国务院办公厅印发了《关于切实解决老年人运用智能技术困难的实施方案》，就进一步推动解决老年人在运用智能技术方面遇到的困难，坚持传统服务方式与智能化服务创新并行，为老年人提供更周全、更贴心、更直接的便利化服务作出部署。多地的老年大学，也将智能设备的使用纳入重点教学课程。

中国也由此进入新的数字化生存建设当中。

2020 年的疫情期间，在人与人物理隔离的状态下，以 5G、大数据、人工智能、物联网和区块链为代表的新技术加速了中国社会的"数字化、网络化和智能化"，其衍生出的新业态、新模式和新应用不仅重塑着社会关系，也带来新的社会运行机制和数字治理模式，数字社会也由此呈现出垂直化、场景化、下沉化和智能化四大特征，展现了数字化生存的价值和潜力。

不可否认，数字化进程带来了红利，但其背后潜伏的不确定性隐忧也不容忽视。首先，须警惕新的社会不均衡的出现，尤其是区域数字化建设水平的差异以及不同阶层、不同群体对于数字技术掌握的差距，以防止数字鸿沟消弭后又以新的方式再生。其次，数据安全治理面临新的挑战。全民数字化参与程度的提高使得数据在广度和深度上呈井喷式增长，网络安全、隐私保护、数据滥用等引发的社会问题将日益显现。

每一种媒介的诞生，都会给人们带来一种新的生存方式，不仅是数字化媒介，文字、印刷、电子媒介都是如此。而在智能化媒介蓬勃发展的今天，我们也在逐步迈入智能化的生活，智能化生存将会是未来人类社会的新态势。而对智能化生存所可能带来的问题的预测，以及对解决方案的探讨，将会是未来需要持续进行的重要议题。

三、数字劳动 / 数字劳工[②]

先来看几个案例：

2019 年 3 月，IT 业掀起了一场声势浩大的反"996"运动，程序员们揭露并抵制互联网公司的"996"工作制。"996"在一段时间内成为媒体、公众讨论的热门话题，并入选国家语言资源监测与研究中心发布的"2019 年度十大网络用语"。

蒋齐是一名语音标注员，这是一个随着智能语音交互设备的普及而新出现的职业。他的主要工作就是将智能语音交互设备无法识别的字、词、句子进行标注，然

---

① [美] 尼葛洛庞帝. 数字化生存 [M]. 胡泳等译. 海口：海南出版社，1997：272.
② 数字劳动与数字劳工的英文都为 Digital Labour，根据情境的不同采用不同的含义。

后"翻译"过来，再发送回去以便智能设备进行学习。这个看起来高大上的工作，蒋齐说其实很简单，"比如一个有口音的人对智能音箱或交互设备说'播放一首牛德华的歌'，智能设备需要分析出用户真正的意思是想要听一首刘德华的歌"。蒋齐的工作就是将设备收集到的语音"牛德华"标注成刘德华，再发回给智能设备研发单位，供智能设备进行学习，使智能设备下次听到"牛德华"时，能准确地转化为"刘德华"。蒋齐每天在群里领取包含各种词、句的数据包，然后进行标注。他每次在群里领取一个包含 150 条语音的数据包，完成对数据包内语音的标注后再领取下一个数据包。为了能够完成更多的任务，蒋齐平时很少参加娱乐活动。"我最后一次和别人在外面吃饭还是去年秋天几个同乡约我在楼下的火锅店吃火锅。我平时的时间基本上都用来领数据包做任务。"蒋齐表示，语音数据标注是一项完全没有技术含量的累活，每标注 1个小时的有效时长语音，能得到 100 元的报酬，一个月可以赚到 3000 元到 3500 元。[①]

2020 年 9 月 8 日，一则名为《外卖骑手，困在系统里》的公众号推送，在微信中广为传播，文章中关于"外卖小哥"的送餐时间不断被系统控制、缩减的现象，以及其所带来的社会安全隐患，引爆了社会关于外卖这一行业的讨论，# 外卖骑手，已经成为最危险的职业之一 #，这一话题也已经不止一次地登上微博热搜。

随着信息通信技术、互联网、智能媒介的不断发展，人们的知识结构和认知理念都在发生着数字化的转变，人们的劳动生产活动与数字化技术的结合也越来越紧密。正如前文所提到的"数字游民"，数字技术越来越成为从事信息生产、传播的劳动者赖以生存的工具。因此，对于数字劳动问题的研究，成为当下传播学研究的重要领域之一。

想了解什么是"数字劳动 / 数字劳工"（Digital Labour），就要先理解以下几个概念。

（一）"受众商品论"

"受众商品论"是传播政治经济学奠基人之一达拉斯·斯迈思所提出的概念。他在 1951 年《广播电视中消费者的利益》（*The Consumer's Stake in Radio and Television*）一文提出"商业大众传播媒介的主要产品是受众的注意力，受众为广告商工作"的论断，并在此基础之上，于 1977 年发表的文章《传播：西方马克思主义的盲点》中正式提出了"受众商品论"的概念。

在文中，斯迈思指出，在垄断资本主义社会中，大多数人的非睡眠时间都是劳动时间（Work Time），这些劳动时间，除了用作职业的劳动以外，其余的时间都成为大众媒体售卖给广告商的"受众时间"。在他看来，资产阶级唯心论者所认为的信息、影像、意义、娱乐、态度、教育和操纵等，并不是大众媒介生产的最重要的产品，而

---

① 戴钢 . 数据标注员 隐身于人工智能背后的工兵 [N]. 哈尔滨日报，2021-02-25（4）.

是作为一种"刺激物"（礼物、贿赂或"免费午餐"），通过广播和电视节目的形式传播，以促使大量的受众来到生产现场——电视机前。此时，受众成为大众媒体与广告商进行交易的"商品"，而受众的年龄、社会性别、收入水平、家庭构成、居住地、种族特征、房产、财产等人口统计特征，以及受众的数量、职业、兴趣爱好等，都是受众商品的重要参考规格，是大众媒体与广告商进行交易的筹码。于是，一种广告商提供资金维持大众媒体运转——大众媒体生产内容吸引受众——受众在媒体广告的刺激下进行消费的三角关系形成了。[①]

虽然斯迈思的受众商品概念是以电视媒介作为主要研究对象提出的，但是受众的商品属性，即便是到了如今的互联网用户时代，也依然没有改变。

文森特·曼泽罗尔（Vincent Manzerolle）从信息通信技术（Information and Communication Technologies，ICTs）发展和互联网驱动的移动设备（Internet-enabled mobile devices，IMDs）普及现状出发，以 Web 2.0 为研究对象，对"受众商品"的概念进行了重新审视和延伸。他在 2010 年发表的文章《移动的受众商品》中写道：

当 ICTs 在有偿劳动领域的应用使工作强度变大的时候，它同样也使"有偿的"和"无酬的"劳动时间发生了直接的融合，并且模糊了其边界。ICTs 技术对于日常生活的殖民化——导致了"无处不在的媒介时代"——催生了"免费时间日渐从属于消费的'劳动'"这样的转化过程。在这种情况下，我们可以将消费理念扩展到不仅包括商品，还包括服务（如平台或社交网络）、软件（如应用程序）以及更一般的信息。……劳动应该被扩展到包括用户生成内容的显性生产和个性化数据的自动生成，它们都与嵌入日常生活节奏的 ICTs 缠结在一起。[②]

可以这么理解：在 Web 2.0 时期，由于互联网的"去中心化"特征，受众身份向用户发生了转变。同时大量 UGC 的出现，使得受众的商品范畴，已经从过去的消费扩大到了用户的内容生产和消费。现在的广告商和互联网平台所看重的，已经不仅仅是用户的消费能力；用户更多的价值，来源于他们在网络中的活动以及使用新媒体设备时所产生的数据，也可以称作流量。"在互联网的整体语境中，受众的参与比在大众媒介时期，更加容易被商品化。"[③] 这时的受众商品，变成了克里斯蒂安·福克斯（Christian Fuchs）所提出的"产消者商品"（Prosumer Commodity）：一方面，他们本身就是商品；另一方面，通过商品化过程，用户的意识受广告商品化逻辑的支配。[④]

① [加] 达拉斯·斯麦兹.传播：西方马克思主义的盲点 [A].姚建华.传播政治经济学经典文献选读 [C].刘晓红译.北京：商务印书馆，2019：20-40.

② [加] 文森特·曼泽罗尔.移动的受众商品 2.0：无线世界的数字劳动 [A].姚建华.传播政治经济学经典文献选读 [C].姚建华等译.北京：商务印书馆，2019：242.

③ Fuchs C. Information and Communication Technologies and Society: A Contribution to the Critique of the Political Economy of the Internet [J]. *European Journal of Communication*, 2009, 24(1):84.

④ [英] 克里斯蒂安·福克斯.受众商品、数字劳动之争、马克思主义政治经济学与批判理论 [J].汪金汉等译.国外社会科学前沿，2021（4）：17-31.

（二）"非物质劳动"与"无酬劳动"

"非物质劳动"（Immaterial Labour）的概念，最早由意大利社会学家莫里齐奥·拉扎拉托（Maurizio Lazzarato）于1996年提出。他认为，经典的"非物质"生产形式包括视听产品、广告宣传、时尚装扮、软件产品、摄影摄像、文化活动等，因此非物质劳动指的是生产商品的信息内容与文化内容所付出的劳动。

他还指出了通过非物质劳动所生产出来的商品的特性：不会在消费行为中被破坏，反而是会被扩大或者转变，为消费者创造出具有"意识形态"和文化特质的环境，从而改变使用它的人。[①]

互联网环境下的UGC，就是一种典型的非物质劳动。但同时，非物质劳动在互联网语境下的外延也得到了拓展，它不仅仅指代用户对信息内容和文化内容的生产，更包括了用户接入互联网所产生的一切数据，即用户在接入互联网的那一刹那，就已经开始了非物质劳动。用户在微博的每一条转发和评论、在抖音的每一次上下划动、在百度的每一次搜索、在手机游戏的每一次操作，都在不断地产生着大量有价值的数据。这些数据，就是用户的非物质劳动成果，并且往往是在用户未知的情况下完成的，他们甚至不知道自己的行为是一种为别人创造了剩余价值的劳动。

可以说，互联网中的非物质劳动，使得工作和娱乐、生产和消费之间的界限变得不再如往常一样清晰，在某些时候，更是融为一体。例如进行直播的游戏主播，很难界定他们在直播的时候，是在工作还是在娱乐。而那些只以娱乐消遣为目的所进行的无意识的劳动，更是一种"无酬劳动"。

"无酬劳动"（Unpaid Labour）是乌苏拉·胡斯（Ursula Huws）在马克思的劳动价值理论的基础上提出的概念。他认为无酬劳动分为四种：[②]

1）第一种"无酬劳动"指代那些独立于市场、在家庭中创造使用价值的劳动，如家务劳动等"体力劳动"和记住生日、安排聚会等"非体力劳动"，而后者的大部分存在于今天虚拟的网络世界中，如在线社交网络活动就属于此类范畴；

2）第二种"无酬劳动"指代"消费工作"，消费者承担了市场中原本由"雇佣劳动"所从事的商品生产的分配过程中的部分劳动，这些劳动往往具有生产性；

3）第三种"无酬劳动"指代"创意劳动"，包括写博客，在网上发布照片、音乐和视频等，这些不具有生产性的劳动往往产生"社会使用价值"；

4）第四种"无酬劳动"指代日趋流行的"无酬实习"和"志愿者劳动"。

而在当下的互联网语境中，无酬劳动则是指用户以获得愉悦体验为主要目的，不

---

① ［意］莫里齐奥·拉扎拉托. 非物质劳动 [A]. 姚建华. 传播政治经济学经典文献选读 [C]. 孙萍等译. 北京：商务印书馆，2019：226-229.

② ［英］乌苏拉·胡斯. 数字时代的阶级基础：生活、劳动和价值 [A]. 姚建华. 制造和服务业中的数字劳工 [C]. 北京：商务印书馆，2017：14.

需要获得任何物质或非物质的酬劳或回报，自觉自愿自发的上网行为。例如在网络视频平台观看电视剧或电影、在网络文学平台阅读小说、在网络音频平台收听电台，以及在各大社交媒体平台上进行的互动，看似是网络平台满足了用户的需求，实则是用户在为网络平台进行无酬劳动。

非物质劳动和无酬劳动，是数字劳动中最为普遍的劳动形式。

（三）数字劳动 / 数字劳工

在受众商品论和非物质劳动之后，数字劳动的概念逐渐引起了学者们的关注。

数字劳动的概念最早由意大利学者提兹安娜·特拉诺瓦（Tiziana Terranova）在其 2000 年的文章《免费劳动：为数字经济生产文化》中提出。她认为，网络用户组成了被资本剥削的无偿"网奴"，一方面是看得见的娱乐和社交，另一方面是其数字劳动，如浏览网页、聊天、评论、网站设计等行为实际上都属于"免费劳动"（Free Labour），即作为生产性活动的知识性消费行为。[①]

特拉诺瓦对于数字劳动的定义，明显是"受众商品论"的延续，将目光聚焦于在网络中进行非物质劳动的用户身上，反而忽略了隐藏在互联网背后，为网络基础设施的建设提供物质材料的工人、开发网络应用以及维护网络的运行和优化的技术人员、网络内容的管理人员、为用户提供信息和解决问题的服务人员等。在某种意义上，他们也是数字劳工。

克里斯蒂安·福克斯则认识到了这一点。他在《数字劳动与马克思》（*Digital Labor and Karl Marx*，2014）这本书中，将数字劳动的外延扩展至数字通信技术和数字技术产业链上下游全域，并对数字劳工下了一个相对清晰完整的定义："数字劳动涵盖了工业、服务业、信息等诸多领域：非洲矿工奴隶般的劳动、中国电子装配业中的流水线劳动、印度软件业中的劳动、谷歌工程师的贵族式劳动、主妇式的服务性劳动以及社交媒体产消合一者的劳动等，皆属此类。"[②]

此外，马里索尔·桑多瓦尔（Marisol Sandoval）也认为应当将信息与通信技术、数字技术等作为生产资料的脑力劳动者和体力劳动者都纳入进了数字劳工的研究范畴，扩大了数字劳工的外延。[③]

美国的人类学家玛丽·L. 格雷（Mary L. Gray）和计算机科学家西达尔特·苏里（Siddharth Suri）也将研究的目光转向了互联网背后的工作人员。他们认为，真正驱动手机应用程序、网站和人工智能（AI）系统运行的，是人类与人工智能协同工作的"人类计算"（Human Computation），即每个互联网系统的背后，都要依靠人的劳动来

---

① 姚建华，徐偲骕.传播政治经济学视域下的数字劳动研究 [J]. 新闻与写作，2021（2）：5-13.

② 姚建华，徐偲骕.传播政治经济学视域下的数字劳动研究 [J]. 新闻与写作，2021（2）：5-13.

③ [英] 马里索尔·桑多瓦尔. 作为信息时代黑暗面的富士康劳工：中国苹果合同制造商企业中的工作环境 [A]. 姚建华. 制造和服务业中的数字劳工 [C]. 北京：商务印书馆，2017：99.

维持。格雷和苏里在《销声匿迹》一书中，将这些劳动者称作"机器里的幽灵"，将他们的工作称作"幽灵工作"（Ghost Work）。这些幽灵工作的内容主要包括内容审查员、数据标注员等零工性质的工作。他们在文中这么形容：

数十亿人每天都在查看网站内容，使用搜索引擎，发布推文和帖子，享受移动应用程序的服务。他们认为自己获得的服务仅仅是依靠技术的魔力。但实际上，有一名国际工人在背后默默劳动，他们主要是自由职业者和临时工，而不是全职的或按小时计酬的工人，其法律地位不被认可。有时，这些工作被拔高成"第二次机器时代"或"第四次工业革命"的先驱，或者被认为是更庞大的数字经济或平台经济的一部分。而其他时候，我们不假思索地称之为"零工"（gigs）。[①]

正如第二个案例中的蒋齐，他们所做的这些工作看似不起眼，没有什么技术含量，但却对网络运行和 AI 的成长而言不可或缺，并且就目前而言有着极大的需求。因此业内流传着这样一句话："有多少智能，背后就有多少人工。"这些从事零工的数字劳工，被称作"零工经济劳动者"（gig workers），他们的工作形式，被称作"零工经济"（gig economy）。

加拿大社会学家、传播政治经济学奠基人之一文森特·莫斯可（Vincent Mosco）也对零工经济劳动者以及零工经济十分关注。他在 2018 年发表的文章《数字劳工与下一代互联网》中，探讨了在下一代互联网技术，云计算、大数据分析和物联网的影响下，数字劳动的含义所发生的变化——劳务众包的零工经济和自动化机器的死劳动。

莫斯可在文中对零工经济进行了一个简要的定义：

零工经济是一个拥有许多一次性或按需工作的行业，从业者主要是在数字市场上被那些技术力量雄厚的公司所雇用。当下，其共同特征包括低工资、不稳定的工作，除了可能基于特定任务或工作时间的工资之外没有任何额外福利。[②]

案例二中被困在系统里的"外卖小哥"，以及网约车司机、快递员、网络主播等，都是零工经济中的一员。

本 章 小 结

传播与社会之间呈现出的是一种互构的关系，相互形塑、相互制约，同时也共同演进。传播创造了人类社会，推动者人类社会的发展，书写着人类社会的文化，但同时也是人类社会的一个子系统，从而被人类社会所控制。

---

① [美] 玛丽·L.格雷，[美] 西达尔特·苏里.销声匿迹：数字化工作的真正未来 [M].左安浦译.上海：上海人民出版社，2020：2-16.

② [加] 文森特·莫斯可.数字劳工与下一代互联网 [A].姚建华.传播政治经济学经典文献选读 [C].徐偲骕等译.北京：商务印书馆，2019：256.

传播的社会功能会跟随媒介的迭代发生着变化，大众媒体的功能在新媒体时期有了新的诠释，同时新媒体也产生了大众媒体所不具备的新的社会功能。我们应当积极充分地利用好媒介的社会功能，并时刻警惕其所可能带来的社会隐患。

平台社会和平台媒体、数字化生存、数字劳动/劳工，是当下传播与社会的热门议题，它们对人类社会的影响已经初现端倪，但后续将会如何发展，仍需得到学者们持续的关注。

思考题：

1.你怎么看待传播与社会的关系？

2.尝试思考一下智能媒体时期传播的社会功能会发生什么变化？

3.选择一个你感兴趣的传播与社会理论，谈谈你的理解。传播与社会的三个新议题之间有没有内在的联系？是什么？

4.结合之前所学的知识，预测一下智能媒介时代的数字化或者智能化生活是什么样的？

5.回顾一下你自己的数字化生活，并思考一下未来是否要做出改变，怎么改变？

第九章　传播与文化

第一节　作为文化的传播

一、何谓文化

二、传播与文化的理论

第二节　文化人类学视野下的传播

一、文化的传播与扩散

二、文化的纵向传承与横向交融

三、仪式与节日

第三节　传播、文化与权力

一、意识形态

二、文化领导权

三、文化消费与消费文化

四、亚文化与粉丝文化

本章要点：

1. 传播的仪式观，实际上指的是从文化视角来看传播。两个理论传统非常重要，一是文化人类学，二是文化研究。

2. 文化人类学提供了文化扩散的观点。文化在传播扩散的过程中，既体现为纵向的、内部的传承（濡化与社会化），又体现为横向的、外部的交融（文化移入、文化适应），而媒介发挥了突出的影响（涵化、文化同化、文化杂交）。在当代社会，仪式和节日与媒介的联系日益紧密。

3. 文化研究从西方马克思主义视角提供了对媒介进行分析的重要理论。意识形态和文化领导权揭示了政治影响，文化消费和消费文化带来经济思考，而亚文化和粉丝文化提醒我们文化是多样的。

CHAPTER 9
第九章

传播与文化

传播即是文化，文化即是传播。

人类社会中，文化不是一个被动、凝固的实体，而是一个不断流动、演化的生命历程，其一切都与传播紧密相关。传播是一种用符号生产现实的过程，是人类分享意义的文化仪式，是维系一个社会的神经网络。

古往今来，文化与传播在很大程度上是同构的，传播是文化的必然过程，文化也是传播的必然结果。

第一节　作为文化的传播

一、何谓文化

在中文中，"文化"一词最早源自《易经》中的"刚柔交错，天文也；文明以止，人文也。观乎天文，以察时变，观乎人文，以化成天下"。后来，西汉刘向的《说苑》中说："圣人之治天下也，先文德而后武力。凡武之兴，为不服也。文化不改，然后加诛。"

在西方，文化（culture）是一个基本的概念，在哲学、文学、人类学和传播学中广泛使用。英国人类学家爱德华·泰勒（Edward Taylor）指出："文化是一个复杂的整体，包括知识、信仰、艺术、道德、法律、习俗以及作为社会成员的个人而获得的任何能力与习惯。"[1] 他认为，外显的和内隐的文化构成了人类社会的潜在结构和根本规范。

英国文学批评家雷蒙·威廉斯则在《文化与社会》中将文化界定为"针对我们共同生活的状况所发生的改变和重大的变化所作出的普遍反应"[2]。他的名言"文化是普通的"进一步拓展了对文化的认识，将它

---

[1]　Taylor E. *Primitive Culture* [M]. London: J. Murray, 1871:1.

[2]　[英] 雷蒙·威廉斯. 文化与社会 [M]. 高晓玲译. 长春: 吉林出版集团有限责任公司, 2011: 311.

从根本社会规范改写为日常的社会实践，将文化的关注点从精英文化、经典文化、高雅文化转移到大众文化、流行文化、通俗文化之上。

在当代，人类的各种媒介成为文化的普遍载体。

二、传播与文化的理论

在《作为文化的传播》一书中，美国传播学者詹姆斯·凯瑞（James Carey）指出，关于传播形成了两种视角，一种是"传递观"（transmission view），另一种是"仪式观"（ritual view）。传递观认为："传播是一个信息得以在空间传递和发布的过程，以达到对距离和人的控制。"[①] 仪式观则认为传播"并非直指信息在空间中的扩散，而是指在时间上对一个社会的维系；不是指分享信息的行为，而是指共享信仰的表征"。[②] 他进一步指出："传播是一种现实得以生产、维系、修正和转变的符号过程。"[③] 通过结合美国社会学的理论传统与欧洲文化研究的理论资源，他将传播与文化紧密结合起来，虽然认为传递观和仪式观缺一不可，但强调了传播研究的重心应该从行为科学、效果和因果关系的探讨转移到意识形态、符号和戏剧化的社会过程上来。

仪式观实际上指的是从文化的视角看传播。有两种理论传统对这个视角非常重要。

第一种是文化人类学的理论传统。20 世纪初期，文化人类学在美国和欧洲发展起来，改变了体质人类学、考古人类学和语言人类学的潮流。实际上，不管是人类学的哪一个分支与流派，都将文化作为关键概念。我们在寻找文化的概念时，往往是先去人类学家那里找寻。庄孔韶等认为，在人类学中，最中心的概念就是文化。从泰勒、马林诺夫斯基到格尔茨，都提供了关于文化的深刻认识，而人类学家采用的民族志方法（ethnography）也为传播与文化研究所采用。

第二种是文化研究的理论传统。20 世纪 60 年代，源自英国及欧陆的文化研究聚焦于媒介、文化和社会的关系，打通了文学、社会学、人类学和媒介研究的疆界，解析了日常生活世界中丰富的文化意义。斯图亚特·霍尔提出的"编码 / 解码"理论形成了一个早期的理论框架，使得文化研究一方面注重对文本中的意识形态加以分析（编码），另一方面注重对社会各个群体的文本解读、文化消费和意义生产进行研究（解码）。

在文本编码方面，文化研究受到结构主义符号学的很大影响，形成了文本分析的基本理念与方法。结构主义肇始于瑞士语言学家费迪南·德·索绪尔的符号学理论。"二战"之后，结构主义思想在法国学者中发展起来，借由列维－斯特劳斯进入人类

---

① ［美］詹姆斯·凯瑞. 作为文化的传播 [M]. 丁未译. 北京：华夏出版社，2005：5.

② ［美］詹姆斯·凯瑞. 作为文化的传播 [M]. 丁未译. 北京：华夏出版社，2005：7.

③ ［美］詹姆斯·凯瑞. 作为文化的传播 [M]. 丁未译. 北京：华夏出版社，2005：12.

学，借由拉康进入心理学，借由罗兰·巴特进入文学批评，借由福柯进入话语理论，形成了重要的思潮。它还与存在主义、后现代主义有着密切的关联。它的理论和分析方法为理解文学、摄影作品、电影、新闻等提供了有力的工具。

在文本解码方面，文化研究从社会学和人类学获益良多。它首先借用了社会学的结构性框架，从阶级／阶层、性别／性身份、民族／种族、年龄／世代等方面展开分析；随后借用了人类学的民族志方法，对日常生活中的媒介使用及媒介解读进行细致调查。

当然，除了文化人类学和文化研究两大理论传统之外，还有更广阔的理论资源可以使用。法兰克福学派对文化工业和艺术作品的深入讨论，后殖民理论和酷儿理论所揭示的社会文化权力状况，后现代主义对文化奇观的批判与解构，都为相关研究带来重大启发。

第二节　文化人类学视野下的传播

在任何社会中，人们都处于特定的文化传统中。这种文化传统总是在不断流动、不断迁移、不断传播。

一、文化的传播与扩散

文化人类学家关注文化的传播与扩散，不过，其基本概念与传播学有差异。

庄孔韶等人在《人类学概论》一书中指出："传播（diffusion），或作'散播''扩散'。这与 communication 的内涵非常不同。后者是指两个主体之间的对话、交流，含有平等的意思。而前者则是指一个主体向外部的扩散，带有从中心向边缘的地位差异的色彩。"[①] 在这种认识基础上，文化形成了一些中心和文化圈，文化圈彼此重叠、迁移和交融，带来文化的扩散与传播。文化传播论的主要观点是：

1）相信传播是文化发展的主要因素；

2）认定文化采借多于发明；

3）认为不同文化间的相同性是许多文化圈相交的结果，由此，文化彼此相同的方面越多，说明发生过的历史关联的机会就越多；

4）认为进化论忽略传播迁徙，并从传播角度重构人类文化史。[②]

为了便于理解，我们将 diffusion 称为"扩散"，而将 communication 称为"传播"。但实际上，文化的扩散从来都是双向、互动、交流的，从这个角度讲，文化的扩散就是一个传播的过程。

① 庄孔韶 . 人类学概论 [M]. 北京：中国人民大学出版社，2006：41.
② 庄孔韶 . 人类学概论 [M]. 北京：中国人民大学出版社，2006：43.

二、文化的纵向传承与横向交融

文化在传播的过程中，既体现为纵向的、内部的传承（濡化与社会化），又体现为横向的、外部的交融（文化移入、文化适应），而媒介在这些过程中发挥了突出的影响（涵化、文化同化、文化杂交）。

濡化（enculturation）是一个人类学的概念。它指的是文化习得和代际传递的过程。科塔克直接指出："濡化是孩子学习文化的过程。"[①] 孩子从中学习了行为的边界，也习得了相应的社会角色。对社会个体来说，从小到大，通过语言交流、饮食习惯、家庭关系、社会交往、宗教仪式、大众媒介、文化活动等，接纳了相应的象征、伦理、文化规范、道德、信仰等，成为某个文化群体中的一员；对社会集体来说，正是通过濡化的过程，庞大复杂的文化体系才得以代代传承下去。

濡化往往体现为社会化（socialization），即社会个体学习社会行为规则的过程。这两个概念有联系，又有区别。玛格丽特·米德认为："濡化是指整体上领会某种文化特性特点的过程；社会化则是从一种普遍意义上概括了个体与社会之间的需求和获得规则。"举例来说，一个中国儿童在家庭、学校、社会等范围内，学习与其他人交往，理解并采纳相应的社会规则，例如"要有礼貌、不可动手打人、去别人家做客要带礼物"，这是一种社会化过程；在他长大成人的过程中，可能会形成基于"面子""关系""差序格局"等中国文化观念影响下的人际交往观，这就是文化濡化的表现了。

文化是有疆界的，但又是彼此交往乃至交融的。这在当前的时代体现得尤为明显，移民、旅居、留学、跨国婚姻等，都可能成为进入其他文化的契机。如果说，在同一个文化的内部的文化承续过程是濡化，那么，进入另一个文化之后受到影响，就可称为文化移入（acculturation）。[②] 与文化移入相近的概念是文化适应（adaptation）。它们大多指的是从一种文化进入另一种文化时，接纳和适应新的文化环境的过程。这个过程多半是两种文化的平衡，体现为原有文化价值和传统与新的文化行为的并行。

媒介在文化的纵向传承与横向交融中都扮演着重要角色。

在纵向传承上，我们可以通过美国传播学者乔治·格伯纳提出的"涵化"理论来理解。涵化（cultivation）指的是长期性、常态化接触电视等大众媒介的人，更容易感知大众媒介所呈现的社会现实与拟态环境，从而影响其态度和行为。在延续数十年的文化指标项目研究中，格伯纳和他的团队发现，大众媒介对于老年人、女性、家庭关系、暴力、科学与政治观点的再现，与"真实"世界有所不同，而那些媒介的重度消费者更倾向于相信媒介世界，而不是真实世界。长此以往，虽然每个人的社会结构性身份有所不同，但整个社会的观念会在大众媒介的影响下形成"主流化"的趋势，

---

① [美] 康拉德·菲利普·科塔克. 人类学：人类多样性的探索（第 12 版）[M]. 黄剑波等译. 北京：中国人民大学出版社，2012：289.

② 在人类学中，经常将两者分别称为濡化（enculturation）和涵化（acculturation）。为了避免与传播研究中的涵化（cultivation）相混淆，此处将 acculturation 译为"文化适应"。

这就是一种"涵化"效应。

在横向交融上，美国社会学家罗伯特·E.帕克的社会同化理论提供了一个思考的起点。帕克在 20 世纪 20 年代研究了美国的移民报刊，对日文、斯堪的纳维亚诸文字、西班牙文、意大利文、波兰文、波西米亚文、法文、希伯来文、意第绪文等文字的报刊之内容、发行、使用和管制展开分析后认为：一方面移民希望保存语言和宗教等故国文化遗产，另一方面想参与美利坚的共同生活，因此不能使之屈从，而力求加以同化。[①] 这与他的族群社会关系理论是密切相关的。帕克提出了"种族关系循环"的理论，包括四个环节，分别是接触、冲突、顺应、同化（contact, conflict, accommodation, assimilation）。

当文化移入与文化适应持续进行时，有可能会出现文化同化（assimilation）。这指的是当一个文化群体进入到另一个文化群体之中时，外来文化逐渐适应当地的主流文化，并与之合流。合流之后的主流文化也会容纳并体现出外来文化的特点。实际上，文化从来都是发展的，并非一成不变的，当一个新群体被同化的同时，它的文化要素也改变了主流文化的面貌。从这个角度讲，它带来了文化的杂交（hybridization），意即在文化交往的过程中，不同文化的元素交织、混杂、糅合，形成"你中有我、我中有你"的文化状况。无论是唐代中国的兼容并蓄，还是现代美国的"文化熔炉"与"文化沙拉碗"，都体现了类型情形。在当代社会中，全球交往日益频繁而紧密，以互联网为基础的新媒介不仅可以保持移民、旅居者与故土、家乡和原有文化的联系，而且提供了文化对话与交融的新可能。未来的文化景象不可能也不应该是单一的，而必将走向多元化。

三、仪式与节日

人类文化中存在各种仪式，从宗教仪式到日常仪式，从西方基督教的礼拜到中国的"抓周"，从传统时代的巫术到互联网时代的大型庆典直播，都可以视为仪式。

仪式（ritual）指的是一套模式化和序列化的言语和行动，在特定的空间和时间中进行，使用象征符号、借助传播媒介展开，将社会群体聚集在一起，实现社会关系的转换与融合。它是文化建构的结果。传统仪式往往走向一种"神圣化"的目标。正如维克多·特纳（Victor Turner）所言："仪式是一系列按固定规程进行的活动，它使用姿态、语言和物品，在一个隔离开的地方举行，旨在影响超自然的力量，从而有利于仪式行为者的目标和利益。"[②] 仪式将日常生活与神圣世界联系了起来。

人类学家将仪式分为两大类，即生命仪式和强化仪式。生命仪式又称为通过仪式、过渡仪式（rites of passage），指的是在个人生命周期的特定节点举行的仪式，标

① ［美］罗伯特·E.帕克.移民报刊及其控制[M].陈静静等译.北京：中国人民大学出版社，2011：421.

② Turner V W. Symbols in African Ritual [J]. *Science*, 1973：1100-1105.

志着社会个体从一种社会身份转变为另一种社会身份，从一个生命阶段过渡到另一个生命阶段，包括出生礼、满月礼、周岁礼、割礼、成年礼、婚礼等，葬礼也可以视为一种生命仪式。

阿诺尔德·范热内普（Arnold van Gennep）认为，通过仪式可以用于更广阔的社会范畴，所有仪式都体现了三个阶段组成的基本模式，分别是分离（separation）、边缘（margin）或阈限（liminality）、融合（aggregation）。[①] 强化仪式（rites of intensification）指的是群体性的仪式活动，它在时序循环的特定节点（例如春节、圣诞、国庆日）或社会危机时刻（例如求雨、国葬、战争），从而强化秩序与价值观，强化认同与团结，强化信仰和信念。[②]

节日（festival）是强化仪式举行的典型时刻。当代社会生活中的节日主要有三个来源。第一个是传统社会时序转换的节点，多数与当地人的劳动生产循环息息相关，如中国人所熟悉的春节以及二十四节气。第二个是与宗教、信仰和崇拜相关的纪念日，西方人的圣诞和中国人的端午节（屈原祭祀日）都属于此类。第三个则是近现代生活中挑选出的特殊时刻，用来凸显某种价值观念的重要性。各个国家的国庆日，劳动节、妇女节、青年节、母亲节等面向特定群体的节日，以及世界环境日、世界读书日等都是第三类的典型例子。

传播媒介与仪式和节日有着复杂而密切的关系。

首先，任何仪式都可以看作是一种传播活动。它以象征符号为中心，凝结和塑造着社会中的核心价值观念，进行着文化的濡化，这与传播的文化功能在一定程度上是同构的。

其次，现代的仪式和节日是媒介化的。媒介成为仪式展演的主要舞台，也成为仪式的核心。例如，朗氏夫妇对"芝加哥的麦克阿瑟日"的研究揭示了电视对仪式的塑造，这进一步引发了戴扬和卡茨对"媒介事件"的理论建构。再如，当代中国的春节庆祝活动中，电视媒介扮演着重要角色，中央广播电视总台（原中央电视台）的春节联欢晚会成为节日庆典的核心。

再次，节日的设置成为整个社会大型议程设置的一部分。不同的现代节日代表着各种意识形态的具体展现，新闻媒介对它的报道也就成为一种社会议程的争夺。

最后，互联网还塑造了新的节日。它可能是资本驱动的，体现了消费文化的特质，例如"双十一"在中国带来的消费狂欢；它也可能为亚文化和另类文化提供了表演的舞台，例如"电影节"和"动漫节"将现场聚集与互联网聚集整合在一起，促进了某些小众文化的兴盛。

总之，传播媒介与仪式/节日之间构成了文化的齿轮关系，驱动着社会生活的意识形态生产与再生产过程。

---

① [法] 阿诺尔德·范热内普. 过渡礼仪 [M]. 张举文译. 北京：商务印书馆，2010：10.
② 庄孔韶. 人类学概论 [M]. 北京：中国人民大学出版社，2006：357-362.

第三节　传播、文化与权力

文化并非仅是"风花雪月"，它与社会权力状况紧密结合在一起。在当代社会中，媒介是文化实践的核心，也是权力驰骋的场域。

一、意识形态

文化的核心是意识形态，意识形态的背后是社会权力的控制，而大众媒介则成为文化与意识形态的重要代言人。

1796年，法国思想家德斯蒂·德·特拉西（Destutt de Tracy）发明了"意识形态"（ideologie）一词，意指"观念的科学"。1846年，马克思和恩格斯发表了《德意志意识形态》（第一卷），从唯物史观出发，对费尔巴哈等人的唯心史观进行了批判，并称之为"意识形态"。这也形成了马克思主义对意识形态的基本观点，法律、政治、宗教、美学、哲学等，都属于意识形态。

马克思和恩格斯指出："如果在全部意识形态中，人们和他们的关系就像在照相机中一样是倒立成像的，那么这种现象也是从人们生活的历史过程中产生的，正如物体在视网膜上的倒影是直接从人们生活的生理过程中产生的一样。"[1] 这个"倒立成像"的比喻蕴含三个方面的阐释。第一，从唯物论出发，观念是由现实决定的，而意识形态是上层建筑的一部分，它是由经济基础决定的。第二，从阶级分析出发，资本主义社会中的意识形态是由资本主义的经济关系和权力状况决定的，意识形态为资本家的利益服务。第三，从辩证法出发，观念一旦发生，就会对现实基础发挥作用。"统治阶级的思想在每一个时代都是占统治地位的思想。这就是说，一个阶级是社会上占统治地位的物质力量，同时也是社会上占统治地位的精神力量。支配着物质生产资料的阶级，同时也支配着精神生产的资料。"[2] 在阶级社会中，意识形态是"虚假意识"（false consciousness），是具有欺骗性的，是统治阶级创造出来用于蒙蔽被统治阶级的"面纱"，让其透过这层面纱来观察环境，从而去接受环境乃至接受其中的权力状况，丧失反抗的主动性。意识形态是为一个特定国家和社会中的统治阶级服务的，它是权力的产品，甚至可以说是权力的直接复制品。

约翰·哈特利对意识形态的定义是："阶级社会中关乎表意（知识与意识）的社会关系。"[3] 从阶级关系到性别关系，从宗教信仰到人生观，都充满着意识形态。雷蒙·威廉斯认为，意识形态是阶级或其他社会集团系统的信仰，也是一个阶级或社会独特的世界观或普遍观念，它包括一些系统的和自觉的信仰，也包括不那么自觉和系

---

① 马克思，恩格斯.马克思恩格斯选集（第1卷）[M].北京：人民出版社，2012：152.

② 马克思，恩格斯.马克思恩格斯选集（第1卷）[M].北京：人民出版社，2012：50.

③ [美]约翰·费斯克等.关键概念：传播与文化研究辞典（第二版）[M].李彬译.北京：新华出版社，2004：128.

统阐发的态度和情感，甚至包括一些无意识的假定和承诺，等等。阿多诺曾经打过一个比方，把文化工业所创造出来的产品称为意识形态的社会水泥——大众媒介生产出了异化的产品，进而把意识形态固化在人们的头脑当中。

路易·阿尔都塞把国家机器分为强制性国家机器和意识形态国家机器。[①]强制性国家机器主要作用于人的身体与行动自由，具体包括政府、行政机构、军队、警察、法庭、监狱等，以"暴力手段"发挥其功能作用；意识形态国家机器则作用于人的头脑和思想，包括宗教、教育、家庭、法律、政治、工会、传播媒介（出版、广播、电视等）、文化（文学、艺术、体育比赛等），以"意识形态方式"发挥其功能作用。[②]

这种意识形态国家机器控制人们头脑的过程，阿尔都塞称为唤询。唤询（interpellation，或译为召唤），指的是意识形态将社会个体从客体呼召为主体的过程。阿尔都塞说："我认为意识形态是以一种在个体中'招募'主体（它招募所有个体）或把个体'改造成'主体（它改造所有个体）的方式并运用非常准确的操作'产生效果'或'发挥功能作用'的。这种操作我称之为询唤或召唤，可以把它设想成在平常最普通的交通线上警察的召唤：'嘿！说你呢！'"[③]简言之，一种意识形态经常展示自己，把主体位置空下来，召唤广大的民众站到这个意识形态的位置上去。

既然媒介（包括大众媒介和以互联网为基础的新媒介）是意识形态国家机器的重要一环，媒介文化研究就应该对其意识形态状况展开分析。有的意识形态看似是天经地义的"真理"，例如"私有财产神圣不可侵犯"；也有的意识形态以"心灵鸡汤"的方式出现，例如"爱拼才会赢"。这些意识形态具化在新闻、电视剧、网络文学、手游、广告等媒介内容之中，与普通人的世界观、人生观、价值观产生勾连，显得就像是"自然"形成的。接受或者不接受，接受程度如何，均因人而异。不过，我们起码要拥有甄别的能力。"意识"到意识形态的存在，就是意识形态祛魅的第一步。

二、文化领导权

关于意识形态，世界各国的马克思主义者提供了各种不同的视角。20 世纪初期意大利共产党的领袖和思想家安东尼奥·葛兰西（Gramsci Antonio）在其理论体系中提出了文化领导权（Hegemony，或译霸权）的概念。在葛兰西看来，意识形态不是一个自上而下的纯粹压制性的东西，也不是完全服从于统治阶级利益的东西，它更确切地体现为一种文化上的领导权。葛兰西认为，统治阶级要想达成对被统治阶级的管理，必须考虑被统治阶级的利益，并且将其诉求纳入到整个社会控制当中，因此文化领导权必须

---

① 强制性国家机器（repressive state apparatuses，RSAs，一译暴力国家机器）与意识形态国家机器（ideological state apparatuses，ISAs），被赵一凡形象地译作"力煞司"与"意萨司"。见 [美] 约翰·费斯克等 . 关键概念：传播与文化研究辞典（第二版）[M]. 李彬译 . 北京：新华出版社，2004：131.

② [法] 路易·阿尔都塞 . 意识形态和意识形态国家机器 [J]. 李迅译 . 当代电影，1987（3）：100-112.

③ [法] 路易·阿尔都塞 . 意识形态和意识形态国家机器 [J]. 李迅译 . 当代电影，1987（3）：100-112.

取得被统治阶级的同意，这就使得它的实践呈现出比较复杂和矛盾的状况。

斯图亚特·霍尔沿着葛兰西的思路出发，提出了理解电视等大众媒介文化内容的"编码／解码"模式，并总结了受众解码的三种立场。他认为对媒介的解读有主导式的（dominant hegemonic）、协商式的（negotiated）、对抗式的（oppositional）三种。[①] 主导式的解码往往符合内容创制者的意图，与文本中的主导意识形态相应和；协商式的解码体现了一种混合的立场，可能在大框架上接受主导观念，但根据自己面临的情境做出了一定程度的歪曲；对抗式的解码则拒绝接受文本中传递的信息，而代之以不同的解释。

大卫·莫利使用霍尔的模式在英国开展了一项受众调查，对不同类型人群按照社会地位进行分组，了解其对《举国上下》（Nationwide）这个新闻节目的解读。这个节目主要表达的是资产阶级的意识形态。莫利发现，学徒组、高中生组和不同行业的经理阶层组表现出了"主导式"解码，工会谈判代表组表现出的是"对抗式"解码。而"协商式"解码则形成了一个系列光谱，师范学院学生组在这个光谱上偏向于主导式的一端，而摄影专业学生组（受新闻专业主义影响）、普通大学生组则在光谱上偏向于对抗式的一端。这多少反映了阶级／阶层的社会地位对解码的影响。但是，莫利提醒我们："社会地位与解码之间并没有直接关系，学徒组、工会／谈判代表组和黑人夜校学生组共享同一个阶级地位，但他们的解码在不同方向上受到自己所处的话语和机构的影响。"[②] 莫利进一步指出了"文化条件"在解码中的重要作用。

对于文化研究者来说，分析媒介的时候需考虑文本解读过程当中意识形态是怎样被容纳进来，又是怎样被解读的，其中蕴含何种复杂的状况，最终的结果是促进人们对置身其中的文化状况的理解，并且努力通过解读引发文化实践，使得人们能够在日常生活中获得权力的解放。

三、文化消费与消费文化

文化消费和消费文化是一组互相联系但又指向不同方向的概念。

文化消费指的是对文化商品的消费。在晚期资本主义社会中，一切事物和过程都呈现出商品化的趋势，文化也不例外。文化形成了产业，文化内容则成为商品，就像物质商品、服务商品一样被消费。这样，文化消费就成为日常消费中的一个重要领域。在中国，文化消费也在居民消费结构中占据越来越大的比例，成为经济发展的重要驱动力。2019 年，中国人民大学发布的"2019 中国文化产业系列指数"显示，最受消费者欢迎的五大文化产品或服务是电视广播、电影、网络文化活动、图书／报纸／期刊、文化娱乐活动，而居民消费支出最大的五大文化产品或服务则是文化旅游、游

① Hall S. Encoding/decoding [J]. *Television: Critical Concepts in Media and Cultural Studies*，2003,(1): 43-53.

② Morley D，Brunsdon C. *The Nationwide Television Studies* [M]. London: Routledge, 1999: 266-270.

戏、网络文化活动、电影、文艺演出。①从这个角度讲，媒介消费是文化消费的组成部分之一。互联网的兴盛带来文化消费的新一轮扩张，我们可以观察到一系列新型的文化消费现象。例如，游戏"氪金"指的是在网络游戏里进行充值以购买虚拟商品和虚拟服务的行为。游戏玩家借此来获得游戏中可使用的装备、道具、角色皮肤等，加速游戏进程、提升游戏体验，或者在玩家之间成为炫耀的表现。它在促进了游戏产业发展的同时，也引发了关于青少年玩家过度消费的忧虑。

约翰·斯道雷（John Storey）拓展了文化消费的范畴。他认为："文化消费从根本上来说是一种社会行动，它总是受到社会语境和社会关系的影响。"因此，他不是简单地从文化商品的购买与使用上来理解文化消费，而是将之视为"制成文化"（to produce culture; to make culture）的过程。②换言之，在当代社会中，要是没有文化消费，也就没有文化了。约翰·费斯克提出了媒介的"双重消费"，第一重消费是经济上的，即花费金钱购买媒介商品；第二重消费则是文化上的，受众从文化商品中消费（同时也是再生产）了意义。

消费文化（culture of consumption）指的是一种当代社会中特有的文化状况，即消费成为人们生活方式的核心组成部分，花钱"购买"和使用商品本身就成为一种文化实践，大量消费则变成了普遍的社会风潮。如果说，在传统社会中，消费只是众多社会实践中并不起眼的一种活动，那么，在晚期资本主义社会中，它跃升为最引人瞩目的社会行为。消费文化的内在是消费主义（consumerism）的意识形态，消费文化的外化则是消费社会（consumer society）的形成。鲍德里亚认为，消费主义的核心逻辑是"符号/价值的逻辑"，人们不是为了物的使用价值去购买它，而是为了它的符号价值和象征价值去购买它，从而开展炫耀式消费。③正如鲍德里亚所说："今天，在我们的周围，存在着一种由不断增长的物、服务和物质财富所构成的惊人的消费和丰盛现象。"④

西莉亚·卢瑞（Celia Lury）描述了现代消费的十六种特征，包括：

1）拥有数量和品种繁多（而且一直不断增长）的消费商品；

2）市场使人类的交换和交流朝着越来越广泛的方向发展；

3）购物延伸为一种休闲方式；

4）不同购物形式的日益显现；

5）由消费者组建的消费者政治团体；

6）体育和休闲消费日益明显；

7）解除了借钱的限制，相应地，欠债的含义改变了；

①　人民网. 中国人民大学发布"2019 中国文化产业系列指数"，2019-12-25.

②　Storey, John. Cultural Consumption and Everyday Life [M]. Bloomsbury Academic, 1999.xii-xiii.

③　[法] 让·鲍德里亚. 符号政治经济学批判 [M]. 夏莹译. 南京：南京大学出版社，2009：64.

④　[法] 让·鲍德里亚. 消费社会 [M]. 刘成富等译. 南京：南京大学出版社，2001：1.

8）购物和消费场所的增加；

9）在生产、陈列和购买消费品的过程中，包装和宣传的作用变得越来越重要；

10）日常生活中广告的肆意渗透；

11）越来越注重商品的款式、设计和外观；

12）营造特殊的时空氛围来推销产品；

13）出现了一系列的所谓消费犯罪以及消费者监控技术；

14）生活方式的推广使得消费商品以及自我塑造或自我完善的相关仪式变得不可避免；

15）出现了越来越多的所谓"消费疾病"和所谓的"代理病"或"愿望病"；

16）个人或集体对物质商品的收藏、分类和陈列的浓厚兴趣。[①]

总之，马克思主义所说的"商品拜物教"成了现实。在中国，每年互联网电商在"双十一"期间的疯狂推广与竞争，以及消费者们的狂热行为，就鲜明地展现了消费文化的状况。

文化消费既是消费文化的组成部分之一，又成为它的巨大助推力量。以广告为急先锋，在传播媒介的影响下，消费越来越普遍，越来越深入。

四、亚文化与粉丝文化

意识形态的概念揭示了政治因素对文化的影响，而消费文化概念则提醒我们，经济力量对文化也有侵蚀。事实上，文化状况是极其复杂的，在主流文化之外，萌生了丰富的亚文化与另类文化。

亚文化（subculture，或译次文化），通常与父辈文化（parent culture）相对，它指的是在一个社会中形成的青少年文化现象，这种文化现象在价值观念、行为规范、社会表征、外在符号等方面建立了与主流的父文化大相径庭的一套体系。亚文化经常发生在青少年群体中，并以流行文化为依托。例如，20世纪70年代在英国和美国兴起的朋克（punk）文化就是典型代表，它以朋克音乐为先锋，形成了离经叛道的价值观念和文化审美，而外形上的代表则是染得五颜六色的莫西干发型（Mohican or Mohawk）。当前中日韩等国流行的"二次元"也是典型的亚文化，它以动漫游戏文化（ACGN）为基础，将幻想引入现实，不仅乐于消费那些虚构出来的故事，进入与现实迥异的世界，而且还通过"扮装"（cosplay）等方式加以具现化，并进一步形成"萌文化""宅文化""腐文化"和"丧文化"等现象。

亚文化经常与青少年的越轨行为联系在一起，被视为"抵抗"或者挑战。有时候，它被直接称为"反主流文化"（counter culture，或译反文化、反抗文化）。不过，亚文化与父辈文化既是互相依存的，又是互相融合的。从父辈文化的角度来说，经常会对亚

[①] ［英］西莉亚·卢瑞.消费文化 [M].张萍译.南京：南京大学出版社，2003：25-30.

文化进行"收编"，把它从政治上引向社会主流价值观，或者从经济上变成一门生意；从亚文化的角度来说，这种收编也就意味着对父辈文化的一种改造。实际上，文化是随着时代变迁而不断变化的，此时的新奇文化，或许对下一代来说就是挑战的对象了。

虽然青少年亚文化并非主流，但它的参与者规模却有可能非常庞大。相比而言，有的文化样态则属于小众，参与者规模就小得多了。这时候，我们经常称之为另类文化（alternative culture，或译非主流文化、替代式文化）。另类文化经常与青少年亚文化互相联系，难以明确区分。另类文化存在于主流文化之外，或者它的边缘，它的文化审美比较独特、奇异、晦涩，因此在主流文化景观之外带来了不一样的感受。例如，涂鸦文化（graffiti）在刚刚兴起的时候就是一种另类的文化，它作为一种街头艺术，不仅有别于绘画和美术等高雅艺术，而且有别于机械复制时代的商业化印刷图像，这就是典型的另类艺术。另类文化经常会被污名化，不过，它使得人类的文化样态有了更强的多样性，带来了更丰富的可能性。

当代亚文化和另类文化的一个突出表现是粉丝文化（fandom culture）。粉丝（fans）来自于"狂热分子"（fanatic）一词，原指宗教信仰中极度热情的教徒，后来挪用到体育迷、流行文化迷以及偶像（idol）的追随者身上。① 例如，足球"球迷"成为一个全球性的文化现象，美国科幻影视作品《星际迷航》（Star Trek）聚集了庞大的粉丝群体，在中国，2005 年的选秀节目《超级女声》则开启了以偶像为核心的粉丝文化大潮。在主流话语中，对粉丝文化的认识形成了三个误区，分别是问题化（或者说"病理化"）、神秘化、商品化。评论者或对它大肆抨击，或对它不屑一顾，或认为它是一个可开发的经济"富矿"。我们既要对粉丝文化中的无理性行为及易受资本操控的现象予以警惕，也要认识到，粉丝文化蕴含巨大的创造性。它应当被视为一种文化实践或媒介实践，应当从三个维度出发去理解。首先，注意"主体"，强调粉丝们的主动性、生产性、参与性；其次，注意"个体"，既承认社会结构的制约性，又强调粉丝个体行动的多元性乃至碎片性；最后，注意"行动体"乃至"身体"，强调在文本之外的行动、过程、姿态与身体，强调粉丝行动的具身性、表演性和情感性。②

本 章 小 结

从某种程度上来说，传播与文化是同构的。传播的仪式观就是将传播视为文化的视角。要理解作为文化的传播，有两个理论传统非常重要，一是文化人类学，二是文化研究。

文化人类学提供了文化扩散的观点。文化在传播扩散的过程中，既体现为纵向

---

① [美] 亨利·詹金斯. 文本盗猎者：电视粉丝与参与式文化 [M]. 郑熙青译. 北京：北京大学出版社，2016：10-11.

② 张磊. 实践性与物质性：粉丝文化研究的新理论框架 [J]. 教育传媒研究，2020（4）：80-83.

的、内部的传承（濡化与社会化），又体现为横向的、外部的交融（文化移入、文化适应），而媒介发挥了突出的影响（涵化、文化同化、文化杂交）。

在当代社会，仪式和节日与媒介的联系日益紧密。

文化研究从西方马克思主义视角提供了对媒介分析的重要理论。意识形态和文化领导权揭示了政治影响，文化消费和消费文化带来经济思考，而亚文化和粉丝文化提醒我们，文化是多样的。

思考题：

1. 什么是文化？如何理解文化和传播的关系？

2. 什么是传播的"传递观"和"仪式观"？理解传播与文化，两种主要的理论传统是什么？

3. 文化人类学为理解传播提供了哪些洞见？试着用相关概念分析以下课题：青少年的媒介使用及其社会化、移民的媒介使用、作为媒介节日的"春晚"、作为媒介仪式的奥运会。

4. 如何从文化研究的视角来思考粉丝文化？

第十章　传播与经济

第一节　传播中的经济

一、传媒经济学介绍

二、传播中的经济特征

三、传媒产业价值链

四、传媒经济的基础理论

第二节　传媒生产与经营的迭代

一、媒介产品经营

二、媒介产品的经营范围

三、智能化生产制作

四、多元渠道分发

第三节　数字经济与融媒体经济

一、以连接为基础的数字经济

二、数字经济的特征

三、以用户为核心的商业模式

四、媒介平台经济的风险与规制

本章要点：

1. 数字经济背景下的媒体平台积极地将消费者纳入其价值创造过程。通过这种方式，它们可以利用消费者的潜力来创造附加值。

2. 就媒体平台而言，整合可以发生在传统价值链的三个阶段中的任何一个阶段，即内容创建、营销与分发。

3. 互联网时代，数据与算法机制为媒体平台创造了利益，但也带来潜在的危机。

CHAPTER 10
第十章

传播与经济

在生产、聚合、分发和接收的数字化过程中，传播与经济更紧密地联系在一起。

大众传播在信息化社会逐渐充分地发挥其经济功能。媒介经济产业占据越来越多的市场份额，在影响和改变社会需求以及监督市场秩序两方面扮演重要角色。媒介经济学观点抓住了媒体的基本功能：媒体作为中介，将生产要素与社会主体联系起来，推进了社会繁荣发展。

万物互联是媒体在经济和社会活动的先决条件。没有连接，就不可能谈论媒体的盈利能力，也谈不上扩大其影响力、驱动力和舆论影响力。没有用户，就不可能谈论平台创造价值的能力，而用户之间深层次的文化与情感共鸣促使媒介平台兴起了基于圈层的虚拟社会关系，从而获得可观的经济效益。

数字经济迎来全球化机遇，蓬勃发展背后潜藏伦理和规制危机。媒体内容走向庸俗与低级，算法推荐加深用户偏见、形成数字鸿沟，数据获取方式侵犯个人隐私等现象层出不穷。因此，见证媒介平台经济高速发展同时，必须正视其存在风险，通过政府监管和公众参与等多方力量，共同推动媒介经济健康运行。

第一节　传播中的经济

一、传媒经济学介绍

媒介经济学体现了针对所有媒介类型的经济理论和实践经济学问题。媒介经济学非常关注媒体机构在业界的实践与在学术界的研究，业界实践领域包括新闻、电影制作、娱乐节目、印刷、广播、移动通信、互联网、广告、公共关系。

学术研究方向则涉及媒体所有权和集中度、媒介管制、市场份额、知识产权、媒介竞争、经济战略、媒介公司经济学、媒体税收等其他问题。传媒经济学具有社会、文化和经济意义。

媒体行业在很大程度上是一个复杂的行业，涵盖了从业务运营到创意的广泛领域。从对象上看，媒介经济学的研究主要集中于行业的主要参与者：公司、消费者以及环境。也就是说，媒介经济可以帮助我们分析和理解生产者、观众、广告商和政府等主体之间的关系。

二、传播中的经济特征

（一）二次售卖与双边市场

媒体提供两种商品：内容和用户。

第一种产品面向消费者销售，第二种产品面向广告客户销售。用户期望在媒介市场中寻找能够满足自身信息诉求的产品，媒介机构在市场中销售用户所需信息内容。尽管此时产品被用户消费，但是销售模式并不完全遵循市场的定价规律，因为低价的报纸和免费的无线电视与其会计成本完全高于定价成本。

因此，媒介经济区别于其他产业经济最显著的特征就是通过第二次甚至多次售卖获得经济补偿。在随后的销售过程中，媒介的销售目标已不再是用户，而是广告商，销售产品则是用户的注意力。以用户为核心的"注意力经济""影响力经济""用户经济"和"口碑经济"是媒体机构盈利的关键所在，是其他经济组织所不具备的。

媒体向广告商销售的是一种无形资产，例如呈现广告内容的时间或空间。广告收入为大部分媒体提供了运营成本与发展资本，因而广告价格通常不是生产成本决定的，而是由传播效果的价值所决定的。

从产业特征的角度来看，传媒产业的"双边市场"特征是一种中间经济平台。具体来说，通过在两个（或多个）不同类型的关联客户之间进行直接交互来创造价值的组织被称为双边或多边平台，它将原本不相关联的两边用户市场交汇融合，以合理的价格结构使多方用户达成最大化的交易量。

媒体运作涉及商业与社会关系。在商业关系方面，媒体将用户、广告商、内容创建者和其他合作伙伴联系起来，以实现供需之间的有效联系，为用户创造价值，并在此基础上进行商业发展，以实现自己的经济价值。在社会关系方面，媒体是传播主流舆论、传播主导价值、优化社会领域中多种价值分配，并通过信息的收集、汇总和再现，建立社会共识的平台。媒介经济中的媒体是消费者和广告商之间交互的平台，消费者和广告商之间存在着双边交叉网络效应。

（二）双重属性

中国的媒介属性与其他国家的媒介属性并不完全相同。中国的媒体系统是不同的媒体哲学和中华文明悠久历史产物的结合。"一元体制、二元运作"的媒介体制，使党和政府以及私营企业，在中国文化传播中扮演着不同的角色，并以不同方式提供精神文化产品。中国媒介系统内部的两种属性相互作用。

一元体制是指媒体为国家所有，中国媒体要接受党和政府的领导；二元运作是指事业化单位进行企业化管理。媒体不仅接受国家拨款，也要作为市场经营的主体，参与到"自由市场"的竞争当中，获得利润。在 20 世纪 70 年代末 80 年代初期中国实行开放政策之后，"自由市场"就开始成为中国媒介产业的市场模式之一。资本是"自由市场"的一大推动力，资本所有者向媒体投入资金并对媒体内容产生影响。结合了上述两种属性的媒体，最终形成符合中国特色社会主义的媒介产业整体。

三、传媒产业价值链

媒介产业价值的增值活动主要包括策划、制作、包装、传输、发行、广告以及相关商品开发。这些价值活动发生在供应链、输出链以及消费链等整个传媒产业价值链中。价值链一直以来在制造实物产品的制造业中比较明显，但是这个概念在传媒行业中同样重要，时间、知识、设备和系统被用来为用户创造价值。

传媒产业可以通过价值链模型来进行解释。它涉及出版商、内容、用户还有媒体策划人员和品牌营销人员。随着需求的增长和行为定向（Behavior Targeting）的采用，媒体中已经出现了一种更现代的价值交付方式，并创造了以消费者为中心的价值链。

无论是关注大众还是利基市场，传媒产业价值链都基于吸引用户注意力而创造和开发内容。内容一直是最终经过"处理"、从而成为媒体策划者和购买者创造价值的原材料。处理内容通常涉及对目标用户进行细分，并提出针对该用户群体的应对策略。

这种细分最早主要依靠编辑邻接（editorial adjacency），因为与编辑邻接相关的内容会通过附加的人口统计指标（例如性别、年龄和所在地区等）的相关分析帮助主体获利。媒体策划者与广告商会通过利用编辑邻接的弹窗广告（pop-up ads）来迎合并获取目标用户，例如当用户在浏览体育新闻时，弹窗广告就会出现运动产品的推广内容。

随着人工智能技术的发展，行为定向的利用，使内容可以通过另一种方式进行精准推送，以产生价值。内容始终是用户聚集的主要驱动力。从这个意义上讲，行为定向为价值链中的内容原材料处理提供了一种新方法，通过提供合理的策略来提高媒体的曝光效率。在当今世界中，由于多种媒体消费的普遍性和互联网支持的内容可访问性，消费者行为变得愈加难以捉摸，行为已被确定为比人口统计更准确了解用户行为意图的工具。

行为定向是指通过对用户的深入观察，探究用户行为，准确把握用户特性，并根据其行为特征，推断其需求与偏好，使某些类型的内容吸引特定类型的用户。发布者使用内容创建分类或细分，然后通过分析用户数据，针对独特的用户群体或任何其他可量化的指标，来为内容增加价值。最终将其货币化并出售给可购买这些"再加工"商品的营销商。

对于发布者而言，行为定向是量化、货币化和增加目标用户群的另一种方式；对于媒体策划者来说，它代表了一种为客户创造价值的新方法。在网络运行成本低廉的时代，优质的编辑邻接存在于在线媒体世界中，行为定向作为一种新的方式来处理内容并为客户创造媒体价值。对于一个依靠创意和想法而蓬勃发展的行业，例如在线媒体，这意味着行为定向的可用性已经重新定义了传媒产业价值链。

四、传媒经济的基础理论

（一）注意力经济

在互联网出现之前，稀缺内容是常态。消费者必须使自己的口味和需求适应主流电视、报纸和广播中实际提供的内容，媒介市场上的竞争者相对较少。

注意力经济的本质是在大量信息中筛选处理有效信息的方法。进入信息时代，信息已不再稀缺，更为稀缺的商品是用户的注意力，媒介经济就是用经济学理论来处理供过于求的信息。

来自包括心理学、认知科学、神经科学和经济学在内的广泛学科的研究表明，注意力是一个认知过程，涉及选择性地将注意力集中在既定的信息内容上，并排除其他可感知的信息。为提高信息被关注的程度，就需要思考注意力的分配方法。

注意力经济将潜在消费者的注意力视为一种资源。传统的媒体广告商遵循一种模型：爱达公式（Attention，Interest，Desire，Action，AIDA），该模型表示消费者经历的线性过程，即关注、兴趣、欲望和行动[①]。

因此，注意力是转换非消费者过程中的主要步骤，也是第一步。由于向消费者传输广告的成本已经变得足够低，向消费者推广的广告（例如，通过在线广告）可能超过了消费者可以关注的广告，因此消费者的注意力就变成了稀缺的资源。

注意力经济有如下特征：

1）注意力经济的商业模式是如何在有限又稀缺的注意力范围内筛选与管理信息；

---

① Lee, S. H., & Hoffman, K. D. Learning the ShamWow: Creating infomercials to teach the AIDA model [J]. *Marketing Education Review*, 2015,25(1):9-14.

2）注意力经济重塑了客户、开发商以及供应商之间的商业关系，并使它们的边界越发模糊；

3）边际递增原理决定了注意力经济体系的形成需要建立共赢机制，共赢机制的动力来自技术创新与规模经济；

4）注意力经济与影响力经济相辅相成，不管是用户、平台还是广告商，获得注意力就意味着具备了影响力，影响力经济加快了流量变现的速度；

5）在注意力经济系统中，媒体价值链体现了数字营销的发展新趋势；

6）注意力是具有周期性的，用户对待新奇事物的注意力很快会被另一件新奇事物所取代，因而内容生产创新的速度是注意力经济的关键所在；

7）注意力经济在资本市场等虚拟经济上表现最为突出。资本市场规模的日益发展和壮大，使虚拟资本对国民经济的影响越来越大。

（二）影响力经济

由于注意力所带来的经济效益，社会的注意力资源在时间上的延续性，可使其市场价值丰厚起来，成为把握力和控制力，也就是影响力。媒介市场的价值来源于从用户中所获得的影响力，影响力是从目标用户对传媒产品的持续注意中获得，原因在于传媒产品在市场上形成的"二次售卖"的独特盈利模式，它取决于传媒产品的信息特性、载体特质及构成方式。

在线零售业务模型中，基于电子商务的影响力经济，使社交媒体平台通过电商平台（例如淘宝网）向其关注者中的潜在买家出售其自有产品。同样在这种商业模式中，消费者正在成为那些产品的代言人，特别是通过参与社交媒体，极大地影响了在线商店，成为产品和品牌的成败关键。这些消费者在推动产品和品牌蓬勃发展中发挥着重要作用。这些被认为是"专业客户"的消费者参与的新的消费形式，使用户逐渐摆脱僵化的社会分层，但最终被影响力经济模式支配[①]。

社交媒体广告中影响力经济的基础是内容。具有影响力的用户利用免费的高质量原始信息吸引网民的注意力并改变他们的习惯。这些互联网影响者打破了传统媒体的垄断，成千上万的追随者愿意接收并相信他们的信息。

影响力经济通过两种方法对产品进行宣传：一是向具有影响力的用户支付广告产品费用：当网络用户拥有足够的关注者时，一些媒体公司将与他们联系以进行广告宣传；二是一些制造商为有影响力的用户打造新品牌，或者与知名IP进行品牌联名捆绑销售，不仅节省销售给客户的广告营销成本，也提高了品牌影响力。

此外，影响力用户的风格更加鲜明，其粉丝或追随者也是如此，并逐渐形成圈层效应。因此，很容易区分不同群体的需求和特征。影响力经济中的影响者不同于传统

---

① 喻国明.影响力经济——对传媒产业本质的一种诠释[J].现代传播，2003（1）：1-3.

名人，因为他们与追随者之间的距离更短，因此可以将更多的追随者转化为购买者。

需要注意，媒介机构的目的并不是获取用户即时的注意力资源，而是更需要目标用户持续不断的关注，才能形成影响力。由注意力的形成到影响力的实现，需要两个重要因素：一是要凝聚目标用户，二是使这一资源能保持持续的社会关注。

（三）规模经济

规模经济（Economies of scale）在微观经济学中是指扩大生产规模引起经济效益增加的现象，是随产量增加而减少长期平均总成本的特性。规模经济反映的是生产要素的集中程度同经济效益之间的关系。媒介产品内容展现多样性和多变性，只是其价值的一部分。比如，新闻的价值在于其新鲜的程度。但是这种新鲜的代价极其昂贵，每天生产一种全新的产品都会花费大量的生产成本。因此，传媒产业中出现了规模经济的现象：工业化生产多样化、多变的产品。

规模经济的存在对市场竞争和定价策略具有重要意义。在规模经济较大的市场中，过度的竞争会将价格推向边际成本，而企业将无法收回其固定成本，并且要承担巨大损失。因此，从长远来看，两种类型的市场结构出现了：市场由一个公司主导（或垄断），或者公司区分并瞄准不同的细分市场（同样，某些公司可能在每个细分市场中处于主导地位）。这种模式非常适合消费者重视多样性的传媒产业。例如对影片制作来说，电影制作完成时，即电影母版制作完成，其主要要素投入已完成，这时母版包含电影产品的大部分成本，电影发行放映成本相对于巨额的制作成本来说是微乎其微。电影在放映时，投放拷贝的数量越大，单个拷贝成本就越低，具有明显的规模经济效应。

固定成本与可变成本之间的关系越高，随着销量增加的单位成本就越强。这些信息商品的规模经济不受限制，尤其适用于媒体公司。用户数量与规模的增加，使得平均生产成本不断下降，媒体就可以获得规模经济和更高的利润。

（四）范围经济

范围经济是通过生产多样化产品以节省原始生产成本的经济。如果说规模经济涉及由于增加单一产品类型的生产规模而导致的平均成本或单位成本的降低，那么范围经济则涉及通过生产更多类型的产品来降低平均成本。尽管诸如技术之类的许多因素可以解释范围经济，但尤为重要的是存在共同的投入或生产中的互补性。企业可通过努力开拓范围经济，以较低的成本生产和提供多种产品。

例如迪士尼公司通过生产和制作原创动画片或对经典作品的再创造，并将其产品向院线等媒介市场中投放销售，实现多次传播，从而以动画作品为宝贵资产处在价值链上游。而将动画片中的主要角色融入主题乐园的策略，成功吸引了大量游客，使乐园项目成为迪士尼集团收入的重要来源之一。动画作品与乐园共同营造的氛围也促进了其他 IP 产品的销售，如图书、音乐原声唱片、纪念品、玩具、文具、服装、游戏、英语教育机构等。

（五）网络效应

网络效应（Network effect）是一种现象，主要是指逐渐变多的参与者会提高商品或服务的价值。[①] 尤其在互联网活动中，互联网的价值随着用户规模的扩大和用户对其共享而增加。最常见的例子是电话或社交网络服务：采用某一种社交媒体的用户人数越多，每一位用户获得的使用价值就会越高。一些手机制造商公司也受益于这种直接的网络效应，比如当从一台苹果设备发送信息到另一台苹果设备（例如通过 iMessage）时，则帮助该公司扩大了市场份额。

罗伯特·梅特卡夫（Rober Metcalfe）指出，一个网络的价值与联网的用户数的平方成正比，也就是每位用户所获得的效益并非常量，而是会随着网络用户总人数成线性成长，这就是直接网络效应。当平台或服务依赖于两个或多个用户组（例如生产者和消费者、买者和卖者或用户和开发者）时，就会发生间接网络效应。随着来自其中一组的更多用户加入平台，另一组也将获得更大的价值。一些电子商务和资源共享平台的崛起可以较好证明这一点。

网络效应的原理说明，从长远来看，那些具有较高市场份额业务的网站或平台，将更倾向于成功，因为其市场份额可能会大幅增长。因此，在网络效应中起主要作用的市场通常被称为"赢者通吃"市场。为了使利润最大化，企业通常会在不超出用户支付预算的情况下，尽可能为其产品定高价。但是，当市场受到网络效应影响时，尤其是在初期，驱动的关注点不是利润，而是市场份额，这是因为未来客户的付款意愿取决于现有用户的数量。在实践中，脸书作为社交媒体巨头的出现就是一个很好的例子。当脸书在 2004 年诞生时，还是一个免费的社交媒体平台。由于免费，该平台拥有越来越多的注册用户，赢得了更大的市场份额，并最终取代了当时的主要竞争对手"我的空间"（Myspace）。直到 2007 年，脸书才通过广告来依靠其用户群获利。

第二节　传媒生产与经营的迭代

一、媒介产品经营

（一）媒介产品的属性

媒介经营者作为信息、文化与精神产品的生产主体，不仅要支付创作成本，还要

---

① [英] 吉莉安·道尔. 理解传媒经济学：第二版 [M]. 黄森等译. 北京：清华大学出版社，2018：43.

维持自身的经营与发展，必然要通过各种经营活动获取收益，并力求以最小的投入获得最大的产出。按照媒介经营活动所涉及的内容，媒介产品属性可分为三类：信息产品属性、创意产品属性和公共产品属性。

1. 信息产品属性

媒体内容作为信息产品具有一系列与生俱来的固有特性。

首先，鉴于信息的质量和实用性只有在消费到某种程度后才能进行评估，信息产品同时也是经验产品。在许多情况下，媒介产品管理的主要目标是通过对价值的准确感知和经验来赢得用户的信任，而对价值的准确感知会随着时间的流逝，基于累积经验的持续学习过程得到加强或改变。许多媒介内容也可以用作信任品，因为消费者可能难以评估它们相对于所寻找目标的质量差异，并且这种不确定性甚至在产品消费后仍会持续。

其次，信息商品要服从规模经济和范围经济。这些现象与内容生产成本的正常结构有关，其特征在于首次生产第一份作品的固定成本较高，而复制的可变成本较低（在某些情况下几乎为零）。这种成本结构确保边际成本与所消费的单位数量成反比（规模经济的基础），同时可以为多种格式的单一产品商业化策略（范围经济的关键）和转售活动节省大量资金。

最后，信息产品在不同程度上共享公共商品在消费中的非竞争性和非排他性等双重特征，尤其在质量、描述信息等方面。但就媒介产品而言，有许多面对竞争和排他性的方法。尽管传统上将免费电视和广播视为标志性的公共物品，但报纸、音乐和电影行业具有许多私人物品的定义特征。这些特征意味着，一个人的商品消费并不能阻止另一个人的消费（非竞争性商品），并且商品本身并不是私有的（非排他性）。

2. 创意产品属性

想象力、创造力和才能对于媒体内容的成功必不可少，在某些情况下，是因为"创意"有可能引起非凡的关注，特定的专业团队成功地将他们的技能和能力集中到了一起，以竞争性方式生产真正有价值的内容。在这方面，媒体内容满足了将其视为创意产品的要求。

创意产品的标志是市场行为的相对较高的不可预测性，无论是在需求方面还是在报价方面。伴随着承担高昂固定成本的需求，其中许多成本可能无法收回，这种不可预测性涉及非常高的经济风险，且必须与诸如商业化行动等有效地结合在一起。

3. 公共产品属性

公共产品，基于萨缪尔森的观点，是指集体可共同使用的产品。由于媒介背负着国家在意识形态上的宣传责任，来传播主流的价值观和理念，因此媒介产品具有公共产品属性。然而由于市场资源的合理配置，媒介组织也参与到媒介市场的竞争中，并面向用户与广告商并存的媒介市场进行内容制作，由此也导致了产品内容过度娱乐化和低俗化等现象，带来错误的价值观引导。因此，国家为了控制市场调节的不足，弥补市场调节的弊端，会对媒介产品进行一定的管制。

（二）媒介产品的价值

任何商品都是一种能满足人们某种需要的物品。商品能满足人们某种需要的属性，就是商品的使用价值。媒介产品的使用价值在于其能满足用户对信息、服务和社交等方面的需求。媒介产品首先应该具有商品的"使用价值"，因为媒介产品是以交换为目的而生产的，没有使用价值，也就无法交换，最终也就无法产生经济效益。

媒介产品的使用价值所满足的是人们获得信息的需要和精神生活的需要，其基本功用是能够向社会消费者提供各类信息服务和精神生活方面所需要的文化型、信息型消费产品。一般非媒介产品满足了人们的物质需求，其作用在于保证正常生活。人类在满足最基本的物质需求之后，都会产生更高层次的需求；而作为媒介产品的电视节目、报纸、书刊、电影等则可以满足人们的文化、精神与信息需求，媒介产品的使用价值也正是在对需求的满足中得到实现。

媒介产品也具有信息、符号和注意力价值。

首先，媒介产品在媒介市场中最显著的价值是其作为信息产品的价值，信息的质量决定了产品的价值高低。信息产品对用户的有用程度是判断媒介产品是否有信息价值的标准。

其次，符号价值以意识形态、比较和同构三种主要形式体现。诸如国家的意识形态符号传达了信念和思想；比较符号，例如知名品牌的符号，将传播过程简单化；同构符号与周围的文化环境融合在一起，从而使个人和组织能够适应周围的环境获得认同感。

最后，互联网时代，注意力取代信息成为最为稀缺的价值资源。在"用户为王"的时代，媒介所凝聚的用户注意力是媒介产品的传播价值所在。可凝聚的注意力越多，商业价值就越高。

二、媒介产品的经营范围

（一）媒介产品类型

用户对媒介市场的需求导致了媒介产品的诞生，从而生产出符合用户预期的产品和服务。媒介产品通过满足用户的诉求来实现其在市场中的价值。广义的媒介产品是一切能够展示媒介内容的时间与空间，例如印刷媒体的版面、广播与电视节目的时间段等。狭义的媒介产品指媒介市场中销售的报纸、电视节目、广播节目等，它们为用户提供新闻信息服务、休闲娱乐节目、科学知识等。不同类型的媒体行业运营不同的媒介产品，主要媒体行业包括电影、电视、视频游戏、印刷、出版以及互联网企业等。

（二）媒介产品的多种组合

媒体产品具有不同的时空特征。例如电影和电视节目是动态展示，报刊则是静态展示。动态展示给用户带来的视觉效果与冲击力强，静态展示因其时间的可延续性能够使产品内容对用户产生潜移默化的影响。因此要对在各种媒体上发布的内容规格和频次进行合理组合，使传播效果最大化。

伴随着新媒体的崛起，文化 IP（intellectual property）已经成为一种文化产品之间的连接融合。IP 原意为知识产权，本身已具备极大的影响力；通过与媒体平台和其他品牌方的交流合作，不仅能够快速实现经济效益还能够延续文化影响。越来越多的媒体平台开始注重 IP 开发，通过塑造经典又具有影响力的 IP，为其运营相关的文学、动漫、影视、戏剧等多种文创业务领域的互动娱乐新生态，形成多种媒介融合与多种文化创意跨界的创新业态。

三、智能化生产制作

媒介生产本质上属于信息产品的生产范畴。科学技术的发展逐渐缩短了媒介产品的制作周期，媒体平台的中介作用也在内容生产过程中最大限度地体现了群体智慧的成果。无论是在传统媒体时代，还是万物互联的时代，高质量的内容产品始终供不应求。

例如奈飞（Netflix）从其 1.51 亿用户中收集数据，并实施数据分析模型来发现客户行为和购买方式；然后，使用这些信息根据用户的喜好推荐电影和电视节目，甚至使用大数据分析来进行自定义营销。奈飞发现，许多订户都观看了英国版的《纸牌屋》，而那些看过英国版《纸牌屋》的成员似乎也更喜欢凯文·史派西（Kevin Spacey）主演的电影，这是推动凯文·史派西扮演该剧主角的原因之一。此外，数据发现，该剧的导演大卫·芬奇（David Finch）曾与凯文·史派西合作多次，两位的用户之间有巨大的交集。因此奈飞不必花费太多时间和资源来推广该节目，因为它已经知道有多少人对此剧感兴趣，并评估其可能带来的巨大收益。

人工智能技术也已经逐渐渗透了内容生产的各个环节。信息传播的无限畅通使内容创作的诉求不断提高，而门槛不断降低。在用户即可创造内容的新环境里，内容创作的竞争空前加剧。

在智能媒体方向上进行的研究与尝试，使智能生产能力已经在实际项目中得到了很好的落地。基于相关的经验，多媒体实验室打造了一套跨模态的智能生产平台。平台将文字、图片、音乐与视频四种类型的素材进行有机地整合和转化，实现各种类型内容的高效生产。

在媒体智能生产方面，目前存在一系列可供媒体进行智能内容生产的产品，帮助实现工作流程各环节的智能化，提升整体效率。

四、多元渠道分发

（一）用户画像与精准算法

用户画像可用于考虑品牌购买者和用户的目标、需求和局限性，以帮助指导有关服务、产品或交互空间的决策。用户画像的核心，是用户信息的标签化。标签一般包含两类数据：静态标签和动态标签。年龄、性别、居住地、籍贯等人口属性信息基本不会变化或变化很小，属于静态标签；社交关系、兴趣偏好等会随着时间动态变化，属于动态标签。

个性化推荐主要完成大量内容的智能分发。推荐引擎将用户画像中的用户标签和内容画像中的内容标签进行关联，将用户感兴趣的内容分发给用户。媒介产品生产的数字化是一个创新过程，凭借大数据与算法编程，各种信息得以兼容共存。

媒介产品内容的创造随着技术发展，愈发以用户为核心，产品内容创作者们基于用户需求和偏好生产与制作媒介产品，并通过大数据的用户画像进行内容推荐。

（二）多元分发渠道

内容分发是一种营销形式，专注于为在线目标用户创建、发布和分发内容。媒体机构通常使用它来实现以下目标：吸引注意力和潜在客户，以扩大其客户群；产生或增加在线销售，提高品牌知名度或信誉；集合活跃用户形成在线用户社群。

数字内容营销的供应链主要由商业利益相关者和最终用户利益相关者组成，分别代表内容提供者、发行者和客户。在此过程中，分发者管理发布者与消费者之间的接口，然后分发者可以通过外部渠道识别消费者所需的内容并实施精准营销。

内容分发是分享、发布和推广内容的过程。通过内容分发，可以让目标用户通过多种渠道和媒体形式获取内容；同时系统自动根据用户喜好，进行有针对性的推荐。

1. 原创内容分发渠道

原创内容分发渠道包括社交媒体、官方网站和电子邮件。

社交媒体渠道是指将制作完成的媒介内容产品通过各大社交媒体平台发布，能够使发布内容在平台内获得较高的权重，从而顺畅地流通传播，因为外部链接达到一定量级会被限制展示。

官方网站分发主要选择行业内具有知名度的权威站点发布媒介产品，如文学作品通过在文学网站上连载，能够提高读者黏性。

电子邮件渠道则是借助专业的邮件平台，可以为每个用户发送一份不同于其他用户的媒介产品推广邮件。

2. 共享内容分发渠道

共享型内容分发，通常是对外部散播统一内容，且内容的进一步发酵需要用户的反馈，才能够获取更精确、可信度更高、结构更细密的用户数据。但因为频繁且大面积地接触共享信息，非常容易受到外部需求影响而变化，内容发布间隔非常短。

3. 付费内容分发渠道

付费内容分发渠道包括点击付费、付费社交广告、付费 KOL（意见领袖）广告和付费搜索等。智能传播专注于收集详尽的数据并对其进行分析，依靠算法强大的洞察力和智慧，从而推动特定的分发行动。为此，在合适的背景下向定位明确的消费者群体提供个性化的内容展示，提供全方位的服务方式，也是实现可盈利的业务增长方式之一。从许多方面来看，向用户推送符合其偏好的媒介产品是艺术与科学、创造力与数学的紧密结合，在多个渠道上极大丰富了用户体验。

第三节　数字经济与融媒体经济

一、以连接为基础的数字经济

数字经济是指基于数字计算技术的经济。数字经济越来越与传统经济交织在一起，使过去清晰的界线变得愈加模糊。它的基础源于人们与企业、设备、数据和流程之间数十亿的日常在线连接。它基于互联网、移动技术和物联网所产生的在人员、组织和与机器之间的互联性。数字经济的本质，便是通过连接人、物、资金、信息（数据），实现所有环节、过程、时空节点的连接，达到提升经济效益的目的。

信息技术在所有业务领域的普及和其生产力的显著提升为数字经济提供了支撑，无形资产的开发和利用都是数字经济的关键特征，也是数字经济中公司创造价值和促进经济增长的核心因素。更重要的是，数字经济扩大了进入偏远市场的机会，从而为跨地区提供商品和服务提供了机会。

数据是数字经济赖以生存的根基。由于能够弥合供需之间的信息不对称，数据现在具有经济价值。当平台收集个人数据时，它们会收集偏好和兴趣，这使公司可以通过广告对消费者施加针对性的行动。算法对个人的偏好进行分类、参考和优先排序，以更好地预测他们的行为。除此以外，由于用户基数庞大的社交媒体具有支付功能，基于个人付费意愿的资金流通更加便捷，也因此，用户成为数字经济中被重点研究的对象。

数字经济面向的市场是多边市场。在此多边市场中多个人作为中介人通过平台进行交互，每个人的决策都会通过正负外部性影响另一个人的结果。比如，当用户在页面上花费时间或单击链接时，会给广告商在其中显示广告带来积极的外部性[①]。

二、数字经济的特征

数字经济涵盖平台经济，以及不以实际平台为媒介的数字活动，并具有如下区别于其他经济类型的特征。

1. 知识

在古典经济学中，土地、建筑物、劳动力和金钱是生产的重要因素，那么在数字经济尤其是平台经济中，知识是组织应拥有的最重要的资源类型，群体智慧是媒体机构在创建内容产品和服务过程中的价值所在。

2. 数字化

数字化是将各种形式的信息转换为数字"0"和"1"的过程。尽管乍看之下这个概念简单，但是它的存在已经在商业交易领域产生了突破性的重大变化，通过减少存储和交换介质相关的成本和过程，来提高效率。新技术也能够将模拟视频和音频格式转换为数字格式。电子出版、虚拟书店、互联网银行和远程医疗是可以在互联网上提供的各种产品和服务的示例，全球媒体消费正越来越以数字格式发生。能够支持数字媒体的设备数量的增加以及互联网访问速度的提高，使消费者可以随时随地访问其选择的媒体内容，无论是信息、娱乐内容还是社交活动。

3. 平台化

荷兰学者何塞·范·迪克等在《平台社会：连接世界中的公共价值》（*The Platform Society: Public Values in a Connective World*）一书中，提出了"平台社会"（Platform Society）这一概念。平台已经成为当今社会的基础设施，对经济、社会、政治、文化等都在进行着深度渗透；同时，改变着政府、平台与用户之间的关系，并使三者关系出现了新的博弈张力。对于那些控制着百姓数字生活的平台生态系统，范·迪克等学者将其总结为三个运行机制，即"数据化"（datafication）、"商品化"（commodification）和"选择性"（selection）。

4. 去中介化

去中介化的对象不仅包括消费者，也包括供应商。数字经济降低了交易成本，并直接为企业、消费者与供应商建立联系，呈现去中间商的过程，也就是企业直接对接用户和供应商。这种去中介化不仅更准确地把握了用户的需求变化，也更好地

---

① Rochet, Tirole. Two-sided markets: a progress report [J]. *The RAND Journal of Economics*, 2006, 37(3): 645-667.

站在供应商的角度控制了库存和成本。媒介经济活动中传统的经济公司逐渐退出互联网业务，自由市场允许个人之间的交易，为媒介内容的创造提供了更为直接的途径。

三、以用户为核心的商业模式

（一）用户资源

媒介产业最重要的方面是预测用户范围和用户满意度。这意味着媒体机构的决策是由用户的考虑决定的。但是，媒体对用户作为可衡量的实体感兴趣，而不是出于利他的原因。它们依赖于"用户产品"。媒体提供的价值并不是主要为了满足用户需求或满足公众需求而设计的，而是要磨炼其在竞争者方面的竞争优势。媒体公司必须制作高质量的内容，不仅要获得收视率，还要吸引观众的注意力。在新兴的数字媒体市场中，媒体产品如何变得更具交互性、如何吸引公众的注意力以及如何衡量用户的满意度已成为媒体经营者的关键问题，所有这些都需要从这一角度进行理解。

1. 用户黏性

数字技术的可用性为电信运营商以及行业以外的其他供应商提供了新的商机，这些供应商已经将其业务扩展到了蓬勃发展的媒体领域。媒体公司不再是唯一的内容提供商。用户已经开始在内容开发中扮演越来越重要的角色，这在 Web 2.0 时代就很明显。用户生成的内容在全球在线平台上获得很高的观众评价。新技术赋予个人通过博客、聊天、在线社区和即时消息来形成舆论的共同编辑的地位。

新媒体可以使用户有权在选择时享受媒体内容并避免广告，但这种技术还赋予媒体平台收集与用户有关的有价值数据的权力，例如用户特征信息和观看者的偏好，内容提供商和广告商对此非常感兴趣，从而有助于实现更具针对性的广告形式。

在线媒体产品的特点是同伴协作、透明度、用户参与、细分和全球化。这些功能中的某些功能是对传统媒体的补充，因此可以丰富其潜力。互联网为媒体引导粉丝活动、确定他们的喜好并提高社区创建的可能性，从而增强了用户对媒体的忠诚度。用户对媒介产品附着的黏性，被媒介产业视为有效的用户资源。

数字媒体用户倾向于更加热情和投入。他们不仅会简单地享受自己喜欢的事物，还可能会遇到更多志趣相投的人，并且通常会与他人分享。因此，以共同的兴趣、爱好和知识为基础的社区已经出现并激增。同时，对内容的评估仍然主要取决于受欢迎程度（通常是自发的受欢迎程度），媒体经营者可能会难以计划或预测。在新的媒体场景中，也就有必要开发有效的工具来了解和理解用户的行为和兴趣。

2. 用户的支付意愿

媒体用户是根据广告客户用来预算其投资的定量参数范围来定义的。这些基于观看者的收视率、份额和发行量度。

　　在数字媒体环境中，获利能力与亲近度、识别度、满意度、娱乐体验和品牌关系更为密切，而媒体经营者也更倾向于通过推广去获得用户的社会资本。用户的社会资本是指从用户的社会关系和互动中获得的好处，比如人际关系数据。

　　但是，即使在用户中间，社会资本也很难货币化。真正的社会资本是用户的参与度，以及通过用户的口碑进行推广的收益。

（二）内容付费

　　内容付费是互联网继广告、电商之后的盈利模式，并成为互联网内容行业的主要发展趋势。互联网内容产业按内容展现方式可分为文图（网络文学、资讯、漫画）、音频（音乐、有声平台）、影音（网络游戏、长短视频、直播、在线课程等），还有付费打赏（微信公众号、微博长文章、简书、知乎专栏、直播等）、付费问答（微博问答、分答等）、付费社群（知识星球、部分微信 QQ 群等）等多样的产品体验，催生多种内容付费方式。付费内容通常受版权保护。平台通过内容付费实现经济收益，用户则通过付费享受过滤广告、高附加值内容的消费体验。

　　经济增长和消费水平不断升级，对于优质信息内容的认可度及付费意愿也随之提升，贫富差距开始通过信息的获取渠道与获取的信息质量体现。优质内容的付费模式成为媒体平台新的盈利模式，从机制上鼓励内容生产者提高内容质量，因此付费产品形态与平台原有的内容生态保持高度一致。平台的核心竞争力依然是用户规模及黏性、内容生产及匹配机制。知识付费也是内容付费的形态之一，知识产权收获的经济效益是优质内容生产的最大动力。

（三）内容策展

　　内容策展就是商业、媒体、用户三个领域组织和挑选内容过程中的定性判断，以及其中所要经历的必要过程。也就是说，在商业、媒体、社群领域中，策展人执行 Selection（筛选）—— Organization（组织）—— Presentation（呈现）—— Evolution（演变）的过程，而定性判断的意思就是以人工的方式做资讯处理，而非直接以电脑、大数据、人工智慧、数理统计等科学工具来执行。

　　内容策展是发现、收集和呈现围绕特定主题的数字内容的行为。如今，内容策划已成为许多媒体平台的主营业务。

　　与内容营销不同，内容策展不包括生成内容，而是从各种来源收集内容并以有组织的方式交付。例如，内容负责人不一定要负责创建新内容，而是负责查找与特定类别有关的内容，并以混搭方式将这些信息传递给用户。

　　内容策展无处不在。通过采用订阅源（RSS feed），在博客上发布链接，内容类型也没有限制，可以策划视频、文章、图片、歌曲或任何可以共享的在线数字内容。要在业务环境中成功进行内容策展，重要的是仅显示尽可能最佳、最相关的内容。越来越多的用户正在转向内容策展，以帮助其他用户筛选过多的信息，并且仅寻找围绕特定主题最主要的内容。

内容策展的动机是一种多样现象，用户创建策展内容的动机不同，呈现于网络平台的展出内容也各不相同。如策划娱乐内容，则可能包含音乐、体育、游戏和动漫等信息。策划严肃内容，则包含社会、政治和经济学信息。

（四）圈层营销

互联网时代的圈层化推进媒体经营者开展垂直整合，从而采取圈层营销的方式。垂直整合是指一家公司将制造和分销过程的许多不同部分都整合在一个公司旗下。这就是很多媒体公司会购买电视台、制片厂、电影院线和消费产品制造商的原因，媒体公司希望将制造商到消费者的整个连锁环节都集中在一起，从而更好地运营与协调。

这种垂直整合的细分领域也使其消费者希望在通过付费行为带来用户权利升级的同时，以兴趣认同表达身份认同从而稳固社交圈层，以此满足社交需求。媒体平台为内容产品和消费者之间的互动提供了全新的方式，因此已成为寻求创造用户价值的重要平台。媒体平台对媒介产品的传播效果具有积极影响。例如增强对媒介产品的解释和传播回应，增加用户对产品的依恋度、对内容的满意度、与其他用户沟通的更高意愿。

平台化媒体的影响力日益增强。年轻消费者更可能依赖数字营销传播，他们在形成态度并做出购买决策时越来越受到圈层的影响。与社交媒体使用率上升同时发生的是这些消费者的期望，圈层内的用户期望，甚至乐于扮演媒介产品推广的积极参与者角色[1]。

媒体平台的勃兴使其用户通过搜索、筛选、社交、付费等行为重塑了一种新型的社会关系——基于圈层的虚拟社会关系，并且这种虚拟的社会关系网也逐渐渗透于用户的现实生活。社交互动和圈层效应能够让用户群体从简单的技术层面的社交升级到文化与情感共鸣的价值观认同。

在提供信息内容与服务的同时，圈层效应下兴趣、身份甚至价值观认同都能实现货币化，产生不可预期的收益。高质量的内容产品不仅能够满足用户的文化需求，更为深度社交活动打下基础。通过社群互动的深入，发现并培养有影响力的活跃用户，是提高用户黏性和维持圈层效应的有效保证。建立用户圈层数据库、深度挖掘相似用户群体行为背后的偏好与习惯，是媒体平台实现经济效益的基础。例如网络时代的粉丝经济就是凭借圈层效应提升用户忠诚度、优化口碑营销效果来获得经济效益和社会效益的运营模式，其核心是情感资本。与传统经济不同，受众与用户作为消费者在粉丝经济中起主导作用，以达到增加自身圈层价值的目的。

---

① 喻国明等. 平台型媒体的缘起、理论与操作关键 [J]. 中国人民大学学报，2015（5）:120-127.

四、媒介平台经济的风险与规制

（一）平台内容审核

辩证地看，媒体的商业化有利有弊。首先，商业化为各媒体平台带来经济收益，为媒体的运营与发展奠下了根基。有雄厚的资金支持，媒体才能依靠人、力、技术，提升内容质量和传播速度，将来自世界各地的信息传播到各个角落。其次，媒体的商业化有助于文化繁荣。媒介市场的激烈竞争有利于内容质量的丰富与提升。最后，良性竞争也使舆论多元化，避免了垄断现象的发生。

然而，媒体产品的商业性也会诱使内容产品走向庸俗与低级。

首先，注意力和影响力经济的盈利模式造成了媒介产品生产者想要获得更高的收入，最快的变现方式是创作能博观众眼球的作品。在经济利益驱动下，媒体平台发布的低俗内容更容易引发用户的关注。当前我国用户的媒介素养还处在提升阶段，且网络用户的受教育程度参差不齐，青少年及受教育年限较低的用户较为容易与低俗内容产生共鸣。在获得一定数量的关注者后，媒体平台与内容生产者追名逐利，频繁打"擦边球"以获得更多关注、实现利益最大化；当法律处罚力度远低于获益时，平台宁愿铤而走险地"迎合"用户，不注重内容质量，放松审核发布的低质低俗信息，这既不利于平台价值的长远延展，也会影响整个互联网环境。

其次，媒体过度商业化也会导致信息爆炸与价值观多元化。用户需要花费大量的时间与精力在混乱的信息里找到有价值的信息。媒体为引发广泛关注，放大或夸张矛盾冲突，强调如拜金主义、享乐主义等，潜移默化地影响用户。

考虑到媒体具有社会监督的作用，承担着引导社会舆论、影响社会风气的重要责任，媒体平台在发展的过程中必须肩负起媒体的社会责任，在商业性与公众利益之间寻找平衡点，这需要在未来的发展中不断思考与探索。

（二）大数据的法律规制

在数字时代，每天生成的数据量和种类正以前所未有的速度增长，数据的创新应用和开发对企业具有巨大的价值，这引起了用户的担忧。对大量数据的控制赋予了此类业务巨大的力量。

数据可以帮助改善业务运营商的产品或服务，这可以通过计算机的学习效果来实现。以网络搜索引擎为例：通过收集和分析有关用户搜索和点击的数据，开发人员可以改进和完善搜索引擎及其支持算法。这样可以提高搜索结果的质量，从而提高搜索引擎的知名度。

平台可以跟踪和收集用户的浏览历史记录，并且通过分析这些信息可以了解用户的喜好并发送定向广告，从而通过仅针对目标客户来降低其广告成本。此外，数据收集可能会增加转换成本，因为个人使用最多的平台运营商可以获得有关他或她的更多信息，并且能够针对该特定个人量身定制服务产品，可有效维持用户忠诚度。

不可否认，数据可以帮助平台运营商更好地了解用户需求，改善产品或服务质量或提供创新的产品，所有这些都有助于改善用户体验。更好的用户体验有助于保留现有客户并在网络效应影响下在市场两边吸引新客户。平台拥有的参与者和交易越多，它收集的数据就越多，反之亦然。随着时间的流逝，平台将积累大量的用户和数据，并最终可能获得市场支配力。

然而，算法推荐也对用户产生较多负面影响，如算法歧视、算法短视会导致媒体公共性内容的缺失，加深用户偏见、形成数字鸿沟；内容缺乏编辑把关致使低俗消息更加泛滥，既不利于用户获得知识，又难以做到价值引导；推荐算法获取信息的方式可能侵犯个人隐私。大数据杀熟、刷好评隐差评使评价结果呈现失真、平台采用算法限制交易、网络消费促销规则繁复、网络搜索竞价排名推荐、网络直播推送违反法律规定和公序良俗……这些问题的背后，核心是互联网平台对算法技术的应用。

国家网信办曾指导属地网信办依法依规约谈多家网络直播平台，指出其存在传播低俗庸俗内容等问题，未能有效履行企业主体责任；对上述平台企业，视其违规情节分别采取停止主要频道内容更新、暂停新用户注册、限期整改、责成平台处理相关责任人等处置措施，并将部分违规网络主播纳入跨平台禁播黑名单。市场监管总局出台《网络交易监督管理办法》，针对直播带货售后、自动续费、虚构数据等备受关注的问题，制订了一系列制度规则。

在平台经济蓬勃发展的过程中，监管机构应根据平台发展的特定阶段，坚决抵制不正当竞争，保护用户隐私安全，以在平台经济的创新与消费者保护之间取得平衡；加强算法应用的有效规制，建立算法投诉审评机制，保障消费者和社会各界的投诉、监督权；培育第三方技术鉴定机构，强化对算法应用的技术审核力量；呼吁社会各界共同做好社会监督，促进算法应用的公平、合理，防止经营者利用算法作恶。

本 章 小 结

影响力与注意力经济是媒介经济的本质。媒介经济的运作所获得的最大经济回报在于其媒介产品的"二次售卖"，即将用户宝贵而有限的注意力资源出售给广告商，从而实现规模经济与范围经济，维持媒体自身的运营与发展。

在数字经济时代，媒体通过平台在用户与商家或其他合作方之间建立多边市场，借助人工智能高效快速生产各类媒介产品，并熟练运用大数据分析用户行为，利用用户资源与算法机制进行精准营销，组合多元分发渠道实现价值创造。

当下，在享受媒体平台带来精神与文化满足的同时，还需警惕媒体平台过度追求商业化导致的低俗内容，以及算法机制下的数据垄断。

思考题：

1. 传媒经济的本质是哪些因素决定的？
2. 媒体平台在多边市场中扮演怎样的角色？
3. 媒介产品如何利用规模经济？
4. 用户能够为媒体平台带来哪些资源？

第十一章　传播与治理

本章要点：

1. 从大众媒体时代到数字信息时代，媒体在国家和社会发展的诸多层面发挥着支持保障作用，是国家治理体系的核心参与者。

2. 在国家治理体系中妥善定位媒体的角色、充分发挥其功能，将成为国家治理体系现代化转型过程中需要聚焦的关键问题。

3. 近年来，兴起了诸多涉及媒体与治理的热点议题，比较有代表性的有网络舆论治理、算法治理和媒体融合等。

传播与治理

社会不仅通过传递得以生存，而且可以说传播构成了社会的共同体想象，人们通过权力关系得以互相连接。

信息技术对社会个体的赋权形塑了网络社会，重构了传统的权力与传播关系，多重主体参与的信息治理格局得以实现。然而，互联网场域所呈现出的非理性、观点极化等特征也对国家治理和社会治理提出了全新挑战。

如何在国家治理体系中妥善定位媒体的角色、充分发挥其功能，将成为国家治理体系现代化转型过程中需要聚焦的关键问题所在。要回答该问题，就必须全面解读传播与媒体（或称媒介）与治理之间的关系。

第一节　国家治理视阈下的传播与媒体

自 20 世纪 90 年代开始，西方国家的公共部门管理改革运动促使"治理"（governance）相关概念的产生和学术潮流的兴起。① 随后，治理理论被引入中国，经过了不断的反思、探索，逐步取代"管理""管制"等传统概念。相比于"管理"等概念，"治理"蕴含着多元主体、公共服务、柔性治理和协调协商等理念。在中国的政治话语体系和语境下，国家治理、政府治理和社会治理在本质上具有一致性，这就是中国共产党领导人民进行的治国理政。② 从党的十八届三中全会提出的"推进国家治理体系和治理能力现代化"命题，到十九届四中全会通过的《决定》③ 被确立为国家治理体系和治理能力现代化建设的纲领性文

---

① 彭莹莹，燕继荣. 从治理到国家治理：治理研究的中国化 [J]. 治理研究，2018（2）：39-49.

② 王浦劬. 国家治理、政府治理和社会治理的含义及其相互关系 [J]. 国家行政学院学报，2014（3）：11-17.

③ 全称为《中共中央关于坚持和完善中国特色社会主义制度、推进国家治理体系和治理能力现代化若干重大问题的决定》。

件，充分体现了我国治理理念、范式的与时俱进。

从传统的意识形态工作来看，媒体本身在国家和社会发展的诸多层面发挥着支持保障作用，是国家治理体系的核心参与者。未来，国家治理体系和治理能力现代化的战略目标中，一定包含着信息、媒体与传播的力量。

一、传播与媒体在国家治理体系中的角色

数字化、信息化已经将触角延伸至人们生活各个角落，国家正通过一种总体性技术规划将传播力量纳入国家治理的范畴之内，并将其作为一种社会治理方式。

随着人类社会的发展，媒体在国家治理体系中的角色经历了一个不断演进的过程，并日益成为保证国家治理效能的重要变量。

（一）大众媒体时代的"第四权力"

大众传媒时代，媒体通常被视作中立性和工具性的中介存在于国家的治理体系中。西方社会将媒体简单比喻为"第四权力"，即构成了与立法、行政、司法并立的一种社会力量，并对这三种政治权力起到制衡的作用。这种认识理念最早可以追溯到18、19世纪之交的美国政治家托马斯·杰弗逊（Thomas Jefferson）关于新闻传播媒体与政府关系的论述，并随着西方的新闻传播业从政党报刊阶段向商业报刊阶段过渡而出现和流行。[①]由于新闻传播媒体本身的利益单元属性，它与各种政治权力之间存在一些利益联系，因此"第四权力"的比喻经常遭受人们的质疑。正如有学者指出媒体势力正在试图扮演国家、政府的某种代理人，对公共空间进行操控，抹消了理论和政治辩论。[②]

可以肯定的是，这一时期的媒体确实在治理体系中承担了重要作用。一方面，公众可以通过大众媒体这一中介工具将自身及所代表群体的利益诉求、价值主张充分、理性地表达出来，并借助媒体的舆论监督功能来持续跟进。另一方面，国家、政府机构则可以借助媒体将公共政策和政治决策予以发布和说明。从这个意义上来说，大众媒体为政府与公众互动建立了一个中介系统，并嵌入国家治理体系当中。

（二）社交媒体时代的"公共领域"

信息技术的演进催生出了社交媒体这一传播形态，拓展了公民参与网络。在社交媒体的赋能下，个体被赋予了参与权、表达权等多项权利。首先，公众的知情范围不断扩大，公众可以通过更加丰富多元、高效便捷的渠道、方式来获取信息，与之相对应的是监督能力的空前提高；其次，公众可以通过社交媒体这种高自由度的平台发出

① 陈力丹."第四权力"[J].新闻传播，2003（3）：13.

② [英]詹姆斯·卡伦.媒体与权力[M].史安斌等译.北京：清华大学出版社，2006：73.

自己的声音，不断开辟全新的话语空间；最后，借助社交媒体这一平台，公众与政府的日常信息沟通愈发顺畅，公众开始更多地参与到社会发展进程中来，为中国社会的全方位建设提供着意见和建议。

可见，依托互联网、移动互联网的社交媒体有足够的潜力去塑造一个汉娜·阿伦特（Hannah Arendt）和哈贝马斯所设想的良性、健康的"公共领域"（public sphere），媒体将不再仅仅作为公众与政府之间的中介工具，也将成为具有不同政治主张的群体进行沟通、互动的平台与场域。

从国家治理层面来讲，属性不同的群体、个体基于不同的话语框架，在这个有机、互动的场域内可以通过政治参与形成一定规模的舆论，进而引发国家、政府机构的关注与回应。

与之相对应的，作为治理主体的政府机构也可以借助社交媒体这一场域了解公众意见并将分化的公众意见加以整合，在此基础上有效提高治理效能。如同杜威从结构—功能主义出发提出的经典论断：

沟通既具有圆满终结的性质，也具有工具的作用。它是建立合作、统治和秩序的一个手段。①

（三）复杂网络社会的"协调枢纽"

在"百年未有之大变局"的今天，中国的社会转型开始呈现出复杂网络社会的特征。在此背景下，社会的结构性问题愈发突出，在互联网场域上对于社会话题的讨论极易演化为非理性的情绪宣泄和集体泄愤。与此同时，商业主义的渗透进一步加剧了舆情多极化演变的趋势，极大提高了国家和政府的治理难度，如何借助传播力量有效提升国家治理效能已然成为亟待解决的问题。

进入 21 世纪以来，治理创新的中心已经从单一追求政府高质量、高绩效转向社会治理结构的调整，即实现政府、公民对于社会事务的协同治理。②换言之，国家治理现代化就是要实现一种政府管理与公民参与的和谐关系，即中共中央政治局第三十六次集体学习时提出的"社会协同治理"。作为一种合作管理的方式，社会协同治理的实现必然需要基于多元主体的共同努力。

布莱恩·麦克奈尔（Brian McNair）总结了西方政治传播的理论与实践，指出媒体在政治传播众多要素中占据中心环节。③与之类似，数字信息时代所需要的现代化国家治理体系中，媒体尤其是主流媒体也应当占据中心位置，即作为复杂网络社会背景下的治理"协调枢纽"。

在技术的加持下，媒体的传播方式将更加具有互动性、表现力，多元主体可以通

---

①　[美] 杜威. 经验与自然 [M]. 傅统先译. 南京：江苏教育出版社，2005：30.

②　俞可平. 推进国家治理体系和治理能力现代化 [J]. 前线，2014（1）：5-8+13.

③　[英] 布莱恩·麦克奈尔. 政治传播学引论（第 2 版）[M]. 殷祺译. 北京：新华出版社，2005：49.

过全新的传播方式参与到国家治理的过程中，发出更加贴近民生民意的多元声音。传播与媒体作为协调枢纽，就是要通过媒体实现政府、社会组织和公众等多元主体的协调沟通，通过对话协商、平等合作、共同治理的方式针对某一政治决策和公共议题达成某种共识，让治理的议题更加具体，从而将优化提升治理效能落到实处。

二、传播与媒体在国家治理体系中的功能

在从管理向治理的理念转变引领下，传播与媒体在国家治理体系中扮演的角色也从单一的工具性角色，演化成为具有能动性的实践者角色。在这个过程中，传播与媒体发挥的功能也产生了相应的变化，实现了媒体职能与治理职能的交融。

首先，传播与媒体在功能上实现了宣传引导与对话平台的融合。人类社会发展的一个重要评判标准，是信息能否公开透明和自由流动。因此，传播与媒体想要在以互联网为基础设施的数字信息社会中担负起国家治理的重要职能，就不能将自身局限为行政话语的单向传达者，而是要成为多元社会主体参与合作共治的渠道和平台，以期引导公众在公开透明的信息环境下进行理性的发声与讨论，为国家治理的现代化提供可行进路。

其次，传播与媒体在功能上实现了舆论监督与服务建设的融合。自大众媒体时代以来，传播与媒体一直通过舆论监督履行着监测社会环境的职能，其开展舆论监督的形式和涉及治理议题的范围都在随着技术的革新而不断丰富。

时至今日，党和政府以及社会大众对于传播与媒体的期待已经不再是单一的信息传播系统，更是看到了媒体作为日常生活实质服务提供者的可能性。可以预见的是，未来传播与媒体将一步整合媒体自身资源、政务资源与公共服务资源，在互联网空间内更好地服务、引导群众，在治理实践中不断探索完善治理、提升治理效能。

第二节　媒介治理的内涵解读

2002 年，肖恩（Seán Siochrú）和布鲁斯·吉拉德（Bruce Girard）在其著作《全球媒介治理引论》一书中首次提出了"媒介治理"（Media Governance）的概念，系统地阐释了传播、媒体或称媒介与治理之间的关系。在他们看来，媒介治理应该涵盖以下三个方面：

媒介对于公民社会的自我致力与完善；媒介对于国家权力机关的监管与共治；媒介对于超国家机构或组织的跨文化治理。[1]

由此发现，有关媒介治理的概念理解应当从两个层面来把握，即将传播、媒体或媒介视为治理对象的微观层面和将其视作治理主体的宏观层面。

---

[1]　Siochrú Seán, Girard, Bruce. Global Media Governance [M]. Oxford: Rowman and Littlefield, 2001: 12-20.

一、微观层面的传媒规制

微观层面上的媒介治理又可称为传媒规制，是指将媒体作为治理活动客体看待的一系列实践，即通过国家主导的政策与法规，以及行业自发形成的伦理规范来实现对媒体传播活动的治理。

"规制"一词最早来自于日本经济学家对英文"regulation"的翻译，所强调的是政府通过实施法律和规章制度来约束和规范经济主体的行为。在此基础上，清华大学教授陈昌凤对传媒规制的概念进行了比较全面的界定：

传媒规制包括外部控制和内部控制。传媒的外部控制系统是社会权力机构通过相关法律、规范、其他要求及其实施和监督机制作用于传媒的控制系统；内部控制系统包括传媒自身在专业道德、宗教、意识形态等方面的自我约束规范。[①]

自 20 世纪 70 年代开始，在信息技术的迭代和新自由主义思潮的影响下，以美国、英国为代表的西方各国对 30 年代以来的传媒规制改革进行了反思与批判，并在传媒产业市场掀起了放松规制的改革，试图在传媒市场寻找一种规制与活力的最佳契合点。

面对在全球范围内席卷而来的传媒规制放松浪潮，当时仍处于市场化初级阶段的中国，为了改善传媒产业配套制度建设滞后的局面、更好地通过改革开放融入世界经济体系，也开始了传媒规制政策改革的探索。

与西方发达国家的传媒规则改革逻辑不同，中国的传媒规制是在政府领导下起步的。[②] 伴随着改革开放，我国的传媒规制大致经历了一个不断放松管制的过程，具体分为三个阶段。

第一个阶段是以事业性结构调整为主（1978—2000 年），该阶段的规制并未完全基于市场竞争来对资源进行优化组合，而是带有浓厚的计划经济色彩，政府主要调整的是媒体的组织机构等事业性结构。

第二个阶段是以规制市场主体的经济活动为主（2001—2002 年），这一阶段我国的传媒规制改革已经上升到了对真正的市场主体进行规制，可以说是市场经济意义上的规则变迁。

第三个阶段则是以资源重新整合与资本化为主（2003 年至今），该阶段在推进市场化与资本化的基础上进一步强调了市场主体的地位，将媒体分为公益性事业和经营性产业两大块，并根据媒体属性实现了资源的有效整合。

以市场化为特征的改革，为我国的传媒产业的蓬勃发展奠定了重要基础；然而随着近年来传播生态、舆论环境的巨大变化，这种市场导向、消费文化所产生的弊端日益凸显，并给国家的治理工作带来重重挑战。因此，作为民意代表的国家和政府需要根据市场化导致的问题进行相应的传媒规制来补偏救弊，从而实现整体国家治理体系的完善。

---

① 陈昌凤. 美国传媒规制体系 [M]. 北京：清华大学出版社，2013：1.

② 喻国明，苏林森. 中国媒介规制的发展、问题与未来方向 [J]. 现代传播（中国传媒大学学报），2010（1）：10-17.

二、宏观层面的传播治理

宏观层面上的媒介治理也就是一般意义上的传播治理，是将视野从机构内部管理延伸拓展至更为广阔的社会、全球治理场域，传播、媒体被视作国家治理体系的参与主体。

在信息技术形塑的全新权力与传播关系下，人们对于媒体的依赖性大大增加，媒体对于社会政治、经济和文化的影响力前所未有地提高。换言之，当前的人类社会已经成为一个媒介化社会，社会的公共领域实现了范围的转移，即曼纽尔·卡斯特（Manuel Castells）指出的从围绕政府机构转移到围绕媒体系统。

随着媒体建构起能够衔接其他社会机构的潜在公共领域，它也在现代社会中获得了特殊的地位，被许多学者视作是一种底层逻辑存在。该逻辑核心意涵在于认为注意力已经成为现代生活尤其是政治生活的核心资源，媒体形式作用于人类社会形态，其意义远胜于其内容，甚至直接出现了媒体所造就的行动场域和社会场域，媒体逻辑也逐渐超越事实逻辑，形成了公共进行政治参与的主导性力量。[1] 基于此，媒体在监督政府的基础上被赋予广泛参与社会公共议题的讨论和协商的权力，开始直接参与到国家治理的过程中。

总之，无论是宏观维度还是微观维度的层面，媒介治理核心任务都是在媒介化政治语境下，探寻如何实现以市场化为导向的媒体系统与以公共性为核心的国家治理系统的匹配，并通过治理理念的更新、传媒规制的完善和传播体系的重构重新回归理性沟通和民主协商，从而构建一个更加完善、高效的国家治理体系。[2]

第三节 "数字公民"与国家治理现代化

互联网、大数据、人工智能等数字信息技术与人类的社会生产、日常生活日益交融在一起，中国正加速迈入"数字化时代"。在国家治理主体、职能、范围、方法都亟待改革的当下，我国的国家治理体系和治理能力现代化转型也必然需要以信息化、数字化为驱动，"数字公民"的概念应运而生。作为公民责、权、利的数字化呈现，"数字公民"将是承接国家顶层战略、开启治理创新工作的关键。

一、"数字公民"推动治理现代化转型

"数字公民"又称公民数字化或数字化公民，可以理解为公民在信息技术催生出

---

① 胡翼青，杨馨. 媒介化社会理论的缘起：传播学视野中的"第二个芝加哥学派"[J]. 新闻大学，2017（6）：96-103+154.

② 虞鑫，兰旻. 媒介治理：国家治理体系中的媒介角色——反思新自由主义的传播与政治 [J]. 当代传播，2020（6）：34-38.

的数字世界中的映射，并代表公民在数字世界中参与各类活动、行使各项权利以及履行各项义务，是数字时代公民个体的重要构成要素。

作为数字国家的重要组成部分，"数字公民"对创新国家治理和公共服务意义重大。随着互联网和物联网等技术的快速发展，海量数据、传播网络的力量如何用于改善公共服务，进而推动国家治理体系和治理能力现代化，成为治理创新的关键。

"数字公民"将构建一套以百姓需求为出发导向、以大数据等信息技术为核心支撑的公共服务体系。在这个体系当中，"数字公民"日常生产、生活需求的痛点、焦点和难点都能够在信息技术的协助下被感知识别、记录统计甚至是预测，基于海量数据的精准性、针对性服务将更容易直达公民内心。

与此同时，"数字公民"将赋能每个公民以最便捷的形式主动、有序地参与到共建、共治、共享的现代化治理体系当中，同时协同国家、政府提高治理效能，从而实现我国的国家治理逻辑从传统行政化、科层化的单向管理逻辑向多元主体参与的现代协同治理逻辑的转变，推动传统粗放式、经验式的社会管理模式迭代升级为精细化、智慧化的社会治理新模式。

二、数字信息时代的"数字人权"

信息化、数字化带来的不仅是权利的福音，还伴随着权利的危机。人们在享受大数据技术、人工智能等信息技术所带来的个性解放、便捷生活、物质增长、民主进步、文化多元等福祉时，也面临因个人数据被过度采集和不当使用而招致的隐私泄露、非法监管等人权风险。考虑到新一代的信息技术已然广泛运用于国家治理体系当中，针对如何确保其作为国家治理重器的妥善运用，"数字人权"的概念应运而生。

从历史的角度看，国际范围内的人权形态经历了三次历史性转型，即以传统的自由权和公民权为主要内容的第一代人权、以社会经济权利为主要内容的第二代人权和涉及社团和群体等内容的第三代人权。伴随着信息技术迭代引发的经济社会颠覆性变革，各项新兴人权大量涌现，其中最为重要的引领者便是"数字人权"。

自 21 世纪以来，许多国家、国际组织、学术机构针对互联网相关的人权问题进行了大量讨论，但迄今仍未形成统一的"数字人权"概念和内涵。理论上来看，"数字人权"应当被视为自然人权的一部分，是基本人权在数字信息时代的最新发展，因此仍应该将人的权利及尊严作为其最高目的，并以人权作为其根本的划界尺度和评价标准。具体来说，"数字人权"涵盖以下两个方面。

一方面，"数字人权"在制度上要求企业、政府将数字科技作为生产、治理的工具或手段时，应秉持尊重和保护人权的理念，严格遵循法律法规所限定的范围，恪守尊重和保障公民在数字化生活当中的隐私权、数据权、表达权、人格尊严等权利、自由的底线和原则。

另一方面，"数字人权"强调对互联网基础设施的提供，尤其是老年人群、偏远地区人群等弱势群体所面临的"数字鸿沟"的填平和消解。这就要求国家和政府通过公共资源的投入和集体行动的努力来确保所有社会成员平等、充分地享有接入以互联网为基础设施的数字世界的机会和条件。

实际上，对于某一种权利的认可、引入不仅要符合国情和整体社会的运作逻辑，同时也必须经历一个长期、反复的过程。例如近年来由欧洲兴起的"被遗忘权"（the Right to be Forgotten）是否应当引入中国，就引发了学界的探讨与争论。然而，考虑到我国居于世界前列的信息技术水平和运用能力，精炼提出"数字人权"的相关概念和科学内涵，并以此来有效保障国家治理体系和治理能力的现代化转型，将是国家、社会、政府亟待发力的方向。

第四节　传播治理相关热点议题

一、网络舆论治理

伴随着国家的发展和社会的进步，人们参政议政、维护自身权益的意识也随之提高。时下，网络舆论业已成为公民对现代社会的政治文明、精神文明、物质文明与社会文明活动的集中反映，并被视作互联网时代国家治理的有机组成部分。但要清醒地认识到，网络舆论在提升治理效能的同时也存在着诸多问题与风险，因此需要进一步加强治理和引导。

（一）网络舆论的概念、类型与特征

想要理解何为网络舆论，首先要界定舆论的概念。谈及舆论，沃尔特·李普曼在著作《舆论》中对其做了如下定义：

他人脑海中的图像——关于自身、关于别人，关于他们的需求、意图和人际关系的图像，就是他们的舆论。这些对人类群体或以群体名义行事的个人产生着影响的图像，就是大写的舆论。[①]

根据李普曼的定义我们可以看出，舆论指的是公众通过语言、文字、图像等符号化工具公开表达的态度、情绪和意见的综合，反映的是多数人的共同意见。

实际上，英美话语体系中对于舆论、舆情、大众舆论、民意、公众意见等词并未进行严格区分，诸如"public opinion""network public opinion"都被用于指代网络舆论。

具体来看，网络舆论包括以下类型：按照涉事主体可以分为涉机构舆论与涉个人

---

① [美]沃尔特·李普曼. 公众舆论 [M]. 阎克文等译. 上海：上海世纪出版集团，2006：21.

舆论；按照社会类别可以分为政治舆论、经济舆论、文化舆论等；按照事件范围可以分为国际舆论和国内舆论；按照事件发生领域可以分为公共舆论和专业舆论；按照事件评价可以分为正面舆论和负面舆论。①

作为公众借助社交媒体为代表的互联网平台对社会公共事务发表的观点、意见的集合，网络舆论呈现出以下主要特征。

1）网络舆论的主体是自由隐蔽的

开放、共享的互联网拓展了人们的公共空间，重塑了传统的传播格局，人类社会进入了信息自由流通的全新发展阶段，每个人都被赋予成为信息发布者的机会。同时，互联网的匿名性特点也使得人们可以自由表达真实的观点和情绪。在此情况下，隐蔽的网络舆论能够较为客观、真实地反映现实社会的矛盾以及不同群体的价值准则和利益诉求。

2）网络舆论的议题是宽泛多元的

互联网上的网民通常分布于不同的社会阶层，工作领域也各有不同。因此，网络舆论的议题涵盖范围非常广泛，涉及从政治、经济、文化、军事、外交到社会生活的方方面面。

3）网络舆论的形式是实时互动的

在互联网这个场域内，参与意识强烈是网民的一个突出表现。当某一个热点话题出现时，会引发不同立场的网民进行评价与讨论，通过这种互动性的实时交流，能够集中反映公众观念的民意也会慢慢显露出来。

4）网络舆论的形成过程是未知突发的

网络舆论是公众情绪的表达，个体情绪化的声音、意见借助互联网迅速形成公共意见，并通过实时互动形成一种强大的意见声势，这个过程不仅迅速，而且通常难以预测。② 此外，新的热点会很快掩盖对之前热点的关注和讨论，因此时效性也是网络舆论的一个明显特点。

5）网络舆论是具有一定偏差性的

伴随着言论高度自由和意愿充分表达的实现，偏激、错误的声音也不可避免地出现。考虑到公众知识水平、价值水平的参差不齐，网民的情绪在某些情况下很容易被人为地操控，其真实性也就无法保证，网络舆论的失真与失控近年来屡见不鲜。③

（二）网络舆论的潜在风险

网络舆论发端于虚拟空间，它使得公众能够直接参与政治治理，能够有效监督公权力、培养正义至上的社会风气。但正如马克斯·霍克海默（Max Horkheimer）曾指

---

① 周蔚华，徐发波.网络舆情概论 [M].北京：中国人民大学出版社，2016：14.

② 胡钰.新闻与舆论 [M] 北京：中国广播电视出版社，2001：165.

③ [法]古斯塔夫·勒庞.乌合之众——大众心理研究 [M].冯克利译.北京：中央编译出版社，2005：105.

出的，科学在一定程度上反映着当前的社会矛盾①，互联网技术固有的风险特性使得网络舆论潜藏风险的破坏性将直接影响到现实社会。换言之，在信息传播主体趋向泛化、传播渠道日益开放的互联网空间内，公众在现实生活所积累的负面情绪很容易被各种事件所引爆，诸如网络暴力、网络谣言、媒体审判等网络舆论风险应当引起人们的足够重视。

网络暴力侵犯公民的名誉权和隐私权。作为一种危害严重、影响恶劣的暴力形式，网络暴力并非一般肉体意义上的暴力侵犯，而是借助互联网发表具有诬蔑性、诽谤性、煽动性等特点的言论和观点。网络暴力不仅会对当事人的名誉、精神造成损害，而且通常会伴随"人肉搜索"等侵权、违法行为。

网络谣言破坏社会稳定。在网络舆论的潜在风险中，网络谣言的破坏性同样不容小觑。网络谣言是指在互联网空间内传播的，缺乏事实依据且带有攻击性、目的性、诬蔑性的话语，话题范围主要涉及经济政治、突发事件和公共卫生等领域。网络谣言的传播速度极快，同时突发性强而难以预测，因此非常容易引发社会问题，严重的情况下甚至可能影响到社会的安定和政局的稳定。

媒体审判妨碍和影响司法公正。不同于媒体监督，媒体审判实质上是一种违法行为。一般来说，司法独立是现代法治国家的基本原则；然而，一小部分媒体会通过新闻报道来形成巨大的网络舆论压力，迫使法院遵从舆论代表的民意，从而影响司法公正，这种凌驾于司法之上、干预和影响司法的网络舆论风险，即是所谓的媒体审判。

（三）网络舆论治理的提升路径

网络舆论反映了伴随着信息技术而不断觉醒的公民意识，但同时也暴露出了当前社会的种种问题与矛盾。换言之，网络舆论在蕴含推动社会进步的积极力量的同时，也潜藏着巨大风险和负面效应，这也是为何习近平总书记在全国宣传思想工作会议上强调要将网络舆论工作视作宣传思想工作的重中之重。

网络舆论治理工作的成效事关社会的稳定和发展，因而网络舆论的治理要在把握互联网传播规律、新媒体发展趋势的原则下，以尊重理解民意的方式去践行。具体来说，有赖于以下两个方面的努力。

一方面，构建刚柔并济、多元协作、法律完善的现代治理模式。眼下，中国正处于社会转型期，网络空间内积累了大量的情绪和压力亟待释放。传统的网络舆论治理模式高度依赖政府的行政职能，然而多年的治理实践充分证明了这种缺乏弹性的治理模式不仅难以产生理想的治理效果，甚至还会增加公权力被滥用的政治风险。

与此同时，由于互联网场域公共空间的特殊属性，过度依赖单一政府治理必然难以满足网民复杂、多元的利益诉求。如何在充分利用政府行政职能的同时，充分发挥

①　[德] 马克斯·霍克海默. 霍克海默集 [M]. 曹卫东译. 上海：上海远东出版社，2004：164.

社会各组织、机构的协同作用，不断完善相关法律法规，以一种柔性的方式关照网络舆论背后公众的利益关切和情绪诉求，进而疏解淤积的负面情绪，将成为治理模式改革的重要方向。

另一方面，打造沟通顺畅、监测高效、公开透明的常态化工作机制。近年来，随着我国的公民权利意识日益增强，人们开始寻求发声的途径。但实际上，与时代相适应的表达机制却仍未完全形成，这无疑加剧了网络舆论的潜藏风险。

此外，考虑到网络舆论的突发性和难以预测性，网络舆论治理工作的有序推进亟须制定一套预警与应急兼具的程序，这就需要相关部门密切关注舆情动态，不断加大网络舆论的监测力度。值得注意的是，舆情的监测只能作为一项辅助举措，想要真正消除网络舆论的蝴蝶效应，公开和信息透明才是治本的方法。①

二、算法治理

时下，人类正在进入一个万物皆可计算的时代，算法被视作社会运行的基本规则。② "算法"概念既可以在狭义上被理解为一种特殊的决策技术，也可以从广义上被视为建构社会秩序的理想模型，即塔尔顿·吉莱斯皮（Tarleton Gillespie）口中的"与公共利益相关的算法"。③ 罗伯特·塞吉维克（Robert Sedgewick）与凯文·韦恩（Kevin Wayne）对算法作了如下定义：

算法是一种有限、确定、有效并适合用计算机程序来实现的解决问题的方法，是计算机科学的基础。④

算法的快速发展延伸了人工智能技术的应用场景，深刻地影响了传统的国家治理格局与秩序。

（一）算法在国家治理中的积极效应

21世纪后，算法技术及大数据、云计算等相关技术的不断成熟使人类社会对人工智能技术的应用来到了一个全新的阶段。随着算法技术应用程度的不断加深、应用范围的不断拓展，提升国家治理效能、降低国家治理成本的发展愿景正在算法的驱动下有序实现。

首先，算法治理可以有效提升国家治理效能。现代社会是一个现代性与风险性并存的开放社会，如同乌尔希里·贝克（Ulrich Beck）指出的，在技术和社会因素的相互作用下，技术理性的风险特性愈发放大。⑤ 在此背景下，国家治理必然要面临繁重

---

① 党生翠. 网络舆论蝴蝶效应研究——从"微内容"到舆论风暴 [M]. 北京：中国人民大学出版社，2013：17.

② 徐恪. 算法统治世界——智能经济的隐形秩序 [M]. 北京：清华大学出版社，2017：323.

③ Gillespie, T. The Relevance of Algorithms [M]. Cambridge: MIT Press, 2014: 167.

④ [美] 罗伯特·塞吉维克，凯文·韦恩. 算法（第四版）[M]. 谢路云译. 北京：人民邮电出版社，2012.

⑤ Ulrich Beck. Risk Society: Towards A New Modernity [M]. London: Sage Publications, 1992: 21.

的任务，如何提升国家治理效能成为国家治理能力现代化转型的内在要求，算法技术的深度应用为提升国家治理效能提供了一条可行路径。传统的国家治理碍于治理资源、治理能力等方面的限制和约束，往往难以对治理对象日益多元化、个性化的治理需求进行有效的关切和回应，算法治理则让精准治理的实现成为可能。在数据化成为人类社会常态的今天，治理主体可以借助算法对治理对象的需求进行精准识别，并进一步根据收集的数据有针对性制定相应的治理方案。更重要的是，算法能够对根据收集到的回馈信息不断优化治理方案，有效规避、及时消解国家治理过程中可能存在的风险，从而有效提升国家治理效能。

其次，算法治理可以大大降低国家治理成本。在人类社会交往程度不断加深的今天，国家用于治理的人力、财力等资源的投入也呈现出指数级增长的趋势。在传统的国家治理体系当中，技术通常仅仅被当作是治理主体进行治理实践的工具性存在，算法技术的快速发展赋予了机器自主学习的智能，进而改变了这一局面。在算法的介入下，治理主体获得了空前的解放，传统治理体系下为了保障治理成效的巨大人力投入在某种程度上可以被智能机器所替代，从而大大降低了国家治理的成本。

（二）算法在国家治理中的隐忧

算法在深度应用于国家治理的过程中，既在诸多方面呈现出了积极的成效，也由于算法自身的不完备性存在一些隐忧。

算法生产和应用过程中的不可解释性，致使算法黑箱、不可监督和难以追责等问题突出。事实上，如果算法可以解释，那么其他主体将可以明晰地解读算法设计过程中所植入的价值取向与利益企图，相关的规制与也就可以有效实施。然而，出于商业利益考虑和算法自身固有的复杂性等原因，不可解释的漏洞与缺陷成为算法在国家治理过程中的一个重大隐忧。正如有人将算法生动地比喻为"黑箱"，人类将财富、隐私等一系列重要事务都放入了这个未知的数字世界。也正因如此，相关责任并不能完全安置在算法设计者的身上，算法引发治理决策风险的相关监督与问责工作将难以进行，进而阻碍了算法技术的发展与应用。

算法过度依赖大数据将会导致认知偏差、歧视等问题。大数据时代的到来，使得个体的偏好及其相关行为习惯都能够作为数据被记录，接近全样本的大数据成为治理主体进行规划和决策的主要依据。然而，人类社会的不确定性和复杂性在客观上决定了大数据的不完备性，那些被忽略的样本反而可能是会产生重大影响的关键数据。与此同时，作为与人类社会同构的大数据同人类文化一样，也必然是存在偏见的。这种不完备性和偏见性决定了算法以整体特征推断个体行为的方式存在"算法歧视"的问题和现象，这不仅会进一步加剧既有的社会不公现象，也增加了当算法应用于治理决策领域时产生风险的可能性。

算法在一定场景下取代人类行为会引发人类的主体性危机。不同于其他的技术，具备深度学习算法的人工智能超越了传统技术的单一工具角色，开始具备了一定的自主意识，更重要的是这种自主意识会根据技术的发展而更加成熟。如果不加以警惕，未来人工智能可能会取代人类去主导国家治理，人类在国家治理体系中存在被边缘化的可能，自身也将从治理的主体变为被治理的客体或对象。

（三）算法的治理途径

智能传播时代，面对算法在国家治理过程中所带来的机遇和可能的隐患，如何在发挥算法治理积极效能的同时完善对其的规制，以期在社会发展和稳定之间寻求一个平衡点，将成为下一步人们需要关注和思考的问题。

一是要在治理理念上必须明确算法作为手段而非主体。对于人类来说，技术的进步蕴含着巨大的发展动能，从古到今皆是如此。算法技术的发展无疑对国家治理效能的提升产生了巨大的积极效应，但同时也容易导致人类产生"算法崇拜"而陷入技术依赖困境。在算法日益嵌入国家治理的今天，我们必须以价值理性去平衡工具理性，明确算法作为治理的手段而非主体的理念，在充分利用算法进行治理的同时，通过有效规制将其控制在人类可以掌控的范围之中。

二是要在法律保障上着力构建算法的可解释性和透明性机制。正如前文所述，算法的不可解释性会引发相应的治理风险，因此相关部门亟须出台相应的法律法规。通过法律法规的制定，对算法的设计研发进行严格的约束来增加算法的可解释性，确保算法整个运行过程处于透明公开的可监控状态，从而最大限度地降低算法黑箱带来的治理风险。

三是要探索一套完整的算法伦理来消除算法偏见与歧视。同所有人为参与的产物一样，算法在研发的过程中也不免会受到研发者价值观念的影响而自带对某一主体的偏见与歧视。国外较早地关注到了算法伦理的缺失并开始进行了相关的探索，美国计算机协会于 2017 年发布了涵盖七个方面的算法伦理准则。[①] 对于我国来说，下一步要发力的方向就是尽快成立相关机构和工作小组，并出台算法伦理规范与标准，从而最大限度地消除算法治理过程中的偏见与歧视。

第五节　媒体融合与国家治理

全球范围内的媒体融合实践最早可追溯到 20 世纪 90 年代，在技术和资本的双重裹挟下，媒体融合作为信息化建设的关键内容初现端倪。直到 2014 年 8 月 18 日，媒体融合在中国语境下才上升为国家意志并在全国范围内铺展开来，且呈现出丰富的历史逻辑和本土特色，与全面深化改革中的国家治理和社会建设都保持着紧密的互动关系。

---

① 贾开 . 人工智能与算法治理研究 [J]. 中国行政管理，2019（1）：17-22.

一、媒体融合的概念

20 世纪 80 年代前后，美国著名学者尼古拉斯·尼葛洛庞蒂（Nicholas Negroponte）首次指出计算机工业、出版印刷工业和广播电影工业正在趋向融合。在此概念的启发下，美国学者的伊契尔·索勒·浦尔（Ithiel De Sola Pool）在 1983 年出版的《自由的科技》一书中进一步指出媒介融合的过程模糊了媒介之间的界限，并以"传播形态融合"一词来指代各种媒介形态的多功能一体化趋势。

学者蔡雯对西方相关研究进行了详尽地梳理，并对媒体融合的概念作了如下定义：

在以数字技术、网络技术和信息技术为核心的科学技术的推动下，各产业在经济利益和社会需求的鼓舞下通过合作、并购和整合等手段，实现不同媒介形态的内容融合、渠道融合和终端融合的过程。[①]

在多数人眼里，媒体融合和全媒体似乎是一组同义反复的概念。实际上，媒体融合概念最早发轫于媒介及它用途之间的一一对应关系的消失，[②] 其概念应当是在单纯媒体形态的融合的基础上更加全方位、深层次的融合。[③] 从这个意义上来说，将其定义为一种发展过程而非终结更为准确。换言之，媒体融合应当被理解为所有媒体全媒体化的过程，它是实现全媒体化最终目标的一种手段。

二、国家治理视阈下的媒体融合再思考

一直以来，媒体融合都被放置于传媒行业视角之下，仅仅被简单地视作市场驱动的技术能力创新和产业结构重组，抑或是管理部门和传统媒体被动应对互联网平台崛起导致的舆论状况复杂化的冲击反应式改革。

在人类社会已经进入一个创新被全新信息技术、网络社会和数字文化日益颠覆的今天，媒体所承担的功效必然远远超越信息的发布，并将进一步以生态系统的身份去开辟新的社会空间，成为未来社会组织的工具和关键节点。

考虑到媒体融合的背后是深层的体制融合，因此媒体融合与我国治理体系的成长紧密相关。在这里，媒体融合是国家信息化发展的重要一环，也是国家治理体系现代化建设的题中之义。经由媒体融合后的媒体，它理应扮演的角色是信息时代的数字基础设施，包括广泛的接入性、创新的内容生产与智能分发、丰富的公共数据和强大的算法技术，以及及时有效的政务服务，并协助国家在各个层级提高治理效率。[④]

未来，媒体融合将通过打通传播脉络、完善赋权平台的方式，来嵌合国家治理体

① 蔡雯，王学文. 角度·视野·轨迹——试析有关"媒介融合"的研究 [J]. 国际新闻界，2009（11）：87-91.
② 黄旦，李暄. 从业态转向社会形态：媒介融合再理解 [J]. 现代传播（中国传媒大学学报），2016（1）：13-20.
③ 李良荣，周宽玮. 媒体融合：老套路和新探索 [J]. 新闻记者，2014（8）：16-20.
④ 姬德强. 媒体融合：打造数字时代的基础设施 [N]. 中国社会科学报，2019-08-02.

系与治理能力现代化改革的总目标。

首先，媒体融合能够打通传播脉络，放大主流声音。郡县治则天下安，前人的历史实践向我们揭示了基层社会治理对于意识形态安全、社会秩序稳定的重要意义，而基层社会治理效能的有序提升很大程度上依赖媒体平台的配合。

通过媒体融合，各级媒体共同构建起一个上下通畅的舆论同心圆，打通了横纵的传播脉络，主流声音得以通畅、强劲地到达各方，人民群众可以及时接收关键信息，进而构筑起共同的思想基础。与此同时，媒体融合还能够将实时反馈机制引入治理实践中，公民所反馈信息将为治理决策的优化、完善提供切实有效的支撑。

其次，媒体融合能够搭建赋权平台，促进和谐对话。在现代化的国家治理体系当中，政府依旧要发挥主导作用，但同时也强调包容、开放、共享的多元主体协同参与，这就需要一个能够容纳不同主体平等参与的平台。实际上，经由媒体融合所建成的全媒体形态正是一个实现全社会资源广泛接入、行政体制界限淡化的平台。

在这个场域之内，不同治理诉求衍生出的差异化声音、观点能够以一种合理、可控的形式展现出来，并在不断协商、对话的过程中寻找到一种共识，从而发挥媒体融合赋权公民参与社会治理的功能，切实提升治理效能。

本 章 小 结

在人类社会治理图景演进的过程中，信息与传播力量扮演的角色和发挥的作用从未削弱过。从被称作"第四权力"的大众媒体时代，再到当下的数字信息、网络时代，传播、媒体业已成为国家治理和社会政治生活不可或缺的重要力量和组成部分，直接参与着我国的民主政治建设、意识形态宣传和文化观念的构建。

在当下及可见的未来，媒体必然会深度参与数字中国建设、新型城镇化发展、区域协调发展、高水平对外开放、人的全面发展、民生福祉增进、平安中国建设、民主法治建设等重大工程和重点任务，真正发挥网络时代媒体信息传播的中枢作用，推进文化、经济、社会和政治建设，促进国家治理体系和治理能力现代化。

思考题：

1. 如何看待传播与治理的关系？
2. 传播与媒体在国家治理体系中的功能是什么？
3. 媒介治理的内涵如何解读？
4. 如何理解"数字公民""数字人权"的概念？
5. 如何看待媒体融合与国家治理的关系？

第十二章 传播与全球化

第一节 理解全球化

一、全球化思想的历史溯源

二、多元话语视角下的全球化

第二节 全球化的相关理论

一、依附理论

二、世界体系理论

三、东方主义理论

四、文化帝国主义理论

五、天下体系理论

六、人类命运共同体

第三节 理解国际传播

一、作为传播形态的国际传播

二、作为研究领域的国际传播

本章要点：

1. 传播在全球化进程中所起的基础性作用已经为人们所广泛认可。

2. 在国际传播、发展传播和跨文化传播等传播学领域，"全球化"不仅是学者们关切的学术热点，也成为重要的研究议题和研究语境。

3. 随着时代背景的变化，全球化研究相继兴起了依附理论、世界体系理论等多种理论，"人类命运共同体"作为一套全新的全球价值观和认知理念为认识全球化提供了全新的思路。

4. 国际传播既是一种传播形态，也是一个研究领域，需要全面地对其解读。

CHAPTER 12
第十二章

传播与全球化

全球化是一个过程，在这个过程中，世界范围内的经济、政治、文化和社会关系越来越多地超越时空的束缚而媒介化。

20 世纪中后期以来，随着全球化研究渗透到人文社会科学的各个领域，全球化问题也开始进入传播学的视野。尤其在国际传播、发展传播和跨文化传播等领域，"全球化"不仅是学者们关切的学术热点，也成为重要的研究议题和研究语境。

当下，传播在全球化进程之中所起到的基础性作用，已经为人们所广泛认可。学者们先后把传播和媒介纳入了现代性反思与对"全球化"的考量中，形成了"传播是全球化的重要动力"的话语，对传播学等领域的相关研究产生了重要影响。

传播、媒介在某种意义上可以被视作世界一体化的中枢神经。然而，尽管大多数全球化理论家都间接认同了传播、媒介在全球化中的作用，但并未在该领域进行更进一步的探讨。实际上，在承认传播、媒介与全球化的联系之后，更为重要的是，我们需要知道它们是如何联系起来的。

第一节　理解全球化

一、全球化思想的历史溯源

在"冷战"后，"历史的终结""文明的冲突""全球化"等世界性话语自 20 世纪 80 年代后相继盛行开来。在所有的讨论内容中，全球化（globalization）可谓是最受关注的一个。但即使到今天，有关全球化思想起源的观点仍然莫衷一是。在阿芒·马特拉（Armand Mattelart）看来，全球化在扩散、普及和延伸成为社会共识之前，该概念及其同义词根的词语早已出现在人们的视野当中。

马歇尔·麦克卢汉理应被视作最早具备全球化思想的一批人，他早在 1960 年就在《关于理解新媒介的报告》中提出了"地球村"（global village）的概念。之后，他于 1962 年在其著作《谷登堡星汉璀璨》中进一步阐释了这个概念并使其流传开来。[①] 作为一个天主教徒，他的观点深受世界主义影响，由此他提出了一个想象中的乐园即"地球村"，尽管后来这一概念因为抹杀了地区、民族的差异而饱受诟病。

全球化思想的另一个起点是地理政治学家布热津斯基。20 世纪 50 年代以来，欧美的政治学家在学术思想创造上可谓成果斐然，出现了诸如"意识形态的终结""阶级的终结"以及"冲突的终结"等思想。布热津斯基正是在充分吸取前人成果的基础上，在其 1969 年出版的《两代人之间的美国》一书中正式提出了"全球化"的概念。他认为"帝国主义"不应当再成为人们讨论的重点，因为整个人类世界正在走向全球化社会，而美国的社会则是未来社会的典型。

此外，管理思想中的全球化理念亦是全球化思想兴起的重要源头。彼得·德鲁克（Peter Drucker），这个被誉为"管理学革命之父"的人在其 1993 年出版的《后资本主义社会》一书中表达了极具个人色彩的观点。他认为，整个世界将发展成为一个超级市场，并作出了国家、民族将逐步消失和技术工艺不断扩展的论断。

最后，20 世纪 70 年代初期联合国针对环境、生态问题的思路成为全球化思想的重要出发点。在斯德哥尔摩举办的"和平发展"会议上，出现了一种全新的声音，认为现在的问题都应该从全球的角度来提出。这次会议之后，国际政治社会领域兴起了一批新的行为参与者，即时下影响力日益扩大的非政府组织。它们推崇"全球化思维，地方化行动"，认为对问题的思考应当从全球的角度出发，但具体的措施应该是区域性、地方性的。[②]

信息技术的迅速迭代和金融资本的全球流动令有关全球化的各种思想迅速汇聚合流，全球化开始成为风头最为强劲的世界性话语。

二、多元话语视角下的全球化

作为一个长期的、不均衡的、矛盾的过程，全球化在自身发展过程中有效拓展了社会合作，甚至在某种程度是增强了民主，然而，全球化引发不同国家地区发展的不平衡、不平等问题同样突出。因此，全球化带来的争议远远大于共识，不同学科背景的学者对于全球化的认知和理解也完全不同。赫尔德（Held）将全球化理论家粗略划分为三种流派，即极端全球主义者（the hyperglobalizers）、怀疑论者（the skeptics）和变革主义者（transformalists）。[③] 极端主义者如奥米（Ohmae），他预言了传统的民

---

①　[美]保罗·莱文森.数字麦克卢汉：信息化新纪元指南[M].何道宽译.北京：社科文献出版社，2001：95.

②　[法]阿芒·马特拉，陈卫星.传播全球化思想的由来[J].国际新闻界，2000（4）：13-16+21.

③　[英]特西·兰塔能.媒介与全球化[M].章宏译.北京：中国传媒大学出版社，2016：18.

族—国家的终结；而以赫斯特（Hirst）为代表的怀疑论家则将全球化视作一个神话，它不过是国家经济体的更高级别；改革主义者，如吉登斯（Giddens）和卡斯特则认为全球化是当下高速的社会、政治和经济变革背后的核心驱动力，并重塑了现代社会和世界秩序。

对全球化理论家的观点进行梳理，可以发现关于全球化问题大致有两种认识和态度：一种是将全球化视为人类社会新近和普适的发展和进化过程，即西方主流话语；另一种则是批判性地将全球化看作西方、现代文明新一轮的全球扩张，即批判性话语。①

（一）主流话语下的全球化

在主流话语下，全球化被视作某种政治、经济和文化三位一体、不可逆转的客观发展大趋势。政治层面上，全球化表现为不同民族国家主体相互之间的联系日益紧密、依赖不断加强，西方政治制度、价值体系开始开始走向世界；经济层面上，海量跨国公司的金融资本的大规模流通运行使得世界范围内的资源能够有效地优化配置；文化层面上，信息传播开始空前活跃，消费主义意识形态和娱乐文化在世界范围内开始勃兴。

作为最为著名的全球化研究者，社会学家吉登斯将全球化视作一种现代工程，它直接与现代社会的发展、工业化和物质资源的积累联合在一起，它是现代性的延续，而不是现代性的断裂。在 1990 年，吉登斯对全球化做了如下定义：

世界范围内的社会关系的强化，这种关系以这样一种方式将彼此相距遥远的地域联系起来，即此地所发生的事件由发生在千里之外的事件影响使然，反之亦然。②

可惜的是，吉登斯对全球化的定义却未能明确界定全和区分全球化现象与结果。同为社会学教授的汤普森的研究路径与吉登斯非常相似，他在延续了吉登斯现代性的全球化思想基础上，指出全球化实质上是一种相互依赖和相互作用的复杂形势。他认为全球化是指世界各地正在进一步扩大相互联系，而这一过程导致了相互作用和相互依赖的复杂形势。

综上，在以新自由主义（Neoliberalism）为代表的主流话语下，全球化被定义为一种在世界范围内以信息技术革命为动力，以跨国公司为主力进行生产、流通和消费的全新发展趋势。新一轮的全球经济、市场的一体化并非批评者口中你死我活的"零和博弈"，而是通过全球范围内资源优化为各民族国家主体长远发展、人类文明持续进步提供了广阔的空间和强劲的动力。

（二）批判性话语下的全球化

主导全球化发展的力量是以西方为代表的发达民族国家或地区，大多数主流话语

---

① 李彬 . 传播学引论（第三版）[M]. 北京：清华大学出版社，2013：315.

② Giddens A. The Consequences of Modernity [M]. Cambridge: Polity, 1990: 17.

实际上都有意无意地淡化甚至是无视了其潜藏的负面影响和消极作用。因此，以弗雷德里克·詹姆逊（Fredric Jameson）为代表的一批新马克思主义或新左翼学者开始致力于对全球化的主流意识形态话语进行反思与批判。

在批判学者眼中，资本主义在世界范围内的扩张是全球化的实质与动因，必然伴随着资本、投资、技术等转移，以及西方发达国家对欠发达国家和地区的剥削与掠夺。尽管落后的民族国家和地区在全球化伊始阶段可以获取短期的发展和表面的繁荣，但这一切皆是以对跨国资本的依赖为基础的，最终将导致国家利益受到严重损害、文化传统日益消解。正如阿里夫·德里克（Arif Dirlik）所指出的：

全世界大多数人被边缘化，经济边缘化也意味着政治边缘化。世界也许会被重新建构，但是这种重构将发生在资本主义制度下，这一制度将继续在新的环境中以新的形式产生出构成其世界结构的不平等现象。[①]

可见，批判性话语下的全球化被认为与资本主义密不可分。资本主义全球化的本质就是资本主义在全世界的延伸，是一种在资本无止境欲望驱动下的全球扩张趋势，其价值观念充斥着鲜明的西方中心主义思想，最终会加剧世界性的不平衡与不平等格局。一大批学者对资本主义全球化进行诊断和剖析，为正确认识资本主义全球化提供了思想镜鉴。

基于对全球发展趋势的准确研判，以习近平同志为领导核心的党中央博采东西方思想之长，提出推动构建人类命运共同体的倡议，展现变革资本主义全球化的中国方案，努力实现"正义的"全球化，让其更好地惠及世界共同发展。

第二节　全球化的相关理论

一、依附理论

（一）理论概述

依附理论（Dependency）是第一套系统的全球化批判理论，由阿根廷学者劳尔·普雷维什（Raul Prebisch）在 20 世纪六七十年代最先提出，是新马克思主义的重要理论学派之一。在普雷维什之外，霍布森（Hobson）、弗兰克（Frank）和阿明（Amin）对依附理论的创立和发展同样作出了贡献，萨米尔·阿明更是依附理论的集大成者。

所谓依附，指的是一些国家与地区的经济受到它们所依从的国家经济的发展和扩大的影响。那些主导国在进行不断扩展和自我发展的同时，会对依附国的发展产生积

---

① ［美］阿里夫·德里克. 后革命氛围 [M]. 王宁等译. 北京：中国社会科学出版社，1999：5.

极或消极的影响，而依附国则只是这种经济扩展的一种反映，此情况下二者就形成了一种密切的依附关系。

依附理论认为，资本主义在全球范围内的扩张不只是将整个人类世界联结为一个整体，而且在世界范围内导致了一种失衡状态，造成了"中心（center）与边缘（periphery）"相互连带的发展格局。在这个发展格局当中，发达资本主义国家构成了世界经济的中心位置，发展中国家则处于世界经济的边缘位置，发展中国家与发达国家之间形成了一种依附、被剥削与控制的关系。

在阿明看来，当前资本主义已经发展成为一个世界体系，发达国家在这个体系中位于中心，不发达国家则处于该体系的外围。当一种社会或经济制度被淘汰或取代时，这个过程将首先发生在边缘、外围地区而非中心部位。处于中心位置的发达国家的内部矛盾，往往是通过垄断程度的增长、国内政治经济政策的调整及资本主义在国际上的扩张实现解决的。而这些矛盾实际上是以一种变化的形式转嫁到了处于外围的广大第三世界国家。

根据阿明的依附理论，处于边缘的国家想要真正实现独立发展，就必须打破和摆脱长久以来的依附性地位，即与中心"脱钩"（delinking）。20世纪80年代以来，伴随着全球化问题的不断升温，阿明继承和发展的依附理论更加引发人们的重视，他对全球化也进行了更加深入的探究，并相继出版了《非洲与第三世界的发展》《混乱失序的帝国》等著作，提出了"全球秩序"（Global Order）和"全球失序"（Global Disorder）等全新见解。

按照这一理论逻辑，阿明将经由市场而实现的"全球化"当作理想乌托邦的对立面，甚至将全球化与帝国主义看作同义词。他指出，由于处在中心地带的资本主义国家基本实现了技术、金融资本、自然资源、新传播和大规模杀伤性武器的高度垄断，全球化不仅会使"中心与边缘"的两极化格局进一步固化，而且最终还会导致"全球失序"。想要打破这个反动的乌托邦，按照社会主义思想提供一套可供选择的人道主义方案成为必然选择。

（二）理论评析

依附理论的产生，对发展研究具有极为重要的意义，并产生了巨大影响。一方面，依附理论的兴起挑战了现代化理论的统治地位，为发展理论研究提供了一个以第三世界国家现实为出发点的全新视角，同时唤醒了一批第三世界的国家与人民，使得他们打破了过去的保守局限的观念与不切实际幻想，不再盲目相信和追随发达资本主义国家的发展政策，开始了发展道路的自我探索。另一方面，依附理论并非局限在经济学领域，而是从政治学、社会学等多个方面对社会存在的问题进行了探索，它的兴起促使发展理论向多学科、跨学科的方向不断完善与发展，同时启发人们认识到发展不仅仅是经济的增长，而是整个社会的协调与进步，从而令决策者更加注重社会经济分配与对外经济政策与发展的关系。

毋庸置疑，依附理论的兴起对处于边缘地位的国家和地区的发展起到了一定的积极作用。然而，受困于所处时代的条件与局限，依附理论在当下同样暴露出一些不足之处与缺陷。

首先，依附理论在批判现代化理论"传统"与"现代"二分法的同时，自身却在认知上陷入了"发达与欠发达""中心与边缘"的简单二元对立，夸大了发展与依附的不相容关系。其次，它的研究带有较大的地域性和特殊性，在某一特定历史时期和发展阶段确实有其适用性，倘若简单地推论所有第三世界国家和地区而忽视其历史文化背景，则无法贴合现实。

随着 20 世纪 70 年代中后期以来世界格局的巨大变化，依附理论开始趋于衰退。新的世界格局要求产生新发展理论，以扬弃依附理论的片面性和不足之处。世界体系理论在这种背景下兴起。

二、世界体系理论

（一）理论概述

继依附理论之后，世界体系理论（World-System）于 20 世纪 70 年代开始兴起，其标志是学派奠基人美国社会学家伊曼纽尔·沃勒斯坦（Immanuel Wallerstein）于 1974 年出版的《现代世界体系（第一卷）》。世界体系理论是西方学术界继五六十年代现代化理论之后出现的一种新理论和新方法，其影响遍及政治学、经济学、社会学、历史学以及地理学等主要社会科学领域，揭示了现代化带来的不可阻挡的全球发展趋势。

世界体系理论创造性地融合了社会发展理论中的主流学派与非主流学派，即"经典现代化理论"的内因发展观与"依附理论"的边缘模型和外因发展观，同时沃勒斯坦还借用了布罗代尔（Braudel）"经济世界"的概念，并在一定程度上吸收了俄罗斯经济学家康德拉捷耶夫（Kondratieff）的长波理论和马克思（Marx）的政治经济学和阶级分析法。此外，结构功能主义也对沃勒斯坦的世界体系理论产生重要影响。

沃勒斯坦认为，人类历史虽然包含着各个不同的部落、种族、民族和民族国家的历史，但这些历史从来不是孤立发展的，总会相互联系形成一定的"世界性体系"。伴随着 16 世纪初资本主义生产方式的发展和向外扩张，世界开始以西北欧为中心形成"资本主义世界经济体系"，所有国家都被涵盖在这个体系之内，没有一个国家可以超然于世。因此，沃勒斯坦认为，看待现代世界不应再用传统的"民族—国家"（nation-state）而应以"世界体系"作为分析单位：

从一开始，资本主义就是一种世界性经济而非民族—国家的内部事务……资本绝不允许民族—国家的边界来划定自己的扩张野心。[①]

与"依附论"把国家作为研究单位不同，"世界体系"理论是将世界看作一个整体，通过对政治、经济和文明三个层次的分析，深刻揭示了"中心——半边缘——边缘"结构的发展变迁和运作机制。沃勒斯坦认为，资本主义世界经济体系根据世界范围内的资本积累、技术以及劳动分工，存在三重结构：中心、边缘以及介于二者之间的半边缘。中心国家是指那些在世界体系中占据主导地位，依靠先进技术和工业产品控制支配其他国家的国家；边缘国家指那些不得不以出口自然资源和初级产品而受控于中心国家的国家；而半边缘国家指那些既可以某种程度上控制边缘国家，又在某种程度上受控于中心国家的国家。在世界体系内，中心、边缘、半边缘被派定承担特定的经济角色，发展出不同的阶级结构，因而使用不同的劳动控制方式，不平等随之产生。

（二）理论评析

沃勒斯坦的世界体系理论在一定意义上与依附理论存在密切而内在的思想亲缘，都旨在揭露和批判不合理的世界经济秩序及其成因，力图超越西方中心论的发展模式和现代化理论。该理论将整个世界而非单纯的发达国家作为研究对象，为分析当代资本主义提供了一种理论新范式，同时使资本主义世界的矛盾在政治、经济、文化三个层次都得以更加清晰地展现，为人类留存下了丰厚、无价的学术宝藏。

例如，沃勒斯坦提出了独到的经济周期理论，即以一种政治的视角去解读经济现象。相比于单一的经济分析，这一概念将"政治机器对收入分配的调节"纳入了经济周期的考察中，更加具有解释力。此外，沃勒斯坦还对资本主义经济的发展动力进行了详尽分析，他的观点与"守夜人"的国家观形成了鲜明的对照，对西方国家的极权倾向作出了合理的诠释，同时也揭示了资本主义国家的本质就是一个最大的剩余价值的"吸收器"。

沃勒斯坦还对中国这个社会主义大国予以重视，他的世界体系理论为中国的发展研究提供了一个"全球性"的新视角，具有重要的参考价值。正如他在为中文版《现代世界体系》所作的序言中所真诚表达的：

占人类四分之一的中国人民，将会在决定人类共同命运（的历史进程）中起重大的作用。[②]

然而，作为发展研究中的最新成果，尽管世界体系理论与现代化理论和依附理论相比有诸多的进步之处，但依然存在着一些不尽完善之处。

---

① Wallerstein. The Capitalist World Economy [M]. Cambridge University Press,1979: 19.

② [美]伊曼纽尔·沃勒斯坦. 现代世界体系（第一卷）[M]. 罗荣渠译. 北京：高等教育出版社，1998：2.

首先，世界体系论对现代化的理解失之片面。发展理论以现代化为基本研究对象。在沃勒斯坦看来，现代化等同于资本主义化，而资本主义化就是资本支配下的经济剥削关系的扩展。但事实上，资本主义化除了工业化、世界性的经济剥削和两极分化，还包括政治制度、社会结构、文化观念、历史传统等方面的重要变迁。其次，世界体系论的"结构决定论"（外部因素决定论）过于僵化。世界体系论认为，世界体系本身固有的整体发展规律决定着其构成要素的单个国家在体系中的地位变动。这种观点显然与一些国家和社会发展的实际有差距，忽视了对具体国家发展道路的探讨，缺乏实际应用性。最后，世界体系理论陷入历史悲观主义与怀疑论的泥沼。沃勒斯坦认为未来具有更高生产效率和更合理收入分配制度的"社会主义世界政府"将取代旧有的世界体系，但他的设计却充斥着模糊性、空想性和不可控制性，这导致了他在否定之后无所立论，怀疑之后无所创新，最终陷入了历史悲观主义。

三、东方主义理论

（一）理论概述

随着全球化进程的不断推进，后殖民主义（postcolonialism）自 20 世纪 70 年代后开始在全球化语境下日益活跃，其代表人物有美籍阿拉伯裔学者爱德华·萨义德（Edward Said）、佳亚特里·斯皮瓦克（Gayatri Spivak）、霍米·巴巴（Homi Bhabha）等。

就全球化而言，如果说依附理论与世界体系理论是立足于政治经济学，所针对的是全球范围内的政治经济霸权。那么后殖民主义理论尤其是东方主义理论（Orientalism），则是从东西方关系、文化与帝国主义的研究等方面，开始了一种全新的文化研究视角，确立了一种区别于殖民主义、帝国主义文化逻辑的话语系统。

1978 年，萨义德出版了其学术代表作《东方学》，该书振聋发聩地让人们意识到作为地域的东方是一种客观存在，文化视野中的东方则有赖于人的建构，这成为后殖民论述的经典与理论依据。他指出，资本主义的全球扩张在依赖政治、经济、军事实现西方中心化的同时，也需要借助文化、思想与学术等层面来重组一切话语。通过这种不断"文字化"和"符号化"的过程，将诸如东方专制体制、亚细亚生产方式等有关东方的基本概念整合构建成一个牢固的连贯整体，这也成为西方了解、认识东方的主流话语。在西方人的眼中，这种话语真实、客观地反映了东方社会的现状；即使出现了一些有悖该话语的材料，也完全可以在这种话语框架下进行解释，正如萨义德所写到的那样：

东方学是一套被人为创造出来的理论和实践体系，蕴含着几个时代沉积下来的物质层面的内涵。……无数的学者、行政官员、旅行家、交易人、国会议员、商人、小说家、理论家、投机者、预言家、诗人，还有各式各样的流浪和边缘人……都对宗主中心现实的形成做出了贡献。①

从这个意义上来说，东方学实际上是西方用以控制、规划和君临东方的一种文化机制，是通过将除西方外的其他文化，包括其所有的历史、地理、社会制度等方面都变成可供西方观看、理解和掌控的东西，最终旨在对东方进行文化层面的帝国主义扩张和殖民统治：

持续百年的海外殖民，刺激了东方学的成熟。从表面看，作为西学的一个分支，东方学只涉及教学研究，然而其中渗透了殖民者的偏见与狂妄。

打开西方殖民史，将它与东方史并行阅读，我们不难发现，诸如埃及、印度、中国这样广袤神秘的东方国家，在它们沦为奴役对象的同时，何尝不也是西方学术竭力捕捉和肢解的目标。②

无论是作为一门学科、一种思维方式还是一种主义，东方学都是经过长期的积淀才得以形成的。从表面上看，随着全球化的不断发展和信息流通，有关东方的认识始终处于变化之中，即"显在的东方主义"。但实际上，这些表面的变化并未改变、重构有关于东方的惰性、稳定性和连续性的观念，仍然是通过"隐伏的东方主义"不断证实、增强和深化东西方之间的不平等关系。这也是萨义德为何要说：

每一个欧洲人，不管他对东方发表什么看法，最终都几乎是一个种族主义者，一个帝国主义者，一个彻头彻尾的民族中心主义者。③

（二）理论评析

随着全球化进程的加速，文化的全球性流动促使文化意义的建构不再仅仅局限于特殊的地域与背景，而是置身于世界范围内的政治、经济和科技的交往关系中。萨义德的东方主义理论通过对殖民主义历史的考察，揭露了西方殖民者对东方文化传统的扭曲，强调了文化领域中平等对话、求同存异、和平共处的重要性。同时，他的理论警示了广大发展中国家要在经济全球化的进程中坚守文化的独立性，在日益频繁的文化交流中保持民族文化的特色。

萨义德的东方主义强烈批判了西方的霸权主义和强权政治，锐利的笔锋揭露了与西方相对立的东方是如何被制造出来的，被歪曲的东方是如何被虚构出来的。然而，我们也要看到，萨义德将东西方二者的关系定义为纯粹的影响与被影响、制约与被制约、支配与被支配的二元对立关系，具有非常明显的否定色彩，这在一定程度上完全遮蔽了另一种东方主义，即一种肯定的、乌托邦式的东方主义。

① [美]爱德华·萨义德.东方学[M].王宇根译.上海：生活·读书·新知三联书店，2003：9.
② 赵一凡.从卢卡奇到萨义德：西方文论讲稿续编[M].上海：生活·读书·新知三联书店，1997：173.
③ [美]爱德华·萨义德.东方学[M].王宇根译.上海：生活·读书·新知三联书店，2003：260.

四、文化帝国主义理论

（一）理论概述

文化帝国主义（cultural imperialism）是传播研究的关键领域之一，其研究始于对传播学实证研究与发展研究的批判。文化帝国主义与依附理论与世界体系理论的核心思想一脉相承，旨在揭示资本主义全球化进程中的种种病症及其原因，突出的是中心与边缘的利害冲突与矛盾关系。

具体来说，其研究多从国际传播与全球传播的视野出发，探究以美国为代表的西方媒介生产及其产品如何进行西方价值观念、消费主义生活方式的宣扬，以及由此引发的传统文化瓦解和认同危机等问题。在文化帝国主义的话语体系中，媒介始终处于研究核心位置，以至于人们一般将文化帝国主义视为媒介帝国主义的同义词。

文化帝国主义的问题由来已久，真正引发人们关注则是在 20 世纪六七十年代。这一时期，以美国为首的西方阵营力图在对广大发展中国家实施政治经济控制的同时，从文化思想上也实施渗透，这无疑与"二战"后殖民地国家高涨的追寻自主趋势相矛盾与对立，这种碰撞最终使文化帝国主义问题显现出来并日趋激化。

早期的文化帝国主义理论支持者主要集中在拉丁美洲，原因是这里是受到美国文化影响最为明显的地区。

随着全球化进程的加速，越来越多的学者介入这一领域，这批学者大多具有政治经济学的学科背景，在历史和社会认知观念上秉承依附理论的思想传统，并将传播问题置于资本主义的全球体系中进行宏观的关照与把握，包括达拉斯·斯迈思、博伊德·巴雷特（Boyd Barrett）、阿芒·马特拉（Armand Mattelart）、赫伯特·希勒（Herbert Schiller）等人都是如此。

究竟何为文化帝国主义？席勒在 1976 年出版的《传播与文化主宰》一书里将其定义如下：

文化帝国主义是过程的集合，在这一过程中，一个社会被卷入现代世界体系，而这个社会的主导阶层被吸引、压迫、强制并且有时被贿赂，以形成符合甚至促进世界体系主导中心价值和结构的社会体制。[①]

约翰·费斯克（John Fiske）在《关键概念：传播与文化研究辞典》中更加详细地对文化帝国主义进行了阐释：

文化帝国主义属于帝国主义进程的组成部分，同样也是这一进程的产物，某些经济上的主控国家基于这个进程系统地发展与扩展了对其他国家的经济控制、政治控制与文化控制。从直接意义上讲，它导致有钱有势的发达资本主义国家（特别是美国和西欧）与相对贫弱的欠发达国家（特别是第三世界和南美、亚洲、非洲的民族国家）

---

① Schiller H. *Communications and Cultural Dorninations* [M]. New York: Sharpe, 1976: 9.

之间形成支配、附属和依附的全球关系。文化帝国主义指称的就是这一进程的重要方面，即来自支配性国家的某些产品、时尚及风格样式（style）得以向依附型市场进行传输，从而产生特定的需求与消费形态的运行方式；这些特定的需求与消费形态既得到其主控性来源的文化价值、观念和经验的支持，又对这些文化价值、观念和经验予以认同。在这种方式下，发展中国家的本土文化越来越遭到外国文化、常常是西方文化的控制以及不同程度的侵犯、取代和挑战。跨国公司在这个过程中扮演了重要角色，因为其目标就在于通过全球化经济增长以助长其产品的扩散，而这终将使那些符合资本主义体制的意识形态在国际获得传播。①

20 世纪 90 年代末，全球开始走向一体化，席勒再一次丰富了文化帝国主义的概念内涵，他认为当下帝国主义的扩张已经不再以国家为主体，而日益体现为跨国公司的行为。他认为，新传播技术的出现不仅未能给全人类带来更加多元的文化，反而进一步加剧了全球政治经济、文化秩序的不平衡。

此外，席勒也关注到了文化反向流动的现象，即发展中国家开始向西方资本主义国家反向输出文化产品。他指出，这些输出的文化产品仍然带有西方价值观，并不能单纯从传媒产品的数量和流向的角度来证明文化帝国主义的破产。

（二）理论评析

尽管以约翰·汤林森（John Tomlinson）为代表的一批学者指出文化帝国主义理论是宽泛而空洞的，为边缘文化提供的方案是悲天悯人且难以具体实施的。但相比于发展传播学忽略既定秩序中支配与被支配的权力关系，无法切实改变不合理的全球政治、经济和文化秩序，文化帝国主义这一概念则体现出很大价值。

首先，文化帝国主义是以世界政治经济分析为基础的宏观层面的分析，有力揭示了资本主义文化如何加速西方价值观念扫荡世界、逐步瓦解其他文化传统并使其陷入依附性的境地。

其次，文化帝国主义理论通过比较国与国之间在资源上的差异，指出传播过程中存在不平等现象。席勒和巴雷特都明确提到了美国在这个过程中所扮演的角色，其所倡导的信息自由流通主义实际上是美国意识形态君临他国的代名词。再次，文化帝国主义理论认为不平等的传播关系会导致对欠发达国家和地区文化传统的销蚀。

五、天下体系理论

（一）理论概述

全球化浪潮不仅在政治经济层面重组了世界格局，在思想文化层面也带来了一套

---

① ［美］约翰·费斯克等. 关键概念：传播与文化研究辞典（第二版）[M]. 李彬译. 北京：新华出版社，2004：67-68.

人类中心主义与西方中心主义相结合的意识形态和话语体系。对于以中国为代表的广大发展中国家来说，应当去解构这种思想文化与社会政治的西方宏大叙事，为人类社会的发展贡献本民族智慧。

21 世纪前十年，赵汀阳先后于 2003 年、2009 年和 2010 年出版了代表作《没有世界的世纪》《坏世界研究：作为第一哲学的政治哲学》和《每个人的政治》，并形成了一脉相承的思想脉络，阐发了一套具有中国智慧的全球性主张。天下体系理论中有关世界与世界观的天下思想，不仅为反思全球化与现代传播提供了新颖的思路，更是从根本上动摇了西方为主导的、繁杂的全球化话语体系。

赵汀阳指出，现代世界的最大问题是缺乏世界观和世界意识：

西方思考政治问题的单位是各种意义上的"国家"（country/state/nation），国家被当作是思考和衡量各种问题的绝对根据、准绳和尺度。只有当能够从世界的整体性上去理解世界才能够有"世界观"，否则就只能是关于世界的某种地方观，只不过是"管窥"（the view of the world from somewhere），就不会关心世界性利益。[①]

在赵汀阳看来，天下理念包括两个基本的制度想象。一个是能够保证利益冲突最小化与合作最大化的世界政治制度，另一个是能够承认且维护文化权利的世界文化制度。二者作为天下理念的核心理念，不仅是当前世界最为需要的一套政治原则，也是促进现代世界体系从无序状态到有序状态的关键：

天下/帝国理论与帝国主义理论在对世界的理解上有着顺序颠倒的结构：天下/帝国的理论是个由大至小的结构，先肯定世界的先验完整性，然后在给定的完整世界观念下再分析各个地方或国家的关系，这是世界观先行的世界理论。而帝国主义是由小至大的结构，先肯定自己的民族和国家的绝对性，然后以自己国家的价值观把"其他地方"看作是对立的、分裂的和未征服了的。这是没有世界观的世界理论。也许我们无法比较哪种理论本身是更正确的（因为在社会和历史方面没有绝对真理可言），但假如我们需要世界正义、世界制度和世界和平这样一些事情，那么天下理论更有助于达到这些目标。[②]

此外，赵汀阳基于天下体系理论，从哲学角度为理解全球化与现代传播提供了一条全新的思路，即实现传播观从理解观向接受观的转变。

他指出，当前对话理论都将理解视为枢纽，而接受才是问题的关键；理解的出发点是自己或主体，而接受的立足点是他人或他者；理解的重点在知识论，而接受的核心是价值观。[③]

（二）理论评析

尽管赵汀阳的天下体系理论目前还处于一种理想的乌托邦阶段，但这一理论并非

① 赵汀阳.没有世界观的世界——政治哲学与文化哲学文集（第二版）[M].北京：中国人民大学出版社，2005：24.
② 赵汀阳.没有世界观的世界——政治哲学与文化哲学文集（第二版）[M].北京：中国人民大学出版社，2005：32.
③ 李彬.传播学引论（第三版）[M].北京：清华大学出版社，2013：375.

理想主义的幻想，而是在眼中只有敌人的霍布斯文化、以竞争代替战争的洛克文化、与朋友建立同盟的康德文化这三种理解国际关系的西方范式之外，为全世界人们提供了应对全球化、造福全人类的全新世界观和思路。

六、人类命运共同体

（一）理论概述

人类社会正经历着百年未有之大变局，各个国家、地区在迎来发展机遇的同时，也面临着诸如资源短缺、环境污染、疾病肆虐等全球性安全问题，国际秩序乃至人类生存遭受到巨大考验和严峻挑战。

人类文明的演进对旧有的国际治理体系、世界发展理念提出了挑战，一个能着眼于全人类生存发展、基于开放式的对话沟通进行平等的交流合作，在尊重、理解彼此文化信仰、历史传统差异的基础上消解认知障碍的新型国际关系的构建迫在眉睫。

以习近平总书记为核心的中央领导集体准确研判世界发展大势，在 2012 年党的十八大上开创性地提出了"人类命运共同体"（Community of Shared Future for Mankind）的理念和价值观，呼吁世界各国在追求本国利益的同时兼顾他国合理关切，在谋求本国发展中促进各国共同发展，旨在最终实现全人类的共同价值。

十八大以后，习近平总书记在诸如亚洲博鳌论坛（2015 年）、联合国日内瓦总部会议（2017 年）、党的十九大（2017 年）等重大场合多次提及人类命运共同体理念。

当下，构建人类命运共同体这一中国方案也已经被多次写入联合国相关文件和决议中，产生日益广泛而深远的影响。

作为一套全球价值观念和认知理念，人类命运共同体凝聚、蕴含着人类文明成果和深邃的东方智慧，其基本的价值观基础包含着相互依存的国际权力观、共同利益观、可持续发展观和全球治理观：

从国际权力观来看，全球化令世界各国已经形成了一个相互依存的共同体，在这个秩序内，国家之间的权力分配未必要像过去那样通过战争等极端手段来实现，而是应该通过合作的方式来维持、规范相互依存的关系，实现共同利益的维护；从共同利益观来看，不同国家、地区的利益高度交融，任何一个国家出现问题，都可能导致全球利益链条的中断；从可持续发展观来看，环境污染和极端事故所造成巨大灾难引发了人们的反思，可持续发展已经成为人类社会的共识；从全球治理观来看，伴随全球化而来的治理问题需要一个具有机制约束力和道德规范力的、能够解决全球问题的国际规范和国际机制。[①]

---

① 曲星 . 人类命运共同体的价值观基础 [J]. 求是，2013（4）：53-55.

（二）理论评析

"人类命运共同体"正是对当代中国世界观和国际权力观的凝练表达，是蕴含华夏智慧结晶的"中国方案"。作为一个极具包容性的概念，人类命运共同体立足于国际共产主义、大同理想和新世界主义的思想交汇点上，并形成了传受双方共同体验或经历的联结，不仅能够超越单个民族、国家的视野局限转向全球福祉的聚焦，而且在概念内涵上存在巨大的延展性，更能将全人类导向一个政治多极、经济均衡、文化多样、安全互信、环境可续的未来和谐世界，真正实现美美与共、天下大同。

第二节 理解国际传播

一、作为传播形态的国际传播

（一）国际传播的概念

国际传播（international communication）指的是以民族、国家为主体进行的跨文化信息交流与沟通，包含广义与狭义两个层面。

广义上的国际传播是指国家与国家之间的外交往来行为，包括古代的外交活动、民间往来为起点的跨国信息流动等社会实践行为都属于广义上的国际传播范畴。狭义上的国际传播则是指以大众传播为支柱的国与国之间的传播，伴随着传播技术、交通运输工具的迭代升级而快速发展。①

复旦大学教授郭可综合了程曼丽、和轶红、刘继南等国内学者解读国际传播的多种视角，对国际传播的概念做出了如下界定：

通过各国大众媒体而展开的国际信息交流和传播形式；它的主体单位是民族国家和一些有影响力的国际组织，它所关注的焦点是国际信息传播对民族国家和国际组织在一些事关重大的领域（例如国际政治、外交、国际经济和国际文化交流等方面）所产生的影响和相互影响。②

由此可以看出，目前我国学者对于国际传播概念的理解普遍局限于狭义角度。实际上，无论是广义的或是狭义的国际传播，该传播形式通常意义上都包括两个部分，一是将国际社会的重要事件和变化传达给本国民众，即由外向内的传播；二是把有关本国政治、经济、文化等方面的信息传达给国际社会，即由内向外的传播。

---

① ［美］罗伯特·福纳特.国际传播：全球都市的历史、冲突及控制［M］.刘利群译.北京：华夏出版社，2000：11.

② 郭可.国际传播学导论［M］.上海：复旦大学出版社，2004：6.

（二）国际传播的特征

国际传播与其他传播形态相比，具有以下特征：

第一，国际传播的主体一般是指主权国家以及其他国际行为主体。除了民族国家之外，诸如国际组织、超国家组织、地区集团、跨国公司、有影响的个人都涵盖在国际传播的主体范围内。

第二，国际传播是以民族国家为主的国际行为主体控制下的信息传播活动，属于国际政治的一部分，其在影响国际政治的同时必然受到政治权力的制约和控制。

第三，国际传播是一种过滤式的传播形态，最高原则是服务于国家利益，带有明显的政治倾向和强烈的意识形态色彩。

（三）国际传播的功能与作用

一个不可否认的事实是，当下的国际传播正与全球化、国际化勾连在一起，不断融入国际政治和国际关系事务当中，在促进各国之间相互沟通、推动国际社会和衷共济方面发挥不可替代的作用。刘继南教授在其主编的《国际传播与国家形象——国际关系的新视角》一书中从政治、经济、军事和文化四个层面探讨了国际传播活动的功能和作用。

在政治层面，国际传播活动一方面能够沟通政治信息、引导政治舆论，另一方面则可以拓展外交渠道、增强外交效果，最终实现国家形象的有效塑造和国际声望的显著提高。

在经济层面，国际传播活动可以帮助主权国家了解经济发展趋势、寻求发展的新契机，同时还能促进本国媒体产业化以开辟新的经济增长点。

在军事层面，国际传播活动对内可以引导国内民众以形成统一舆论，对外则可以通过瓦解敌国军心以实施心理震慑，此外还可以通过树立正义形象来争取国际舆论。

在文化交流层面，国际传播活动被视作各个民族、国家和地区相互之间增进理解、消除隔阂误解的重要手段。[①]

二、作为研究领域的国际传播

（一）国际传播研究的发展历程

作为一种古已有之的传播形态，国际传播的相关研究最初并未获得人们足够的重视。直到第一次世界大战后，人们逐渐意识到不断发展的传播技术在社会中扮演的角色日益加重，国际传播研究作为传播学的子领域开始在美国最早出现，位于华盛顿的

---

① 刘继南等.国际传播与国家形象——国际关系的新视角 [M].北京：北京广播学院出版社，2002：94-109.

美利坚大学国际关系学院于 1971 年率先开设了国际传播的硕士学位课程。

在早期，国际传播研究侧重于宣传对人们行为和态度进行塑造的潜力，且并未成为一个独立的研究领域。

20 世纪 60 年代后，随着一些欠发达国家和地区在政治上取得独立，它们开始试图在以西方发达国家为主导的国际传播体系上寻求平等地位，由此引发了 70 年代世界范围内有关全球信息新传播的讨论，极大地推动了国际传播作为独立研究领域的发展。

政治背景之外，经济因素也是国际传播学发展的重要而现实驱动力，尤其是跨国公司的大量出现。跨国公司的出现在某种意义上会削弱处于边缘位置的欠发达民族国家和地区在本国政治、经济等领域的控制力，国际传播研究自此吸引了大量学者的关注。

20 世纪 80 年代后，技术的革命性迭代催生了跨国媒体集团，进一步提升了进行国际传播研究的必要性与迫切性。这一时期，出现了诸如《组织中的国际传播》《全球信息与世界传播：国际关系的新领域》《国际传播与全球化：批判导论》等大量国际传播研究专著，国际传播研究的学科框架由此日趋独立、成熟，其研究范围、对象和方法逐步丰富起来。[1]

当前，国际传播研究不仅涵盖新闻传播学，也与国际关系、国际政治、外交、军事等学科领域联系紧密。同时，其研究对象的范围日趋多元化，除了传统的民族国家和地区，与大众传媒有关的所有机构和个人都被纳入其中。

综上，国际传播研究最早源自于国际关系研究，其学术根源在于政府和国际组织的相互关系。梅里尔（Merrill）和费希尔（Fischer）通过为国际传播界定的五个方向充分印证了这一点。[2] 如果说第一代学者进行国际传播研究的视角是从国际关系出发，那么第二代学者则更多将注意力放在全球秩序的不平等和失衡上，并将这种失衡关系描述为媒介帝国主义。尽管第二代学者在前人的概念化基础上开始着眼于不平等的全球传播秩序，但其总体上是研究国家与政府之间的传播。

值得注意的是，国际传播研究侧重于媒介结构及政治和经济的动力，缺乏对人的关注。阿散蒂（Asante）和古迪孔斯特（Gudykunst）指出这在某种程度上导致了跨文化传播（intercultural communication）作为传播学的另一个子领域在美国的建立。[3]

（二）国际传播研究范式

按照托马斯·库恩（Thomas Kuhn）的说法，国际传播研究的范式（paradigms）是指国际传播研究中学者们认为值得研究的概念、理论和相关的变量，以及对它们所

① 刘笑盈，麻争旗. 关于深化国际传播学研究的思考 [J]. 现代传播，2002（1）：38-41.

② Merrill J. International Communication: Media, Channels, Functions [M]. New York:Hastings,1970: 126.

③ Asante M K. Handbook of International and Intercultural Communication [M]. Newbury Park,CA:Sage,1989: 9.

形成的共同看法。[①] 在某种意义上，国际传播研究范式的形成为国际传播作为独立的研究领域、学科提供了充足、强大的理论基础。

在国际传播研究范式的划分上，本书决定借用斯瑞贝尼（Streberny）的划分方式，即将国际传播研究分为传播和发展（communication and development）、文化帝国主义（cultural imperialism）和文化多元主义（cultural pluralism）这三种模式。[②] 尽管斯瑞贝尼采用的是模式的概念而非范式，但我们仍然可以借鉴这一分类思路。

传播和发展范式出现于20世纪60年代早期，该时期的媒介和传播被视作是能够带来变化的强有力工具，尤其在处于非中心地带的第三世界国家和地区，大众媒介和传播技术应用的推广被认为能够有效改变人们的态度和价值观念。

文化帝国主义范式同样认为大众媒介和传播是强大的，因为这一范式下的媒介和传播能够威胁到发展中国家的文化独立性。换言之，该范式认为国家间的信息、产品、技术等自由流动实际上加强了发展中边缘国家对发达中心国家的单方面依赖，严重阻碍、制约了发展中国家的发展。

文化多元主义范式强调多样化的研究视野，并对之前的研究范式进行了反思和批判，认为它们只能片面地反映全球性媒介较少、参与者有限的初期阶段。不同于文化帝国主义范式的悲观态度，该范式对文化交流的自主性、双向性持乐观的态度。

可以看到，不同范式的认识、所关照的结果往往有很大不同。然而，社会的改变是一个复杂的过程，不能简单地完全归因于媒介与传播。因此我们在进行国际传播研究时，必须要考虑所处的具体环境和语境。

（三）国际传播研究的未来趋向

在可见的当下及未来，人类社会的信息化、全球化将进一步加深，未来的国际传播也将继续处于与时代相适应的话语体系之中，并体现为以下两个趋势。

首先，由于当前"西强东弱"的全球信息秩序仍将长期持续，同时国际传播研究中的非西方学者数量不断增加，针对不平等传播秩序及其相关问题的批判性研究仍将是国际传播研究关注的热点。

其次，技术的赋权令更多非政府组织、个人能够在国际传播活动中承当更重要的作用。[③] 因此，未来的国际传播研究在以民族国家为主要分析单位的前提下，将延伸至更多主体。

---

① Kurn T. The Structure of Scientific Revolutions [M]. Chicago: University of Chicago Press, 1962.

② Curran, Gurevitch. Mass Media and Society [M]. London: Arnold, 1996: 177-203.

③ Thussu. International Communication — Continuity and Change [M]. London: Anorld of Hodder Headline Group, 2000: 3.

本 章 小 结

全球化作为人类社会发展的时代趋势，牵动了经济、政治与文化等诸多社会层面的变化，因而引发了来自不同研究领域学者们的多元阐释，尤以将全球化视为人类文明前进动力的主流话语与将全球化视作资本主义贪婪扩张的批判性话语最具代表性。

在现代社会，全球化最显著的特点是它越来越通过传播来实现。大多数理论家都间接认可了传播、媒介在全球化中的作用，但却很少有人清楚地表达和分析过，传播之于全球化的作用也被简化为排外的、不证自明的技术功效。

如果我们有兴趣研究传播与全球化的关系，就必须把焦点放在国际传播上。作为一种传播形态，国际传播已经成为人类社会不可或缺的一部分，其影响力无处不在。作为一个研究领域，国际传播则在奔腾的时代浪潮中业已形成了一套完备、独立的理论体系。

思考题：

1. 不同话语是如何解读全球化的？

2. 全球化相关的代表理论有哪些？其代表人物是谁？

3. 人类命运共同体的价值观基础是什么？与天下体系理论有何联系？

4. 作为一种传播形态，国际传播有怎样的概念、特征和功能？

5. 作为一个研究领域，国际传播研究经历了怎样的发展历程？其研究范式和未来趋向又是怎样的？

参 考 文 献

Abraham Bass. Refining the "gatekeeper" concept: A UN radio case study[J]. *Journalism Quarterly*,1969, 46(1):69-72.

Adorno T W, Rabinbach A G. Culture industry reconsidered[J]. *New German Critique*, 1975(6):12-19.

Alfred Schutz. On Phenomenology and Social Relations[M]. Chicago：University of Chicago Press,1970.

Asante M K. Handbook of International and Intercultural Communication[M]. Newbury Park,CA:Sage,1989.

Bambina A. Online Social Support: The Interplay of Social Networks and Computer-mediated Communication[M]. Cambria press,2007.

Beller J.The Cinematic Mode of Production: Attention Economy and the Society of the Spectacle[M]. UPNE,2012.

Benkler Y. The Wealth of Networks: How Social Production Transforms Markets and Freedom[M]. New Haven: Yale University Press, 2006.

Bresnahan T, Greenstein S. Mobile computing: The next platform rivalry[J]. *American Economic Review*, 2014, 104(5): 475-480.

Brigitte Lebens Nacos. Terrorism and the Media[M]. New York: Columbia University Press, 1996.

Brown Richard. The gatekeeper reassessed: A return to Lewin[J]. *Journalism Quarterly*, 1979,56(3):595-679.

Bruns A. Are Filter Bubbles Real?[M]. John Wiley & Sons,2019.

Castells M. The Network Society: A Cross-Cultural Perspective[M].Northampton: Edward Elgar Pub，2004.

Chandler D.,Fuchs C. Digital Objects Digital Subjects: Interdisciplinary Perspectives on Capitalism, Labour and Politics in the Age of Big Data[N],University of Westminster Press,2019.

Clynes M E, Kline N S. Cyborgs and space. In: Gray C H, ed. *The Cyborg Handbook*[M], New York: Routledge, 1995.

Craig, Ludloff. Privacy and Big Data: The Players, Regulators, and Stakeholders[M]. O'Reilly Media, Inc.，2011.

Curran, Gurevitch. Mass Media and Society[M]. London: Arnold,1996.

David Manning White. The "gate keeper"：A case study in the selection of news[J]. *Journalism Quarterly*, 1950,27(4): 383-390.

Denis McQuail. Mass Communication Theory (4th edition)[M]. London: Sage Publication, 2000.

Denis McQuail, Sven Windahl. Communication Models for the Study of Mass Communication[M].London: Longman,1981.

De la Peña N, Weil P, Llobera J. Immersive journalism: immersive virtual reality for the first-person experience of news[J]. *Presence: Teleoperators and Virtual Environments*, 2010，19(4)：291-301.

Dewey J.Democracy and Education[M]. New York:Macmillan,1916.

Doyle G. Understanding Media Economics[M]. London: Sage Publications, 2013.

Festinger L. A theory of social comparis on processes[J]. *Human Relations*,1954, 7(2): 117-140.

Fox, Stephen. The Mirror Makers: A History of American Advertising and Its Creators[M].New York: William Morrow and Company, Inc,1984.

Fuchs C. Information and Communication Technologies and Society: A Contribution to the Critique of the Political Economy of the Internet[J]. *European Journal of Communication*, 2009, 24(1): 84.

Giddens A. Social Theory of Modern Societies: Anthony Giddens and His Critics[M]. Cambridge University Press，1989.

Giddens A. The Consequences of Modernity[M]. Cambridge: Polity, 1990.

Gillespie T. The Relevance of Algorithms[M].Cambridge：MIT Press,2014.

Gillespie T. Custodians of the Internet: Platforms, Content Moderation, and the Hidden Decisions That Shape Social Media[M]. New Haven: Yale University Press, 2018.

Hall S. Encoding/decoding[J]. *Television: Critical Concepts in Media and Cultural Studies*，2003,(1): 43-53.

Haraway D. A cyborg manifesto: Science, technology, and socialist-feminism in the late twentieth century. In: Hanks C, ed. *Technology and Values: Essential Readings*[M]. Hoboken: Wiley-Blackwell, 2009.

Hatfield E, Cacioppo J T, Rapson R L. Emotional contagion[J]. *Current Directions in Psychological Science*,1993, 2(3):96-100.

Habermas J. The Public Sphere: An Encyclopedia Article[J]. *New German Critique*, 1974 (3): 49.

James C McCroskey, Virginia D Richmond, Robert A Stewart. One on One, The Foundation of Interpersonal Communication[M]. New Jersey: Prentice Hall Inc, 1986.

Jamieson K H, Cappella J N. Echo Chamber: Rush Limbaugh and the Conservative Media Establishment[M]. Oxford University Press,2008.

John Nerone; William E. Berry：Last Rights: Revisiting Four Theories of the Press[M]. University of Illinois Press, 1995.

Janowitz M. The study of mass communication. In: William A, Darity Jr. *International Encyclopedia of the Social Sciences*[M]. New York: Macmillan and Free Press, 1968. 41-53.

John McNelly. Intermediary communicators in the international flow of news[J]. *Journalism Quarterly*, 1959,36(1):23-26.

John Steward. Bridges, Not Walls: A Book about Interpersonal Communication[M].New York：McGraw-Hill Inc,1995.

José van Dijck, Thomas Poell, Martijn de Waal. The Platform Society: Public Values in a Connective World[M]. Oxford: Oxford University Press，2018.

Kittler F. There is no software[J]. *Stanford Literature Review*, 1992, 9(1):81-90.

Kittler F. Literature, Media, Information Systems[M]. Amsterdam: OPA, 1997.

Kittler F. Gramophone, Film, Typewriter[M]. Stanford: Stanford University Press, 1999.

Kittler F. Optical Media[M]. Cambridge: Polity Press, 2009: 34.

Klaus Krippendorff. The Past of Communication's Hoped-For Future[J]. *Journal of Communication*,1993(43):34-44.

Kurn T. The Structure of Scientific Revolutions[M]. Chicago:University of Chicago Press,1962.

Lee S H, Hoffman K D. Learning the ShamWow: Creating infomercials to teach the AIDA model[J]. *Marketing Education Review*, 2015,25(1):9-14.

Lewin K. Frontiers in group dynamics: II. Channels of group life; social planning and action research[J]. *Human relations*,1947, 1(2):143-153.

Marciano A. Living the VirtuReal: Negotiating transgender identity in cyberspace[J]. *Journal of Computer-Mediated Communication*,2014, 19(4):824-838.

Malone T W, Bernstein M S. Handbook of Collective Intelligence[M]. MIT Press,2015.

Mansell R. Platforms of power[J]. *Intermedia*,2015, 43(1):20-24.

Merrill, J. International Communication: Media, Channels, Functions[M]. New York:Hastings,1970.

Merten K, Schmidt S J, Weischenberg S. Die Wirklichdeit der Medien: Eine Einfuhrung in die Kommunikationswisssenschaft[M]. Opladen: Westdeutscher Verlag,1994.

Morley D，Brunsdon C. The Nationwide Television Studies[M]. London: Routledge, 1999.

Norris P. Digital Ditide? Civic Engagememt, Informatiom Poverty, and the Jmtermet World Wide[M]. New York: Cambridge University Press, 2001.

Osoba O A, Welser IV W. An Intelligence in our Image: The Risks of Bias and Errors in Artificial Intelligence[M]. Rand Corporation,2017.

Pamela Shoemaker, Tim Pvos. Gatekeeping Theory[M]. New Routledge, 2009.

Rochet, Tirole.Two-sided markets: a progress report[J]. *The RAND Journal of Economics*, 2006, 37(3): 645-667.

Rosen J. What are Journalists For?[M]. New Haven：Yale University Press,1999.

Schiller H. Communications and Cultural Dorninations[M]. New York:Sharpe,1976.

Siochrú Seán, Girard, Bruce. Global Media Governance[M].Oxford:Rowman and Littlefield,2001.

Storey, John. Cultural Consumption and Everyday Life[M]. Bloomsbury Academic, 1999.

Taylor E. Primitive Culture[M]. London: John Murray, 1871.

Thussu. International Communication—Continuity and Change[M]. London: Anorld of Hodder Headline Group, 2000.

Tony Gunton. The Penguin Dictionary of Information Technology[M]. London: Penguin Books, 1994.

Turner V W. Symbols in African Ritual[J]. *Science*, 1973: 1100-1105.

Ulrich Beck. Risk Society: Towards A New Modernity[M]. London: Sage Publications, 1992.

Wallerstein. The Capitalist World Economy[M]. Cambridge University Press, 1979.

[美] 爱德华·霍尔. 无声的语言 [M]. 侯勇译. 北京：中国对外翻译出版公司，1995.

[美] 爱德华·萨义德. 东方学 [M]. 王宇根译. 上海：生活·读书·新知三联书店，2003.

[美] 埃弗雷特·罗杰斯. 传播学史——一种传记式的方法 [M]. 殷晓蓉译. 上海：上海译文出版社，2005.

[美] 阿道夫·德里克. 后革命氛围 [M]. 王宁等译. 北京：中国社会科学出版社，1999.

[法] 阿芒·马特拉，陈卫星. 传播全球化思想的由来 [J]. 国际新闻界，2000（4）：13-16+21.

[法] 阿诺尔德·范热内普. 过渡礼仪 [M]. 张举文译. 北京：商务印书馆，2010.

[美] 本·巴格迪坎. 传播媒介的垄断 [M]. 林珊等译. 北京：新华出版社，1986.

[英] 布莱恩·麦克奈尔. 政治传播学引论（第 2 版）[M]. 殷祺译. 北京：新华出版社，2005.

[美] 保罗·莱文森. 数字麦克卢汉：信息化新纪元指南 [M]. 何道宽译. 北京：社科文献出版社，2001.

陈昌凤. 美国传媒规制体系 [M]. 北京：清华大学出版社，2013.

[美] 查尔斯·霍顿·库利. 人类本性与社会秩序 [M]. 包凡一等译. 北京：华夏出版社，1989.

曹荣湘. 解读数字鸿沟——技术殖民与社会分化 [M]. 上海：上海三联书店，2003.

常江，田浩. 建设性新闻生产实践体系：以介入性取代客观性 [J]. 中国出版，2020（8）：8-14.

陈力丹. 精神交往论 [M]. 北京：开明出版社，1993.

陈力丹. "第四权力" [J]. 新闻传播，2003（3）：13.

陈力丹，金灿. 论互联网时代的数字鸿沟 [J]. 新闻爱好者，2015（7）：33-37.

陈勤奋. 哈贝马斯的"公共领域"理论及其特点 [M]. 厦门大学学报（哲学社会科学版），2009（1）：114-121.

蔡雯，王学文. 角度·视野·轨迹——试析有关"媒介融合"的研究 [J]. 国际新闻界，2009（11）：87-91.

陈卫星. 西方当代传播学学术思想的回顾与展望（下）[J]. 国外社会科学，1998（2）：7-11.

陈卫星. 媒介域的方法论意义 [J]. 国际新闻界，2018（2）：8-14.

[美] 德弗勒，丹尼斯. 大众传播通论 [M]. 颜建军等译. 北京：华夏出版社，1987.

戴锦华. 文学备忘录：质疑"全球化"[M]. 北京：中国社会科学出版社，2009.

[英] 丹尼斯·麦奎尔，[瑞典] 斯文·温德尔. 大众传播模式论 [M]. 祝建华等译. 上海：上海译文出版社，1997.

[英] 丹尼斯·麦奎尔. 大众传播理论（第六版）[M]. 陈芸芸等译. 台北：台湾韦伯文化国际出版公司，2003.

[加] 达拉斯·斯麦兹. 传播：西方马克思主义的盲点 [A]. 姚建华. 传播政治经济学经典文献选读 [C]. 刘晓红译. 北京：商务印书馆，2019.

党生翠. 网络舆论蝴蝶效应研究——从"微内容"到舆论风暴 [M]. 北京：中国人民大学出版社，2013.

段鹏. 传播学基础：历史、框架与外延 [M]. 北京：中国传媒大学出版社，2006.

[美] 杜威. 经验与自然 [M]. 傅统先译. 南京：江苏教育出版社，2005.

[美] 埃尔基·胡塔莫，[芬] 尤西·帕里卡. 媒介考古学：方法、路径与意涵 [M]. 唐海江等译. 上海：复旦大学出版社，2018.

[德] 恩斯特·卡西尔. 人论 [M]. 甘阳译. 上海：上海译文出版社，1985.

方汉奇. 中国近代思想的演变 [J]. 新闻与传播研究，1994（1）：79.

[德] 弗里德里希·基特勒. 走向媒介本体论 [J]. 胡菊兰译. 江西社会科学，2010（4）：249-254.

[德] G. 克劳斯. 从哲学看控制论 [M]. 梁志学译. 北京：中国社会科学出版社，1981.

郭可. 国际传播学导论 [M]. 上海：复旦大学出版社，2004.

[法] 古斯塔夫·勒庞. 乌合之众——大众心理研究 [M]. 冯克利译. 北京：中央编译出版社，2005.

郭镇之. 对"四种理论"的反思与批判 [J]. 国际新闻界, 1997 (1): 6.

[美] 赫伯特·阿特休尔. 权力的媒介 [M]. 黄煜等译. 北京: 华夏出版社, 1989.

胡百精. 互联网与集体记忆构建 [J]. 中国高校社会科学, 2014 (3): 98-106+159.

黄旦, 李暄. 从业态转向社会形态: 媒介融合再理解 [J]. 现代传播 (中国传媒大学学报), 2016 (1): 13-20.

[德] 赫尔曼·哈肯. 协同学: 大自然构成的奥秘 [M]. 凌复华译. 上海: 上海译文出版社, 2001.

黄华. 技术、组织与"传递": 麦克卢汉与德布雷的媒介思想和时空观念 [J]. 新闻与传播研究, 2017 (12): 36-50, 126-127.

[美] 亨利·詹金斯. 文本盗猎者: 电视粉丝与参与式文化 [M]. 郑熙青译. 北京: 北京大学出版社, 2016.

[美] 哈罗德·D. 拉斯韦尔. 世界大战中的宣传技巧 [M]. 张洁等译. 北京: 中国人民大学出版社, 2003.

[加] 哈罗德·伊尼斯. 传播的偏向 [M]. 何道宽译. 北京: 中国人民大学出版, 2003.

[美] 汉娜·阿伦特. 人的条件 [M]. 竺乾威等译. 上海: 上海人民出版社, 1999.

[荷] 何塞·范·戴克. 互联文化: 社交媒体批判史 [M]. 赵文丹译. 北京: 中国传媒大学出版社, 2018.

胡翼青, 杨馨. 媒介化社会理论的缘起: 传播学视野中的"第二个芝加哥学派" [J]. 新闻大学, 2017 (6): 96-103+154.

胡钰. 新闻与舆论 [M]. 北京: 中国广播电视出版社, 2001.

胡正荣. 技术、传播、价值从 5G 等技术到来看社会重构与价值重塑 [J]. 人民论坛, 2019 (11): 30-31.

姬德强, 杜学志. 平台化时代的国际传播——兼论媒体融合的外部效应 [J]. 对外传播, 2019 (5): 13-15+44.

姬德强. 媒体融合: 打造数字时代的基础设施 [N]. 中国社会科学报, 2019-08-02.

[荷] 简·梵·迪克. 网络社会 (第三版) [M]. 蔡静译. 北京: 清华大学出版社, 2020.

贾开. 人工智能与算法治理研究 [J]. 中国行政管理, 2019 (1): 17-22.

[美] 杰罗姆. 平台型新媒体 (Platisher) 是有效的商业模式吗? [J]. 钛媒体译. 中国传媒科技, 2014 (Z1): 71.

[英] 詹姆斯·卡伦. 媒体与权力 [M]. 史安斌等译. 北京: 清华大学出版社, 2006.

[美] 詹姆斯·凯瑞. 作为文化的传播: "媒介与社会"论文集 [M]. 丁未译. 北京: 中国人民大学出版社, 2019.

[美] 詹姆斯·凯瑞. 作为文化的传播 [M]. 丁未译. 北京: 华夏出版社, 2005.

居延安. 信息·沟通·传播 [M]. 上海: 上海人民出版社, 1986.

[德] 卡尔·马克思. 资本论 (第一卷) [M]. 北京: 人民出版社, 1963.

[美] 康拉德·菲利普·科塔克. 人类学: 人类多样性的探索 (第 12 版) (M). 黄剑波等译. 北京: 中国人民大学出版社, 2012.

[英] 克里斯蒂安·福克斯. 受众商品、数字劳动之争、马克思主义政治经济学与批判理论 [J]. 汪金汉等译. 国外社会科学前沿, 2021 (4): 17-31.

匡文波. 新媒体概论 (第三版) [M]. 北京: 中国人民大学出版社, 2019.

李彬. 传播学引论 [M]. 北京: 新华出版社, 1993.

李彬. 传播学引论 (第三版) [M]. 北京: 清华大学出版社, 2013.

李彬. 全球新闻传播史: 公元 1500—2000 年 [M]. 北京: 清华大学出版社, 2005.

[美] 罗伯特·E. 帕克. 移民报刊及其控制 [M]. 陈静静等译. 北京: 中国人民大学出版社, 2011.

[美] 罗伯特·福纳特. 国际传播: 全球都市的历史、冲突及控制 [M]. 刘利群译. 北京: 华夏出版社, 2000.

[美] 罗伯特·塞吉维克, 凯文·韦恩. 算法 (第四版) [M]. 谢路云译. 北京: 人民邮电出版社, 2012.

李良荣, 周宽玮. 媒体融合: 老套路和新探索 [J]. 新闻记者, 2014 (8): 16-20.

[英] 雷蒙·威廉斯. 文化与社会 [M]. 高晓玲译. 长春: 吉林出版集团有限责任公司, 2011.

刘继南等. 国际传播与国家形象——国际关系的新视角 [M]. 北京: 北京广播学院出版社, 2002.

李金铨. 传播研究的典范与认同 [J]. 书城, 2014 (2): 51-63.

[法] 雷吉斯·德布雷. 普通媒介学教程 [M]. 陈卫星等译. 北京: 清华大学出版社, 2014.

[法] 雷吉斯·德布雷. 媒介学引论 [M]. 刘文玲译. 北京: 中国传媒大学出版社, 2014.

黎鸣. 信息哲学论 [M]. 西安：陕西科学技术出版社，1992.

[英] 利萨·泰勒，安德鲁·威利斯. 媒介研究：文本、机构与受众 [M]. 吴靖等译. 北京：北京大学出版社，2005.

[美] 林文刚. 媒介环境学：思想沿革与多维视野 [M]. 何道宽译. 北京：北京大学出版社，2007.

陆晔，潘忠党. 成名的想象：社会转型过程中新闻从业者的专业主义话语建构 [J]. 新闻学研究，2002（71）：17-59.

刘笑盈，麻争旗. 关于深化国际传播学研究的思考 [J]. 现代传播，2002（1）：38-41.

[法] 路易·阿尔都塞. 意识形态和意识形态国家机器 [J]. 李迅译. 当代电影，1987（3）：100-112.

[美] 梅尔文·德弗勒，桑德拉·鲍尔－洛基奇. 大众传播学诸论 [M]. 杜力平译. 北京：新华出版社，1990.

[美] 梅尔文·德弗勒. 传播研究里程碑（第二版）[M]. 王嵩音译. 台北：台湾远流出版公司，1993.

[德] 马克思，恩格斯. 马克思恩格斯选集（第 1 卷）[M]. 北京：人民出版社，1995.

[德] 马克思，恩格斯. 马克思恩格斯选集（第 2 卷）[M]. 北京：人民出版社，1995.

[德] 马克斯·霍克海默. 霍克海默集 [M]. 曹卫东译. 上海：上海远东出版社，2004.

[法] 莫里斯·哈布瓦赫. 论集体记忆 [M]. 毕然等译. 上海：上海人民出版社，2002.

[英] 迈克尔·H. 莱斯诺夫. 二十世纪的政治哲学家 [M]. 冯克利译. 北京：商务印书馆，2001.

[美] 埃德温·埃默里，迈克尔·埃默里. 美国新闻史：大众传播媒介解释史（第八版）[M]. 展江等译. 北京：新华出版社，2001.

[美] 玛丽·L. 格雷，[美] 西达尔特·苏里. 销声匿迹：数字化工作的真正未来 [M]. 左安浦译. 上海：上海人民出版社，2020.

[意] 莫里齐奥·拉扎拉托. 非物质劳动 [A]. 姚建华. 传播政治经济学经典文献选读 [C]. 孙萍等译. 北京：商务印书馆，2019.

[英] 马里索尔·桑多瓦尔. 作为信息时代黑暗面的富士康劳工：中国苹果合同制造商企业中的工作环境 [A]. 姚建华. 制造和服务业中的数字劳工 [C]. 北京：商务印书馆，2017.

[美] 曼纽尔·卡斯特. 网络社会的崛起 [M]. 夏铸九等译. 北京：社会科学文献出版社，2003.

[美] 曼纽尔·卡斯特. 千年的终结 [M]. 夏铸九等译. 北京：社会科学文献出版社，2006.

[美] 曼纽尔·卡斯特. 网络社会：跨文化的视角 [M]. 周凯译. 北京：社会科学文献出版社，2009.

[美] 曼纽尔·卡斯特等. 移动通信与社会变迁：全球视角下的传播变革 [M]. 付玉辉等译. 北京：清华大学出版社，2014.

[加] 马歇尔·麦克卢汉. 传播工具新论 [M]. 叶明德译. 台北：台湾图书公司，1978.

倪波，霍丹. 信息传播原理 [M]. 北京：书目文献出版社，1996.

[美] 尼尔·波兹曼. 技术垄断：文化向技术投降 [M]. 何道宽译. 北京：北京大学出版社，2007.

[美] 尼葛洛庞帝. 数字化生存 [M]. 胡泳等译. 海口：海南出版社，1997.

潘霁，李凌燕. 媒介研究、技术创新与知识生产：来自媒体考古视野的洞见——与齐林斯基教授的对话 [J]. 国际新闻界，2020（7）：96-113.

彭吉象. 艺术学概论 [M]. 北京：北京大学出版社，2006.

彭兰. 网络传播概论（第四版）[M]. 北京：中国人民大学出版社，2017.

彭兰. 网络社会的层级化：现实阶层与虚拟层级的交织 [J]. 现代传播（中国传媒大学学报），2020（3）：9-15.

彭兰. 网络的圈子化：关系、文化、技术维度下的类聚与群分 [J]. 编辑之友，2019（11）：5-12.

彭兰. 新媒体用户研究：节点化、媒介化、赛博格化的人 [M]. 北京：中国人民大学出版社，2020.

彭兰. "信息病毒"的群体免疫研究 [J]. 当代传播，2021（1）：21-26.

彭莹莹，燕继荣. 从治理到国家治理：治理研究的中国化 [J]. 治理研究，2018（2）：39-49.

邱林川，陈韬文. 新媒体事件研究 [M]. 北京：中国人民大学出版社，2011.

曲星. 人类命运共同体的价值观基础 [J]. 求是，2013（4）：53-55.

[美] 乔治·赫伯特·米德. 心灵、自我与社会 [M]. 霍桂桓译. 北京：华夏出版社，1999.

裘正义. 世界宣传简史 [M]. 福建：福建人民出版社，1993.

[法] 让·鲍德里亚. 消费社会 [M]. 刘成富等译. 南京：南京大学出版社，2001.

[法] 让·鲍德里亚. 符号政治经济学批判 [M]. 夏莹译. 南京：南京大学出版社，2009.

[美] 斯蒂文·小约翰. 传播理论 [M]. 陈德民等译. 北京：中国社会科学出版社，1999.

沙莲香. 传播学——以人为主体的图象世界之谜 [M]. 北京：中国人民大学出版社，1990.

邵培仁. 传播学导论 [M]. 浙江：浙江大学出版社，2000.

[美] 斯坦利·巴兰，丹尼斯·戴维斯. 大众传播理论：基础、争鸣与未来（第五版）. 曹书乐译. 北京：清华大学出版社，2014.

陶涵. 新闻传播学新名词辞典 [M]. 北京：经济日报出版社，1997.

[澳] 特里·弗卢. 新媒体 4.0[M]. 叶明睿译. 北京：人民日报出版社，2019.

[美] 泰勒等. 人际传播新论 [M]. 朱进东译. 南京：南京大学出版社，1992.

[德] 托马斯·埃尔塞瑟. 媒介考源学视野下的电影 [J]. 黄兆杰译. 电影艺术，2018（3）：111-117.

[美] 唐娜·哈拉维. 类人猿、赛博格和女人 [M]. 陈静译. 开封：河南大学出版社，2016.

唐士哲. 作为文化技术的媒介：基德勒的媒介理论初探 [J]. 传播研究与实践，2017（2）：5-32.

[英] 特西·兰塔能. 媒介与全球化 [M]. 章宏译. 北京：中国传媒大学出版社，2016.

[德] 尤尔根·哈贝马斯. 公共领域的结构转型 [M]. 曹卫东等译. 上海：学林出版社，1999.

[美] 威尔伯·施拉姆，威廉·E.波特. 传播学概论 [M]. 陈亮等译. 北京：新华出版社，1984.

[美] 威尔伯·施拉姆，威廉·E.波特. 传播学概论（第二版）[M]. 何道宽译. 北京：中国人民大学出版社，2010.

[美] 沃尔特·李普曼. 舆论学 [M]. 林珊译. 北京：华夏出版社，1989.

[美] 沃尔特·李普曼. 公众舆论 [M]. 阎克文等译. 上海：上海世纪出版集团，2006.

[苏] 瓦季姆·克鲁捷茨基. 心理学 [M]. 赵璧如译. 北京：人民教育出版社，1984.

吴璟薇. 中德新闻传播教育的比较与思考 [J]. 中国新闻传播研究，2017（1）：97-105.

吴璟薇，曾国华，吴余劲. 人类、技术与媒介主体性——麦克卢汉、基特勒与克莱默尔媒介理论评析 [J]. 全球传媒学刊，2019（1）：3-17

[美] 威廉·麦克高希. 世界文明史 [M]. 北京：新华出版社，2003

[巴西] 威廉·弗卢塞尔. 摄影哲学的思考 [M]. 毛卫东等译. 北京：中国民族摄影艺术出版社，2017.

[美] 沃纳·塞弗林，小詹姆斯·坦卡德. 传播理论：起源，方法与应用（第五版）[M]. 郭镇之等译. 北京：中国传媒大学出版社，2006.

王浦劬. 国家治理、政府治理和社会治理的含义及其相互关系 [J]. 国家行政学院学报，2014（3）：11-17.

[英] 乌苏拉·胡斯. 数字时代的阶级基础：生活、劳动和价值 [A]. 姚建华. 制造和服务业中的数字劳工 [C]. 北京：商务印书馆，2017.

[加] 文森特·莫斯可. 数字劳工与下一代互联网 [A]. 姚建华. 传播政治经济学经典文献选读 [C]. 徐偲骕等译. 北京：商务印书馆，2019.

[加] 文森特·曼泽罗尔. 移动的受众商品 2.0：无线世界的数字劳动 [A]. 姚建华. 传播政治经济学经典文献选读 [C]. 姚建华，等译. 北京：商务印书馆，2019.

王雨田. 控制论、信息论、系统科学与哲学（第 2 版）[M]. 北京：中国人民大学出版社，1988.

[德] 西格弗里德·齐林斯基. 媒体考古学——探索视听技术的深层时间 [M]. 荣震华译. 北京：商务印书馆，2006.

[德] 西格弗里德·齐林斯基. 惊异发生器——多样的媒介思想 [M]. 杨旖旎译. 南京社会科学，2020（3）：104-108+131.

徐恪. 算法统治世界——智能经济的隐形秩序 [M]. 北京：清华大学出版社，2017.

[英] 西莉亚·卢瑞. 消费文化 [M]. 张萍译. 南京：南京大学出版社，2003.

徐生权. 谁是第一位传播学博士？——被中国学术界所忽略的"口语传播系"及其变迁 [J]. 新闻界，2019（8）：35-44+87.

薛伟贤，刘骏. 数字鸿沟的本质解析 [J]，情报理论与实践，2010（12）：41-46.

[美] 新闻自由委员会. 一个自由而负责的新闻界 [M]. 展江译. 北京：中国人民大学出版社，2004.

喻国明. 影响力经济——对传媒产业本质的一种诠释 [J]. 现代传播，2003（1）：1-3.

喻国明，苏林森. 中国媒介规制的发展、问题与未来方向 [J]. 现代传播（中国传媒大学学报），2010（1）：
    10-17.

喻国明等. 平台型媒体的缘起、理论与操作关键 [J]. 中国人民大学学报，2015（5）：120-127.

喻国明，刘淼. 媒介动机如何影响人们的媒介使用——基于"全民媒介使用与媒介观调查"的描述与分析 [J].
    新闻爱好者，2020（6）：10-15.

[美] 约翰·费斯克等. 关键概念：传播与文化研究辞典（第二版）[M]. 李彬译. 北京：新华出版社，2004.

[美] 叶海亚·伽摩利珀. 全球传播 [M]. 尹宏毅等译. 北京：清华大学出版社，2003.

姚建华. 零工经济中数字劳工的困境与对策 [J]. 当代传播，2018（3）：66-68.

姚建华，徐偲骕. 传播政治经济学视域下的数字劳动研究 [J]. 新闻与写作，2021（2）：5-13.

俞可平. 推进国家治理体系和治理能力现代化 [J]. 前线，2014（1）：5-8+13.

[美] 伊曼纽尔·沃勒斯坦. 现代世界体系（第一卷）[M]. 罗荣渠译. 北京：高等教育出版社，1998.

[美] 约书亚·梅罗维茨. 消失的地域：电子媒介对社会行为的影响 [M]. 肖志军译. 北京：清华大学出版社，
    2002.

叶蓁蓁，盛若蔚. 中央厨房探路融合发展 [J]. 中国报业，2015（7）：38-39.

虞鑫，兰旻. 媒介治理：国家治理体系中的媒介角色——反思新自由主义的传播与政治 [J]. 当代传播，2020（6）：
    34-38.

张殿元. 技术·权力·结构：网络新媒体时代公共领域的嬗变 [J]. 中国地质大学学报（社会科学版），2017（6）：
    138-144.

赵汀阳. 没有世界观的世界——政治哲学与文化哲学文集（第二版）[M]. 北京：中国人民大学出版社，2005.

章戈浩，张磊. 物是人非与睹物思人：媒体与文化分析的物质性转向 [J]. 全球传媒学刊，2019（2）：103-115.

张国良. 20 世纪传播学经典文本 [M]. 上海：复旦大学出版社，2003.

郑杭生. 社会学概论新修 [M]. 北京：中国人民大学出版社，2019.

张磊. 实践性与物质性：粉丝文化研究的新理论框架 [J]. 教育传媒研究，2020（4）：80-83.

郑瑞城. 组织传播 [M]. 台北：三民书局，1983.

展江. 美国政府对新闻界的调控 [J]. 新闻与传播研究，1996（3）：83-89.

展江. 哈贝马斯的"公共领域"理论与传媒 [J]. 中国青年政治学院学报，2002（2）：123-128.

庄孔韶. 人类学概论 [M]. 北京：中国人民大学出版社，2006.

张隆栋. 大众传播学总论 [M]. 北京：中国人民大学出版社，1993.

周蔚华，徐发波. 网络舆情概论 [M]. 北京：中国人民大学出版社，2016.

赵心树. 从语源、语义论"宣传"、"传播"、"新闻"的异同 [J]. 新闻与传播研究，1995（1），26-33.

张昱辰. 走向后人文主义的媒介技术论——弗里德里希·基特勒媒介思想解读 [J]. 现代传播，2014（9）：22-25.

赵一凡. 从卢卡奇到萨义德：西方文论讲稿续编 [M]. 上海：生活·读书·新知三联书店，1997.

张志安，姚尧. 平台媒体的类型、演进逻辑和发展趋势 [J]. 新闻与写作，2018（12）：75-77.

后 记

《传播学总论》第三版的出版，距第二版已有 16 年，距第一版已有 27 年。"十年磨一剑"，这本教材的每一次修订，都面临着人类传播格局的重大变化，也面临着传播研究的日渐深入。

关于人类传播格局的变化，我想谈四点。

首先，随着互联网的普及，它的平台、终端、渠道和应用已经成为人类传播的最重要的基础设施。

在这本教材的第一版中，我曾提及互联网的发展，那时它还处于雏形；第二版中，我们已经把互联网时代作为一个崭新的时代来对待。如今，毋庸置疑的是，互联网时代不仅确凿无疑地来临，而且带来了人类传播时代新的里程碑。

互联网的发展经历了三个阶段。第一个阶段是以门户网站为代表的 Web1.0 时代，它的传播模式还比较类似传统的大众传播，但已经显露了从单向到互动、从"点对面"向"点对点"的变化。第二个阶段是以社交媒体为代表的 Web2.0 时代，它以网络化的传播模式替代了传统大众传播，以用户自制内容冲击了专业化制作内容。第三个阶段则是以智能媒体为代表的 Web3.0 时代，它促成的变化更为复杂，涉及从传播的基础设施、思维观念到内容产品、使用方式等各个层面。这一阶段的变化还有待沉淀和观察。

其次，随着全球化的深入，人类传播日益跨越疆界，以全球为舞台而展开。

虽然自 2016 年以来，"逆全球化"现象引起普遍关注，但全球化仍在持续并延展。中国成为新型全球化的核心力量，以"人类命运共同体"理念为旗帜，以"一带一路"倡议为蓝图，为世界范围内的政治、经济、人文交流注入新的动力。人类传播活动也由此呈现了新的面貌。

传播活动也因此体现出更多全球化的特色。麦克卢汉所提出的"地球村"只是一个开端，它给予我们的重要启示就是思考传播在实体地理疆界以及虚拟空间之内与之外的不断拓展。这里的变化既有疆界与空间的消融，也有其重构；既有中心的漂移，也有时空的重组。具体而言，地方性的传播活动有可能在全球产生蝴蝶效应，与之相应，全球媒体的传播活动也必然带来地方化和本土化。

再次，随着传播活动及其媒介平台的泛化，人类传播与政治、经济、社会、文化等各个方面的实践有更深度的融合。

如果说，在工业革命时期，伴随着印刷新闻业的崛起，人类传播开始职业化、专业化、独立化，那么，在信息革命时期，伴随着互联网和社交媒体的全方面介入，人类传播也很难再自成一家，它必然与各方面的社会进程及社会要素产生更复杂的勾连与融合。

就拿当下的各种移动社交平台来说，它的众多功能中包含人际交往、大众传播、政务公开、购物与消费、金融与支付、休闲与娱乐，等等。仅仅将之作为传播工具已经远远不够，而且也不应该。我们必须在一个更宏大的系统中才能对它做出完整的考察。这种深度嵌入应该是传播研究的领域与方向。

最后，随着"后真相时代"，特别是人工智能时代的到来，人类传播活动应该更加需要被反思，我们需要重新寻找它的理想价值。

社会中的矛盾、冲突、重组、平衡总是不可避免地渗透到人类传播活动之中。传播从来不是，也永远不可能是一个价值无涉的人类实践领域；恰恰相反，人类传播从古至今就是与文明、战争、宗教、贸易、教育等相伴相生的。当前的全球社会正面临价值观的冲击与挑战。

新闻业的真实性等生命线是否受到了挑战？传播只是为了操控舆论进而操控人心吗？大数据和人工智能的应用是加剧了这种状况，还是提供了新的可能性？它们如何应用到新闻核查和谣言治理中？数据权、信息隐私权如何保护？人类应该如何将自己的理想与传播实践结合在一起？这都要求传播研究拥有哲学高度和批判色彩，从而去探索、理解和重塑终极价值。

传播格局的变化也驱动着传播研究的深入，尤其是中国的传播学研究，面临着比国外更激烈的变动和冲击。

一是传播学学科建制业已成型。

在中国，从20世纪60年代开始，传播学作为一门学科已经有了零星介绍，并在改革开放之后被正式引入。它与新闻学具有密切的血缘关系。自1997年新闻传播学成为一级学科以来，中国传播学正式进入高等教育的学科建制。时至今日，我国新闻传播学类本科专业包括新闻学、广告学、广播电视学、传播学、编辑出版学、网络与新媒体、数字出版、时尚传播、国际新闻与传播、会展10个专业。截至2015年底，我国共有681所高校开设了新闻传播学类相关专业，7个专业布点数达到1244个。新闻传播学类专业在校本科生约23万人，占到高校在校本科生人数的1.4%。（胡正荣、冷爽，2016）目前，传播学专业设在"文学"门类下的"新闻传播学"一级学科之下。实际上，这一学科的触角也延伸到艺术类、法学类乃至工学类等多个学科门类，激发了无数的交叉研究，形成了一门具有跨学科特色的"显学"。

二是传播学研究范式面临转型。

一方面，中国传播学经历了而立之年，正走向自己的成熟期；另一方面，人类传播实践的根本性变革也不断对传播学的认识论、本体论、方法论和价值论提出挑战和更新。因此，中国本土的传播学学科范式正面临深刻转型，并获得了大量的学术关注与讨论。我们认为，在这些转型中蕴含着六个趋势：从职业化、专业化研究走向视野更开阔的学理性研究；从传统媒介走向新媒介；从媒介中心主义走向更广阔的社会脉络；从一般意义上的"科学"研究走向富有情怀与思想的学术讨论；从西风东渐走向对中国思想资源的挖掘；从单一学科建构，走向跨学科对话。（胡正荣、张磊，2018）

这一转型进程尚未完成，但它必将为中国的传播研究带来崭新面貌。

三是传播学人才培养需要创新。

新的实践需要新的人才。对当代中国来说，人才培养是各行各业发展基础的重中之重。中国的新闻传播事业需要在全球视野下关注本土实践，立足媒体变革，寻找独特的本土发展道路。那么，中国的传媒教育也就应当勇于探索，积极更新，扎根于中国的优秀思想文化传统和创新传媒实践，培育全媒型、复合型、专业性的新型人才。

中国的传媒教育应该在新兴的媒体时代积极改版升级。例如，互联网已经成为人类传播的最基本场域，中国的传媒人才培养应当掌握新的媒介理念、知识和技能；智能新闻采集、制作与分发渐成新的潮流，中国的传媒教育应当与时俱进，补上新的课程；中国的传媒与文化积极走出去，国际传播与跨文化传播蔚为风潮，同样对中国传媒人才的素养与构成提出了新的要求。凡此种种，都在不断提醒我们，传播学科的理论基础、知识体系和技能训练都需要创新。

与此同时，新兴的教育手段和教育技术也给传媒教育提出了新要求。线上教学带来了新形态的教育方式，知识分享网络挑战了传统的学校教育，社交媒体为课堂教学提供了拓展方式。这既是挑战，也是机遇。

这也为传播学的课程建设提出了新要求。教材建设是课程基本条件建设的重要环节，《传播学总论》的第三版也就是在这种要求下应运而生的。作为一本教材，它必须直面教学的需求。在修订的过程中，笔者时时在考虑：它如何为"传播学概论"等相关课程的教师提供方便？它如何为学习相关课程的学生提供简洁而基础的知识体系？它如何在高等教育之外，为广大的传播学初学者提供必要的帮助？它如何在社交媒体、知识分享和碎片化时间的传播状况下，保持思想、价值和智慧的吸引力？

因此，第三版的修正紧紧围绕着课程的需求，结合当前传播实践的变革、传播学科的发展而完成。它拥有三个方面的新面貌：从框架上来说，它在传统的"五W"框架基础上加以创新，采用了更具创新性的理论架构；从内容上来说，它面对互联网和智能媒体时代的最新状况，大规模地更新了有关人类传播问题的理论思考和实践案例；从体例上来说，它积极适应新的变化，增加了更多便于学习的内容。

在写作中，我们有意识地从中国传播研究的本土问题出发，反思传播学中的既定框架。例如，我们淡化了早期美国传播"四位先驱者和一位奠基人"的"神话"，转而展现更丰富的传播研究潮流。

这本教材的出版，要感谢清华大学出版社多年来的支持和信任。我也要向本书第二版的两位作者段鹏、张磊表示感谢。此外，还要感谢传播学界的旧友新知们，正是他们的不断支持和鼓励，信任与帮助，使得我和团队充满信心，不断在传播学基础理论上走出我们的道路。

这次第三版的修订酝酿已久。尽管过程艰辛，但是在清华大学出版社纪海鸿和她团队的大力鼓励下，我带领我们团队的各位终于完成了修订工作。如同第二版，此次修订也是集体智慧的结晶。张磊教授帮忙梳理框架、参与定稿，李荃博士具体推进各项工作并帮助全书定稿与校对，他们与樊子塈、李涵舒共同完成了相关章节的写作。具体分工如下：

第一章　传播学史（张磊）

第二章　传播论（樊子塈）

第三章　传播者论（李涵舒）

第四章　传播内容论（樊子塈）

第五章　传播媒介论（樊子塈）

第六章　传播对象论（李涵舒）

第七章　传播效果论（李荃）

第八章　传播与社会（樊子塈）

第九章　传播与文化（张磊）

第十章　传播与经济（李涵舒）

第十一章　传播与治理（李荃）

第十二章　传播与全球化（李荃）

至于本书的谬误之处，当然由作者本人负责。如读者有批评，欢迎指正。

胡正荣

2024 年 4 月于北京